民國時期文獻
保護計劃

成 果

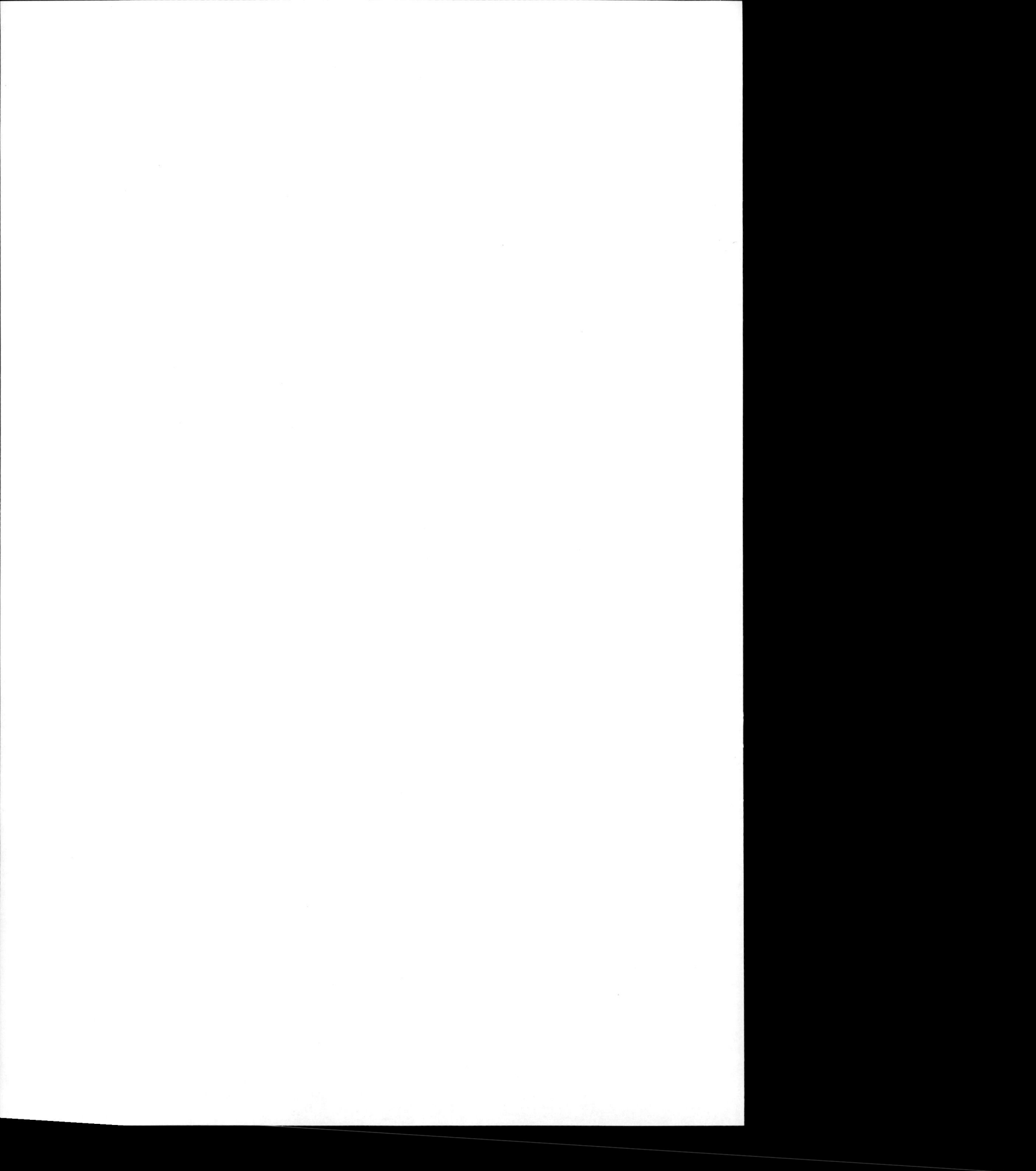

民國人口户籍史料續編

第一册

曹寧　主編

國家圖書館出版社

圖書在版編目(CIP)數據

民國人口户籍史料續編(全五册)/曹寧主編. -- 北京:國家圖書館出版社,2013.12(2016.12月重印)

(民國文獻資料叢編)

ISBN 978-7-5013-5230-2

Ⅰ.①民… Ⅱ.①曹… Ⅲ.①人口—歷史—史料—彙編—中國—民國②户籍制度—史料—彙編—中國—民國 Ⅳ.①C924.2②D693.65

中國版本圖書館CIP數據核字(2013)第277906號

書　　名　民國人口户籍史料續編(全五册)
著　　者　曹　寧　主編
叢 書 名　民國文獻資料叢編
責任編輯　田　奇
重印編輯　張慧霞
封面設計　敬人設計工作室

出　　版　國家圖書館出版社(100034　北京市西城區文津街7號)
　　　　　(原書目文獻出版社　北京圖書館出版社)
發　　行　010-66114536　66126153　66121313　66175620
　　　　　66171706(傳真)　66126156(門市部)
E-mail　btsfxb@nlc.gov.cn(郵購)
Website　www.nlcpress.com→投稿中心
經　　銷　新華書店
印　　裝　北京華藝齋古籍印務有限公司
版　　次　2013年12月第1版　2016年12月第3次印刷

開　　本　787×1092(毫米)　1/16
印　　張　176
字　　數　1800千字

書　　號　ISBN 978-7-5013-5230-2
定　　價　3000.00圓

“民國時期文獻編纂委員會”名單

（按姓氏筆畫排列）

“民國時期文獻出版工作顧問委員會”名單

（按姓氏筆畫排列）

總　　序

中華文明之所以博大精深、源遠流長，不僅與未曾斷裂的文字記録有關，也與自古有“易代修史”和重視文獻收集、整理等優良傳統密不可分。明有《永樂大典》、清有《四庫全書》，都是有力的佐證。自新中國成立，特别是改革開放以來，我國日漸加大對古代各時期文獻整理和保護工作的力度，但對具有重要價值又亟需保護的民國時期文獻的重視程度尚需進一步加强。

民國時期是中國歷史上一個重要而特殊的嬗變時期，新舊交匯、中西碰撞，形成了社會轉型期特殊的文化景觀；同時，這一時期也是中華民族遭受外侮、充滿災難的時期。僅從文化角度考察，一方面傳統文化得到進一步的整理繼承和批判揚棄，另一方面西方文化又强烈衝擊和影響著當時人們的思想與行爲。特别是馬列著作的譯介與傳播，不僅深刻影響著人們的思想意識，而且直接導致了新民主主義革命的爆發，並由此帶來一系列社會巨變。這些政治、經濟、文化、社會的巨大變革，形諸文字，輔之於出版業和新聞業的飛速發展，使得民國時期的出版發行業達到了空前的規模。短短數十年間，積累了圖書、期刊、報紙以及檔案、日記、手稿、票據、傳單、海報、圖片及聲像資料等大量文獻。這些文獻正是記録、反映民國時期政治、經濟、軍事、文化等諸多方面的重要載體。

概括而言，民國時期文獻具有以下特點：第一，數量衆多。據初步估算，民國時期文獻數量遠遠超過存世數千年的古籍總量，僅國家圖書館一館所藏就達八十八萬餘册。第二，内容豐富。該時期文獻涵蓋了政治、經濟、文化、軍事等領域，既有政府公報、法律規範等方面的文獻資料，也有豐富的文學作品。同時，電影及唱片等作品也大量出現，無論在內容上，還是在文獻形式上，均極爲豐富。第三，歷史和學術價值高。民國時期，中國經歷了內憂外患，中國共產黨領導中國人民開展了艱苦卓絕的革命鬥爭，在中國歷史上寫下了輝煌篇章，產生了大量革命歷史文獻。這些文獻歷久彌珍，是研究中國共產黨黨史的珍貴資料。民國時期又是各種思想交匯、碰撞的時期，留下了大量記載時代印跡的資料，在政治、法律、語言文字、歷史等諸學科都留下了豐富的文化遺產，對研究民國時期的歷史，尤其是人文社會科學，有著重要的借鑒意義。第四，現實意義重大。民國時期形成的邊疆墾務、農商統計、中國經濟志、賑災史料等文獻，對研究國家主權、邊境、民族、軍事以及農業、水利、經濟等均有重要的現實意義，同時也是開展愛國主義教育、革命傳統教育和國情教育的生動教材。例如，大量有關"東京審判"的文字記録、照片、影像資料，集中反映了日軍侵略中國的歷史，是日本軍國主義侵華罪行的有力證據。第五，紙張和印製品質不佳。民國時期正處於從手工造紙向機械造紙轉換的初期，所產紙張酸性高，加之印刷、裝訂等工藝的自身缺陷，造成了文獻印製質量上的先天不足，致使很多文獻出現了嚴重的老化或損毀現象，其保存難度大大高於傳統手工紙文獻。民國時期文獻的上述特點，決定了對其進行保護的思路必須隨著科學技術的發展不斷創新，如在文獻普查、原生性保護基礎上，充分利用影印出版、縮微、數字化等再生性保護方式，以期達到事半功倍之效果。

國家圖書館是國家總書庫，履行國內外圖書文獻的收藏和保護職能，爲中央和國家領導機關立法決策、國內科學研究和公衆提供文獻信息服務。文獻作爲一個國家的歷史積澱和文化載體，肩負著國家和民族的文化傳承重任，保存、保護和利用好這些文獻，是圖書館人的歷史責任。二〇一一年，在文化部、財政部支持下，國家圖書館聯合業內相關單位啟動了"民國時期文獻保護計劃"，旨在通過文獻普查、海內外文獻徵集、整理出版，以及文獻保護技術研究等各項工作的開展，切實有效地搶救與保護民國時期文獻。

文獻整理出版是保護計劃的一項重要内容，由國家圖書館策劃，將依據文獻的館藏特色、資料類型、瀕危狀況、珍稀程度和社會需求等方面，整合各文獻存藏單位所藏，彙集相關領域專家與出版工作者等多方力量，採取"民國文獻資料叢編"形式，統籌規劃、有序推進，成規模地整理、編纂出版包括民國時期政治、經濟、社會、文化、教育、外交等各領域文獻，努力爲社會各界提供豐富的、有價值的、便利的文獻資源。

中華民族的偉大復興，以文化復興爲標誌。文化的復興，必須以弘揚傳統文化爲基礎。弘揚傳統文化，又必須以保護、傳承傳統文化爲前提。我們堅信，"叢編"的推出，必將爲民族復興、文化繁榮作出重要貢獻。

是爲序。

周和平

二〇一三年一月

《民國人口户籍史料續編》
編委會成員名單

編輯出版説明

民國時期雖僅有短暫的三十八年，但對於中國人口史的研究來説，卻是非常重要的歷史階段。在此期間，中國的近代人口統計事業已漸次形成，若干官方或非官方的機構，曾有過各種形式的人口調查與統計，留下了大量的史料。二〇〇九年，國家圖書館出版社出版了《民國人口戶籍史料彙編》，全十四冊，收録各種人口統計資料等相關文獻五十餘種，引起了學界的關注。然而由於各種原因，部分史料未及收入，留下了一些遺憾。有鑒於此，我們通過多方搜求，增補了部分文獻，作爲《民國人口戶籍史料彙編》的續編予以出版。

《民國人口戶籍史料續編》共收録相關文獻二十八種，分爲四類：一、戶口統計；二、戶口行政；三、法律法規；四、人口問題。本書即按以上四類編排，每類又按內容和出版時間綜合考慮排序。與《彙編》相比，《續編》增補了部分戶口統計的資料，並重點收録了戶口行政、人口問題等方面的文獻。

在編輯本書時，我們儘量按文獻的原貌予以影印出版，但由於當時部分圖書印製品質較差，造成影印後效果欠佳，敬請讀者諒解。

編　者

二〇一三年十一月

目　録

第一册

第二册

第三册

第四册

第五册

第一册目録

各省市戶口統計

內政部統計處　編

重慶：內政部統計處，一九四四年油印本

民國三十三年十二月

各省市戶口統計

內政部統計處編

各省市户口統計

總說明

一、自抗戰以來本部曾於二十七年及三十年各編印户口統計一次三十二年復編印後方各省市户口統計一種茲更繼續編印本册以資應用

二、本册所載户口材料係以後方各省市最近報部者為限至其餘區域如江蘇，河北，山東，山西，遼寧，吉林，黑龍江，熱河，察哈爾等省，南京，上海，北平，天津，青島等市，及威海衛行政區，西藏，蒙古兩地方之户口數，概無較近材料，僅有戰前數字，抗戰以來，變更甚鉅，且已詳本部二十七年所編之户口統計，足資參考，故不重載。

三、各表所載各省區域，均以各省政府所報之完整縣市局為限。

四、各表所列縣名，除單名縣份外，概畧去「縣」字。

五、表內列有「…」符號者，係表示「未詳」。

目　録

各省市户口統計總表

民國三十三年十二月編製

區域別 省市名稱	縣市局數	[illegible]	户數	人口數	每户平均人數	男子數	女子數	每百女子所當男子數	壯丁數	壯丁與男子之百分比	材料時期
總計	1459	1213	38875927	210569455	5.42	109705268	100864187	108.77	26017681	28.16	
浙江省	77	110	2,166,890	9,506,112	4.39	5,193,974	4,312,138	120.45	1,904,924	36.68	三十一年十二月
安徽省	62	24	1,355,998	7,865,290	5.80	4,173,781	3,691,509	113.06	981,543	24.42	三十二年十二月
江西省	84	69	2,260,920	11,235,509	4.97	5,722,763	5,512,746	103.81	1,641,968	28.69	三十二年十二月
湖北省	72	28	1,030,241	5,959,933	5.78	3,137,208	2,822,725	111.14	1,132,815	36.11	三十二年十二月
湖南省	78	75	5,251,121	27,132,145	5.17	14,104,396	13,027,749	108.26	4,246,315	30.11	三十二年十二月
四川省	142	142	7,775,722	45,924,712	5.91	23,621,957	22,302,755	105.91	5,372,568	22.75	三十二年九月
西康省	50	50	330,755	1,748,458	5.29	875,516	872,942	100.24	- - -	- - -	三十三年五月
河南省	111	69	2,429,247	15,736,008	6.45	8,032,856	7,703,152	104.28	- - -	- - -	三十二年十二月
陝西省	94	94	2,060,443	9,678,372	4.70	5,081,949	4,596,423	110.56	1,585,835	31.63	三十二年十二月
甘肅省	71	71	1,093,877	6,554,464	5.99	3,469,935	3,084,529	112.49	956,406	27.91	三十二年十二月
青海省	25	25	264,753	1,533,853	5.79	774,890	758,963	102.10	76,550	16.17	三十二年十二月
福建省	68	66	2,147,372	11,426,180	5.32	5,971,943	5,454,237	109.49	1,905,472	31.91	三十二年十二月
廣東省	101	59	3,074,164	15,607,579	5.08	8,420,479	7,187,100	117.16	- - -	- - -	三十二年十二月
廣西省	100	100	2,763,070	14,927,438	5.40	7,864,116	7,063,322	111.34	2,709,223	34.45	三十二年六月
雲南省	131	123	1,734,794	9,224,455	5.32	4,756,144	4,468,311	106.44	1,068,444	22.46	三十二年十二月
貴州省	79	79	1,928,758	10,755,461	5.58	5,388,935	5,386,526	99.67	1,934,432	36.04	三十二年十二月
綏遠省	22	7	52,644	262,097	4.98	151,101	110,996	136.14	40,846	27.03	三十二年十二月
寧夏省	14	14	126,705	723,708	5.71	392,015	331,693	118.21	136,721	34.88	三十二年十二月
新疆省	78	78	843,848	3,730,051	4.00	1,964,609	1,765,442	111.28	· · ·	· · ·	三十二年十二月
重慶市	—	—	185,505	1,037,630	5.59	626,701	410,929	156.56	323,319	51.51	三十三年十二月

材料來源：根據後列各表之總計數彙編。

說　明：1. 本表所載各省市户口數以屬於非戰區各縣市局者為限。

2. 壯丁與男子之百分比總行內之總計數，係將未列壯丁數各省之男子數剔除計算。

— 1 —

浙江省户口統計

資料時期：民國三十一年十二月

區域別	户數	人口數	每户平均口數	男子數	女子數	每百女子所當男子數	壯丁數	壯丁與男子之百分數	備註
總計	2166890	9506112	4.39	5193974	4312138	120.45	1904924	36.68	
臨安	20,297	90,576	4.46	50,065	40,511	123.58	18,015	35.98	
於潛	14,683	71,237	4.85	39,698	31,539	125.87	13,702	34.52	
新登	14,458	70,524	4.88	39,449	31,075	126.95	14,959	37.92	
昌化	18,528	80,803	4.32	42,479	38,324	110.84	15,520	36.54	
長興	62,260	518,058	3.51	125,270	93,368	134.14	41,523	33.15	
臨海	121,242	512,768	4.23	269,815	242,953	111.06	100,896	37.39	
黃巖	129,317	522,197	4.04	273,311	248,886	109.81	98,063	35.89	
天台	70,450	257,997	3.66	134,147	123,850	108.31	49,998	37.27	
仙居	54,984	217,990	3.96	116,700	101,290	115.21	46,709	40.02	
樂安	21,039	79,654	3.79	43,896	35,758	122.76	17,341	39.50	
寧海	58,545	246,620	4.21	133,680	112,940	118.36	51,160	38.27	
溫嶺	116,006	499,480	4.31	259,307	240,173	107.97	95,589	36.86	
衢縣	71,113	371,078	5.22	203,844	167,234	121.89	67,775	33.25	
龍游	42,077	215,249	5.12	119,295	95,954	124.33	43,642	36.58	
江山	65,529	333,957	5.10	180,135	153,822	117.11	63,849	35.45	
常山	34,021	158,365	4.65	89,358	69,007	129.49	33,675	37.69	
開化	30,202	152,592	5.05	85,242	67,350	126.57	29,144	34.19	
永康	64,660	284,794	4.40	149,028	135,766	109.77	57,717	38.73	
建德	28,829	132,889	4.61	69,714	63,175	110.35	23,173	33.24	
淳安	53,159	269,033	5.06	135,920	133,113	102.11	47,487	34.94	
桐廬	26,414	115,895	4.39	62,208	53,687	115.87	22,149	35.60	
遂安	32,200	156,332	4.86	83,277	73,055	113.99	29,323	35.21	
壽昌	17,724	84,966	4.79	47,324	37,642	125.72	16,184	34.20	
分水	9,963	48,522	4.87	25,999	22,523	115.43	8,528	32.80	
永嘉	176,317	752,611	4.27	398,933	353,678	112.80	143,787	36.04	
麗水	36,485	147,946	4.05	81,176	66,770	121.58	29,409	36.23	
青田	62,211	271,073	4.36	153,039	118,034	129.66	58,454	38.20	
縉雲	49,562	268,026	5.41	174,801	93,225	187.50	42,568	24.35	
松陽	32,667	134,698	4.12	73,403	61,295	119.75	27,047	36.65	
遂昌	32,051	139,895	4.36	78,959	60,936	129.58	29,587	37.47	

浙江省户口統計

（續一）

區域別	户數	人口數	每户平均口數	男子數	女子數	每百女子所當男子數	壯丁數	壯丁與男子之百分比	備註
龍泉	40,480	165,031	4.08	93,384	71,647	130.34	33,276	35.63	
慶元	26,694	110,642	4.14	61,758	48,884	126.34	24,079	38.99	
雲和	19,081	75,351	3.95	42,008	33,343	125.99	15,259	36.32	
宣平	20,661	78,493	3.80	43,453	35,040	124.01	16,551	38.09	
景寧	28,906	115,247	4.10	64,014	51,233	124.95	24,499	38.27	
瑞安	131,867	549,839	4.17	305,547	244,292	125.07	112,407	36.79	
樂清	89,214	377,546	4.23	201,275	176,271	114.18	73,083	36.61	
平陽	16,239	740,304	4.51	420,266	320,038	131.32	184,762	43.96	
泰順	32,837	195,273	5.95	119,253	76,020	156.87	42,406	35.56	
玉環	45,943	191,961	4.18	103,544	88,417	117.11	41,007	39.60	

材料來源：根據浙江省政府報部之浙江省保甲户口統計表編製。

安徽省户口統計

材料時期：民國三十二年十二月

區域別	户數	人口數	每户平均口數	男子數	女子數	每百女子所當男子數	壯丁數	壯丁與男子之百分比	備註
總計	1,355,098	7,865,290	5.80	4,173,781	3,691,509	113.06	981,543	24.42	
✓太湖	59,344	328,777	5.54	167,190	161,587	103.47	47,984	28.70	
✓潛山	40,270	265,319	6.59	138,094	127,225	108.54	35,766	25.90	
✓岳西	30,600	195,959	6.40	101,936	94,023	108.42	22,511	22.08	
✓舒城	81,579	488,747	5.99	264,391	224,356	117.84	60,752	22.98	
✓廬江	79,695	512,970	6.44	272,668	240,302	113.47	74,916	27.48	
✓六安	115,317	702,306	6.09	404,722	297,584	136.00	76,252	18.84	
✓霍山	25,791	139,880	5.42	74,585	65,295	114.23	20,933	28.07	
歙縣	61,909	343,500	5.55	163,936	179,564	91.30	55,320	33.74	
✓体寧	43,355	214,447	4.95	110,686	103,761	106.67	31,548	28.50	
祁門	17,432	85,356	4.90	41,919	43,437	96.51	14,432	34.43	
績溪	18,003	97,033	5.39	48,651	48,382	100.56	14,768	30.35	
涇縣	34,452	207,664	6.03	116,662	91,002	128.20	. . .	. . .	
✓太平	14,266	70,115	4.91	37,680	32,435	116.17	. . .	. . .	
✓旌德	13,365	63,741	4.77	36,374	27,367	132.91	11,330	31.15	
✓寧國	22,129	161,163	7.28	85,874	75,289	114.06	23,021	26.81	
石埭	9,726	47,264	4.86	24,849	22,415	110.86	7,719	31.06	
阜陽	194,011	1,053,087	5.42	556,974	496,113	112.27	118,121	21.21	
臨泉	142,591	729,360	5.12	364,153	365,207	99.71	88,307	24.25	
✓潁上	55,441	341,788	6.16	187,675	154,113	121.78	48,091	25.62	
太和	72,611	475,389	6.55	249,501	225,888	110.45	40,576	16.26	
✓霍邱	80,527	500,516	6.22	275,342	225,174	122.28	74,930	27.21	
蒙城	76,550	518,387	6.77	279,286	239,101	116.81	80,511	28.83	
✓立煌	54,502	265,761	4.88	144,585	121,176	119.32	24,609	17.02	
✓黟縣	11,630	56,761	4.88	26,048	30,713	84.81	9,146	35.11	

材料來源：根據安徽省政府報部之安徽省統計簡編，全省户口及各縣壯丁兩表編製。

說　明：「壯丁與男子之百分比」縱行内之總計數係將表列壯丁數縣份之男子數剔除計算。

江西省户口統計

材料時期：民國三十二年十二月。

區域別	户數	人口數	每户平均口數	男子數	女子數	每百女子所當男子數	壯丁數	壯丁與男子之百分比	備註
總計	2260920	11235509	4.97	5722,763	5512,746	103.81	1641,968	28.69	
豐城	77,015	385,802	5.01	194,696	191,106	101.88	72,170	37.07	
進賢	24,378	173,627	7.12	87,718	85,909	102.11	18,828	21.46	
南城	32597	122496	3.76	58558	63,938	91.59	22,753	38.86	
黎川	19161	107,326	5.60	54,717	52609	104.01	14,222	25.99	
南豐	27,404	104,647	3.82	51,044	53,653	95.14	20323	39.31	
廣昌	21,009	86,779	4.13	42,617	44162	96.50	14,934	35.04	
資溪	7,919	38,203	4.82	19,602	18,601	105.38	5898	30.09	
臨川	64,216	321,421	5.01	155,335	166,086	93.53	32,910	21.19	
光澤	14,691	73266	4.99	39,540	33,726	117.24	13,514	34.18	
金谿	19,470	85,076	4.39	43,523	41,553	104.74	18,040	41.45	
崇仁	20,144	120,970	6.01	58,542	62,428	93.78	14,564	24.88	
宜黄	20,618	82,442	4.00	42,324	40,118	105.50	15881	37.54	
樂安	19,057	96,934	5.09	47,347	49,587	95.48	16,103	34.01	
萍鄉	22,181	141,043	6.36	71,933	69,110	104.08	62,253	86.54	
餘江	24,071	120,505	5.01	62,527	57,978	107.85	20,648	33.02	
上饒	70,475	227,380	4.35	166,252	137,128	119.50	65,981	39.69	
玉山	43,853	227,815	5.19	124,231	103,584	119.93	33,687	27.12	
弋陽	21,414	112,723	5.26	59,420	53,303	111.48	14,353	24.16	
貴溪	36,585	205,359	5.61	99,936	1,05,423	94.82	17,631	17.64	
鉛山	31,324	157,815	5.04	82,615	75,200	109.86	18,314	22.17	
廣豐	43,914	243,984	6.09	155,293	138,691	111.97	43,768	28.18	
橫峯	12,730	59,031	4.64	27,270	31,761	85.86	11,131	40.82	
吉安	99,174	399,730	4.03	203,251	196,479	103.45	79,918	39.32	
宜春	58,666	260,079	4.43	138,898	121,181	114.62	47,031	33.86	
泰和	30,917	160,020	5.18	79,447	80,573	98.60	13,733	17.29	
吉水	29,562	149,702	5.06	76,967	72,735	105.82	31,898	41.33	
永豐	28,040	135,035	4.82	70,034	64,996	107.76	22,290	31.83	
安福	24,388	129,562	5.31	58,580	70,982	82.53	11,835	20.20	
遂川	43,309	192,029	4.43	100,790	91,239	110.47	17,949	17.81	
萬安	22,521	97,888	4.35	49,409	48,479	101.92	18,325	37.09	

江西省戶口統計

(續一)

區域別	戶數	人口數	每戶平均口數	男子數	女子數	每百女子所當男子數	壯丁數	壯丁與男子之百分比	備註
永新	41,843	186,885	4.47	84,951	101,934	83.34	20,991	24.71	
寧岡	7,361	29,695	4.03	14,399	15,296	94.14	5,576	38.72	
蓮花	20,325	88,607	4.36	45,648	42,959	106.26	10,120	22.19	
清江	30,707	171,092	5.57	85,227	85,865	99.26	21,075	24.73	
新淦	17,367	84,205	4.85	45,454	38,751	117.30	22,582	49.68	
新喻	28,240	155,758	5.52	76,451	79,307	96.40	11,087	14.50	
峽江	10,495	37,431	3.57	19,267	18,164	106.07	6,480	33.63	
分宜	13,794	72,873	5.28	39,134	33,739	115.99	8,001	20.45	
萍鄉	83,609	502,407	6.01	254,581	247,826	102.72	38,233	15.02	
萬載	33,684	188,039	5.59	96,627	91,412	105.70	20,762	21.49	
銅鼓	12,050	54,600	4.53	29,389	25,217	116.57	4,631	15.76	
上高	25,502	106,675	4.13	56,623	50,052	113.15	19,769	34.91	
宜豐	21,560	100,011	4.64	50,241	49,770	100.95	8,540	17.00	
贛縣	70,907	370,383	5.22	190,005	180,378	105.34	55,239	29.07	
雩都	41,634	239,235	5.75	115,221	124,014	92.91	11,788	10.23	
信豐	86,609	227,677	2.63	113,961	113,708	100.23	40,166	35.22	
興國	41,536	178,975	4.32	89,361	89,614	99.72	24,292	27.18	
會昌	28,410	122,287	4.30	65,501	56,786	115.35	19,523	29.81	
安遠	24,269	105,671	4.35	54,370	51,301	105.98	18,264	33.59	
尋鄔	22,501	89,705	3.99	46,651	43,054	108.35	16,707	35.81	
龍南	22,870	110,672	4.84	53,374	57,298	93.15	18,874	35.36	
定南	14,685	73,492	5.00	36,723	36,769	99.87	13,090	35.65	
虔南	13,065	66,315	5.08	33,688	32,627	103.25	7,195	21.36	
大庾	22,907	100,130	4.37	53,505	46,625	114.76	20,156	37.67	
南康	67,422	314,177	4.66	166,047	148,130	112.10	58,657	35.33	
上猶	29,500	129,775	4.40	69,010	60,765	113.57	23,797	34.48	
崇義	20,791	88,772	4.27	47,896	40,876	117.17	17,399	36.33	
寧都	42,770	189,450	4.43	92,028	97,422	94.46	11,846	12.87	
瑞金	42,867	184,092	4.29	97,023	87,069	111.43	30,5[illegible]	31.[illegible]	
石城	20,454	82,0[illegible]	4.01	42,474	39,60[illegible]	107.25	14,7[illegible]	34.[illegible]	
都昌	36,894	250,639	6.79	120,869	129,770	93.14	41,163	34.06	

江西省户口統計

（續一）

區域別	户數	人口數	每户平均口數	男子數	女子數	每百女子所當男子數	壯丁數	壯丁與男子之百分比	備註
鄱陽	53,730	374,132	6.96	206,183	167,949	122.77	38,718	18.78	
餘干	33,631	246,374	7.33	119,863	126,511	94.75	29,324	24.46	
樂平	38,999	216,223	5.54	112,164	104,059	107.79	29,583	26.37	
浮梁	23,323	162,491	6.98	86,123	76,368	112.77	14,604	16.96	
婺源	31,618	171,122	5.41	85,811	85,311	100.59	19,527	22.76	
德興	13,066	62,904	4.81	33,343	29,561	112.79	8,470	25.40	
萬年	18,582	115,695	6.23	57,846	57,849	99.99	14,012	24.21	
修水	40,560	231,028	5.87	113,302	124,726	90.84	35,611	31.43	

材料來源：根據江西省政府報部之江西省保甲户口統計報告表編製。

湖北省戶口統計

材料時期：民國三十二年十二月

區域別	戶數	人口數	每戶平均口數	男子數	女子數	每百女子所當男子數	壯丁數	壯丁與男子之百分比	備註
總計	1,030,241	5,959,933	5.78	3,137,208	2,823,725	111.14	1,132,815	36.11	
羅田	19,449	180,892	9.30	91,702	89,190	102.82	36,117	39.39	
英山	21,974	204,731	9.31	108,283	96,446	112.28	21,696	20.00	
襄陽	95,516	450,793	4.72	235,032	215,761	108.93	97,686	41.56	
宜城	28,527	152,707	5.35	80,987	71,720	112.92	27,951	34.51	
南漳	69,704	374,071	5.36	193,296	180,775	106.93	38,533	19.93	
棗陽	41,284	325,822	7.90	173,165	152,657	113.43	73,004	42.16	
穀城	59,572	267,522	4.49	139,893	127,629	109.61	56,150	40.14	
光化	31,914	161,312	5.05	87,494	73,818	118.53	24,453	27.95	
均縣	37,854	214,346	5.66	120,973	93,373	129.56	23,315	19.17	
房縣	44,071	230,499	5.23	120,709	109,790	109.90	45,646	37.81	
鄖縣	60,526	338,449	5.59	181,141	157,308	115.15	72,213	39.87	
竹谿	33,215	177,209	5.34	96,772	80,437	120.31	39,616	40.94	
竹山	28,732	177,370	6.17	96,708	80,662	119.87	38,579	39.89	
保康	22,726	115,401	5.08	60,057	55,344	100.52	21,492	35.79	
鄖西	34,125	212,310	6.22	116,014	96,296	120.48	22,797	19.65	
石首	34,212	214,543	6.27	110,455	104,088	106.12	34,353	31.10	
長陽	42,958	228,463	5.32	119,544	108,919	109.75	36,519	30.55	
興山	18,817	103,059	5.48	52,893	50,166	105.44	22,977	43.44	
巴東	38,136	216,670	5.68	113,263	103,407	109.53	39,412	34.80	
五峯	17,787	85,858	4.83	43,918	41,940	104.72	30,649	69.79	
秭歸	42,122	247,541	5.88	129,322	118,219	109.39	40,104	31.01	
恩施	41,509	320,117	7.71	166,797	153,320	108.79	58,960	35.35	
宣恩	20,749	114,838	5.53	55,593	59,245	93.84	18,797	33.81	
建始	45,053	252,747	5.61	134,115	118,632	113.05	48,158	40.59	
利川	37,905	240,727	6.35	125,151	115,576	108.28	80,477	64.30	
來鳳	20,798	126,668	6.09	64,744	61,924	104.55	19,719	30.45	
咸豐	27,629	153,784	5.57	82,979	70,805	117.19	36,282	43.72	
鶴峯	13,322	71,484	5.37	36,208	35,276	102.64	27,160	75.01	

材料來源：根據湖北省政府報部之湖北省各縣戶口統計表編製。

湖南省戶口統計

材料時期：民國三十二年十二月

區域別	戶數	人口數	每戶平均口數	男子數	女子數	每百女子所當男子數	壯丁數	壯丁與男子之百分比	備註
總計	5,251,121	27,132,145	5.17	14,104,396	13,027,749	108.26	4,246,315	30.11	
長沙市	38,592	177,918	4.61	90,350	87,568	103.18	22,622	25.04	
長沙	166,583	1,086,752	6.52	536,056	550,696	97.[illegible]	133,638	24.93	
湘陰	109,823	674,007	6.14	360,403	313,604	114.92	92,189	25.58	
瀏陽	149,518	756,018	5.07	388,104	367,914	105.49	116,439	20.00	
醴陵	117,577	585,952	4.98	295,496	290,456	101.74	86,619	29.31	
湘潭	193,578	1,018,605	5.26	487,619	530,986	91.83	125,140	25.67	
寧鄉	117,304	720,220	6.14	366,951	353,269	103.87	107,451	29.28	
益陽	160,250	780,216	3.87	398,057	382,159	104.16	98,843	24.83	
湘鄉	223,739	1,273,006	5.69	645,088	627,918	102.73	151,110	23.42	
攸縣	72,437	379,416	5.28	195,411	184,005	106.20	66,785	34.18	
安化	111,930	672,447	6.01	365,109	307,338	118.80	102,761	28.15	
茶陵	57,551	248,729	4.32	122,470	126,259	97.00	48,532	39.63	
邵陽	245,714	1,400,932	5.70	738,155	662,777	111.37	217,557	29.47	
新化	125,943	843,343	6.70	441,363	401,980	109.80	122,938	27.85	
武岡	142,859	813,637	5.70	434,712	378,925	114.72	125,036	28.40	
新寧	52,587	225,415	4.29	120,026	105,389	113.89	38,615	32.17	
城步	21,712	96,005	4.42	50,781	45,224	112.29	14,963	29.47	
常德	115,941	586,747	5.06	305,300	281,447	108.45	127,618	41.80	
平江	71,157	414,336	5.82	226,434	187,902	120.51	71,538	31.59	
漢壽	62,222	352,536	5.67	180,602	171,934	105.04	45,958	25.45	
沅江	48,818	263,493	5.40	130,808	132,685	98.59	26,960	20.61	
澧縣	112,762	561,025	4.70	293,522	267,503	109.70	97,391	33.18	
安鄉	44,358	213,784	4.82	107,639	106,145	101.41	33,118	30.77	
臨澧	45,560	218,005	4.79	115,047	102,958	112.09	41,612	36.17	
南縣	44,090	278,335	6.31	142,770	135,565	105.31	36,157	24.39	
衡陽	182,603	1,250,892	6.85	648,815	602,077	107.76	194,506	29.98	
衡山	93,988	505,431	5.38	262,789	242,642	108.30	83,750	31.87	
安仁	39,353	180,491	4.59	91,848	88,643	103.62	34,418	37.51	
耒陽	126,650	593,057	4.68	314,628	278,429	113.00	98,979	31.46	
常寧	84,570	391,461	4.63	207,608	183,853	112.92	66,599	32.08	

湖南省户口統計

(續一)

區域別	户數	人口數	每户平均口數	男子數	女子數	每百女子當男子數	壯丁數	壯丁與男子之百分比	備註
酃縣	24,352	90,975	3.74	47,338	43,637	108.48	17,012	35.94	
零陵	91,394	479,832	5.25	254,954	224,878	113.37	85,598	33.[illegible]	
祁陽	158,758	773,550	4.87	407,303	366,247	111.21	133,33[illegible]	32.73	
東安	47,437	241,041	5.08	129,527	111,514	116.15	38,100	29.41	
道縣	83,862	347,178	4.14	194,691	152,487	127.60	59,166	30.39	
寧遠	80,815	368,763	4.56	197,514	171,249	115.34	[illegible]4,812	32.81	
永明	32,611	115,965	3.55	60,010	55,955	107.2[illegible]	21,1[illegible]0	35.26	
江華	40,293	193,750	4.84	107,282	86,468	124.[illegible]	38,240	35.64	
新田	36,365	162,118	4.46	86,296	75,822	11[illegible]	29,959	34.72	
郴縣	50,826	215,682	4.24	110,838	104,844	10[illegible]	35,765	32.28	
永興	58,653	263,453	4.49	139,989	123,464	115.38	47,423	33.88	
資興	40,316	151,834	3.77	82,568	69,266	119.20	28,978	35.10	
宜章	47,266	197,846	4.19	100,430	97,416	103.09	31,663	21.53	
汝城	36,816	150,545	4.09	85,611	64,934	133.41	30,837	36.02	
桂東	21,286	90,159	4.24	48,382	41,777	115.81	14,312	29.58	
桂陽	84,311	334,978	3.97	173,165	161,813	107.02	62,842	36.29	
臨武	31,675	137,633	4.21	71,587	66,046	108.31	25,548	35.69	
藍山	30,743	134,513	4.38	70,641	63,872	110.60	27,590	29.06	
嘉禾	33,114	144,312	4.36	73,280	71,032	103.16	26,376	35.99	
芷江	29,262	160,941	5.50	86,331	74,610	115.01	20,748	24.03	
鳳凰	39,264	155,812	3.97	79,029	76,783	102.93	23,614	29.88	
沅陵	82,368	384,701	4.67	203,056	181,645	111.79	67,623	33.30	
瀘溪	27,185	123,535	4.54	63,445	60,090	105.58	17,196	27.10	
辰谿	31,113	160,237	5.15	83,544	76,693	108.93	24,749	29.62	
溆浦	63,546	352,250	5.54	181,656	170,594	106.66	56,871	31.31	
黔陽	41,634	218,384	5.25	109,764	108,620	101.05	30,398	27.69	
麻陽	31,703	151,165	4.77	76,275	74,890	101.85	20,580	26.98	
永順	44,757	227,563	5.08	117,141	110,422	106.08	33,740	28.80	
保靖	30,674	140,241	4.57	71,291	68,950	103.29	20,721	29.07	
龍山	46,268	231,158	5.00	118,806	112,352	105.74	38,379	32.30	
桑植	25,683	134,393	3.[illegible]3	70,748	63,645	111.16	23,515	36.95	

湖南省户口統計

（續二）

區域別	户數	人口數	每户平均口數	男子數	女子數	每百女子所當男子數	壯丁數	壯丁與男子之百分比	備註
古丈	15,999	63,673	4.22	33,120	30,553	108.40	9,607	29.01	
靖縣	19,197	88,417	4.61	44,484	43,933	101.25	14,307	22.16	
綏寧	41,012	167,419	4.08	87,029	80,390	108.26	28,301	32.52	
會同	43,987	189,276	4.00	97,376	91,900	105.96	28,124	28.88	
通道	7,127	28,472	3.99	14,481	13,991	103.50	4,475	30.90	
乾城	22,038	88,530	4.02	45,315	43,215	104.86	13,225	29.18	
永綏	30,920	126,432	4.09	65,330	61,102	106.92	20,888	31.97	
晃縣	24,204	116,739	4.82	62,198	54,541	114.04	18,938	30.45	
桃源	111,228	556,651	5.00	298,329	258,322	115.49	84,949	25.12	
石門	64,287	324,948	5.05	174,162	150,786	115.50	61,746	35.45	
慈利	69,904	364,548	5.21	195,011	169,537	115.03	65,463	33.57	
大庸	31,089	150,426	4.80	80,995	69,431	116.66	23,632	29.18	
懷化	24,405	122,808	5.03	62,480	60,328	103.57	18,066	28.91	
衡陽市	42,503	147,088	3.46	77,633	69,455	111.77	27,274	35.13	

材料來源：根據湖南省政府統計室之湖南省各縣市户口異動統計報告表編製。

四川省户口統計

材料時期：民國三十二年九月

區域別	户數	人口數	每户平均口數	男子數	女子數	每百女子所當男子數	壯丁數	壯丁與男子之百分比	備註
總計	7,775,722	45,924,712	5.91	23,621,957	22,302,755	105.91	5,372,868	22.35	
成都市	99,637	408,230	4.10	238,619	169,611	140.09	101,676	42.61	
成都	30,553	161,134	5.27	85,705	75,429	113.82	17,245	20.12	
華陽	72,678	413,062	3.68	219,328	193,734	113.21	66,517	30.33	
簡陽	127,599	864,500	6.78	454,691	409,809	110.95	74,035	16.28	
廣漢	53,463	264,911	4.96	138,888	126,023	110.21	43,164	31.08	
崇慶	70,475	383,357	5.44	191,202	192,155	99.50	43,504	22.75	
什邡	35,940	201,509	5.61	108,782	92,727	117.31	28,882	26.55	
雙流	29,536	149,223	5.05	75,223	74,000	101.65	19,420	15.82	
新都	27,224	160,472	5.89	86,855	73,617	117.98	25,792	29.70	
江油	36,242	196,463	3.42	101,569	94,894	107.03	27,089	26.67	
北川	8,144	37,697	4.63	19,069	18,628	102.37	5,973	31.32	
温江	31,005	165,024	5.32	86,185	78,839	109.32	23,341	27.08	
新繁	18,709	102,441	5.48	54,294	48,147	112.77	14,736	27.14	
金堂	66,964	496,085	7.41	257,904	238,181	108.28	63,440	24.60	
灌縣	57,609	294,203	5.11	153,263	140,940	108.76	43,479	28.37	
郫縣	33,139	176,062	5.31	92,498	83,564	110.69	25,699	27.78	
彭縣	68,921	361,982	5.25	190,433	171,495	111.04	49,586	26.08	
崇寧	18,653	89,999	4.82	46,554	43,445	107.16	13,576	29.16	
新津	27,280	145,088	5.32	71,822	73,266	98.03	17,433	24.27	
平武	11,894	56,218	4.73	28,779	27,439	104.88	7,604	26.02	
梓潼	31,300	156,732	5.01	79,686	77,046	103.23	16,348	20.52	
羅江	31,395	149,318	4.76	76,966	72,352	106.38	19,357	25.15	
彰明	23,380	112,906	4.83	59,629	53,277	111.92	14,945	25.06	
茂縣	8,069	37,295	4.62	18,486	18,809	98.28	5,821	31.49	
汶川	4,587	22,257	4.85	11,407	10,850	105.13	4,036	35.38	
綿陽	69,137	384,943	5.57	205,026	179,917	113.96	49,548	24.17	
德陽	42,632	199,285	4.67	105,843	93,442	113.27	27,904	26.36	
巴縣	115,687	799,448	6.91	429,724	369,724	116.23	54,126	12.60	
江津	121,914	814,652	6.68	456,740	357,912	127.61	107,628	23.56	
合川	123,044	674,655	5.48	360,432	314,223	114.31	88,265	24.49	

四川省户口統計

（續一）

區域別	户數	人口數	每户平均口數	男子數	女子數	每百女子當男子數	壯丁數	壯丁與男子之百分比	備註
江北	90,173	523,188	5.80	267,828	255,360	104.88	55,675	20.79	
武勝	57,405	326,773	5.50	164,189	162,584	100.99	27,012	16.45	
奉節	55,880	389,555	6.97	205,158	184,397	111.26	60,567	29.52	
懋功	3,590	20,996	5.85	9,296	11,700	79.45	1,891	20.34	
靖化	2,235	8,910	2.99	4,276	4,634	92.27	1,654	28.68	
松潘	6,099	27,077	4.44	14,530	12,547	115.80	5,629	38.74	
理番	4,977	23,613	4.74	12,235	11,378	107.53	3,835	31.34	
安縣	41,299	204,438	4.95	108,911	95,527	114.01	29,254	26.68	
綿竹	53,013	270,979	5.11	146,842	124,137	118.29	40,859	27.83	
長寿	56,740	327,231	5.77	163,837	163,394	100.27	38,502	23.50	
永川	62,581	370,193	5.96	200,972	169,221	118.76	41,562	20.68	
榮昌	52,710	312,884	5.94	163,251	149,633	109.10	35,635	21.83	
綦江	57,606	381,923	6.63	197,366	184,557	106.94	38,320	19.42	
南川	54,801	294,009	5.55	157,166	146,843	107.03	36,815	23.42	
巫山	42,077	239,101	5.68	130,392	108,709	119.95	40,389	30.98	
雲陽	76,452	471,161	6.16	231,829	239,332	96.87	39,117	16.87	
萬縣	148,901	824,353	5.54	425,112	399,241	106.48	81,126	19.13	
開縣	86,540	589,228	6.81	294,804	294,424	100.13	25,524	8.66	
巫溪	31,709	161,179	5.08	84,100	77,079	109.11	26,922	32.01	
墊江	30,947	203,982	6.59	100,710	103,272	97.52	24,632	24.46	
梁山	69,200	378,922	5.48	188,375	190,547	98.86	34,211	18.15	
酉陽	76,819	502,763	6.54	265,664	237,099	112.05	81,844	30.81	
石砫	33,965	187,864	5.54	94,514	93,350	101.25	25,160	26.62	
秀山	58,027	339,934	5.86	174,063	165,871	104.94	38,855	22.32	
黔江	16,692	136,281	8.16	75,257	61,024	123.32	19,041	25.30	
銅梁	75,121	408,225	5.43	208,914	199,311	104.82	38,857	18.60	
大足	54,330	357,733	6.58	187,479	170,254	110.12	39,450	21.04	
璧山	53,646	325,095	6.06	181,013	144,082	125.63	33,699	18.62	
涪陵	103,945	792,740	7.63	397,139	395,601	100.39	84,859	21.37	
達縣	127,727	655,200	5.13	327,803	327,397	100.12	[illegible]	[illegible]	
開江	28,568	212,932	7.45	113,705	99,227	114.57	21,476	18.87	

四川省戶口統計

（續二）

區域別	戶數	人口數	每戶平均口數	男子數	女子數	每百女子所當男子數	壯丁數	壯丁與男子之百分比	備註
渠縣	102,325	745,193	7.28	370,756	374,407	99.03	63,022	17.00	
大竹	81,711	429,299	5.25	220,864	208,435	105.96	48,729	22.06	
宣漢	66,182	441,847	6.68	228,180	213,667	106.79	62,265	27.29	
萬源	27,761	148,996	5.37	75,488	73,508	99.97	23,541	31.19	
城口	12,954	77,859	6.01	39,853	38,006	104.86	14,057	33.26	
彭水	43,776	283,758	6.48	151,594	132,164	114.70	33,318	21.98	
酆都	91,252	489,097	5.36	245,055	244,042	100.42	61,758	25.20	
樂山	69,747	353,758	5.07	177,046	176,712	100.19	40,643	22.96	
洪雅	34,978	185,465	5.30	94,138	91,327	103.08	34,842	37.01	
峨邊	8,553	44,146	5.16	21,657	22,489	96.30	5,081	26.23	
夾江	30,214	156,398	5.18	77,632	78,766	98.56	22,128	28.50	
犍爲	87,499	535,498	6.12	272,138	263,360	103.33	41,393	15.21	
榮縣	88,717	485,182	5.50	238,393	247,789	96.21	51,623	21.05	
威遠	60,006	338,124	5.63	169,194	168,930	100.16	91,139	53.87	
眉山	61,776	369,939	5.99	186,841	183,098	102.04	41,775	22.36	
丹稜	16,785	87,955	5.24	44,479	43,476	102.31	12,598	18.33	
忠縣	75,262	444,682	5.91	220,196	224,486	98.09	55,051	25.00	
名山	22,078	118,661	5.37	60,414	58,247	103.72	12,837	21.25	
峨眉	29,448	151,732	5.15	76,084	75,048	102.18	24,040	31.35	
青神	20,522	113,925	5.55	61,501	52,424	117.31	13,521	21.99	
邛崍	69,408	346,210	4.99	169,143	177,067	95.52	58,213	34.40	
大邑	46,464	237,131	5.10	118,211	118,920	99.40	32,088	27.14	
蒲江	17,986	110,956	6.17	54,180	56,776	95.43	14,901	27.59	
瀘縣	171,187	976,488	5.70	524,923	451,565	116.25	118,078	22.49	
宜賓	144,090	747,527	5.19	393,634	353,893	111.23	105,070	26.69	
慶符	34,021	168,939	4.97	86,012	82,927	103.72	19,544	22.72	
富順	130,414	748,260	5.74	373,210	375,050	99.51	70,875	18.99	
自貢市	42,092	214,719	5.10	118,127	96,592	122.29	27,278	23.09	
南溪	52,109	284,268	5.46	149,356	134,912	110.71	38,433	23.73	
筠連	15,058	76,987	5.11	40,333	36,654	110.04	10,663	26.49	
珙縣	29,086	148,236	5.10	78,158	70,078	111.53	20,574	26.32	

四川省户口統計

（續三）

區域別	户數	人口數	每户平均口數	男子數	女子數	每百女子所當男子數	壯丁數	壯丁與男子之百分比	備註
資陽	88,258	536,493	5.08	262,962	273,531	96.14	52,632	20.02	
井研	31,699	166,789	5.26	79,294	87,495	90.63	16,761	21.14	
內江	103,094	573,440	5.56	289,978	283,462	102.[illegible]	61,781	21.31	
叙永	59,008	295,239	5.00	154,347	140,892	109.55	35,548	23.03	
雷波	5,340	24,498	4.59	12,413	12,085	102.71	3,131	25.22	
古宋	19,201	102,746	5.35	54,447	48,299	112.73	13,046	23.96	
古藺	59,872	325,531	5.44	167,825	157,706	106.42	19,325	11.51	
彭山	27,520	140,773	5.12	67,623	73,150	92.44	16,740	24.75	
高縣	35,295	169,922	4.81	87,986	81,936	119.59	23,481	26.09	
長寧	39,814	217,194	5.44	124,920	92,274	135.38	25,805	20.08	
興文	14,237	69,828	3.97	36,865	32,963	111.84	8,544	13.37	
隆昌	57,123	315,786	5.53	155,872	159,914	97.47	34,334	22.03	
屏山	22,797	117,894	4.17	60,034	57,860	103.76	19,864	32.42	
馬邊	8,016	33,582	4.19	17,349	16,233	106.87	3,626	20.90	
合江	28,503	389,467	13.66	210,171	179,296	[illegible]	51,617	24.56	
納谿	14,971	88,261	4.90	50,201	38,060	131.90	11,566	23.[illegible]	
江安	43,263	230,890	5.34	125,367	105,523	118.81	25,986	20.73	
資中	104,571	678,829	5.49	354,232	324,597	109.31	75,213	21.23	
閬中	51,607	363,417	6.44	186,881	176,536	105.86	51,458	27.54	
南充	138,086	706,434	4.12	396,565	363,869	108.99	78,088	19.69	
通江	25,171	171,751	5.82	86,628	85,123	101.77	9,069	10.47	
南江	27,185	158,974	4.85	77,465	81,509	95.04	15,086	20.22	
巴中	68,065	583,093	7.39	250,479	252,614	99.15	51,677	20.63	
劍閣	41,534	248,186	5.98	127,462	120,724	105.[illegible]	26,331	20.66	
蓬安	57,716	535,923	9.29	183,067	170,256	107.58	39,073	21.07	
廣安	119,041	649,471	5.46	320,471	329,000	97.41	62,812	19.60	
三台	129,762	860,771	6.63	435,812	424,959	102.55	103,709	23.80	
射洪	80,871	442,210	5.47	206,731	235,479	87.79	47,706	23.08	
鹽亭	40,768	271,849	6.67	140,697	131,152	107.28	43,578	30.99	
仁壽	138,858	900,129	6.48	457,660	442,469	103.44	96,089	21.13	
西充	63,631	338,624	5.32	165,810	172,814	95.95	32,537	19.44	

四川省戶口統計

（續四）

區域別	戶數	人口數	每戶平均口數	男子數	女子數	每百女子所當男子數	壯丁數	壯丁與男子之百分比	備註
營山	63,926	405,964	6.35	204,128	201,836	101.14	42,464	20.80	
儀隴	45,184	300,607	6.65	160,356	140,251	114.34	37,170	23.18	
鄰水	47,816	321,666	6.73	168,748	152,918	110.35	43,432	25.74	
岳池	92,880	538,458	5.80	276,547	261,911	105.59	52,119	18.87	
蒼溪	36,359	241,857	5.68	119,740	122,117	98.05	30,201	25.22	
南部	92,022	700,807	7.62	367,677	333,130	110.37	70,712	19.25	
廣元	31,915	180,182	5.65	90,136	90,046	100.10	24,047	26.68	
昭化	15,233	96,865	6.36	48,887	47,978	101.89	8,645	17.68	
中江	112,814	823,424	7.30	424,991	398,433	106.67	115,449	27.17	
遂寧	90,633	587,355	6.48	281,669	305,686	92.14	67,407	23.93	
潼南	48,866	273,389	5.59	134,877	138,512	97.38	18,818	13.95	
安岳	112,915	642,668	4.81	308,955	333,713	92.58	44,866	14.52	
蓬溪	87,073	607,758	6.92	303,842	303,916	99.98	53,413	17.58	
樂至	68,770	417,989	6.08	203,006	214,983	94.43	33,368	16.44	
青川	10,897	55,798	5.12	28,225	27,573	102.36	8,689	30.78	
沐川	20,970	106,736	5.09	55,491	51,245	108.29	15,764	28.40	
旺蒼設治局	22,527	122,057	5.41	60,960	61,097	99.78	8,427	13.82	
武隆設治局	17,655	91,714	5.19	45,343	46,371	97.78	9,203	20.30	
北碚管理局	16,372	87,600	4.35	50,383	37,217	135.38	10,549	20.94	

材料來源：根據四川省政府報部之四川省各縣局保甲戶口異動統計報告表編製。

西康省户口統計

材料時期：民國三十三年五月

區域別	户數	人口數	每户平均口數	男子數	女子數	每百女子所當男子數	壯丁數	壯丁與男子之百分比	備註
總計	330,755	1748458	5.29	875516	872942	100.29	…	…	
康定	6,764	36,760	5.43	24,057	12,703	189.38	…	…	
巴安	2,613	10,565	4.04	4,617	5,948	77.62	…	…	
義敦	1,706	11,622	6.81	5,908	5,714	103.40	…	…	
九龍	2,634	13,231	5.02	6,771	6,460	104.81	…	…	
瀘定	5,410	24,037	4.44	12,092	11,945	101.23	…	…	
雅江	1,290	4,824	3.74	2,259	2,565	88.07	…	…	
道孚	1,372	4,146	3.02	1,650	2,496	66.11	…	…	
理化	2,192	8,053	3.76	3,526	4,527	77.89	…	…	
瞻化	3,658	14,229	3.89	6,519	7,710	84.55	…	…	
稻城	1,362	4,234	3.11	1,823	2,411	75.61	…	…	
甘孜	3,837	10,063	2.62	3,823	6,240	61.28	…	…	
鑪霍	1,784	6,054	3.39	2,536	3,518	72.09	…	…	
丹巴	3,834	12,750	3.33	5,984	6,766	88.44	…	…	
定鄉	1,579	5,803	3.68	2,459	3,344	73.53	…	…	
德榮	1,302	5,232	4.02	2,150	3,082	69.76	…	…	
德格	3,466	11,838	3.42	6,609	5,229	126.39	…	…	
雅安	23,769	131,248	5.52	66,669	64,579	103.24	…	…	
蘆山	7,513	32,234	4.29	15,335	16,899	80.75	…	…	
西昌	18,253	154,486	8.46	79,931	74,555	107.21	…	…	
鹽源	11,025	58,435	5.30	27,524	30,911	89.04	…	…	
天全	12,302	82,482	6.70	39,385	43,097	91.39	…	…	
寧南	4,117	18,970	4.61	9,260	9,710	95.37	…	…	
鄧柯	1,468	4,322	2.94	1,811	2,511	72.12	…	…	
白玉	3,251	12,452	3.83	6,317	6,135	102.97	…	…	
滎經	12,434	67,765	5.45	33,443	34,322	97.44	…	…	
漢源	21,336	123,177	5.77	62,805	60,372	104.03	…	…	
冕寧	19,623	88,014	4.49	42,867	45,147	94.95	…	…	
昭覺	12,000	59,010	4.92	32,380	26,630	121.59	…	…	
會理	38,627	217,800	5.64	110,455	107,345	102.90	…	…	
鹽邊	6,144	36,343	5.92	17,728	18,615	95.24	…	…	

西康省戶口統計

（續）

區域別	戶數	人口數	每戶平均口數	男子數	女子數	每百女子所當男子數	壯丁數	壯丁與男子之百分比	備註
石渠	3,486	11,690	3.35	5,498	6,192	88.79	…	…	
越巂	14,129	70,975	5.02	34,967	36,008	97.11	…	…	
寶興	2,284	19,033	8.33	9,441	9,592	98.43	…	…	
寧靜	6,634	35,224	5.31	17,376	17,848	97.36	…	…	二十五年數
察雅	7,271	38,610	5.31	18,891	19,719	95.80	…	…	仝上
鹽井	4,191	22,256	5.31	10,671	11,585	92.11	…	…	仝上
昌都	7,527	39,971	5.31	19,301	20,670	93.38	…	…	仝上
武成	4,417	23,452	5.31	11,061	12,391	89.27	…	…	仝上
同普	7,125	37,835	5.31	18,630	19,204	97.01	…	…	仝上
貢縣	4,073	21,629	5.31	10,338	11,291	91.56	…	…	仝上
恩達	758	4,024	5.31	1,951	2,073	94.11	…	…	仝上
嘉黎	3,040	16,140	5.31	6,740	9,400	71.70	…	…	仝上
察隅	3,141	8,920	2.84	4,351	4,569	95.23	…	…	
科麥	1,761	6,805	3.86	3,320	3,485	95.27	…	…	
碩督	1,853	10,412	5.62	5,079	5,333	95.24	…	…	
太昭	1,423	8,692	6.11	4,240	4,452	95.23	…	…	
寧東設治局	7,508	30,273	4.00	16,209	14,064	115.25	…	…	
金湯設治局	4,465	2,690	6.02	1,430	1,260	113.49	…	…	
邛部設治局	8,482	68,230	8.04	36,620	31,610	115.85	…	…	
泰寧設治局	462	1,419	3.07	709	710	99.86	…	…	

材料來源：根據西康省政府報部之西康省各縣局保甲戶口統計表及前西康建省委員會報部之二十五年各縣人口統計概況表並參考康藏前鋒第三卷第六期所列戶口資料編製。

說　明：查西康省各縣局保甲戶口統計表內未曾列報寧靜、察雅、鹽井、昌都、武成、同普、貢縣、恩達、嘉黎、察隅、科麥、碩督、太昭等十三縣戶口數，其中除察隅、科麥、碩督、太昭四縣，採用康藏前鋒第三卷第六期所載戶口數外，其餘九縣之人口數，以西康建省委員會所報二十五年人口數填充，其戶數係依照三十三年五月所報各縣局之平均戶量比例估計。

河南省户口統計

材料時期：民國三十二年十二月

區域別	户數	人口數	每户平均口數	男子數	女子數	每百女子所當男子數	壯丁數	壯丁與男子之百分比	備註
總計	2,429,247	15,736,008	6.45	8,032,856	7,703,152	104.28	…	…	
尉氏	8,921	49,233	5.52	24,032	25,201	95.36	…	…	
洧川	12,749	99,395	7.80	49,197	50,198	98.01	…	…	
鄢陵	31,060	196,745	6.33	99,410	97,335	102.13	…	…	
中牟	12,958	104,033	8.03	45,382	58,651	77.38	…	…	
禹縣	64,376	374,592	5.82	185,604	188,988	98.21	…	…	
密縣	16,616	102,804	6.19	46,460	56,344	82.46	…	…	
新鄭	28,886	167,664	5.80	83,316	84,348	98.78	…	…	
淮陽	27,570	237,408	8.61	122,802	114,606	107.15	…	…	
商水	28,306	196,779	6.95	95,786	100,993	94.82	…	…	
西華	27,254	171,183	6.28	89,694	81,489	110.07	…	…	
項城	35,900	244,308	6.81	118,970	125,338	94.92	…	…	
沈邱	17,371	188,507	10.85	101,673	86,834	117.09	…	…	
扶溝	10,112	79,604	7.87	39,892	39,712	100.45	…	…	
許昌	69,496	384,549	5.54	193,536	191,013	101.32	…	…	
臨潁	39,548	225,816	5.71	111,346	114,470	97.27	…	…	
襄城	46,228	267,717	5.79	136,781	130,936	104.46	…	…	
郾城	50,819	352,643	6.94	181,598	171,045	106.17	…	…	
長葛	31,459	179,151	5.69	84,478	94,673	89.23	…	…	
郟縣	28,647	171,013	5.97	85,526	85,487	100.05	…	…	
滎陽	18,645	122,512	6.57	58,510	64,002	91.42	…	…	
廣武	8,719	51,302	5.88	23,826	27,476	86.72	…	…	
汜水	8,510	78,991	9.28	32,445	46,546	69.71	…	…	
洛陽	68,042	465,520	6.84	210,699	254,821	82.69	…	…	
陝縣	25,709	138,210	5.38	70,590	67,620	104.39	…	…	
偃師	17,577	124,301	7.07	52,413	71,888	72.91	…	…	
鞏縣	21,567	127,526	5.91	50,981	76,545	66.60	…	…	
孟津	9,334	85,376	9.15	32,197	53,197	60.52	…	…	
宜陽	20,930	186,883	8.93	94,684	92,199	102.70	…	…	
登封	26,681	152,586	5.76	76,304	76,282	100.03	…	…	
洛寧	24,986	159,679	6.39	76,913	82,766	92.93	…	…	

河南省戶口統計

(續一)

區域別	戶數	人口數	每戶平均口數	男子數	女子數	每百女子所當男子數	壯丁數	壯丁與男子之百分比	備註
新安	15,173	95,009	6.27	49,401	45,698	108.10	…	…	
澠池	20,057	97,762	4.87	50,464	47,298	106.69	…	…	
嵩縣	32,221	204,056	6.33	103,049	101,007	102.02	…	…	
靈寶	27,599	130,683	4.74	62,804	67,879	95.52	…	…	
閿鄉	11,586	65,752	5.68	34,266	31,486	108.83	…	…	
盧氏	22,306	134,400	6.03	68,301	66,099	103.33	…	…	
臨汝	27,036	221,595	8.20	114,436	107,159	106.79	…	…	
魯山	36,107	202,763	5.62	109,346	93,417	117.05	…	…	
郟縣	32,128	213,343	6.64	110,480	102,863	107.40	…	…	
寶豐	23,370	166,575	7.13	86,774	79,801	108.74	…	…	
伊陽	18,572	122,699	6.61	63,398	59,301	106.91	…	…	
伊川	25,547	215,608	8.44	104,315	111,293	93.73	…	…	
南陽	97,808	571,929	5.85	316,360	255,569	123.79	…	…	
南召	22,021	157,343	7.15	88,929	68,414	129.99	…	…	
鎮平	42,301	361,329	8.54	186,991	174,338	107.26	…	…	
唐河	99,045	502,940	5.08	270,557	232,383	116.43	…	…	
泌陽	41,585	296,977	7.14	170,289	126,688	134.42	…	…	
桐柏	14,286	75,403	5.28	40,196	35,207	114.17	…	…	
鄧縣	70,262	479,096	6.86	271,940	207,156	131.27	…	…	
內鄉	69,338	381,863	5.51	203,179	178,684	113.74	…	…	
新野	37,994	245,206	6.45	128,788	116,418	110.63	…	…	
方城	60,139	298,910	4.97	164,178	134,732	121.86	…	…	
舞陽	54,279	375,796	6.92	184,663	191,133	96.61	…	…	
葉縣	42,576	307,206	7.23	150,568	156,638	96.12	…	…	
汝南	67,649	618,163	9.14	335,821	282,342	118.94	…	…	
正陽	32,705	247,694	7.57	121,680	126,014	96.52	…	…	
上蔡	64,030	408,658	6.38	199,499	209,159	95.38	…	…	
新蔡	44,809	314,079	7.01	152,967	161,112	94.94	…	…	
西平	44,374	309,050	6.96	151,110	157,940	95.68	…	…	
遂平	40,622	288,861	7.11	144,187	144,674	99.66	…	…	
確山	45,428	236,135	5.20	120,064	116,071	103.44	…	…	

河南省户口統計

（續二）

區域別	戶數	人口數	每戶平均口數	男子數	女子數	每百女子所當男子數	壯丁數	壯丁與男子之百分比	備註
羅山	22,343	151,122	6.76	82,667	68,455	120.76	…	…	
潢川	40,916	266,748	6.52	133,268	133,480	99.84	…	…	
光山	57,615	269,239	4.67	163,529	105,710	154.70	…	…	
經扶	13,574	94,209	6.94	52,516	41,693	125.96	…	…	
固始	60,194	373,388	6.20	192,437	180,951	106.35	…	…	
息縣	59,622	369,594	6.20	176,939	192,655	91.87	…	…	
商城	22,101	202,723	9.17	106,023	96,700	109.64	…	…	
淅川	30,958	175,982	5.68	91,432	84,550	108.14	…	…	

材料來源：根據河南省政府報部之河南省各縣保甲户口統計報告表編製。

陝西省户口統計

材料來源：民國三十二年十二月

區域別	户數	人口數	每户平均口數	男子數	女子數	每百女子所當男子數	壯丁數	壯丁與男子之百分比	備註
總計	2,060,443	9,678,372	4.70	5,081,949	4,596,423	110.65	1,585,835	31.63	
長安	107,419	562,382	5.24	289,318	273,064	105.95	79,993	27.65	
咸陽	20,165	97,755	4.85	49,809	47,946	103.89	19,912	39.98	
興平	33,629	145,765	4.33	78,237	67,528	115.86	25,550	32.66	
臨潼	44,720	225,973	5.05	114,266	111,707	102.11	39,647	34.70	
高陵	9,390	45,019	4.79	21,402	23,617	90.62	5,153	24.08	
鄠縣	26,470	121,796	4.60	61,606	60,190	102.35	19,777	32.10	
藍田	48,698	192,271	3.95	92,341	99,930	92.41	25,772	27.91	
涇陽	23,037	119,555	5.19	64,082	55,473	115.52	23,071	36.00	
三原	19,200	95,342	4.97	51,626	43,716	118.09	5,153	8.04	
盩厔	40,854	165,525	4.05	85,680	79,845	107.31	11,955	13.95	
渭南	49,738	217,035	4.36	107,602	109,433	98.33	20,319	18.88	
富平	32,535	162,484	4.99	78,995	83,489	94.62	22,068	27.94	
醴泉	22,462	103,945	4.63	52,663	51,282	102.69	16,140	30.65	
同官	11,448	58,418	5.10	33,066	25,352	130.43	11,672	35.30	
耀縣	10,353	50,055	4.83	26,332	23,723	111.00	8,952	34.00	
大荔	22,138	99,356	4.49	49,351	50,005	98.69	15,730	31.87	
朝邑	21,400	100,948	4.72	50,499	50,449	100.10	17,639	34.93	
郃陽	34,041	149,753	3.40	76,068	73,685	103.23	23,510	30.91	
澄城	23,860	101,393	4.25	53,343	48,050	111.02	15,097	28.30	
白水	11,909	56,552	4.75	27,927	28,625	97.56	7,263	26.01	
韓城	22,788	110,858	4.86	56,958	53,900	105.67	16,317	28.65	
華陰	25,593	92,021	3.60	44,174	47,847	92.32	12,431	28.14	
平民	4,898	20,806	4.25	11,770	9,036	130.11	3,442	29.24	
潼關	10,307	45,953	4.46	24,715	21,238	116.37	7,995	32.35	
華縣	29,993	134,372	4.48	66,129	68,243	96.90	23,365	35.33	
商縣	57,737	247,961	4.29	130,404	117,557	110.93	31,344	24.04	
蒲城	36,826	174,462	4.74	93,590	80,872	115.73	20,319	21.71	
雒南	31,972	218,102	6.82	109,121	108,981	100.13	23,326	21.38	
柞水	8,755	39,656	4.53	21,388	18,268	117.08	5,205	24.34	
鳳翔	35,670	162,675	4.56	84,227	78,448	106.37	22,383	26.57	

— 22 —

陝西省户口統計

（續一）

區域別	户數	人口數	每户平均口數	男子數	女子數	每百女子所當男子數	壯丁數	壯丁與男子之百分比	備註
岐山	31,084	128,559	4.14	64,383	64,176	100.36	11,955	18.57	
寶雞	54,155	227,812	4.21	126,336	101,476	124.50	40,755	32.22	
栒邑	13,956	82,146	5.89	43,424	38,722	112.15	14,006	32.25	
郿縣	16,927	67,928	4.01	36,754	31,174	117.90	5430	14.77	
麟遊	5,671	26,383	4.65	14,120	12,263	115.14	5,114	30.22	
汧陽	11,163	44,131	3.95	22,742	21,389	106.23	4361	19.18	
隴縣	20,410	82,365	4.04	44,173	38,192	115.66	14,538	32.91	
邠縣	18,812	88,487	4.70	44,761	43,726	102.37	8083	18.05	
南鄭	50,665	256,559	5.06	133,630	122,929	108.70	46,872	35.07	
淳化	7,726	38,819	5.02	20,800	18,019	115.43	6621	31.83	
長武	10,025	53,694	5.36	27,738	25,956	106.87	5,870	21.16	
乾縣	26,916	125,272	4.65	63,429	61,843	102.56	20,743	35.0[illegible]	
武功	24,800	114,955	4.64	61,078	53,877	113.55	24,528	33.01	
永壽	10,933	50,599	4.63	26,282	24,317	108.[illegible]	5649	21.49	
沔縣	24,994	109,382	4.38	53,683	55,699	96.[illegible]	22,925	42.[illegible]	
褒城	30,656	144,955	4.79	73,728	71,227	103.51	24,[illegible]	33.[illegible]	
城固	45,273	193,073	4.26	101,333	91,740	110.46	29857	29.[illegible]	
洋縣	38,820	164,061	4.23	86,327	77,734	111.05	24,[illegible]	28.27	
西鄉	35,165	132,538	3.77	57,862	74,676	77.48	23,080	39.[illegible]	
寧強	25,084	114,088	4.55	56,560	57,528	98.35	21432	37.25	
嵐皋	15,442	71,249	4.61	36,507	34,742	105.08	9801	26.85	
紫陽	19,118	86,640	4.53	44,552	42,088	105.8[illegible]	9049	20.33	
佛坪	3416	16,326	4.78	9,151	7,175	127.50	2652	28.[illegible]	
鎮巴	18,641	93,450	5.13	46,082	47,368	97.29	9248	20.07	
漢陰	25,244	118,974	4.71	62,565	56,409	110.91	14311	23.35	
留壩	4,859	20,875	4.31	11,311	9,564	118.27	3016	27.14	
扶風	26,094	125,127	4.80	70,911	54,216	130.[illegible]	20525	28.45	
安康	53,273	277,934	5.25	151,094	128,840	117.27	35,869	[illegible]	
平利	21,947	108,275	4.93	54,835	53,440	102.61	15,[illegible]	27.5[illegible]	
鎮坪	2963	14,135	4.77	7,213	6,922	104.20	2470	31.55	
洵陽	38,519	189,536	4.92	98,729	90,807	108.72	29,[illegible]2	2[illegible]	

陝西省戶口統計

（續二）

區域別	戶數	人口數	每戶平均口數	男子數	女子數	每百女子所當男子數	壯丁數	壯丁與男子之百分比	備註
白河	13,122	75,249	5.73	40,220	35,029	114.82	10,324	25.67	
紫陽	24,259	121,889	5.02	61,657	60,232	102.37	13,382	21.70	
石泉	14,180	78,007	5.50	41,800	36,207	105.45	9,743	23.31	
寧陝	9,237	39,215	4.25	21,270	17,945	118.53	6,707	31.53	
山陽	33,737	141,090	4.18	75,359	65,731	114.65	21,391	28.30	
鎮安	28,507	131,001	4.60	68,959	62,042	111.15	17,655	25.60	
商南	17,077	74,139	4.34	39,990	34,149	117.10	12,283	30.72	
鳳縣	9,970	42,831	4.30	23,426	19,405	120.72	8,084	34.51	
榆林	25,305	139,936	5.53	74,114	65,822	112.60	28,676	38.69	
神木	11,174	65,042	5.82	34,969	30,073	116.28	12,180	34.83	
府谷	15,122	102,567	6.78	53,628	48,939	109.58	16,904	31.52	
橫山	10,336	59,393	5.75	30,394	28,999	104.81	9,737	32.04	
膚施	5,875	29,856	5.08	15,852	14,004	113.20	...	...	二十六年[illegible]數
安塞	1,255	8,516	6.78	4,641	3,875	119.77	...	...	二十五年報部數
甘泉	1,527	7,444	4.87	3,984	3,460	115.14	...	...	二十六年[illegible]數
保安	1,724	14,850	8.61	8,032	6,818	117.80	...	...	
安定	7,317	40,578	5.55	21,065	19,513	107.95	7,125	33.82	二十五年報部數
延長	4,798	24,812	5.17	13,775	11,037	124.81	...	...	二十九年報部數
延川	7,726	40,920	5.30	22,051	18,869	116.86	...	...	二十五年報部數
定邊	5,057	28,636	5.66	16,035	12,601	127.25	7,804	48.67	
靖邊	1,654	9,699	5.86	5,242	4,457	117.61	2,585	49.31	
綏德	28,835	157,398	5.46	80,949	76,449	105.89	27,147	33.54	三十年報部數
米脂	28,376	109,171	3.85	91,386	17,785	513.84	29,481	32.26	
清澗	16,793	89,049	5.30	46,058	42,991	107.13	12,902	28.01	二十九年報部數
吳堡	7,057	36,492	4.77	18,721	17,771	105.35	6,643	35.48	二十九年報部數
鄜縣	166	893	5.38	469	424	110.61	149	31.77	
洛川	12,738	59,535	4.67	31,035	28,500	108.89	6,038	19.46	
中部	5,063	24,624	4.86	12,715	11,909	106.77	4,411	34.69	
宜君	8,001	37,467	4.68	20,776	16,691	124.47	7,373	35.49	
宜川	8,116	36,394	4.48	19,939	16,455	121.17	5,911	29.66	
黃龍設治局	6,958	26,068	3.75	15,951	10,117	157.67	6,008	41.63	

陝西省戶口統計

（續三）

區域別	戶數	人口數	每戶平均口數	男子數	女子數	每百女子所當男子數	壯丁數	壯丁與男子之百分比	備註
葭縣	2,502	13,627	5.45	7,291	6,336	108.24	3,391	46.51	
西安市	75,521	323,509	4.28	201,454	122,055	165.05	115,503	57.33	

材料來源：根據陝西省政府報部之陝西省戶口統計表及本部三十年所編戶口統計編製。

說　明：1.陝西省戶口統計表內，未列膚施、安塞、甘泉、保安、定安、延長、延川、綏德、清澗、吳堡等十縣戶口數。本表姑以本部三十年所編戶口統計所列各該縣數字填列補充。

2.「壯丁與男子之百分比」縱行內之總計數，係將表列壯丁數與分之男子數相除計算。

甘肅省戶口統計

材料時期：民國三十二年十二月

區域別	戶數	人口數	每戶平均口數	男子數	女子數	每百女子所當男子數	壯丁數	壯丁與男子之百分比	備註
總計	1093877	6554464	5.99	3469935	3084529	112.49	956406	27.97	
蘭州市	36638	150,720	4.11	84800	65,920	128.64	31,676	37.35	三十二年六月數
皋蘭	19,948	116,137	5.82	59,109	57028	103.32	21285	36.01	三十二年九月數
景泰	4675	33,748	7.22	17530	16,218	108.09	5306	30.27	仝上
臨洮	27477	169646	6.17	86627	83,019	104.35	28699	33.13	三十二年六月數
臨夏	31498	162,029	5.14	85599	76,430	112.00	26326	30.76	仝上
洮沙	4682	25,054	5.35	13,275	11,779	112.70	3563	37.26	三十二年九月數
寧定	13764	81,256	5.90	40,205	41,051	97.94	13,899	34.57	
永靖	10,170	58,167	5.72	31,052	27,115	114.52	12,620	40.64	
和政	1,803	49,784	27.61	24,989	24,795	100.78	8405	33.63	
靖遠	14,108	86,146	6.11	45,141	41,005	109.75	13,601	30.13	
榆中	12,393	80560	6.50	40551	40,009	101.35	8857	21.84	
渭源	8,027	53,372	6.65	26804	26568	100.89	3548	13.24	
定西	15511	99,395	6.41	50,513	48,882	103.34	13,011	25.76	三十二年九月數
隴西	22821	117,661	5.16	60,217	57,444	104.83	13,609	22.60	仝上
漳縣	7618	39,948	5.24	20014	19,934	100.40	6256	31.26	仝上
臨潭	9584	49642	5.18	25,479	24,163	105.45	8628	33.86	
夏河	10,843	37367	3.45	18,420	18,947	97.22	6,176	33.54	
會寧	12,174	92,945	7.63	48,984	43,961	111.43	15591	31.83	三十二年九月數
岷縣	45,748	210,486	4.60	108,769	101,717	106.93	33,225	30.55	
天水	57,421	291,854	5.08	156,747	135,107	116.02	41,260	26.32	
秦安	36,307	231,329	6.37	118267	113,062	104.60	37,751	31.89	
清水	18,958	101,801	5.37	53,476	48,325	110.66	12,475	23.33	
徽縣	23,125	112,215	4.85	58,728	53,487	109.80	53,487	91.08	
兩當	5,722	23,274	4.07	12,307	10,967	112.22	3,825	31.08	
禮縣	34,207	193,238	5.65	99656	93,582	106.49	25,750	25.84	
通渭	30,742	127,587	4.15	91,761	35526	256.19	16,404	17.88	
武山	20,733	114,710	5.53	61,440	53,270	115.34	22,469	36.57	
甘谷	23,994	156,884	6.54	80788	76,096	106.17	26,958	33.37	
西河	15,796	102,148	6.47	53,243	48,905	129.52	10,585	19.81	
武都	30515	135,402	4.44	67,212	68,190	98.57	23,373	34.78	

甘肅省户口統計

(續一)

縣別	户數	人口數	每户平均口數	男子數	女子數	每百女子所當男子數	壯丁數	壯丁與男子之百分比	備註
西固	9,813	46,435	4.73	24,055	22,380	107.48	4,657	19.46	
康縣	17,780	102,214	5.75	52,795	49,419	106.83	2,888	5.47	
文縣	11,281	83,254	7.38	43,791	39,463	110.97	17,070	38.98	
成縣	21,482	114,320	5.32	59,643	54,677	109.08	11,584	19.42	
平涼	21,116	121,769	5.77	66,991	54,778	122.30	4,760	7.03	
華亭	8,114	44,489	5.48	23,680	20,809	113.80	6,612	27.93	
靜寧	18,246	133,581	7.32	69,021	64,560	106.91	3,900	5.65	
隆德	10,569	61,661	5.83	31,148	30,513	102.08	3,159	10.14	
莊浪	13,689	111,052	8.11	56,637	54,415	104.08	5,359	9.46	
慶陽	20,246	1224[illegible]	6.04	67,900	54,560	124.45	12,666	18.65	
寧縣	23,357	149,785	6.41	84,067	65,718	127.92	25,114	29.87	
正寧	7,149	46,658	6.53	25,858	20,800	124.32	7,857	30.39	
合水	4,919	26,115	5.31	14,316	11,799	121.33	5,866	40.98	
環縣	6,109	58,583	9.62	32,658	25,925	125.97	…	…	
涇川	24,023	131,521	5.47	71,424	60,097	118.85	24,432	34.21	
崇信	5,686	29,587	5.20	15,178	14,409	105.34	4,706	31.01	
鎮原	26,290	175,910	6.69	93,905	82,005	114.52	33,137	35.29	
靈台	23,747	118,209	4.98	65,673	52,536	125.01	21,037	32.03	
固原	17,647	121,48[illegible]	6.88	64,915	56,569	114.75	16,695	25.72	
海原	6,949	39,134	5.63	18,660	20,474	91.14	4,416	23.67	
化平	3,503	21,909	6.25	11,248	10,661	105.51	3,396	30.19	
武威	33,956	339,659	10.00	177,321	162,338	109.23	44,381	25.03	
永昌	7,927	45,938	5.00	25,094	20,844	120.39	7,939	31.64	
民勤	9,718	103,225	10.62	54,031	49,194	109.85	17,414	32.23	
古浪	5,684	36,573	4.43	18,229	18,344	99.37	2,994	16.42	
永登	13,760	109,597	7.96	58,259	51,338	113.44	11,510	19.76	
張掖	20,617	171,308	8.21	94,288	77,020	122.42	27,724	29.40	
民樂	7,249	32,222	4.45	16,058	16,164	102.13	5,105	30.92	
山丹	6,621	35,305	5.33	17,712	17,593	100.65	6,012	33.97	
臨澤	7,021	47,537	6.77	23,492	24,045	97.70	3,916	12.04	
酒泉	14,536	120,669	8.30	64,245	56,424	113.86	15,120	23.55	

甘肅省戶口統計

（續二）

區域別	戶數	人口數	每戶平均口數	男子數	女子數	每百女子所當男子數	壯丁數	壯丁與男子之百分比	備註
金塔	3,676	25,736	7.00	12,404	13,332	93.04	4,276	34.47	
高台	8,252	61,928	7.50	32,055	29,873	107.30	10,117	31.56	
鼎新	1,413	12,401	8.78	6,332	6,069	104.33	2,075	32.77	
安西	3,591	20,567	5.73	10,792	9,775	110.40	2,644	24.50	
敦煌	4,267	27,583	6.46	14,383	13,200	108.96	5,086	35.36	
玉門	4,661	28,747	6.17	15,195	13,552	112.12	3,953	26.02	
康樂	11,073	65,142	5.88	32,674	32,468	100.63	8,677	26.56	
肅北設治局	136	807	5.93	480	327	146.79	114	23.75	
卓尼設治局	10,618	36,396	3.43	17,668	18,728	94.34	…	…	
西吉	10,384	68,509	6.60	35,977	32,532	110.59	10,258	28.51	

資料來源：根據甘肅省政府報部之甘肅省保甲戶口統計表及內政統計調查表編纂。

說　明：1. 查甘肅省保甲戶口統計表內未列合水、環縣二縣之戶口數，本表以二十五年甘肅省報部內政統計調查表所列數字補充編列。

2. 「壯丁與男子之百分比」縱行內之總計數係將未列壯丁數縣份之男子數剔除計算。

青海省户口統計

材料時期：民國三十二年十二月

縣別	户數	人口數	每户平均口數	男子數	女子數	每百女子所當男子數	壯丁數	壯丁數占男子百分比	備註
總計	264,753	1,533,853	5.79	774,890	755,963	102.10	76,551	16.[illegible]	
西寧	41,130	272,796	6.63	142,318	130,478	109.[illegible]	13,029	9.15	[illegible]
互助	16,786	123,389	7.35	63,372	60,017	105.[illegible]	14,239	22.[illegible]	
大通	14,330	99,635	6.95	51,887	47,748	108.[illegible]	13,178	25.40	
亹源	3,559	25,870	7.27	13,119	12,751	102.89	4,436	33.81	
樂都	14,791	98,463	6.66	51,725	46,738	110.67	11,118	21.49	
民和	13,448	106,086	7.89	57,830	48,256	119.84	11,141	19.27	
循化	5,895	30,680	5.20	14,461	16,219	89.16	1,303	9.01	
共和	3,726	17,029	4.57	8,107	8,922	90.87	…	…	
同仁	308	2,365	7.68	1,212	1,153	105.12	92	7.59	
貴德	6,906	36,791	5.33	17,129	19,662	87.12	2,417	14.11	
化隆	9,830	56,075	5.70	26,933	29,142	92.42	2,814	10.45	
湟源	8,009	48,436	6.05	25,342	23,094	109.73	2,784	10.99	
玉樹	9,943	57,910	5.82	19,359	38,551	50.22	…	…	二十五年報部數
稱多	…	…	…	…	…	…	…	…	
都蘭	26,910	133,585	4.96	66,672	66,913	99.64	…	…	二十五年報部數
囊謙	2,190	13,200	6.03	4,413	8,787	50.32	…	…	仝上
同德	84,200	398,700	4.73	204,374	194,326	105.17	…	…	仝上
海晏	1,202	5,642	4.69	2,815	2,827	99.50	…	…	
興海	…	…	…	…	…	…	…	…	
[illegible]	1,550	7,201	4.65	3,822	3,379	113.11	…	…	
[illegible]	…	…	…	…	…	…	…	…	
[illegible]	…	…	…	…	…	…	…	…	
[illegible]	…	…	…	…	…	…	…	…	
[illegible]	…	…	…	…	…	…	…	…	
[illegible]	…	…	…	…	…	…	…	…	

材料來源：[illegible]

說明：1. [illegible]

2. [illegible]

福建省戶口統計

材料時期：民國三十二年十二月

區域別	戶數	人口數	每戶平均口數	男子數	女子數	每百女子所當男子數	壯丁數	壯丁與男子之百分比	備註
總計	2143372	11426180	5.32	5971941	5454237	109.49	1905472	31.91	
林森	100975	552399	5.47	292787	259612	112.78	95956	32.76	
古田	28403	183354	6.46	109489	73865	148.23	36101	32.97	
屏南	17929	77811	4.34	45792	32019	143.02	15168	33.12	
閩清	25319	128316	5.07	70496	57820	121.92	18266	25.91	
長樂	38824	206616	5.32	109800	96816	113.41	31127	28.35	
連江	39320	224880	5.71	119659	105221	113.72	37143	31.04	
羅源	23054	105904	4.59	57169	48735	117.31	19429	33.99	
永泰	29611	149942	5.05	86017	63925	134.55	29172	33.91	
福清	51903	341440	6.58	177833	163607	108.70	65053	36.58	
霞浦	42637	196113	4.60	115360	80753	142.86	46059	39.93	
福鼎	47822	220758	4.62	129825	90933	142.77	44880	34.57	
寧德	28480	190240	6.68	108736	81504	133.41	40946	37.66	
壽寧	19190	112936	5.89	65262	47674	136.89	24950	38.23	
福安	49800	255188	5.12	150335	104853	143.38	53444	35.55	
平潭	19577	106207	5.03	57364	48843	117.45	19482	33.96	
莆田	77494	672088	8.67	326153	345935	94.28	106893	32.77	
仙游	58703	301944	5.14	155755	146189	106.58	46889	30.10	
晋江	106923	588268	5.50	288659	299609	96.35	66128	22.91	
南安	78733	527359	6.70	268827	258532	103.98	65172	24.24	
惠安	64491	373337	6.10	194044	179293	97.57	46209	23.8	
安溪	47398	327892	6.92	165701	162191	102.16	49761	30.03	
同安	44802	228650	5.10	116274	112406	103.88	40721	35.02	
永春	34273	204658	5.97	101791	102897	98.91	23689	23.22	
德化	21348	112802	5.28	56045	56757	98.75	17660	31.51	
大田	24682	102493	4.15	55926	46567	120.10	16350	29.24	
龍巖	28759	142318	4.95	71467	70851	100.87	18576	26.99	
長汀	36693	202335	5.51	100014	102321	97.30	32719	32.71	
寧化	25895	124777	4.81	62981	61796	101.92	19186	30.46	
上杭	42669	199851	4.65	96050	103801	92.51	27112	28.23	
武平	35657	151550	4.25	76762	74788	102.64	24573	32.01	

福建省户口統計

（續一）

區域別	户數	人口數	每户平均口數	男子數	女子數	每百女子所當男子數	壯丁數	壯丁與男子之百分比	備註
清流	13,624	59,966	4.33	31,016	28,950	107.16	10,517	33.91	
連城	23,129	111,561	4.82	56,500	55,061	102.61	18,418	32.60	
明溪	9,579	37,058	3.87	19,567	17,491	111.87	8,023	41.00	
永定	34,446	173,494	5.04	91,259	82,235	110.97	19,578	21.39	
雲霄	22,232	115,619	5.20	59,944	55,675	107.67	21,561	35.97	
龍溪	63,486	284,743	4.49	144,371	140,372	102.85	44,825	31.05	
華安	9,374	57,275	6.11	28,407	28,868	98.40	9,199	32.38	
漳浦	42,908	214,792	5.01	107,516	107,276	100.22	32,902	30.60	
南靖	22,852	120,044	5.25	59,412	60,632	97.99	21,575	30.31	
長泰	12,990	60,975	4.69	29,873	31,102	96.05	10,298	34.49	
平和	38,872	210,469	5.41	109,487	100,982	108.42	40,183	30.70	
詔安	38,121	204,476	5.36	100,829	103,647	97.28	30,399	33.01	
東山	13,595	86,212	6.34	42,344	43,868	96.53	13,718	32.40	
海澄	23,144	126,675	5.47	59,584	67,091	88.81	21,236	35.64	
漳平	13,560	76,071	5.61	38,741	37,330	103.78	11,240	29.01	
寧洋	5,211	22,591	4.34	12,119	10,472	115.73	4,160	34.33	
南平	43,364	184,644	4.26	99,110	85,534	115.87	31,077	31.36	
將樂	17,125	72,331	4.22	37,925	34,406	110.23	11,331	29.88	
沙縣	23,419	105,535	4.51	54,920	50,615	108.51	17,484	31.84	
尤溪	28,673	160,768	5.61	88,728	72,040	123.16	29,880	33.68	
順昌	15,176	64,351	4.24	34,058	30,293	112.43	9,748	28.62	
永安	22,181	96,575	4.30	52,303	44,272	118.14	19,005	36.34	
建瓯	51,256	228,537	4.46	120,268	108,269	111.08	37,596	31.24	
〃安	18,514	82,504	4.46	44,612	37,892	117.73	14,666	32.87	
浦城	45,253	203,819	4.50	111,450	92,369	120.66	34,122	30.62	
政和	16,981	79,382	4.67	45,824	33,558	136.55	12,973	28.31	
松溪	12,063	59,491	4.93	32,602	26,889	121.25	10,038	30.79	
邵武	21,523	115,493	5.37	58,919	56,574	104.14	18,631	31.62	
泰寧	11,707	50,916	4.35	26,725	24,191	110.47	9,939	37.19	
建寧	13,428	64,745	4.82	32,991	31,754	103.90	9,928	30.09	
建陽	23,900	111,690	4.61	62,364	49,326	126.43	20,407	32.72	

福建省户口統計

(續二)

區域別	户數	人口數	每户平均口數	男子數	女子數	每百女子所當男子數	壯丁數	壯丁與男子之百分比	備註
三元	10,420	39,569	3.80	21,210	18,359	115.53	8,276	39.02	
水吉	15,049	62,514	4.15	33,144	29,370	112.85	9,772	29.48	
柘洋特種區	7,979	40,788	5.11	24,225	16,563	146.26	8,545	35.27	
周墩特種區	8,987	50,484	5.62	30,684	19,800	154.79	10,469	34.12	
福州市	61,320	257,537	4.20	136,539	120,988	112.84	78,969	57.84	

材料來源：根據福建省政府報部之福建省保甲户口統計表編製。

廣東省戶口統計

材料時期：民國三十二年十二月

區域別	戶數	人口數	每戶平均口數	男子數	女子數	每百女子所當男子數	壯丁數	壯丁與男子之百分比	備註
總計	3,074,164	15,607,579	5.08	8,420,479	7,187,100	117.16	...	...	
龍門	24,838	104,300	4.20	56,447	47,853	117.96	...	...	
赤溪	3,724	16,200	4.33	8,230	7,970	103.26	...	...	
高要	124,660	506,918	4.07	257,700	249,218	103.40	...	...	
新興	48,240	190,921	3.96	98,230	92,691	105.98	...	...	
高明	19,168	93,508	4.88	48,052	45,456	105.71	...	...	
廣寧	58,553	275,137	4.70	143,679	131,458	109.30	...	...	
開平	100,226	499,088	4.98	272,796	226,292	120.55	...	...	
鶴山	59,285	253,149	4.27	132,774	120,375	110.30	...	...	
德慶	36,424	172,441	4.73	83,859	88,582	94.66	...	...	
封川	23,303	106,894	4.58	53,898	52,996	101.70	...	...	
開建	10,251	64,521	6.29	33,503	31,018	108.01	...	...	
恩平	48,543	240,720	4.96	137,700	103,020	133.66	...	...	
羅定	75,372	333,337	4.42	183,504	149,833	122.47	...	...	
雲浮	61,501	294,929	4.20	161,038	133,891	120.28	...	...	
鬱南	43,743	231,253	5.29	127,460	103,793	122.80	...	...	
曲江	31,424	160,366	5.10	80,343	80,023	100.40	...	...	
南雄	41,146	213,397	5.17	100,172	113,225	88.47	...	...	
始興	21,236	97,162	4.58	46,972	50,190	93.59	...	...	
樂昌	20,157	106,740	5.30	55,685	51,055	109.07	...	...	
仁化	11,216	45,940	4.10	22,796	23,144	98.50	...	...	
乳源	19,170	87,106	4.55	42,078	45,028	93.45	...	...	
英德	62,688	288,381	4.60	149,778	138,603	108.06	...	...	
温源	27,223	133,749	4.91	68,305	65,444	104.37	...	...	
連縣	43,992	209,083	4.75	111,181	97,902	113.56	...	...	
陽山	33,199	188,747	5.69	100,525	88,222	124.74	...	...	
連山	8,938	41,291	4.62	23,405	17,886	130.86	...	...	
惠陽	132,547	593,370	4.48	323,052	270,318	119.51	...	...	
新豐	15,859	81,847	5.16	46,023	35,824	128.47	...	...	
紫金	44,105	206,199	4.67	111,827	94,372	118.50	...	...	
海豐	87,156	395,702	4.54	225,579	170,123	132.60	...	...	

—— 33 ——

廣東省户口統計

（續一）

區域別	户數	人口數	每户平均口數	男子數	女子數	每百女子所當男子數	壯丁數	壯丁與男子之百分比	備註
清遠	85,402	557,523	6.53	295,199	262,324	109.61	…	…	
佛岡	13,956	70,434	5.05	36,634	33,800	108.38	…	…	
陸豐	109,963	464,328	4.23	268,242	196,086	136.80	…	…	
龍川	62,713	312,809	4.99	166,673	146,136	114.05	…	…	
河源	28,161	197,650	7.02	120,272	77,378	155.31	…	…	
和平	34,704	161,213	4.65	86,697	74,516	116.35	…	…	
連平	26,870	96,077	3.58	50,750	45,327	111.96	…	…	
豐順	44,645	229,191	5.13	124,908	104,283	119.78	…	…	
潮陽	139,213	708,931	5.09	361,522	347,449	104.05	…	…	
惠來	81,866	394,262	4.81	200,411	193,851	104.46	…	…	
大埔	54,045	300,439	5.50	165,121	135,318	122.02	…	…	
普寧	101,79[illegible]	566,034	5.57	290,849	275,185	105.45	…	…	
梅縣	91,175	547,470	6.00	281,893	265,577	106.14	…	…	
五華	58,568	329,378	5.62	182,641	146,737	124.47	…	…	
興寧	64,323	425,417	6.61	237,626	187,791	126.54	…	…	
平遠	22,093	99,286	4.49	49,913	49,373	101.09	…	…	
蕉嶺	17,639	104,033	5.90	54,024	50,009	108.03	…	…	
茂名	111,591	626,943	5.62	357,824	269,119	132.96	…	…	
電白	82,602	345,743	4.19	201,278	144,465	139.33	…	…	
信宜	83,090	422,321	5.08	229,414	192,907	118.92	…	…	
化縣	65,220	351,018	5.38	194,942	156,076	124.90	…	…	
吳川	33,276	172,833	5.19	94,695	78,138	121.19	…	…	
廉江	68,467	373,363	5.45	212,438	160,925	132.01	…	…	
徐聞	25,429	122,450	4.82	68,153	54,297	125.52	…	…	
陽春	59,913	289,520	4.83	149,212	140,308	106.35	…	…	
欽縣	41,731	309,494	7.42	178,683	130,811	136.60	…	…	
防城	37,007	192,741	5.[illegible]	107,045	85,696	124.91	…	…	
靈山	64,847	396,032	6.11	227,632	168,400	135.[illegible]	…	…	
韶關市	25,835	207,610	8.04	119,107	88,413	134.72	…	…	

材料來源：根據廣東省政府報部之廣東省保甲户口統計總表編製。

廣西省户口統計

材料時期：民國三十二年六月

區域別	户數	人口數	每户平均口數	男子數	女子數	每百女子所當男子數	壯丁數	壯丁與男子之百分比	備註
總計	2,763,070	14,927,438	5.40	7,864,116	7,063,322	111.34	2,709,223	34.45	
桂林市	51,640	294,137	5.70	177,794	116,343	152.82	78,773	44.31	
臨桂	46,779	235,885	5.04	121,370	114,515	105.99	42,364	34.90	
興安	27,508	160,062	5.82	89,298	70,764	126.19	30,216	33.84	
陽朔	22,064	120,884	5.48	63,022	57,862	108.92	21,099	33.48	
百壽	12,633	67,621	5.35	35,758	31,863	112.22	12,165	34.02	
永福	12,156	60,329	4.96	31,793	28,536	111.41	10,328	32.49	
榴江	11,246	62,198	5.53	32,012	30,186	106.05	10,108	31.58	
義寧	10,412	49,818	4.78	25,657	24,161	106.19	9,015	35.13	
全縣	63,474	355,739	5.60	205,535	150,204	136.50	68,768	33.46	
靈川	24,993	126,558	5.06	64,937	61,621	105.38	23,561	36.28	
資源	12,271	69,096	5.63	35,848	33,248	107.82	11,252	31.39	
灌陽	23,523	121,935	5.18	71,985	49,950	134.11	25,801	35.84	
龍勝	15,642	76,720	4.90	39,925	36,795	150.51	12,315	30.85	
平樂	31,844	176,315	5.54	93,272	83,043	112.32	30,692	32.91	
恭城	22,643	124,893	5.52	69,649	55,244	126.08	23,424	33.63	
富川	22,418	112,027	5.00	60,298	51,729	116.57	21,117	35.02	
賀縣	48,481	252,182	5.20	135,973	116,209	117.01	50,191	36.91	
荔浦	27,727	148,411	5.35	76,382	72,029	106.04	24,456	32.02	
修仁	14,524	76,503	5.27	39,034	37,469	104.18	13,288	34.04	
昭平	26,486	146,496	5.75	79,640	66,856	119.12	28,775	36.13	
鍾山	33,450	180,090	5.38	94,901	85,189	111.40	32,605	34.36	
蒙山	19,092	104,641	5.48	54,716	49,925	109.60	19,330	35.33	
中渡	7,326	39,631	5.41	20,066	19,565	102.56	6,128	30.54	
柳江	53,374	257,898	4.83	133,477	124,421	107.28	44,827	33.58	
雒容	10,145	50,087	4.94	25,291	24,796	102.00	8,339	32.29	
融縣	37,491	187,369	5.00	96,490	90,879	106.17	30,071	31.11	
羅城	24,530	120,148	4.90	61,611	58,537	105.25	21,190	34.39	
柳城	24,453	127,415	5.21	64,855	62,560	103.67	20,589	31.87	
三江	29,307	140,549	4.80	73,377	67,172	109.24	23,303	31.70	
來賓	21,504	145,058	6.75	35,011	70,047	107.09	25,299	33.73	

廣西省户口統計

（續一）

區域別	户數	人口數	每户平均口數	男子數	女子數	每百女子所當男子數	壯丁數	壯丁與男子之百分比	備註
思恩	20,771	96,118	4.63	47,837	48,281	99.08	15,315	32.01	
河池	23,551	109,443	4.65	55,687	53,756	103.59	19,890	35.72	
遷江	22,482	121,477	5.40	59,920	61,557	97.34	19,702	32.88	
南丹	16,810	76,061	4.52	38,461	37,600	101.76	12,460	32.40	
忻城	19,656	110,581	5.63	55,260	55,321	99.89	18,943	34.28	
百色	20,966	109,435	5.22	53,562	55,873	95.86	18,140	33.90	
田東	22,166	115,484	5.21	55,626	59,858	92.93	18,224	32.80	
敬德	11,463	54,179	4.73	27,816	26,363	105.51	10,851	39.01	
凌雲	12,050	69,197	5.74	34,135	35,062	97.36	9,920	29.06	
西林	11,092	55,014	5.00	27,344	27,470	100.27	9,111	33.18	
西隆	16,558	79,063	4.77	39,931	39,132	102.04	14,546	36.40	
東蘭	23,610	115,361	4.89	57,768	57,593	100.30	18,764	32.50	
天保	31,521	145,651	4.62	74,208	71,443	103.81	27,894	37.60	
田陽	24,610	135,057	5.49	66,154	68,903	96.01	23,452	35.50	
向都	18,190	89,460	4.92	45,513	43,947	103.56	17,002	38.70	
鳳山	14,355	72,630	5.06	36,084	36,546	98.74	12,233	33.90	
平治	17,577	96,485	5.49	47,769	48,716	98.06	15,029	33.70	
龍津	13,492	66,576	4.93	33,103	33,473	98.89	10,552	31.88	
憑祥	4,901	24,516	5.00	12,320	12,196	101.77	3,676	29.84	
崇善	9,816	59,356	5.05	29,561	28,795	99.21	10,074	34.08	
養利	5,643	29,641	5.25	14,320	15,321	93.47	5,042	35.21	
龍茗	13,240	75,145	5.67	37,105	38,040	97.54	13,695	36.91	
萬承	7,678	45,120	5.88	22,233	22,887	97.14	7,532	33.88	
左縣	5,046	30,252	6.00	14,526	15,726	92.37	4,640	31.94	
同正	8,532	47,576	5.33	23,229	24,347	95.41	7,472	32.17	
鎮結	16,014	85,433	5.33	43,050	42,383	101.57	14,021	32.70	
寧明	5,002	28,185	5.63	13,851	14,334	96.63	4,803	34.68	
思樂	7,686	51,239	6.67	26,241	24,998	104.97	8,747	33.33	
明江	6,297	34,861	5.54	17,239	17,622	97.83	6,121	35.51	
靖西	48,180	246,289	5.11	124,436	121,853	102.12	48,289	38.81	
鎮邊	17,158	84,143	4.90	42,388	41,755	101.52	16,824	39.69	

廣西省戶口統計

(續二)

區域別	戶數	人口數	每戶平均口數	男子數	女子數	每百女子所當男子數	壯丁數	壯丁與男子之百分比	備註
象縣	26,517	145,498	5.49	74,756	70,742	105.67	26,082	34.89	
興業	25,033	125,466	5.01	68,765	56,701	121.28	23,405	34.04	
陸川	32,972	256,842	7.79	147,627	109,215	135.17	48,680	32.97	
博白	82,697	415,958	5.03	242,381	173,577	139.64	87,332	36.03	
鬱林	79,925	368,388	4.61	208,077	160,311	129.80	72,521	34.85	
武宣	21,913	136,550	6.23	70,769	65,781	107.58	24,013	33.93	
貴縣	88,564	476,739	5.38	251,324	225,415	111.49	86,768	34.52	
平南	78,192	413,587	5.29	230,063	183,524	125.36	82,264	35.76	
桂平	92,113	503,074	5.46	268,414	234,660	114.38	88,983	33.15	
信都	10,616	60,026	5.65	30,525	29,501	103.47	11,500	37.67	
懷集	61,903	295,041	4.77	153,525	141,516	108.49	55,948	36.44	
岑溪	31,003	198,822	6.41	105,903	92,919	113.77	32,725	30.90	
容縣	53,643	308,054	5.74	166,482	141,572	117.65	54,840	32.94	
藤縣	70,545	406,275	5.76	218,660	187,615	116.55	79,606	36.40	
蒼梧	82,751	421,045	5.09	218,150	202,895	107.52	81,903	37.04	
上思	15,911	90,686	5.70	49,823	40,863	121.93	16,832	33.80	
那馬	12,560	71,959	5.73	36,873	35,086	105.09	12,414	33.70	
上林	35,502	217,216	6.12	109,498	107,718	101.65	35,153	32.13	
賓陽	45,150	256,804	5.69	132,344	124,460	106.33	45,824	34.63	
果德	11,430	59,786	5.23	29,365	30,421	96.53	10,153	34.60	
隆山	23,710	134,187	5.66	67,946	66,241	102.57	21,945	32.30	
都安	43,833	253,875	5.79	127,348	126,527	100.65	41,403	32.51	
武鳴	45,301	255,620	5.64	128,135	127,485	100.51	42,798	33.40	
橫縣	51,103	298,244	5.84	157,527	140,717	111.95	57,954	36.79	
永淳	29,393	187,989	6.40	97,067	90,922	106.76	34,257	35.30	
隆安	19,025	115,234	6.06	56,000	59,234	94.50	18,305	32.70	
綏淥	6,998	44,652	6.38	22,748	21,904	103.85	6,845	30.09	
扶南	9,640	77,898	8.08	38,439	39,459	97.42	13,183	34.30	
邕寧	72,507	418,665	5.77	220,526	198,139	111.30	68,992	31.29	
宜山	62,949	308,056	4.89	154,262	153,794	100.30	49,888	32.34	
天河	15,485	77,278	4.99	39,117	38,161	102.51	13,433	34.30	

廣西省户口統計

(續三)

區域別	户數	人口數	每户平均口數	男子數	女子數	每百女子所當男子數	壯丁數	壯丁與男子之百分比	備註
雷平	14,269	74,325	5.21	37,338	36,978	100.95	12,551	33.61	
上金	9,179	49,694	5.41	24,859	24,835	100.10	8,642	34.76	
田西	9,380	47,220	5.03	23,378	23,842	98.05	8,589	36.74	
樂業	9,577	49,852	5.21	25,090	24,762	101.32	8,858	35.40	
萬岡	15,925	95,148	5.98	48,151	46,997	102.46	16,505	34.30	
天峨	9,197	44,340	4.82	22,602	21,738	103.97	8,359	36.98	
北流	63,964	370,573	5.78	209,709	160,864	130.36	69,112	32.96	
宜北	7,949	47,049	5.92	24,696	22,353	110.48	7,075	28.65	

材料來源：根據廣西省政府報部之廣西省各縣市户口統計表編製。

雲南省戶口統計

材料時期：民國三十二年十二月

區域別	戶數	人口數	每戶平均口數	男子數	女子數	每百女子所當男子數	壯丁數	壯丁與男子之百分比	備註
總計	1,734,794	9,224,455	5.32	4,756,144	4,468,311	106.44	1,068,444	22.46	
昆明市	45,840	268,555	5.85	139,119	129,436	107.48	27,247	19.59	
昆明	35,667	175,608	5.92	85,900	89,708	95.76	21,951	25.55	
富民	6,874	34,490	5.02	17,375	17,115	101.52	6,619	38.10	
宜良	18,915	106,113	5.61	54,194	51,919	104.38	19,477	35.94	
呈貢	12,529	65,402	5.22	31,827	33,575	95.01	8,986	28.23	
羅次	7,655	42,643	5.58	20,655	21,988	93.72	6,190	30.09	
祿豐	7,252	43,481	5.99	23,217	20,264	114.57	1,330	5.73	
易門	8,045	44,629	5.55	24,644	19,985	123.31	2,355	9.52	
嵩明	17,418	98,718	5.67	52,156	46,562	112.01	11,225	21.52	
晉寧	11,558	54,659	4.82	26,570	28,089	94.59	3,681	13.85	
安寧	10,115	62,790	6.21	31,638	31,152	101.56	3,807	24.67	
昆陽	10,403	68,578	6.59	35,743	32,835	108.86	2,243	6.28	
武定	17,069	96,877	5.68	51,545	45,332	113.70	12,737	24.71	
元謀	8,114	44,773	5.51	22,576	22,197	101.71	3,664	16.23	
祿勸	22,929	110,720	4.83	58,597	52,123	112.42	18,748	31.99	
曲靖	22,916	151,803	6.62	77,738	74,065	104.96	13,222	17.01	
平彝	23,348	119,982	5.13	62,920	57,062	110.27	14,998	23.83	
宣威	44,352	309,192	6.97	174,711	134,481	129.92	30,996	17.74	
霑益	23,304	118,573	5.09	62,477	56,096	111.38	18,032	29.50	
馬龍	7,647	46,697	6.11	25,513	21,184	120.44	6,723	26.35	
陸良	25,423	144,243	5.67	78,936	65,307	120.87	6,914	8.26	
羅平	20,997	75,554	3.60	38,859	36,695	105.87	9,050	23.24	
尋甸	20,462	117,789	5.75	60,559	57,230	105.81	11,780	19.45	
巧家	28,747	148,639	5.17	77,825	70,814	109.90	31,120	39.98	
會澤	39,160	199,729	5.10	103,868	95,861	108.85	16,279	15.67	
昭通	35,871	170,148	4.74	85,777	84,371	101.67	25,566	29.81	
永善	19,090	64,692	3.39	31,895	32,794	79.27	2,546	7.98	
綏江	10,079	51,070	5.07	25,776	25,294	101.91	6,651	25.80	
魯甸	14,693	65,668	4.47	31,961	33,707	94.82	7,836	24.51	
大關	20,163	89,123	4.42	44,231	44,892	98.53	13,891	31.40	

雲南省戶口統計

(續一)

區域別	戶數	人口數	每戶平均口數	男子數	女子數	每百女子所當男子數	壯丁數	壯丁與男子之百分比	備註
鹽津	18,435	85,903	4.65	43,822	42,081	104.13	14,555	33.2[illegible]	
澂江	11,404	76,350	6.69	40,867	35,483	115.17	2,190	5.36	
玉溪	24,356	139,304	5.72	71,737	67,567	106.17	26,187	35.11	
路南	17,536	100,287	5.72	53,503	46,784	114.36	14,100	26.35	
江川	8,651	55,821	6.45	29,843	25,978	114.88	4,584	15.36	
鎮雄	33,281	219,071	6.5[illegible]	107,037	112,034	95.54	25,547	23.67	
威信	21,053	59,444	2.82	33,479	25,965	128.93	6,644	19.84	
彝良	26,981	103,760	3.8[illegible]	53,960	49,800	108.35	20,679	38.32	
楚雄	19,481	107,356	5.51	55,826	51,530	108.33	9,517	17.04	
廣通	5,859	29,750	5.08	14,580	15,170	96.13	316	2.17	
雙柏	8,118	50,771	6.25	25,312	25,459	99.42	1,679	6.63	
牟定	15,254	90,971	5.96	45,924	45,047	101.95	668	1.45	
鹽興	4,403	25,871	5.88	12,900	12,971	99.45	4,882	37.85	
蒙自	22,637	99,395	4.39	46,490	52,905	80.78	26,179	56.31	
建水	33,655	159,141	4.73	80,479	78,662	102.31	6,421	7.98	
曲溪	6,447	41,639	6.46	21,186	20,453	103.58	3,770	17.79	
通海	8,803	54,769	6.22	26,711	27,998	95.62	4,643	17.34	
河西	8,066	59,131	7.33	30,052	29,079	103.35	10,882	36.21	
峩山	8,651	43,732	5.06	22,657	21,075	107.51	7,301	32.23	
石屏	18,520	98,713	5.33	50,447	48,266	104.52	15,887	31.49	
開遠	15,191	75,969	5.00	36,987	38,982	94.66	11,340	30.73	
華寧	13,923	83,865	6.02	40,794	43,071	94.71	7,436	18.23	
箇舊	10,097	51,685	5.13	28,637	23,048	124.25	3,929	13.72	
文山	16,247	82,103	5.05	40,012	42,091	95.07	5,560	13.90	
馬關	15,714	105,404	6.71	53,416	51,988	102.75	7,334	13.73	
西疇	11,692	68,860	5.89	33,788	35,072	96.34	7,684	22.74	
廣南	23,038	104,502	4.01	51,929	52,573	98.77	7,641	14.71	
富寧	9,265	35,846	3.87	17,527	18,319	95.68	4,731	26.99	
瀘西	23,678	122,603	5.18	63,069	59,534	105.94	17,536	27.81	
彌勒	15,012	85,767	5.71	45,834	39,933	114.76	3,191	6.96	
師宗	8,731	37,659	4.31	19,522	18,137	107.64	2,026	10.38	

雲南省户口統計

（續二）

區域別	户數	人口數	每户平均口數	男子數	女子數	每百女子所當男子數	壯丁數	壯丁與男子之百分比	備註
邱北	12,745	65,387	5.13	33,288	32,099	103.70	435	1.31	
思茅	3,031	11,469	3.78	5,561	5,908	94.12	339	6.09	
寧洱	7,310	46,724	6.39	28,971	17,753	162.82	14,729	49.39	
墨江	10,144	47,807	4.71	23,140	24,667	94.03	5,904	26.72	
雙江	7,706	39,198	5.09	20,934	18,264	114.62	1,504	7.18	
保山	47,729	305,230	6.39	168,748	136,482	123.64	40,304	23.88	
永平	7,508	37,112	4.94	18,079	19,033	94.98	3,824	21.15	
鎮康	11,865	63,441	5.34	31,042	32,399	95.72	214	0.69	
大理	13,370	91,143	6.82	49,465	41,678	118.68	11,580	23.41	
祥雲	17,653	100,549	5.69	50,677	49,872	101.61	12,971	25.59	
洱源	9,216	43,100	4.65	22,187	20,913	106.09	7,861	35.43	
鳳儀	9,039	46,761	5.17	23,768	22,993	103.37	5,776	24.30	
鄧川	6,626	38,529	5.81	19,431	19,098	101.74	6,540	33.65	
賓川	14,526	92,756	6.40	46,341	46,415	99.14	1,357	2.93	
雲龍	10,222	62,983	6.16	32,507	30,476	106.66	8,943	27.51	
彌渡	15,177	103,910	6.86	53,007	50,903	104.13	13,303	25.10	
麗江	17,301	85,768	4.96	46,220	39,548	116.86	14,310	30.96	
蘭坪	10,023	44,911	4.49	23,894	21,017	118.83	9,811	41.06	
鶴慶	14,595	84,343	5.78	43,053	41,290	104.26	1,458	3.38	
劍川	8,929	53,355	5.48	27,703	25,652	107.99	9,305	33.58	
維西	7,710	36,020	4.67	18,690	17,330	107.85	3,358	17.97	
中甸	6,494	33,111	5.10	17,182	15,929	107.87	6,303	36.70	
蒙化	21,501	145,289	6.75	78,816	66,473	118.57	27,242	34.56	
漾濞	3,612	22,327	6.18	12,362	9,965	124.05	4,033	32.62	
永勝	11,363	43,632	3.84	23,218	20,414	113.74	2,284	9.84	
華坪	5,778	33,388	5.78	16,415	16,973	96.71	1,806	11.00	
姚安	19,505	112,158	5.74	56,705	55,453	102.17	21,120	37.36	
鹽豐	5,784	33,278	5.75	16,777	16,501	101.67	6,004	35.78	
鎮南	15,983	80,885	5.06	38,559	42,326	91.10	2,641	18.42	
大姚	16,489	100,303	6.08	52,285	48,018	108.89	7,400	14.15	
佛海	4,660	20,960	4.50	10,403	10,557	98.54	3,599	34.60	

雲南省户口統計

（續三）

區域別	户數	人口數	每户平均口數	男子數	女子數	每百女子所當男子數	壯丁數	壯丁與男子之百分比	備註
順寧	23,413	133,213	5.69	70,289	62,924	111.70	20,352	28.95	
昌寧	16,077	80,760	5.02	40,952	39,808	102.87	1,854	4.52	
雲縣	11,538	61,406	5.32	32,472	28,934	112.23	12,295	37.06	
車里	7,907	33,173	4.20	18,001	15,172	118.42	4,842	26.90	
南嶠	6,338	26,044	4.11	13,003	13,041	99.63	5,643	43.43	
硯山	16,247	84,369	5.19	42,092	42,277	99.56	5,560	13.21	
鎮越	4,662	19,627	4.21	9,752	9,875	98.75	4,169	42.75	
六順	3,969	18,439	4.65	9,384	9,055	103.63	2,076	22.12	
江城	3,564	18,209	5.11	9,134	9,075	100.65	3,784	41.43	
金平	6,982	30,073	4.31	14,230	15,843	89.81	5,475	38.47	
屏邊	9,473	47,672	5.03	24,007	23,665	101.44	5,956	24.81	
景東	14,699	80,516	5.48	39,871	40,645	98.09	4,863	12.19	
景谷	8,070	37,953	4.70	19,773	18,180	108.76	582	2.94	
元江	19,708	86,959	4.41	43,711	43,248	101.07	3,056	6.99	
新平	10,619	47,922	4.51	24,363	23,559	103.05	6,357	26.09	
瀾滄	22,757	100,801	4.43	50,926	49,875	102.11	5,838	11.45	
鎮沅	5,660	21,877	3.86	10,004	11,873	84.25	1,079	10.78	
永仁	10,331	66,073	6.39	33,091	32,982	100.33	8,237	24.89	
緬寧	13,490	72,829	5.40	37,843	34,986	108.17	9,355	24.72	
[illegible]	2,964	13,353	4.51	6,516	6,837	95.30	1,790	27.47	
[illegible]	2,009	6,433	3.20	3,483	2,950	118.06	1,533	44.01	
[illegible]	6,435	23,473	3.65	11,880	11,593	102.48	4,998	42.07	
[illegible]	1,985	11,690	5.89	5,982	5,708	104.80	745	12.45	
[illegible]	5,914	15,917	2.69	8,643	7,274	118.02	2,025	23.43	
[illegible]	2,967	11,852	3.98	5,966	5,886	101.35	2,163	36.25	
[illegible]	3,896	15,143	3.89	8,100	7,043	115.01	1,600	19.75	
[illegible]	1,081	3,547	3.20	2,041	1,506	130.55	1,053	51.59	
[illegible]	1,836	7,340	3.99	3,597	3,743	96.10	465	12.93	
[illegible]	6,227	18,160	2.40	9,773	8,387	116.52	2,445	25.02	
河口對汎	6[illegible]71	30,565	4.05	15,391	15,174	101.43	4,468	29.03	
[illegible]	22,685	126,860	5.59	65,254	61,606	105.97	17,625	26.99	

材料來源：根據雲南省政府統計室遣送雲南省户口統計表編製

貴州省戶口統計

材料時期　民國三十二年十二月

區域別	戶數	人口數	每戶平均口數	男子數	女子數	每百女子所當男子數	壯丁數	壯丁與男子之百分比	備註
總計	1,928,728	10,755,461	5.58	5,368,935	5,386,526	99.67	1,934,432	36.04	
貴陽市	43,987	227,200	5.17	136,101	91,099	149.40	73,101	53.71	
貴筑	33,233	166,805	4.73	83,845	82,960	101.07	27,542	32.85	
息烽	11,421	66,254	5.80	33,733	32,521	103.73	12,160	36.05	
修文	15,604	80,387	5.15	39,720	40,667	97.67	13,581	34.19	
龍里	15,618	77,768	4.98	39,496	38,272	103.20	14,374	36.39	
貴定	20,492	99,012	4.83	48,803	50,209	97.20	16,575	33.96	
開陽	25,905	136,679	5.28	68,856	67,823	101.52	21,206	30.80	
惠水	29,395	147,735	5.03	72,020	75,715	95.12	25,768	35.78	
平塘	17,957	87,847	4.89	42,167	45,680	92.31	14,433	31.60	
餘慶	12,882	83,597	6.47	42,430	41,167	103.07	12,578	32.00	
遵義	94,026	602,462	6.41	304,854	297,608	102.43	111,142	36.46	
羅甸	15,241	81,989	5.38	40,732	41,257	98.73	13,004	31.93	
平越	12,789	72,356	5.66	36,552	35,804	102.09	11,847	32.41	
甕安	16,183	103,839	6.42	53,007	50,832	104.28	18,822	35.51	
湄潭	30,742	163,887	5.33	81,103	82,784	97.97	25,352	31.26	
正安	33,834	215,425	6.37	105,266	110,159	95.56	34,118	32.41	
都勻	24,652	127,121	5.16	63,638	63,483	100.24	19,413	30.51	
綏陽	25,875	152,889	5.91	76,305	76,584	99.64	26,385	34.58	
桐梓	39,842	255,321	6.41	127,211	128,110	99.30	47,915	37.67	
仁懷	40,195	254,439	6.33	127,779	126,660	100.88	39,851	31.19	
鰼水	29,707	164,790	5.55	84,225	80,565	104.54	26,208	31.12	
獨山	28,370	137,035	4.83	67,077	69,958	95.88	28,170	42.00	
三都	15,978	76,975	4.82	37,654	39,321	95.76	12,173	32.33	
丹寨	12,749	63,598	4.99	32,087	31,511	101.83	10,516	32.77	
鑪山	18,982	94,346	4.97	46,078	48,268	104.75	13,744	29.83	
荔波	21,410	96,676	4.52	46,736	49,940	93.58	12,404	26.54	
麻江	18,780	92,089	4.37	45,923	46,166	99.47	13,271	28.90	
三穗	12,410	67,538	5.44	33,753	33,785	99.91	10,743	31.82	
天柱	22,475	131,739	5.86	66,651	65,088	102.40	20,551	30.83	
施秉	8,922	47,424	5.32	23,982	23,442	102.30	8,386	34.96	

貴州省户口統計

（續一）

區域別	户數	人口數	每户平均口數	男子數	女子數	每百女子所當男子數	壯丁數	壯丁與男子之百分比	備註
黃平	22,864	120,515	5.27	58,949	61,566	95.75	16,701	28.33	
台江	13,280	60,483	4.55	31,132	29,351	106.07	9,896	31.79	
鎮遠	13,434	74,272	5.53	37,281	36,991	100.78	12,368	33.18	
黎平	26,851	121,274	4.52	60,989	60,285	101.17	17,738	29.08	
錦屏	15,794	77,119	4.88	37,927	39,192	96.77	11,122	29.32	
岑鞏	11,748	68,301	5.79	36,301	32,000	113.44	11,525	31.75	
榕江	18,506	90,014	4.86	44,399	45,615	97.33	12,240	27.57	
從江	21,945	90,491	4.13	46,101	44,390	103.85	14,475	31.98	
劍河	13,521	65,004	4.81	32,829	32,175	102.03	8,854	27.52	
沿河	34,456	193,452	5.61	96,717	96,735	99.98	34,897	36.08	
江口	15,252	84,722	5.55	44,468	40,254	110.47	15,495	34.85	
印江	25,581	170,143	6.65	85,203	84,940	100.31	32,804	38.50	
婺川	31,503	151,120	4.80	76,299	74,821	101.98	29,004	38.01	
玉屏	9,586	68,556	7.15	36,307	32,249	112.58	9,493	26.15	
銅仁	23,813	130,571	5.45	67,875	62,696	108.26	19,544	28.79	
石阡	20,583	138,929	6.75	67,572	71,357	94.84	23,889	35.35	
德江	27,476	151,293	5.51	75,855	75,438	100.55	27,530	36.29	
畢節	45,528	306,966	6.74	151,396	155,570	97.32	49,109	32.44	
安順	37,766	226,167	5.99	103,651	122,516	84.60	28,332	27.33	
普定	25,292	132,825	5.25	66,330	66,495	99.75	23,115	34.84	
思南	28,596	232,738	8.16	114,524	118,214	96.88	32,890	28.72	
鎮寧	21,396	100,585	4.70	48,039	52,546	91.42	17,159	35.72	
鳳岡	22,836	160,864	7.04	80,099	80,765	99.18	27,633	34.57	
平壩	19,193	100,843	5.25	50,420	50,423	99.94	19,740	39.15	
紫雲	13,985	67,862	4.85	32,768	35,094	93.37	10,570	32.26	
貞豐	20,151	101,241	5.02	48,971	52,270	93.69	16,928	34.57	
清鎮	23,056	134,356	5.83	67,629	66,727	101.35	26,590	39.32	
興義	33,265	182,354	5.48	88,841	93,513	95.00	28,701	32.31	
金沙	29,535	177,710	6.02	89,7[illegible]	87,970	102.01	30,296	33.76	
晴隆	10,669	56,333	5.28	27,9[illegible]	28,422	98.20	10,150	36.34	
織金	36,354	203,094	5.59	101,2[illegible]4	101,880	99.34	34,410	34.00	

貴州省戶口統計

(續二)

區域別	戶數	人口數	每戶平均口數	男子數	女子數	每百女子所當男子數	壯丁數	壯丁與男子之百分比	備註
普安	13,380	72,014	5.39	34,742	37,272	93.21	11,823	34.03	
盤縣	40,606	266,334	6.56	134,597	131,737	102.17	48,319	35.90	
大定	45,717	267,272	5.85	134,671	132,601	101.56	52,944	39.31	
關嶺	21,260	101,031	4.75	48,561	52,470	92.55	17,299	35.62	
黔西	41,530	224,231	5.40	110,291	113,940	96.80	39,011	35.37	
水城	31,444	153,743	4.89	74,326	79,417	93.59	28,241	38.00	
冊亨	11,966	51,910	4.34	25,096	26,814	93.59	6,265	24.97	
納雍	21,145	108,932	5.15	52,872	56,060	94.32	20,882	39.50	
威寧	35,064	182,398	5.20	93,500	88,898	105.18	32,456	34.71	
道真	20,599	102,646	4.95	48,660	53,986	90.13	19,056	39.16	
望謨	14,774	75,418	5.10	38,358	37,060	103.50	14,786	38.55	
松桃	38,360	220,119	5.76	113,635	106,484	106.72	36,277	31.92	
赤水	28,552	151,996	5.32	77,101	74,895	102.95	24,822	32.19	
郎岱	24,410	138,815	5.76	66,450	72,365	91.83	21,316	32.08	
安龍	20,963	117,879	5.62	55,302	62,577	88.37	20,468	37.01	
長順	15,151	72,097	4.76	34,884	37,213	93.74	11,594	33.27	
興仁	17,962	104,867	5.84	49,347	55,520	88.88	17,696	35.86	
豐章	22,794	128,340	5.63	61,025	67,315	90.61	21,645	35.47	

材料來源：根據貴州省政府報部之貴州省各縣市保甲戶口壯丁統計表編製。

綏遠省户口統計

材料時期：民國三十二年十二月

區域別	户數	人口數	每户平均口數	男子數	女子數	每百女子所當男子數	壯丁數	壯丁與男子之百分比	備註
總計	52,644	262,097	4.98	151,101	110,996	136.14	40,846	27.03	
五原	7,728	39,746	5.14	24,125	15,621	154.44	5,597	23.20	
臨河	12,133	60,395	4.98	34,068	26,327	129.40	9,960	29.24	
安北	4,578	25,029	5.47	14,583	10,446	139.60	3,295	22.59	
米倉	11,620	57,134	4.92	31,564	25,570	123.44	9,502	30.10	
狼山	7,897	40,501	5.13	23,744	16,757	141.70	5,630	23.71	
晏江	5,832	26,874	4.61	15,674	11,200	139.95	4,160	26.54	
陝壩市	2,856	12,418	4.35	7,343	5,075	144.68	2,702	36.80	

材料來源：根據綏遠省政府報部之綏遠省保甲户口異動報告表編製。

寧夏省戶口統計

材料時期：民國三十二年十二月

區域別	戶數	人口數	每戶平均口數	男子數	女子數	每百女子所當男子數	壯丁數	壯丁與男子之百分比	備註
總計	126,705	723,708	5.71	392,015	331,693	118.21	136,721	34.86	
賀蘭	18,049	98,518	5.46	55,489	43,029	128.96	19,298	34.78	
寧朔	9,416	57,465	6.10	31,976	25,489	125.45	10,681	33.40	
靈武	14,137	80,643	5.70	42,930	37,713	113.83	15,122	35.20	
鹽池	1,102	8,001	7.26	4,614	3,387	136.23	2,347	35.22	
平羅	10,309	58,589	5.68	31,826	26,763	118.92	11,278	35.44	
磴口	3,155	15,832	5.02	8,662	7,170	120.81	2,695	31.11	
中衛	16,008	88,180	5.51	45,726	42,254	108.69	14,859	32.42	
中寧	13,250	74,332	5.61	39,190	35,142	111.52	14,523	37.06	
金積	8,270	48,278	5.84	26,037	22,241	117.07	8,880	34.11	
同心	7,067	40,925	5.79	21,339	19,586	108.95	8,687	40.71	
陶樂	680	3,712	5.46	2,088	1,624	128.57	635	30.41	
永寧	13,624	78,615	5.77	43,606	15,009	124.56	14,638	33.57	
惠農	9,848	62,699	6.31	33,702	28,997	116.23	11,191	33.21	
定遠營	1,790	7,919	4.42	4,630	3,289	140.77	1,857	40.11	

材料來源：根據寧夏省政府[illegible]部之寧夏省各縣局處保甲戶口統計報告表編製。

新疆省戶口統計

材料時期：民國三十二年

區域別	戶數	人口數	每戶平均口數	男子數	女子數	每百女子所當男子數	壯丁數	壯丁與男子之百分比	備註
總計	843,848	3,730,051	4.20	1,964,609	1,765,442	111.28	....	...	
迪化	22,350	97,988	4.38	55,684	42,304	138.41	...	...	包括商會戶口數在內
昌吉	3,557	17,957	5.05	9,585	8,372	114.45	...	...	
乾德	2,288	10,960	4.79	6,079	4,881	124.54	...	...	
呼圖壁	3,383	24,201	7.15	14,536	9,665	150.40	...	...	
吐魯番	9,760	52,026	5.33	27,354	24,672	110.87	...	...	
綏來	6,202	32,950	5.31	17,634	15,316	115.13	...	...	
阜康	2,099	11,394	5.43	6,318	5,076	124.47	...	...	
孚遠	4,216	21,273	5.05	11,748	9,525	123.34	...	...	
奇台	6,514	32,493	4.99	17,965	14,528	123.66	...	...	
鄯善	7,673	38,200	4.98	19,730	18,470	106.82	...	...	
托克遜	3,456	21,575	6.24	11,243	10,332	108.82	...	...	
木壘河	2,196	10,804	4.92	5,755	5,049	113.98	...	...	
伊寧	28,086	112,509	4.01	60,711	51,798	117.21	...	...	
綏定	7,033	30,716	4.37	16,415	14,301	114.78	...	...	
河南	4,405	22,305	5.06	11,869	10,436	113.73	...	...	
霍爾果斯	5,310	26,394	4.97	14,136	12,258	115.32	...	...	
昭蘇	4,384	21,861	4.99	11,528	10,333	111.56	...	...	
博樂	2,762	14,086	5.10	7,698	6,388	120.51	...	...	
溫泉	1,721	9,619	5.62	5,046	4,573	110.34	...	...	
特克斯	8,035	44,378	5.52	23,343	21,035	110.97	...	...	
鞏留	4,020	20,726	5.16	11,061	9,665	114.44	...	...	
鞏哈	4,735	26,140	5.52	13,996	12,144	115.25	...	...	
疏附	60,152	245,427	4.08	124,876	120,551	103.59	...	...	
疏勒	43,969	169,413	3.85	86,267	83,146	103.75	...	...	
伽師	33,463	150,299	4.49	76,228	74,071	102.91	...	...	
巴楚	19,569	71,416	3.65	38,429	32,987	116.50	...	...	
英吉沙	37,728	152,304	4.04	79,431	72,873	109.00	...	...	
蒲犁	2,340	18,491	7.90	6,950	11,541	60.22	...	...	
烏恰	2,721	14,141	5.20	7,149	6,992	102.25	...	...	
阿圖什	9,301	46,786	5.03	24,316	22,470	108.22	...	...	

新疆省户口統計

（續一）

區域別	戶數	人口數	每戶平均口數	男子數	女子數	每百女子所當男子數	壯丁數	壯丁與男子之百分比	備註
岳普湖	6,710	31,258	4.66	16,855	14,403	117.03	...	...	
阿克蘇	19,578	90,912	4.64	48,051	42,861	112.11	...	...	
溫宿	19,133	83,524	4.37	44,143	39,381	112.09	...	...	
拜城	21,351	71,493	3.35	37,463	34,030	110.09	...	...	
庫車	21,451	108,869	5.08	58,249	50,620	115.07	...	...	
沙雅	10,074	53,407	5.30	28,442	24,965	113.93	...	...	
烏什	14,416	76,586	5.31	40,033	36,553	109.52	...	...	
阿瓦提	6,098	28,107	4.61	15,273	12,834	119.00	...	...	
柯坪	2,593	13,482	5.20	7,186	6,296	114.12	...	...	
新和	8,618	43,211	5.01	22,971	20,240	113.49	...	...	
塔城	8,691	35,847	4.08	18,763	17,084	109.83	...	...	
額敏	9,702	48,123	4.96	25,226	22,897	110.17	...	...	
沙灣	3,239	17,224	5.32	9,683	7,541	128.40	...	...	
烏蘇	3,852	18,566	4.82	10,309	8,257	124.85	...	...	
承化	5,360	21,206	3.96	11,605	9,601	120.87	...	...	
福海	1,356	6,964	5.14	3,546	3,418	103.74	...	...	
青河	904	4,744	5.25	2,345	2,399	97.75	...	...	
哈巴河	2,173	9,496	4.37	4,914	4,582	107.25	...	...	
吉木乃	1,030	4,829	4.69	2,536	2,293	110.60	...	...	
富蘊	1,425	7,024	4.93	3,646	3,378	107.93	...	...	
布爾津	1,848	8,777	4.75	4,593	4,184	109.75	...	...	
和闐	31,276	117,892	3.77	62,565	55,327	113.08	...	...	
墨玉	36,257	143,802	3.97	74,714	69,088	108.14	...	...	
策勒	16,197	61,800	3.81	32,377	29,423	110.04	...	...	
于闐	17,680	78,007	4.41	40,689	37,318	109.03	...	...	
洛浦	27,128	113,059	4.17	58,481	54,578	107.15	...	...	
皮山	23,397	90,553	3.87	47,800	42,753	111.81	...	...	
焉耆	4,419	19,899	4.50	10,997	8,902	123.53	...	...	
和靖	2,064	9,844	4.77	5,451	4,393	124.08	...	...	
輪台	4,557	24,930	5.47	13,251	11,679	113.46	...	...	
尉犁	1,595	8,455	5.30	4,190	4,265	98.24	...	...	

新疆省户口統計

(續二)

區域別	户數	人口數	每户平均口數	男子數	女子數	每百女子所當男子數	壯丁數	壯丁與男子之百分比	備註
婼羌	1,111	5,540	4.99	3,080	2460	125.20	...	...	
且末	2883	10,795	3.74	5,807	4,988	116.42	...	...	
庫爾勒	4,494	23,640	5.27	12,656	11,034	114.70	...	...	
哈密	5,382	28,591	5.41	15,323	13,268	115.49	...	...	
鎮西	2,996	15,608	5.21	8,052	7,556	106.56	...	...	
伊吾	527	3,257	6.18	1,707	1,550	110.13	...	...	
莎車	61,422	291,813	4.75	156,410	135,403	115.51	...	...	
澤普	9,923	40,047	4.04	20,673	19,374	106.70	...	...	
葉城	44,923	179,129	3.99	93,582	85,547	109.39	...	...	
麥蓋提	10,638	50,298	4.33	26,419	23,879	110.64	...	...	
七角井設治局	22	105	4.77	82	23	356.52	...	...	
[illegible]設治局	2,189	11,720	5.35	6,267	5,453	114.79	...	...	
[illegible]設治局	[illegible]46	11,720	5.22	5,788	5,932	97.57	...	...	
和豐設治局	2,215	13,210	5.96	6,580	6,630	99.26	...	...	
[illegible]設治局	2,624	10,946	4.17	5,739	5,207	110.22	...	...	
民豐設治局	2,218	10,268	4.63	5,607	4,661	120.30	...	...	
和碩設治局	502	2,592	5.16	1,413	1,179	119.85	...	...	

材料來源：根據新疆省政府報部之新疆省各縣局户口統計表編製。

三十七年上半年全國戶口統計

內政部人口局　編

鉛印本

三十七年上半年

全國戶口統計

包惠僧題

內政部人口局編印

各省分縣戶口統計目錄

全國戶口統計總表

縣市別	鄉鎮數	保數	甲數	戶數	人口數			戶量 每戶平均人口數	性比例 每百女子所當男子數
					合計	男	女		
總計	48,165	594,480	6,299,530	87,315,971	463,493,418	242,273,893	221,219,525	5.31	109.52
江蘇	5,377	56,262	636,428	7,585,646	36,080,123	18,601,481	17,478,642	4.76	106.42
浙江	2,516	29,963	336,115	4,622,857	19,958,715	10,541,213	9,417,502	4.32	111.93
安徽	1,764	17,708	200,495	3,595,732	22,462,217	11,869,001	10,593,216	6.25	112.04
江西	1,690	17,738	177,835	2,517,095	12,506,912	6,490,636	6,016,276	4.97	107.88
湖北	1,275	16,422	222,835	3'751,924	20,975,559	10,946,783	10,028,776	5.67	109.15
湖南	1,201	14,830	198,732	4,621,038	25,557,926	13,476,892	12,081,034	5.53	111.55
四川	4,480	59'110	631,059	8.413,380	47,437,387	24,266,746	23,170,641	5.64	104.73
西康	410	2,775	24,160	328,470	1,696,600	851,144	845,456	5.16	100.67
河北	4,103	46,677	467,668	5,160,858	28,719,057	15,438,888	13,280,169	5.56	116.25
山東	5,561	66,250	682,336	7,340,166	38,865,254	19,334,890	19,530,364	5.29	99.00
山西	3,074	79,217	414,700	3,032,232	15,247,059	8,348,598	6,898,461	5.03	121.02
河南	1,240	22,038	291,907	5,238,350	29,654,095	15,097,753	14,556,342	5.66	103.72
陝西	1,031	7,438	133,932	2,094,660	10,011,201	5,245,452	4,765,749	4.78	110.07
甘肅	771	7,044	82,662	1,278,270	7,091,517	3,696,201	3,394,316	5.55	108.89
青海	251	1,086	10,806	200,539	1,307,719	658,815	648,904	6.52	101.53
福建	903	10,271	132,048	2,447,970	11,143,083	5,771,334	5,371,749	4.55	107.44
台灣	359	6,286	789,61	1,090,436	6,384,019	3,211,822	3,172,197	5.85	101.25
廣東	2,702	37,936	415,364	5,551,401	27,209,968	14,409,238	12,800,730	4.90	113.27
廣西	1,801	18,919	204,013	2,820,388	14,636,337	7,636,084	7,000,253	5.19	109.08
雲南	1,423	12,453	125,513	1,715,333	9,065,921	4,552,461	4,513,460	5.27	100.86
貴州	1,405	12,942	128,325	1,838,780	10,173,750	5,100,983	5,072,767	5.53	100.56
遼寧	564	6,146	98,744	1,675,832	10,007,204	5,143,519	4,863,685	5.97	105.75
安東	270	3,337	32,490	546,308	2,992,305	1,650,083	1,342,222	5.48	122.94
遼北	409	4,306	47,431	830,962	4,627,841	2,424,180	2,203,661	5.57	110.01
吉林	381	3,767	93,504	1,189,683	6,465,449	3,473,239	2,992,210	5.43	116.08
松江	199	2,050	32,556	456,316	2,579,806	1,506,060	1,064,746	5.63	141.45
合江	195	2,069	25,309	332,874	1,841,000	959,500	881,500	5.53	108.85
黑龍江	234	2,504	28,905	301,550	2,844,211	1,605,977	1,238,234	9.43	129.70
嫩江	291	2,840	36,354	531,540	3,333,409	1,839,547	1,493,862	6.27	123.14
興安	131	853	5,396	65,509	327,563	184,026	143,537	5.00	128.21
熱河	570	5,657	65,522	1,067,182	6,196,974	3,287,177	2,909,797	5.81	112.97
察哈爾	282	3,009	35,351	461,680	2,185,774	1,199,999	985,775	4.73	121.73
綏遠	296	2,269	22,925	395,586	2,233,226	1,243,767	989,459	5.64	125.70
寧夏	140	1,058	10,335	125,789	759,002	414,331	344,671	6.03	120.21
新疆	647	6,359	69,119	978,951	4,047,452	2,152,597	1,894,855	4.13	113.60
西藏					1,000,000	650,000	350,000		185.71
南京	13	409	7,715	215,564	1,113,972	636,595	477,377	5.17	133.35
上海	30	1,088	26,752	899,955	4,630,385	2,561,236	2,069,149	5.15	123.78
北平	20	338	6,845	347,879	1,721,546	958,638	762,908	4.95	125.66
天津	12	312	12,539	353,950	1,772,840	1,013,359	759,481	5.01	133.43
青島	12	319	6,597	148,307	850,508	466,138	384,370	5.73	121.27
重慶	18	409	7,049	220,399	985,673	558,002	427,671	4.47	130.47
廣州	34	545	8,326	202,984	1,128,065	607,932	520,133	5.56	116.88
漢口	14	281	4,979	136,697	721,598	399,617	321,981	5.28	124.11
西安	12	187	2,556	122,297	928,449	384,624	243,825	5.14	157.75
瀋陽	22	369	8,628	216,007	1,021,057	566,682	454,375	4.73	124.72
大連	5	244	2,920	93,419	543,690	358,736	184,954	5.82	193.96
哈爾濱	7	400	4,789	153,226	760,000	481,917	278,083	4.96	173.30

說明：

1.表列各省市鄉鎮保甲戶口數均係根據各該省市政府報部資料編列，西藏人口數係本局三十六年估計數。

2.江西、福建、廣東、貴州、寧夏及南京、上海、北平、天津、青島、重慶、漢口、西安等十三省市均為本年一月數
，廣州為二月數。

3.安徽、湖北、四川、河南、雲南、察哈爾六省大部份為本年一月數，少數因匯擾或未報本年一月數各市縣係以三十
六年數補列，陝西、青海、綏遠三省有極少數縣旗用三十六年數及省政府估計數補充，江蘇省有十六縣用戰前資料
，九縣係三十六年資料，餘均為本年一月數。

4.山西、河北、兩省少數市縣為本年一月數，餘以三十六年數或省政府估計數補充，山東省十五縣為三十六年五至十
二月數，餘均為同年一月數。

5.浙江省七縣為三十五年數，餘為三十六年數，湖南省十五縣為三十六年七月數，餘為省政府所報三十六年年終統計
數，西康省十三縣為本年二月數，十三縣為三十五年十二月數，二縣為三十六年一月數，餘均為三十六年十二月數
，甘肅省大部份為三十六年十月數，十二縣為同年七月數，一縣為本年一月數，二縣為二十五年數，廣西、台灣、
兩省均為三十六年七月數，新疆省二十五縣為三十五年三月數，餘均為三十六年七月數，瀋陽市為三十六年年終統
計數。

6.東北各省市遼寧省大部份為三十六年十一月數，五縣為十月數，三縣為八月數，四縣為一月數，二縣為偽滿時期資
料，安東一縣為本年一月數，餘均為三十六年一月數，遼北、吉林、松江、合江、黑龍江、嫩江、興安、熱河、大
連、哈爾濱、等十省市均係各該省政府三十六年報部數，其未經收復各市縣係以偽滿資料及省政府估計數編列。

7.表列各數資料來源，浙江等二十四省市係戶口調查或戶籍登記結果，陝西、西康、青海、綏遠、寧夏五省大部份為
調查登記結果，少數為清查估計數，江蘇、河南、察哈爾、遼寧、遼北、吉林六省半為調查登記結果，半為清查數
及少數舊資料，河北、山東、山西、三省極少數為調查登記結果大部份為清查估計數，熱河、安東兩省少數為清查
數大部份為偽滿資料或估計數，松江、合江、黑龍江、嫩江、興安、大連、哈爾濱等七省市全部為偽滿資料或估計
數。

全國各行政區土地面積及人口密度

行政區域	面積（方公里）	人口數	每方公里平均人口數
總計	11,357,456.72	463,493,418	47.60
江蘇	108,314.95	36,080,123	333.10
浙江	102,646.29	19,958,715	194.44
安徽	146,303.37	22,462,217	153.53
江西	165,259.28	12,506,912	75.68
湖北	186,229.77	20,975,559	112.63
湖南	204,771.00	25,557,926	124.81
四川	303,318.18	47,437,387	156.39
西康	451,521.06	1,696,600	3.76
河北	140,253.13	28,719,057	204.77
山東	146,736.50	38,865,254	264.86
山西	156,419.64	15,247,059	97.47
河南	165,141.43	29,654,095	179.57
陝西	187,701.47	10,011,201	53.33
甘肅	391,506.28	7,090,517	18.11
青海	667,236.00	1,307,719	1.96
福建	120,114.88	11,143,083	92.77
台灣	35,961.21	6,384,019	177.53
廣東	218,511.50	27,209,968	124.52
廣西	218,923.50	14,636,337	66.85
雲南	420,465.50	9,065,921	21.56
貴州	170,196.22	10,173,750	59.78
遼寧	67,109.94	10,007,204	149.12
安東	63,421.52	2,992,305	47.18
遼北	123,315.21	4,627,841	37.53
吉林	87,284.78	6,465,449	74.07
松江	80,788.69	2,570,806	31.82
合江	123,620.23	1,841,000	14.89
黑龍江	198,295.11	2,844,211	14.34
嫩江	66,967.22	3,333,409	49.78
興安	258,352.26	327,563	1.27
熱河	179,982.05	6,196,974	34.43
察哈爾	283,675.44	2,185,774	7.71
綏遠	329,397.19	2,233,226	6.78
寧夏	233,320.00	759,002	3.25
新疆	1,711,930.95	4,047,452	2.35
西藏	1,215,780.50	1,000,000	0.82
南京	779.05	1,113,972	1,249.91
上海	893.25	4,630,385	5,183.75
北平	706.93	1,721,546	2,435.24
天津	153.82	1,772,840	11,525.42
青島	749.00	850,508	1,135.52
重慶	299.85	985,673	3,287.22
廣州	253.25	1,128,065	4,454.35
漢口	133.71	721,598	5,396.74
西安	207.66	628,429	3,026.34
瀋陽	229.00	1,021,057	4,458.76
大連	148.76	543,690	3,654.81
哈爾濱	929.50	760,000	817.64
蒙古	1,621,200.75		

說明：1.表列人口數除西藏係估計數外，餘均係三十七年一月本局統計數。
2.庫倫蒙古政府雖經允許獨立，但詳確邊境尚待勘定，故蒙古面積仍列表內。
3.全國人口平均密度47.60并不包括蒙古在內。

江蘇省

縣市別	鄉鎮	保	甲	戶	人口數			戶量 每戶平均人口數	性比例 每百女子所當男子數
					合計	男	女		
總計	5,377	56,262	636,428	7,585,646	36,080,123	18,601,481	17,478,642	4.67	106.42
徐州市	4	130	2,420	71,943	355,240	191,154	164,086	4.94	116.50
連雲市		52	702	14,368	76,941	39,883	37,058	5.35	107.62
鎮江	94	996	10,365	116,592	522,530	269,464	253,066	4.48	106.48
江寧	46	476	6,703	95,976	433,056	228,619	204,437	4.51	111.83
句容	31	549	5,809	66,945	302,895	161,703	141,192	4.52	114.53
溧水	12	131	2,174	42,566	195,011	107,695	87,316	4.58	123.34
高淳	13	414	4,656	53,346	251,547	136,009	115,538	4.71	117.72
丹陽	28	627	8,340	116,451	462,193	225,465	236,728	3.97	95.24
金壇	30	263	4,551	65,497	274,733	146,712	128,021	4.19	114.60
溧陽	36	341	4,580	70,101	342,311	190,652	151,659	4.88	125.71
宜興	78	857	10,024	134,453	630,655	340,579	290,076	4.69	117.41
無錫	199	1,898	20,250	227,297	1,069,197	544,726	524,471	4.70	103.86
武進	70	1,855	19,659	237,788	1,021,487	529,615	491,872	4.30	107.67
江陰	67	735	10,259	172,112	772,970	399,902	373,068	4.49	107.19
常熟	82	1,004	13,597	213,348	946,402	479,041	467,361	4.43	102.50
太倉	25	335	4,594	70,497	305,422	151,775	153,647	4.33	98.78
昆山	27	455	5,039	62,788	291,241	147,146	144,095	5.05	102.12
吳縣	139	1,386	16,697	251,400	1,088,085	556,272	531,813	4.33	104.60
吳江	91	940	9,437	113,054	477,613	245,879	231,734	4.22	106.10
寶山	19	125	1,793	28,341	122,640	59,493	63,147	4.33	94.21
嘉定	76	410	4,722	57,134	264,974	130,503	134,471	4.64	97.05
松江	40	820	9,918	66,791	380,739	189,854	190,885	5.70	99.47
金山	17	156	2,408	36,812	167,926	82,953	84,973	5.38	97.62
奉賢	15	218	3,238	50,327	232,935	113,356	119,579	4.63	94.79
南匯	30	499	7,310	121,733	514,367	239,100	275,267	4.21	84.97
川沙	14	170	2,251	30,107	139,113	66,697	72,416	4.62	92.10
上海	21	257	2,493	27,055	110,746	52,901	57,845	4.09	91.45
青浦	26	284	4,059	61,206	266,038	130,757	135,281	4.35	96.65
南通	190	2,806	29,069	324,476	1,486,845	745,317	741,528	4.58	100.51
崇明	22	368	6,005	105,129	423,459	209,773	214,686	4.03	98.17
▲啓東	64	593	5,939	59,869	364,516	193,338	171,178	6.09	112.95
▲海門	[illegible]	1,255	12,638	129,928	657,091	349,644	307,447	5.06	113.72
▲如皋	[illegible]	[illegible],078	30,891	313,728	1,541,192	829,655	711,537	4.91	116.60
靖江	[illegible]	465	6,917	86,307	381615	191,361	190,254	4.42	100.58
嵊泗設治局	[illegible]	53	498	5,517	24,952	12,712	12,240	4.52	103.86

江蘇省

縣市別	鄉鎮	保	甲	戶	人口數			戶量 每戶平均人口數	性比例 每百女子所當男子數
					合計	男	女		
江都	88	1,198	14,412	273,209	1,333,529	676,772	656,757	4.88	103.05
▲泰興	199	1,893	18,580	188,621	972,629	508,298	464,331	5.16	109.47
▲泰縣	272	2,199	23,427	246,656	1,208,448	636,806	571,642	4.90	111.40
儀徵	14	396	3,808	36,450	212,406	106,853	105,553	5.83	101.23
高郵	75	761	8,749	143,396	610,704	305,103	305,601	4.26	99.84
江浦	17	244	2,433	31,272	156,908	81,594	75,314	5.02	108.34
六合	32	367	5,104	78,135	390,961	196,978	193,983	5.00	101.54
揚中	14	383	3,979	44,074	192,685	97,349	95,336	4.37	102.11
▲鹽城	265	2,344	23,861	243,124	1,162,927	614,241	548,686	4.78	111.95
▲興化	164	1,307	14,081	143,990	600,697	316,512	284,185	4.17	111.37
▲東台	187	2,474	55,139	255,435	1,186,140	624,048	562,092	4.64	111.02
寶應	69	743	8,641	103,942	492,999	253,240	239,759	4.74	105.89
▲淮陰	75	759	8,176	85,474	459,281	238,949	220,332	5.37	108.45
▲淮安	208	1,623	16,364	163,679	768,443	399,853	368,590	4.69	108.48
▲泗陽	142	1,102	10,800	112,066	586,546	299,786	286,760	5.23	104.54
▲宿遷	156	1,374	14,248	144,518	768,001	395,450	372,551	5.31	106.15
漣水	148	1,593	11,126	114,775	601,986	312,841	289,145	5.24	108.19
阜甯	272	2,158	21,721	221,228	1,091,324	575,484	515,840	4.94	111.56
▲東海	114	951	10,140	103,399	517,433	271,676	245,757	5.00	110.55
▲灌雲	143	1,057	10,940	113,810	609,097	320,612	288,485	5.35	111.14
▲沭陽	161	1,250	12,956	133,993	659,751	335,982	323,769	4.92	103.77
贛榆	122	856	8,810	90,053	462,767	241,733	221,034	5.11	109.36
銅山	55	799	11,465	164,811	925,371	469,926	455,445	5.61	103.18
豐縣	39	399	5,736	90,324	413,320	199,184	214,136	4.57	93.02
碭山	29	271	4,223	71,632	365,604	185,420	180,184	5.10	102.91
蕭縣	59	1,118	12,562	150,321	699,021	362,533	336,488	4.65	107.74
▲邳縣	118	1,190	11,788	126,347	642,641	336,887	305,754	5.09	110.18
睢甯	58	630	8,619	127,094	671,544	336,988	334,556	5.28	100.78
沛縣	30	322	4,435	82,837	418,283	210,678	207,605	5.04	101.48

資料來源：根據江蘇省政府報部之三十七年一月鄉鎮保甲戶口統計編製。

說　明：表列數字除啓東等十六縣（有▲符號者）係戰前數，連雲市、鎮江、溧陽、漣水、阜甯、贛榆、係三十六年七月數，嘉定、松江、係三十六年一月數，無錫係三十六年九月數外，餘均為三十七年一月數。

浙　江　省

縣市別	鄉鎮	保	甲	戶	人口數 合計	人口數 男	人口數 女	戶量 每戶平均人口數	性比例 每百女子所當男子數
總計	2,516	29,963	336,115	4,622,857	19,958,715	10,541,213	9,417,502	4.32	11.193
杭州市	8	179	4,006	112,891	511,747	270,324	241,423	4.53	11.197
△杭縣	48	558	6,522	83,245	350,706	187,995	162,711	4.21	11.554
×於潛	18	131	*972	11,521	59,609	31,884	27,725	5.17	15.001
昌化	11	90	1,022	13,996	73,015	37,777	35,238	5.22	10.721
▲臨安	12	100	1,033	17,195	84,221	45,565	38,656	4.90	11.787
餘杭	21	226	2,148	28,169	112,401	59,854	52,547	3.99	11.391
△分水	17	107	829	9,149	45,109	23,964	21,145	4.93	11.333
▲新登	10	144	1,389	14,294	69,539	36,624	32,915	4.86	11.127
▲安吉	22	162	1,271	17,241	80,438	44,233	36,205	4.66	12.217
△孝豐	9	107	1,226	17,916	86,140	45,300	40,840	4.81	11.092
△長興	26	351	3,678	54,227	229,046	128,859	100,187	4.22	12.862
吳興	41	358	3,874	153,277	585,604	319,909	265,695	3.82	12.040
△武康	10	77	899	12,687	51,996	29,206	22,790	4.10	12.815
德清	15	185	2,594	38,596	147,913	81,722	66,191	3.83	12.346
新昌	30	522	5,303	57,777	237,174	126,017	111,157	4.10	11.337
紹興	73	1,022	13,124	197,903	854,273	427,322	426,951	4.31	10.009
蕭山	36	482	6,545	100,788	452,192	232,411	219,781	4.49	10.579
▲諸曁	65	641	7,802	115,080	508,541	276,261	232,280	4.42	11.893
餘姚	67	826	10,668	146,316	664,702	343,139	321,563	4.54	10.670
嵊縣	44	464	5,912	83,646	373,043	201,831	171,212	4.45	11.788
△上虞	31	376	4,789	67,598	301,569	153,328	148,241	4.46	10.343
△東陽	44	489	6,287	92,870	447,885	235,422	212,463	4.82	11.081
△義烏	34	408	5,301	73,031	323,529	197,901	155,628	4.43	10.789
△磐安	16	166	1,762	21,191	82,043	44,745	37,298	3.87	11.997
△宣平	19	178	1,543	17,357	74,423	40,800	33,623	4.29	12.135
△金華	25	332	4,127	57,995	242,579	128,803	113,776	4.18	11.321
蘭谿	29	306	4,079	64,550	285,215	156,654	128,561	4.42	12.181
△永康	27	392	4,554	61,163	267,468	136,908	130,560	4.37	10.486
△湯溪	15	141	1,678	23,206	111,301	60,435	50,866	4.80	11.881
△武義	12	124	1,542	23,776	94,162	49,738	44,424	3.96	11.196
△衢縣	21	347	4,504	67,033	319,659	172,048	147,611	4.77	11.655
△江山	26	306	4,003	58,933	266,720	143,716	123,004	4.53	11.684
遂安	20	194	2,252	28,178	127,589	67,637	59,952	4.69	11.281
開化	19	219	2,098	25,464	114,382	63,709	50,673	4.49	12.572
▲常山	21	270	2,651	30,594	127,738	698,92	57,846	4.17	12.082

浙　江　省

縣市別		鄉鎮	保	甲	戶	人口數			每戶平均戶量人口數	每百女子所當男子數性比例
						合計	男	女		
龍	游	23	295	3,322	39,152	172,134	89,337	82,797	4.39	107.80
▲寧	海	40	390	3,678	48,147	222,132	121,258	100,874	4.61	120.21
鄞	縣	56	913	10,919	156,874	636,433	311,968	324,465	4.05	96.15
慈	谿	25	428	4,621	59,813	261,854	135,643	126,211	4.37	107.47
△定	海	40	847	8,417	102,451	439,520	225,101	214,419	4.29	104.98
鎮	海	34	458	4,988	68,081	297,677	146,108	151,569	4.37	96.39
奉	化	44	400	4,351	53,619	231,061	119,008	112,053	4.30	106.20
▲象	山	30	370	3,891	50,414	208,436	112,365	96,071	4.13	116.96
△天	台	55	657	6,270	67,136	252,912	132,866	120,046	3.77	110.68
▲臨	海	81	808	9,413	121,331	518,834	269,647	249,187	4.28	109.21
黄	巖	58	1,022	11,055	129,588	520,257	270,933	249,324	4.01	109.54
仙	居	28	488	4,194	56,934	211,643	111,633	100,010	3.54	111.62
▲溫	嶺	50	627	8,440	120,067	513,272	266,285	246,987	4.27	107.81
三	門	29	278	2,958	36,381	154,995	82,578	72,417	4.26	113.56
永	嘉	119	1,175	13,768	178,001	744,211	393,473	350,738	4.18	112.18
平	陽	87	949	10,880	156,435	707,291	398,282	309,009	4.52	128.89
×瑞	安	92	739	8,403	118,759	538,757	298,471	240,286	4.54	124.21
×樂	清	56	738	7,564	88,239	379,189	198,892	180,297	4.30	110.31
△泰	順	23	286	2,016	40,326	160,485	93,671	66,814	3.98	140.20
△玉	環	28	316	3,636	46,403	190,073	101,880	88,193	4.10	115.50
文	成									
△麗	水	19	261	2,487	29,129	118,888	63,399	55,489	4.08	114.25
△龍	泉	29	313	2,787	30,100	124,334	68,313	56,021	4.13	121.94
遂	昌	29	275	2,918	28,259	114,480	63,290	51,190	4.05	123.63
▲青	田	46	498	4,909	56,849	257,949	134,236	123,713	4.54	108.50
△縉	雲	24	396	3,766	42,869	197,015	106,654	90,361	4.59	118.03
景	寧	19	238	2,350	25,052	94,677	52,915	41,762	3.78	126.71
×慶	元	31	229	1,941	21,263	85,667	46,483	39,184	4.03	118.63
△松	陽	21	249	2,245	26,164	112,262	60,020	52,242	4.29	114.89
雲	和	13	157	1,458	16,042	61,150	33,932	27,218	3.81	124.66
△海	鹽	17	221	2,957	43,742	183,228	91,524	91,704	4.19	99.80
×桐	鄉	32	290	3,022	36,438	145,362	81,001	64,361	3.99	125.85
△崇	德	15	222	3,306	45,973	184,875	102,885	81,990	4.02	125.48
海	寧	44	626	6,337	75,339	310,144	158,165	151,979	4.12	104.07
△平	湖	50	541	5,393	58,248	253,872	126,880	126,992	4.36	99.91
嘉	興	33	447	5,614	96,479	416,813	217,312	199,501	4.32	108.92

浙　江　省

縣市別	鄉鎮	保	甲	戶	人口數			戶量 每戶平均人口數	性比例 每百女子所當男子數
					合計	男	女		
嘉善	17	237	3,133	47,796	220,103	113,819	106,284	4.61	107.08
▲建德	23	228	1,997	24,119	119,570	61,464	58,106	4.96	105.87
淳安	32	403	4,313	50,243	238,896	123,490	115,406	4.75	107.00
△富陽	23	299	3,134	41,551	177,656	94,412	83,244	4.27	113.41
×桐廬	25	240	2,025	22,788	105,644	55,910	49,734	4.63	112.42
壽昌	14	153	1,558	17,196	79,369	42,648	36,721	4.61	116.14
△浦江	20	276	3,694	50,214	231,924	121,129	110,795	4.62	109.33

資料來源：根據浙江省政府前報卅六年七月鄉鎮保甲戶口統計表及各縣政府報局之歷年戶口調查表所列卅六年數編製

說　明：1. 表列人口數除紹興係卅七年一月數，杭州市係該市卅六年度報部之人口性別統計數，杭縣等二十九縣（有△符號者）係卅六年七月數，於潛等六縣（有×符號者）係卅五年九月數，臨安等十一縣（有▲符號者）係卅六年一月數外，餘均依照各縣報局之歷年戶口調查表所列卅六年數填列。

2. 杭州市，紹興及採用歷年戶口調查表資料各縣市之鄉鎮保甲數均係根據卅六年下半年度全國戶口統計編列。

3. 文城縣係由瑞安、泰順、青田三縣邊區析置現在籌備中人口數仍包括瑞泰青三縣內。

安徽省

縣市別	鄉鎮	保	甲	戶	人口數			戶量 每戶平均人口數	性比例 每百女子所當男子數
					合計	男	女		
總計	1,764	17,708	200,495	3,595,732	22,462,217	11,869,001	10,593,216	6.25	112.04
蚌埠市	5	97	1,834	46,450	209•457	116,138	93,319	4.51	124.45
桐城	52	735	9,073	116,542	834,775	428,597	406,178	7.16	105.52
△太湖	31	292	3,322	51,778	290,077	148,989	141,088	5.60	105.60
△宿松	15	131	1,646	25,210	207,445	115,411	92,034	8.23	125.40
望江	11	142	1,600	21,521	182,635	100,303	82,332	8.49	121.83
潛山	26	240	2,528	36,293	231,097	120,818	110,279	6.37	109.56
△無為	28	475	7,016	142,927	810,701	426,562	384,139	5.67	111.03
懷寧	24	218	2,431	59,485	462,141	248,215	213,926	7.77	116.03
△廬江	31	484	4,841	93,013	524,115	272,119	251,996	5.63	107.99
△六安	52	478	7,053	105,685	599,983	313,366	286,617	5.68	109.33
合肥	73	664	8,009	189,972	1,225,417	674,107	551,310	6.45	122.27
△舒城	54	511	4,986	81,775	447,834	234,077	213,757	5.48	109.51
△壽縣	41	438	4,770	72,312	608,437	340,945	267,492	8.41	127.46
△霍邱	65	624	6,067	88,466	447,125	241,348	205,777	5.05	117.29
△岳西	18	189	1,775	24,576	180,779	94,925	85,854	7.35	110.57
△霍山	8	142	1,273	24,217	131;603	68,765	62,838	5.43	109.43
△立煌	24	258	2,778	48,730	247,965	131,321	116,644	5.09	112.58
△阜陽	102	918	10,030	216,976	1,266,524	647,909	618,615	5.53	104.73
潁上	29	302	3,352	48,787	327,788	181,022	146,766	6.72	123.34
鳳台	28	238	2,610	55,271	470,674	275,885	194,789	8.51	141.63
懷遠	40	300	3,747	77,301	484,760	269,738	215,022	6.27	125.45
蒙城	36	409	4,648	74,427	495,687	263,723	231,964	6.66	113.69
▲亳縣	40	300	3,118	40,921	494,006	252,402	241,604	12.07	104.47
▲臨泉	24	274	4,316	141,321	727,456	365,676	361,780	5.15	101.08
△太和	34	443	4,904	81,176	477,227	257,012	220,215	5.88	116.71
△渦陽	40	397	4,380	77,388	568,469	303,017	265,452	7.35	114.15
五河	19	181	1,701	24,038	126,993	66,460	60,533	5.28	109.79
靈壁	33	426	4,589	85,017	651,405	327,054	324,351	7.66	100.83
△泗縣	58	584	7,959	145,593	778,876	391,734	387,142	5.35	101.19
宿縣	64	542	6,379	125,264	1,252,649	641,233	611,416	10.00	104.88
全椒	17	142	2,039	39,831	177,955	95,186	82,769	4.47	115.00
滁縣	8	113	1,139	25,001	149,193	80,425	68,768	5.97	116.95
含山	13	98	896	39,829	195,142	103,849	91,293	4.90	113.75
和縣	30	302	3,962	68,078	342,074	182,061	160,013	5.02	113.78
定遠	28	371	3,502	69,045	410,696	218,801	191,895	5.95	114.02

安徽省

縣市別	鄉鎮	保	甲	戶	人口數			戶量	性比例
					合計	男	女	每戶平均人口數	每百女子所當男子數
△巢縣	21	159	2,546	47,064	348,810	189,293	159,517	7.41	118.67
涇縣	22	223	1,990	40,654	200,879	117,153	83,726	4.94	139.92
宣城	24	255	3,138	54,167	432,638	238,013	194,665	7.99	122.27
南陵	22	155	1,410	30,543	217,705	119,789	97,916	7.13	122.34
繁昌	20	171	2,159	32,948	218,987	118,943	100,044	6.65	118.89
蕪湖	27	324	3,816	70,831	362,674	197,252	165,422	5.12	119.24
當塗	30	320	4,264	69,547	394,876	215,653	179,223	5.68	120.33
郎溪	16	150	1,457	26,059	139,104	75,852	63,252	5.34	119.92
廣德	18	178	1,711	36,112	191,539	102,026	89,513	5.30	113.98
寧國	16	129	1,337	21,294	156,652	86,615	70,037	7.36	123.67
休寧	32	300	2,795	39,310	170,529	83,536	86,993	4.34	96.03
祁門	13	100	1,000	13,723	66,574	32,084	34,490	4.85	93.24
黟縣	6	42	431	6,215	38,007	16,245	21,762	6.11	74.65
歙縣	41	441	4,531	61,608	282,785	130,321	152,464	4.59	85.48
績溪	14	109	971	14,898	81,087	39,676	41,411	5.44	95.81
旌德	9	66	663	9,814	51,013	27,483	23,530	5.20	116.80
婺源	30	226	2,236	30,560	145,028	74,554	70,474	4.75	105.79
貴池	33	285	2,764	42,341	250,797	130,814	119,983	5.92	109.03
青陽	16	125	884	15,508	86,098	45,745	40,353	5.55	113.36
銅陵	16	135	1,466	25,127	147,223	79,038	68,185	5.86	115.92
太平	12	72	596	9,204	54,437	28,681	25,756	5.91	111.36
石埭	8	50	343	6,283	35,476	18,386	17,090	5.65	107.58
東流	12	85	843	14,413	87,033	44,951	42,082	6.04	106.82
至德	10	82	809	12,369	84,934	44,811	40,123	6.87	111.68
盱眙	30	328	3,533	57,857	313,220	158,602	154,618	5.41	102.58
嘉山	16	128	1,083	23,543	126,739	69,758	56,981	5.38	122.42
天長	18	231	2,932	50,155	258,168	130,069	128,099	5.15	101.54
來安	12	118	1,418	20,748	138,285	74,041	64,244	6.66	115.25
鳳陽	19	272	3,096	48,621	341,720	180,424	161,296	7.03	111.86

資料來源：根據安徽省政府報部之三十七年一日鄉鎮保甲戶口統計表編製。

說　明：表列數字除臨泉、亳縣係三十五年數，太湖等十六縣（有△符號者）係三十六年四月總清查數，壽縣係同年七月數外，餘均為三十七年一月數。

江西省

縣市別	鄉鎮	保	甲	戶	人口數			戶量	性比例
					合計	男	女	每戶平均人口數	每百女子所當男子數
總計	1,690	17,738	177,835	2,517,095	12,506,912	6,490,636	6,016,276	4.97	107.88
南昌市	10	116	2,058	54,289	266,651	145,705	120,946	4.91	120.47
豐城	43	683	6,643	81,044	387,894	196,742	191,152	4.79	102.93
新建	37	473	3,427	43,377	199,774	108,243	91,531	4.61	118.26
南昌	55	481	3,687	50,705	301,412	162,415	138,997	5.94	116.85
進賢	26	291	2,199	29,469	168,754	86,445	82,309	5.73	105.02
高安	40	430	4,057	51,519	244,565	126,708	117,857	4.75	107.51
清江	27	271	2,462	31,956	164,064	84,391	79,673	5.13	105.92
新淦	10	130	1,260	18,124	81,536	41,833	39,703	4.50	105.36
宜春	28	303	3,365	50,492	262,694	139,830	122,864	5.20	113.81
萍鄉	32	333	3,500	91,751	430,620	223,296	207,324	4.69	107.70
萬載	23	223	2,310	36,566	165,076	89,277	75,799	4.51	117.78
銅鼓	6	60	683	9,543	51,135	27,225	23,910	5.36	113.86
修水	34	304	3,833	56,540	258,881	132,705	126,176	4.58	105.17
宜豐	14	159	1,503	17,894	88,031	45,458	42,573	4.92	106.78
上高	20	208	1,795	23,517	104,266	55,493	48,773	4.43	113.78
新喻	29	282	2,079	25,298	139,454	76,026	43,428	5.51	119.26
分宜	19	145	1,124	14,712	74,511	41,001	33,510	5.06	122.35
吉安	24	309	3,981	59,744	301,281	149,435	151,846	5.04	98.41
泰和	27	261	2,147	32,267	131,512	64,382	67,130	4.07	95.91
萬安	21	179	1,563	20,523	93,898	47,319	46,579	4.57	101.59
遂川	30	359	3,338	40,112	190,510	104,175	86,335	4.75	120.67
寧岡	9	60	489	6,292	29,017	14,227	14,790	4.61	96.19
蓮花	17	187	1,421	17,742	78,757	39,936	38,821	4.44	102.87
永新	26	288	3,655	44,496	202,099	98,181	103,918	4.54	94.48
安福	12	133	1,562	23,820	111,183	55,545	55,638	4.67	99.83
峽江	11	74	749	9,732	33,507	17,117	16,390	3.44	104.43
永豐	21	230	1,973	26,744	133,523	69,572	63,951	4.99	108.79
吉水	30	275	2,688	30,042	150,826	77,333	73,493	5.02	105.22
贛縣	43	485	5,147	79,327	373,057	196,435	176,622	4.70	111.22
南康	39	431	5,003	68,471	317,159	197,545	149,614	4.63	111.98
上猶	15	181	2,012	27,725	124,727	65,192	59,535	4.50	109.50
崇義	16	137	1,487	19,678	84,763	45,768	38,995	4.31	117.37
大庾	11	142	1,429	19,399	90,109	48,555	41,554	4.65	118.85
信豐	21	230	2,502	34,794	228,862	115,619	113,243	6.58	102.10
虔南	13	128	1,027	12,855	64,282	32,813	31,469	5.00	104.27

江 西 省

縣市別	鄉鎮	保	甲	戶	人口數			戶量	性比例
					合計	男	女	每戶平均人口數	每百女子所當男子數
龍南	15	179	1,667	22,608	108,683	52,845	55,838	4.81	94.64
定南	13	128	1,063	13,339	71,244	35,553	35,691	5.34	99.61
尋鄔	17	171	1,679	20,005	84,955	43,798	41,157	4.25	106.42
安遠	24	209	1,800	21,771	107,822	54,825	52,997	4.95	103.44
浮梁	18	220	2,510	35,306	164,175	89,914	74,261	4.65	121.08
彭澤	11	97	1,020	18,197	85,075	44,001	41,074	4.67	107.13
湖口	12	83	1,117	15,984	94,269	48,326	45,943	5.90	105.19
都昌	19	162	2,173	34,196	201,081	101,248	99,833	5.88	101.42
鄱陽	38	468	4,450	59,975	329,805	176,452	153,353	5.50	115.06
樂平	19	224	2,675	40,025	205,084	106,325	98,759	5.12	107.66
德興	10	84	756	11,648	57,457	30,693	26,764	4.93	114.68
上饒	30	481	4,766	66,066	309,326	169,154	140,172	4.68	120.68
橫峯	11	102	980	13,198	57,620	29,991	27,629	4.36	108.55
弋陽	10	136	1,530	20,470	95,516	51,156	44,360	4.67	115.32
萬年	14	160	1,589	22,225	111,439	58,443	52,996	5.01	110.28
餘干	25	251	2,915	43,223	244,785	122,298	122,487	5.66	99.84
餘江	17	185	1,897	26,032	121,097	62,495	58,602	4.65	106.64
貴溪	27	322	2,959	38,837	179,085	94,586	84,499	4.61	111.94
鉛山	20	198	1,790	25,857	137,125	73,801	63,324	5.30	116.55
廣豐	25	321	3,802	53,529	298,195	150,087	148,108	5.57	101.34
玉山	22	294	3,274	45,955	212,430	115,705	96,725	4.62	119.61
南城	19	172	1,635	22,571	111,144	54,965	56,179	4.92	97.84
金谿	16	137	1,305	15,759	75,699	38,737	36,962	4.80	104.80
東鄉	19	240	1,978	24,569	127,106	65,169	61,937	5.17	105.22
臨川	44	483	4,723	62,636	323,757	170,877	152,880	5.17	111.77
崇仁	22	163	1,626	20,736	107,154	50,718	56,436	5.17	89.87
樂安	15	96	1,087	15,351	89,870	43,550	46,320	5.85	94.02
宜黃	20	152	1,648	20,526	78,398	39,082	39,316	3.82	99.40
南豐	26	189	1,875	22,775	89,070	43,470	45,600	3.91	95.33
黎川	18	136	1,431	19,290	88,916	44,031	44,885	4.61	89.10
資溪	8	63	586	7,370	29,171	15,232	13,939	3.96	109.28
寧都	16	114	1,682	42,095	165,855	82,527	83,328	3.94	99.04
興國	25	324	3,178	42,764	196,761	98,855	97,906	4.60	100.96
雩都	17	166	2,177	31,696	220,857	113,117	107,740	6.97	104.99
會昌	19	192	1,651	24,735	115,782	62,402	53,380	4.68	116.90
瑞金	17	207	2,571	34,848	184,631	97,173	87,458	5.30	111.11

江西省

縣市別	鄉鎮	保	甲	戶	人口數			每戶平均人口數（戶量）	每百女子所當男子數（性比例）
					合計	男	女		
石城	11	145	1,339	17,172	81,333	42,639	38,694	4.74	110.19
廣昌	10	131	1,169	15,539	67,259	32,979	34,280	4.33	96.20
武寧	23	198	1,723	22,983	107,457	59,674	47,783	4.67	124.89
靖安	15	91	661	8,079	48,905	25,506	23,399	6.05	109.00
奉新	17	182	1,722	20,267	98,011	50,516	47,495	4.83	106.36
安義	10	103	1,204	14,042	66,181	34,741	31,440	4.71	110.50
永修	14	114	1,278	17,585	91,847	49,553	42,294	5.22	117.16
星子	11	07	738	11,029	74,373	41,831	32,542	6.74	128.54
九江	21	209	2,409	41,228	301,452	142,131	159,321	7.31	89.91
瑞昌	12	117	1,199	23,022	115,380	62,439	52,941	5.01	117.94
德安	9	54	608	8,376	41,352	22,568	18,784	4.94	120.14
廬山管理局		7	62	1,048	4,533	2,516	2,017	4.33	124.74

資料來源：　根據江西省政府報部之三十七年一月鄉鎮保甲戶口統計表編製。

湖　北　省

鄉市別	鄉鎮	保	甲	戶	人口數			戶量	性比例
					合計	男	女	每戶平均人口數	每百女子所當男子數
總　計	1,275	16422	222835	3,751,924	20,975,559	10,946,783	10,028,776	5.59	109.15
武昌市	8	82	1,335	42,033	204,634	111,595	93,039	4.87	119.94
蒲　圻	11	119	1,476	23,836	135,394	70,689	64,705	5.68	109.25
△崇　陽	12	161	2,346	34,293	144,264	74,444	69,820	4.21	106.62
△通　山	6	39	680	10,841	59,640	31,799	27,941	5.51	113.81
武　昌	23	263	4,059	63,723	303,140	159,905	143,235	4.76	111.64
大　冶	17	239	3,835	56,429	337,834	174,401	163433	5.99	106.71
▲漢　陽	23	419	6,069	90,162	491,023	247,230	243,793	5.45	101.41
▲嘉　魚	10	132	1,957	29,281	148,313	75,763	72,550	5.07	104.43
△咸　寧	11	118	1,544	24,511	114,497	62,874	51,623	4.67	121.79
△通　城	10	118	1,635	24,303	145,568	78,681	66,887	5.99	117.63
陽　新	11	160	2,139	40,221	323,059	172,459	150,600	8.03	114.51
鄂　城	18	319	4,629	72,871	368,832	197,787	171,045	5.06	115.63
黃　岡	37	515	7,286	120,374	869,661	476,447	393,214	7.22	121.17
蘄　春	11	151	1,785	80,226	504,447	262,105	242,342	6.29	108.16
△浠　水	28	361	5,650	84,843	501,588	278,697	222,891	5.91	125.04
黃　梅	12	160	2,149	79,547	392,560	212,634	179,926	4.93	118.18
廣　濟	10	225	2,137	36,466	272,402	152,445	119,957	7.48	127.17
羅　田	13	126	1,843	27,975	194,654	107,840	86,814	6.96	124.22
英　山	13	96	1,895	29,454	216,345	110,940	105,405	7.35	105.25
麻　城	15	181	2,476	87,484	519,635	276,995	242,640	6.10	114.16
▲黃　陂	24	466	6,592	96,848	625,635	330,272	295,363	6.46	111.82
△禮　山	15	173	2,464	41,372	283,738	156,586	127,152	6.86	123.15
▲黃　安	13	318	4,527	73,050	342,462	186,724	155,738	4.69	119.90
孝　感	28	401	5,977	94,151	595,899	312,603	283,296	6.33	110.35
△隨　縣	32	376	6,068	110,648	616,807	320,792	296,015	5.57	108.37
▲安　陸	15	235	3,400	52,793	238,670	120,660	118,010	4.56	102.25
△應　山	22	316	4,625	71,431	341,176	178,873	162,303	4.78	110.21
△雲　夢	10	183	2,691	40,053	226,072	119,536	106,536	5.64	112.20
▲應　城	13	185	2,832	41,187	277,880	146,481	131,399	5.43	111.48
漢　川	16	287	4,234	64,757	402,531	209,675	192,856	6.22	108.72
△京　山	26	323	4,709	73,267	340,072	171,362	168,710	4.64	101.57
鍾　祥	24	278	4,064	63,956	309,982	157,317	152,665	4.85	103.05
△天　門	38	621	9,125	136,204	705,442	351,785	353,657	5.18	99.47
▲江　陵	30	345	5,281	92,913	513,497	259,005	254,492	5.53	101.77
△松　滋	20	259	3,901	60,034	331,826	169,771	162,055	5.53	104.76

湖北省

縣市別	鄉鎮	保	甲	戶	人口數			每戶平均人口數量	性比例每百女子所當男子數
					合計	男	女		
△公安	20	202	2,894	56,027	278,131	143,144	134,987	5.45	106.04
△監利	22	296	4,485	91,127	452,651	229,117	223,534	4.97	102.50
△石首	10	118	1,289	41,750	211,627	108,163	103,464	5.07	104.54
▲枝江	10	150	2,432	42,021	210,540	106,260	104,280	5.01	101.90
△沔陽	35	520	7,399	136,337	809,958	414,028	395,930	5.94	104.57
△潛江	19	252	3,684	55,071	248,632	125,293	123,339	4.51	101.58
△襄陽	35	449	4,621	86,794	429,965	227,643	202,322	4.95	112.51
棗陽	26	241	2,930	52,519	325,630	173,908	151,722	6.20	114.62
△自忠	12	111	1,665	27,209	132,142	67,219	64,923	4.85	103.54
△光化	11	97	1,334	26,335	136,644	73,720	62,924	5.19	117.16
△穀城	18	224	2,982	50,176	238,624	124,769	113,855	4.75	109.59
南漳	24	295	3,919	51,778	354,195	177,897	176,298	6.84	100.91
△保康	13	188	1,705	21,832	116,411	59,889	56,522	5.33	105.96
△荊門	37	369	5,041	77,129	345,969	176,919	169,050	4.49	104.65
▲宜昌	34	353	4,781	70,537	360,978	187,187	173,791	5.12	107.71
△遠安	10	100	1,208	18,114	103,729	53,287	50,442	5.73	105.64
△當陽	16	160	2,118	38,945	222,336	113,108	109,228	5.71	103.55
△宜都	17	208	3,055	47,735	236,297	116,874	119,423	4.95	97.87
興山	12	129	1,237	17,376	93,615	48,045	45,570	5.39	105.43
秭歸	15	166	2,554	37,548	203,942	105,208	98,734	5.43	106.56
△長陽	18	204	2,662	40,183	216,353	110,585	105,768	5.38	104.55
五峯	12	82	1,061	15,940	80,566	40,161	40,405	5.05	99.40
恩施	32	367	3,831	60,864	323,521	166,071	157,450	5.31	105.47
△宣恩	13	167	1,497	22,445	127,320	66,296	61,024	5.67	108.64
建始	22	212	3,148	49,397	253,034	130,048	122,986	5.12	105.74
巴東	18	248	2,611	37,154	210,948	108,393	102,555	5.68	105.69
鶴峯	10	97	1,013	15,509	80,946	41,327	39,619	5.22	104.31
利川	16	194	2,329	34,287	213,152	110,047	103,105	6.22	106.73
△咸豐	15	136	1,668	24,514	139,758	72,497	67,261	5.70	107.78
來鳳	11	148	1,517	22,949	128,731	65,627	63,104	5.61	104.00
△鄖縣	19	237	2,788	43,488	313,483	165,264	148,219	7.21	111.50
△均縣	14	211	2,571	38,158	189,334	103,721	85,613	4.96	121.15
△鄖西	12	121	1,601	24,282	186,648	98,521	88,127	7.69	111.79
房縣	14	276	2,024	40,592	226,490	113,653	112,837	5.58	100.72
△竹山	18	235	2,334	29,858	189,548	96,197	93,351	6.35	103.05
△竹谿	9	107	1,416	34,195	183,346	98,877	84,469	5.36	104.67

湖　北　省

縣市別	鄉鎮	保	甲	戶	人口數			戶量	性比例
					合計	男	女	每戶平均人口數	每百女子所當男子數
雞公山管理局	1	2	16	212	1,086	648	438	5.12	147.95

資料來源：　根據湖北省政府報部之卅七年一月鄉鎮保甲戶口統計表編製。

說　　明：　表列數字除漢陽等十一縣（有▲符號者）係卅五年十二月數，崇陽等三十五縣（有△符號者）係卅六年七月數外，餘均係卅七年一月數。

湖南省

縣市別	鄉鎮	保	甲	戶	人口數 合計	人口數 男	人口數 女	戶量 每戶平均人口數	性比例 每百女子所當男子數
總計	1,201	14,830	198,752	4,621,038	25,557,926	13,476,892	12,081,034	5.53	111.55
長沙市	8	83	1,841	66,940	409,719	236,869	172,850	6.12	137.04
衡陽市	8	114	1,184	28,077	141,484	83,529	57,955	5.04	144.13
瀏陽	40	416	6,479	144,317	690,958	356,830	334,128	4.79	106.79
長沙	35	315	6,440	157,723	929,666	454,609	475,057	5.89	95.69
醴陵	15	190	2,832	75,272	537,840	280,254	257,586	7.15	108.80
△湘潭	17	357	6,039	149,562	896,474	441,332	455,142	5.99	96.97
平江	13	253	3,429	65,810	383,413	213,644	169,769	5.83	125.84
湘陰	30	427	4,777	111,274	557,969	307,171	250,798	5.01	122.48
岳陽	17	303	4,260	95,916	419,895	223,960	195,935	4.38	114.30
臨湘	11	106	1,004	47,057	209,787	113,168	96,619	4.46	117.13
△耒陽	15	193	3,226	91,567	448,548	241,721	206,827	4.90	116.87
△茶陵	13	138	1,895	48,944	208,170	102,991	105,179	4.25	97.92
衡陽	39	656	7,422	150,053	949,386	496,392	452,994	6.33	109.58
常寧	14	241	3,110	62,291	329,660	176,104	153,556	5.29	114.68
安仁	8	89	1,129	29,654	139,438	70,996	68,442	4.70	103.73
酃縣	7	48	652	19,532	81,288	41,399	39,889	4.16	103.79
攸縣	12	157	2,859	65,354	327,041	167,618	159,423	5.00	105.14
△衡山	16	348	3,417	79,247	427,002	223,122	203,880	5.39	109.44
郴縣	9	119	1,348	35,585	172,103	89,281	82,822	4.84	107.80
宜章	6	177	2,114	40,899	179,258	90,916	88,342	4.38	102.91
汝城	11	131	1,720	32,933	144,445	81,862	62,583	4.39	130.81
臨武	6	75	1,031	25,797	118,302	62,641	55,661	4.59	112.54
藍山	8	113	1,638	29,961	129,924	66,241	63,683	4.34	102.02
嘉禾	8	87	1,045	27,804	130,454	67,307	63,147	4.69	106.59
桂陽	13	178	2,483	69,505	304,902	160,468	144,434	4.39	111.10
永興	15	132	1,825	51,186	220,291	112,870	107,421	4.30	105.07
△資興	10	105	1,236	31,004	117,792	61,898	55,894	3.80	110.74
桂東	8	84	1,114	19,322	84,058	43,988	40,070	4.35	109.78
△常德	32	408	4,919	119,112	577,701	304,078	273,623	4.85	111.13
桃源	36	348	4,710	98,398	535,387	289,978	245,409	5.44	118.16
慈利	12	146	1,459	41,738	332,429	178,786	153,643	7.96	116.36
△石門	21	262	2,928	66,652	324,971	172,919	152,052	4.87	113.72
△臨澧	13	123	1,574	41,332	205,269	114,884	90,385	4.97	127.11
澧縣	21	211	3,672	106,009	531,822	285,643	246,179	5.01	116.03
安鄉	12	144	2,064	48,714	236,772	125,213	111,559	4.86	112.24

—14—

湖　南　省

縣市別	鄉鎮	保	甲	戶	人口數 合計	人口數 男	人口數 女	每戶平均人口數	每百女子所當男子數
△華容	10	92	2,123	63,028	298,318	154,250	144,068	4.73	107.07
南縣	11	128	2,043	53,926	285,474	147,296	138,178	5.29	106.60
益陽	15	239	3,573	90,270	798,001	428,786	369,215	8.84	116.13
寧鄉	21	335	4,936	118,537	714,191	371,734	342,457	6.03	108.55
△湘鄉	50	769	8,163	174,180	1,042,311	530,446	511,865	5.98	103.63
安化	12	148	2,396	65,359	572,919	314,563	258,356	8.77	121.70
沅江	8	82	1,255	44,675	274,934	140,024	134,910	6.15	103.79
漢壽	14	245	2,819	56,303	309,263	161,795	147,468	5.49	109.71
邵陽	39	605	8,290	180,448	1,047,154	555,108	492,046	5.80	112.82
新化	18	261	4,536	120,056	682,845	365,954	316,891	5.69	115.48
武岡	37	281	4,814	118,346	803,052	429,370	373,682	6.79	114.90
新寧	13	132	1,596	39,675	213,404	113,526	99,878	5.38	113.66
城步	10	98	1,079	19,479	90,773	46,726	44,047	4.66	106.08
隆回	9	123	1,555	29,692	229,382	126,668	102,714	7.73	123.32
零陵	12	156	1,776	47,647	382,055	209,232	172,823	8.02	121.07
祁陽	18	260	3,163	69,700	705,817	401,239	304,578	10.13	131.74
東安	8	102	1,510	37,596	211,320	113,108	98,212	5.62	115.17
新田	7	118	1,508	32,301	144,175	75,703	68,472	4.46	110.56
△寧遠	10	190	2,881	74,366	356,117	183,528	172,589	4.79	106.34
道縣	14	179	3,049	71,853	304,701	169,131	135,570	4.24	124.75
江華	8	108	1,963	39,169	182,124	98,112	84,012	4.65	116.78
永明	9	99	1,220	27,108	100,866	50,380	50,486	3.72	99.79
永順	20	143	1,543	37,534	192,395	99,833	92,562	5.13	107.85
△古丈	10	84	958	14,590	64,232	33,401	30,831	4.40	108.33
保靖	13	102	1,517	29,950	133,258	66,473	66,785	4.45	99.53
△大庸	12	132	1,730	29,912	152,689	82,389	70,300	5.10	117.20
桑植	10	108	1,403	24,330	131,191	67,561	63,630	5.39	106.18
龍山	18	121	1,550	33,841	208,877	107,266	101,611	6.17	105.57
沅陵	25	321	4,146	80,680	366,334	194,735	171,599	4.54	113.48
乾城	8	89	1,145	21,569	89,958	45,937	44,021	4.17	104.35
溆浦	18	230	2,810	56,610	326,913	170,569	156,344	5.77	109.10
瀘溪	10	84	1,161	23,837	113,254	58,174	55,080	4.75	105.62
△永綏	13	109	1,482	30,516	122,160	62,757	59,403	4.00	105.65
鳳凰	17	201	2,146	37,869	154,414	78,168	76,246	4.08	102.52
辰谿	14	120	1,561	30,348	160,572	83,993	76,579	5.29	109.08
麻陽	12	105	1,271	26,121	131,379	67,318	64,061	5.03	105.08

湖南省

縣市別	鄉鎮	保	甲	戶	人口數			戶量 每戶平均人口數	性比例 每百女子所當男子數
					合計	男	女		
會同	9	123	1,476	37,324	180,510	92,510	88,000	4.84	105.13
△芷江	13	88	970	23,778	152,205	80,123	72,082	6.40	111.15
黔江	15	122	1,433	36,872	203,294	102,139	101,155	5.51	100.97
晃縣	12	141	1,149	22,930	114,746	59,640	55,106	5.00	108.23
綏寧	14	146	1,575	32,752	162,189	84,374	77,815	4.95	108.43
靖縣	7	50	539	13,752	76,577	40,401	36,176	5.57	111.68
通道	6	49	425	6,298	27,477	13,800	13,677	4.36	100.90
懷化	13	135	1,619	21,280	110,488	57,970	52,518	5.19	110.38

資料來源：根據湖南省政府報部之三十六年度人口性別統計編製。

說　明：表列數字，除湘潭等十五縣（有△符號者）係三十六年七月數外，餘均係依照卅六年度人口性別統計填列。

四 川 省

縣市別	鄉鎮	保	甲	戶	人口數			每戶平均人口數	每百女子所當男子數
					合計	男	女	戶量	性比例
總計	4,480	59,110	631,059	8,413,380	47,437,387	24,266,746	23,170,641	5.64	104.73
△成都市	14	176	4,177	234,523	727,422	436,785	290,637	3.10	150.28
自貢市	9	181	2,548	46,378	223,326	117,970	105,356	4.82	111.97
温江	18	256	2,606	34,705	168,953	87,905	81,048	4.87	108.46
△成都	15	240	2,358	32,753	150,636	80,877	69,759	4.60	115.94
華陽	31	340	5,295	91,507	470,938	251,906	219,032	5.15	115.01
新都	14	152	1,932	29,949	162,158	86,905	75,253	5.41	115.48
△灌縣	27	442	4,521	56,278	295,844	153,262	142,582	5.26	107.49
新繁	9	154	1,650	20,631	105,926	55,922	50,004	5.13	111.84
郫縣	21	276	2,893	37,445	176,755	93,095	83,660	4.72	111.28
△雙流	16	258	2,704	30,913	151,452	79,882	71,570	4.90	111.61
△新津	18	247	2,446	29,641	169,756	87,906	81,850	5.73	107.40
△崇慶	37	624	6,399	70,896	384,615	194,412	190,203	5.42	102.21
崇寧	10	166	1,660	20,144	96,193	50,006	46,187	4.77	108.27
△彭縣	31	555	6,129	76,811	364,769	190,977	173,792	4.75	109.89
資中	45	618	7,768	107,362	655,978	329,081	326,897	6.11	100.67
資陽	49	762	7,852	91,666	562,153	288,574	273,579	6.13	105.48
內江	57	870	8,742	192,574	600,910	308,624	292,286	5.86	105.59
威遠	26	404	4,185	59,621	341,378	164,984	176,394	5.73	93.53
榮縣	53	535	6,089	90,733	549,755	266,668	283,087	6.06	94.20
井研	18	188	2,194	31,124	176,258	87,153	89,105	5.66	97.81
仁壽	64	638	8,363	131,446	1,025,296	527,664	497,632	7.80	106.03
簡陽	75	696	9,203	136,777	993,893	508,270	485,623	7.27	104.66
巴縣	71	890	9,899	138,716	820,624	428,974	391,650	5.91	109.53
△永川	43	508	5,283	63,326	354,968	190,890	164,078	5.60	116.34
△江津	68	902	8,829	130,319	839,633	455,078	384,555	6.44	118.34
△綦江	42	508	5,157	79,139	403,993	205,729	198,264	5.10	103.76
榮昌	33	440	4,834	61,772	408,364	199,362	209,002	6.61	95.39
△大足	32	376	4,150	60,847	364,431	186,435	177,996	5.99	104.74
璧山	35	375	3,919	56,412	320,934	172,347	148,587	5.69	115.99
江北	56	587	6,734	94,876	536,436	276,329	260,107	5.65	106.24
△合川	73	785	9,324	128,576	704,472	370,453	334,019	5.48	110.91
△銅梁	44	631	6,418	74,942	393,397	202,405	190,992	5.25	105.97
北碚管理局	8	124	1,415	19,226	98,020	56,266	41,754	5.10	134.75
眉山	38	517	5,975	66,287	389,516	196,368	193,148	5.88	101.67
洪雅	19	306	2,967	34,669	194,235	95,477	98,758	5.60	96.68

四 川 省

縣市別	鄉鎮	保	甲	戶	人口數			戶量 每戶平均人口數	性比例 每百女子所當男子數
					合計	男	女		
△夾江	18	255	2,592	30,319	155,490	76,718	78,772	5.13	97.39
青神	19	171	1,695	24,953	122,530	61,199	61,331	4.91	99.78
丹陵	10	132	1,462	18,496	87,764	42,531	44,233	4.75	98.41
△彭山	11	223	2,341	30,409	154,137	77,788	76,349	5.07	101.88
△蒲江	15	152	1,579	23,229	115,762	56,317	59,445	4.98	94.74
邛崍	48	596	6,145	65,926	363,186	180,416	182,770	5.51	98.71
大邑	26	280	3,153	45,065	256,864	129,704	127,160	5.70	102.00
△名山	13	170	1,832	23,936	122,975	62,694	60,281	5.14	104.00
△樂山	42	557	5,378	68,419	340,346	167,597	172,749	4.97	97.02
犍為	48	763	7,824	93,752	532,403	269,733	262,670	5.68	102.69
屏山	16	231	2,074	24,812	118,017	60,565	57,452	4.76	105.42
△峨眉	17	157	2,655	30,820	166,558	79,268	87,290	5.40	90.81
△馬邊	9	86	850	9,065	35,859	18,474	17,385	3.95	106.26
峨邊	10	84	712	8,633	48,003	24,255	23,748	5.97	102.13
雷波	10	78	632	6,370	30,216	15,573	14,643	4.74	106.35
△沐川	20	169	1,541	19,866	100,298	52,064	48,234	5.05	107.94
△宜賓	106	1,300	13,453	165,866	803,659	409,175	394,484	4.84	103.72
△南溪	33	450	4,622	50,733	275,508	144,998	130,510	5.43	111.10
△長寧	22	374	3,742	41,955	225,962	123,558	102,404	5.38	120.66
△慶符	22	287	2,889	34,168	167,841	85,434	82,407	4.91	100.23
江安	21	222	3,094	45,097	235,612	121,781	113,831	5.22	106.98
興文	14	123	1,240	16,230	77,193	40,313	36,880	4.76	109.31
珙縣	17	225	2,316	29,634	142,748	75,527	67,221	4.82	112.36
△高縣	18	182	1,932	20,495	95,584	49,046	46,538	4.66	105.39
△筠連	9	131	1,403	15,557	75,099	38,914	36,185	4.83	107.54
△沐愛設治局	14	133	1,413	15,086	74,743	38,594	36,149	4.95	106.76
瀘縣	73	903	11,162	169,325	984,373	520,243	464,130	5.81	112.09
隆昌	28	312	3,980	57,312	310,571	150,865	159,706	5.42	94.46
△富順	85	1,159	12,036	134,430	762,964	377,382	385,582	5.67	97.87
合江	44	552	5,343	72,384	410,052	218,395	191,657	5.66	113.95
△納谿	10	110	1,194	15,229	79,294	41,652	37,642	5.21	110.65
古宋	9	137	1,930	21,103	108,521	57,584	50,937	5.14	113.05
古藺	35	506	5,322	64,101	338,199	171,400	166,799	5.28	102.76
敘永	40	490	5,255	60,968	309,977	160,720	149,257	5.08	107.68
酉陽	41	511	4,599	64,105	421,141	223,802	197,339	6.57	113.41
△涪陵	91	1,266	12,964	138,290	778,456	383,735	394,721	5.63	97.22

四 川 省

縣市別	鄉鎮	保	甲	戶	人口數 合計	人口數 男	人口數 女	戶量 每戶平均人口數	性比例 每百女子所當男子數
△酆都	49	623	6,439	82,081	442,220	218,226	223,994	5.39	97.42
南川	40	418	4,365	57,709	306,354	154,200	152,154	5.31	101.34
彭水	36	337	3,237	47,349	277,956	146,552	131,404	5.87	111.53
△黔江	18	155	1,567	15,895	129,582	69,772	59,810	8.15	116.66
秀山	39	400	4,079	57,794	341,854	178,492	163,362	5.91	109.26
△石砫	33	329	3,500	40,314	224,845	115,069	109,776	5.58	104.82
△武隆	18	220	2,200	23,408	125,456	62,183	63,273	5.36	98.28
農祥設治局									
萬縣	66	1,211	11,846	151,554	816,891	412,349	404,542	5.39	101.93
奉節	36	499	5,173	66,758	405,688	215,126	190,562	6.08	112.89
巫山	18	242	2,981	44,735	256,175	138,808	117,367	5.73	118.27
△巫溪	23	306	2,841	34,708	170,818	85,654	85,164	4.92	100.57
△雲陽	36	645	6,584	75,300	452,151	219,010	233,141	6.00	93.94
△開縣	56	743	7,893	86,761	607,644	311,749	295,895	7.00	105.36
忠縣	50	727	7,046	75,211	448,683	213,587	235,096	5.97	90.85
△城口	10	117	1,222	15,001	91,618	48,436	43,182	6.11	112.17
大竹	44	508	5,312	71,323	428,782	217,442	211,340	6.01	102.80
△渠縣	53	933	8,789	107,335	709,333	347,884	361,449	6.61	96.25
△廣安	65	1,143	10,485	163,992	635,993	318,234	317,759	3.88	100.15
△梁山	35	628	6,313	65,918	383,257	192,573	190,684	5.81	101.03
△鄰水	35	462	4,624	48,858	312,187	145,636	166,551	6.39	87.44
△墊江	20	262	2,734	34,369	232,242	111,520	120,722	6.76	92.38
長壽	34	509	4,979	62,257	315,072	158,618	156,454	5.06	101.38
南充	78	1,160	11,751	165,328	810,930	421,963	388,967	4.90	108.48
岳池	34	554	6,592	94,846	570,747	291,316	279,431	6.02	104.25
西充	32	565	5,907	62,930	332,572	160,688	171,884	5.28	93.49
△蓬安	34	552	5,533	62,703	364,774	189,569	175,205	5.82	108.20
△營山	30	504	5,250	62,835	386,276	188,580	197,696	6.15	95.39
△儀隴	20	389	4,042	48,746	345,355	192,738	152,617	7.08	126.29
△南部	50	749	8,058	104,175	694,379	362,218	332,161	6.66	109.05
△武勝	28	511	5,317	64,755	338,709	170,845	167,864	5.23	101.77
遂甯	36	665	7,014	103,116	596,195	289,317	306,878	5.78	94.28
潼南	36	384	3,536	48,873	285,615	141,846	143,769	5.84	98.66
安岳	52	629	6,458	96,252	657,667	326,384	331,283	6.83	98.52
△樂至	32	556	6,218	67,580	410,695	199,133	211,562	6.08	94.12
三台	57	592	8,836	140,532	888,976	450,228	438,748	6.33	102.62

四 川 省

縣市別	鄉鎮	保	甲	戶	人口數 合計	人口數 男	人口數 女	戶量 每戶平均人口數	性比例 每百女子所當男子數
射洪	33	344	4,173	65,113	484,098	240,711	243,387	7.43	98.90
△中江	59	738	7,921	122,964	800,775	411,256	389,519	6.51	105.58
鹽亭	17	241	3,136	46,679	269,933	133,541	136,392	5.78	97.92
△蓬溪	41	548	6,456	88,266	619,809	307,563	312,246	7.02	98.50
△綿陽	38	642	6,242	75,422	374,077	195,056	179,021	4.96	108.95
梓潼	19	290	2,795	32,280	165,885	84,235	81,650	5.14	103.17
△安縣	19	355	3,727	44,500	205,569	108,670	96,899	4.62	112.15
羅江	15	248	2,625	33,185	153,972	80,427	73,545	4.64	109.36
綿竹	21	249	3,627	55,613	288,390	156,017	132,373	5.24	117.86
德陽	20	244	2,859	40,360	199,254	105,611	93,643	4.94	112.78
△什邡	16	277	3,079	42,127	204,867	110,572	94,295	4.86	117.26
廣漢	23	333	3,737	52,022	273,797	145,050	128,747	5.26	112.66
金堂	41	479	5,304	75,712	503,156	263,243	239,913	6.65	109.72
△劍閣	26	373	3,616	43,594	256,021	132,745	123,276	5.87	107.68
△蒼溪	15	288	3,153	39,980	258,148	127,198	130,950	6.46	97.13
廣元	16	222	2,372	36,717	202,021	102,912	99,109	5.50	103.84
昭化	12	155	1,524	19,927	102,285	50,621	51,664	5.13	97.98
△江油	22	293	3,155	40,967	207,028	107,265	99,763	5.05	107.52
彰明	13	158	1,642	21,160	101,181	52,246	48,935	4.78	106.77
北川	10	66	644	8,286	40,951	20,598	19,993	4.90	113.03
△平武	22	132	1,026	11,399	56,577	28,487	28,090	4.96	101.41
△閬中	21	337	4,194	66,929	400,277	203,559	196,718	5.98	103.48
△旺蒼	14	144	1,527	18,783	101,507	49,088	52,419	5.40	93.64
青川	12	91	950	11,873	57,458	28,750	28,708	4.81	100.15
△達縣	64	1,079	11,067	120,679	641,520	322,384	319,136	5.31	101.02
△開江	17	188	2,034	26,413	210,869	109,354	101,524	7.98	107.70
△巴中	27	300	3,553	49,993	343,489	172,996	170,493	6.87	101.47
△宣漢	57	622	6,215	78,753	473,551	241,921	231,630	6.01	104.44
△萬源	25	214	2,201	29,524	158,328	79,929	78,399	5.36	101.95
△通江	19	181	1,876	23,680	171,470	85,536	85,934	7.24	99.54
南江	17	201	1,913	26,708	167,080	81,373	85,707	6.25	94.94
△平昌設治局	21	188	2,169	52,367	182,600	90,482	92,118	7.21	98.22
茂縣	13	84	757	8,042	36,671	18,142	18,529	4.56	97.91
△理縣	18	75	609	7,383	34,235	17,536	16,699	4.64	105.01
△汶川	9	54	425	4,782	22,918	11,706	11,212	4.79	104.40
△懋功	10	49	308	3,806	21,949	10,627	11,322	5.77	93.86

四　川　省

縣市別	鄉鎮	保	甲		人口數			戶量	性比例
					合計	男	女	每戶平均人口數	每百女子所當男子數
△松潘	11	60	559	5,194	26,941	14,545	12,396	5.19	117.34
△靖化	11	28	196	2,435	10,107	4,903	5,204	4.15	92.21
興中設治局									
參桑設治局									

資料來源：根據四川省政府報部之三十七年一月鄉鎮保甲戶口統計表編製。

說　明：1.表列數字除成都市等七十三縣市（有△符號者）係三十六年一月數外，餘均為三十七年一月數。

2.農祥係由酉陽、秀山兩縣析置，興中、參桑、均由松潘析置，現均未正式成立，人口數仍包括原縣中。

西康省

縣市別	鄉鎮	保	甲	戶	人口數 合計	人口數 男	人口數 女	戶量 每戶平均人口數	性比例 每百女子所當男子數
總計	410	2,775	24,160	328,470	1,696,600	851,144	845,456	5.16	100.67
康定	9	56	330	5,693	26,964	14,982	11,982	4.73	125.04
巴安	8	49	369	3,433	16,745	8,068	8,677	4.88	92.98
義敦	6	21	156	1,740	7,145	3,335	3,810	4.11	87.53
九龍	5	23	246	2,946	14,358	7,304	7,054	4.87	103.54
瀘定	12	49	393	5,459	24,122	11,944	12,178	4.42	98.08
雅江	4	15	135	1,562	4,408	2,429	1,979	2.82	122.74
★道孚	2	14	117	1,412	5,384	2,783	2,601	3.81	107.00
理化	6	25	173	4,811	24,889	12,787	12,102	5.17	105.66
★瞻化	5	39	371	3,749	19,386	9,697	9,689	5.17	100.08
▲寧靜	9	57	512	6,634	35,224	17,376	17,848	5.31	97.35
▲察雅	9	62	561	7,271	38,610	18,891	19,719	5.31	95.80
★稻城	4	16	141	1,362	4,651	2,080	2,571	3.40	80.90
▲鹽井	5	36	323	4,191	22,256	10,671	11,585	5.31	92.11
甘孜	9	41	357	3,621	18,908	11,697	7,211	5.22	162.21
★鑪霍	4	24	233	2,366	9,150	4,709	4,441	3.87	106.03
★丹巴	14	51	381	3,850	12,869	6,300	6,569	3.34	95.91
定鄉	5	35	135	1,583	5,905	2,738	3,167	3.73	86.45
▲昌都	10	65	581	7,527	39,971	19,301	20,670	5.31	93.38
得榮	5	16	141	1,244	5,384	2,541	2,843	4.33	89.38
▲武成	6	38	341	4,417	23,452	11,061	12,391	5.31	89.26
德格	8	47	498	4,040	11,395	5,701	5,694	2.82	100.13
▲同普	9	61	550	7,125	37,834	18,630	19,204	5.31	97.01
▲貢縣	5	35	314	4,073	21,629	10,338	11,291	5.31	91.56
▲察隅	4	27	242	3,141	8,920	4,351	4,569	2.84	94.67
▲科麥	2	15	136	1,761	6,805	3,320	3,485	3.86	95.27
▲恩達	1	6	58	758	4,024	1,951	2,073	5.31	94.11
石渠	5	48	441	4,634	21,174	10,641	10,533	5.86	101.03
★雅安	22	197	1,840	27,494	131,791	67,086	64,705	4.79	103.68
★蘆山	10	83	679	7,261	32,214	15,553	16,661	4.44	93.35
西昌	21	137	1,294	21,059	123,569	61,037	62,532	5.87	97.71
鹽源	11	67	495	7,760	37,460	19,299	18,161	4.83	106.27
△天全	20	150	1,255	16,139	87,807	39,036	42,771	5.07	91.27
寧南	6	32	227	3,666	16,504	7,615	8,889	4.51	85.67
▲嘉黎	4	26	235	3,040	16,140	6,740	9,400	5.31	71.70
▲碩督	2	16	143	1,853	10,412	5,079	5,333	5.62	95.24

西康省

縣市別	鎮鄉	保	甲	戶	人口數			戶量 每戶平均人口數	性比例 每百女子所當男子數
					合計	男	女		
▲太昭	2	12	110	1,423	8,692	4,240	4,452	6.11	95.24
鄧柯	4	18	148	1,344	5,152	2,649	2,483	3.82	106.69
白玉	6	33	329	3,080	9,823	5,053	4,770	3.19	105.93
滎經	13	95	890	14,568	70,657	34,931	35,726	4.85	97.77
漢源	13	127	1,304	18,156	104,189	52,006	52,183	5.74	99.66
冕寧	13	98	785	15,296	75,886	37,935	37,951	4.96	99.96
★昭覺	21	144	1,635	14,253	62,751	37,669	25,082	4.40	150.18
★會理	22	251	2,530	34,113	190,941	94,527	96,414	5.60	98.04
★鹽邊	8	65	428	5,970	38,721	17,076	21,645	6.48	78.89
★越嶲	10	98	920	14,374	74,026	37,277	36,749	5.15	101.44
寶興	7	31	246	2,678	16,442	8,907	7,535	6.14	118.21
△德昌	10	64	551	9,544	70,183	37,496	32,687	7.35	114.71
★乾寧	6	23	107	1,088	8,505	4,579	3,926	7.82	116.63
★寧東設治局	7	33	343	3,512	37,097	18,663	18,434	10.56	101.24
金湯設治局	1	4	31	415	2,096	1,065	1,031	5.05	103.30
瀘甯設治局									
普格設治局									

資料來源： 根據西康省政府報部之三十六年十二月鄉鎮保甲戶口經計編製。

說　　明： 表列數字除寧靜等十三縣（有▲符號者）係以本部統計處三十五年十二月統計數填列，道孚等等十三縣（有★符號者）係三十七年二月數，天全、德昌係三十六年一月數外，餘均係三十六年十二月數。

河　北　省

縣市別	鄉鎮	保	甲	戶	人口數			每戶平均人口數	性比例每百女子所當男子數
					合計	男	女		
總　計	4,103	46,677	467,668	5,160,858	28,719,057	15,438,888	13,280,169	5.56	116.25
唐山市	11	214	2,287	24,876	136,762	74,841	61,921	4.56	120.86
石門市	20	307	3,056	23,765	125,651	68,368	57,283	5.29	119.35
△臨　榆	12	101	908	32,560	196,689	98,990	97,699	6.04	101.32
△撫　寧	42	810	10,125	47,485	265,243	138,850	126,393	5.58	109.85
昌　黎	69	839	8,795	80,680	401,618	200,618	201,000	4.98	99.76
樂　亭	36	510	5,012	45,987	319,488	164,671	154,817	6.95	106.33
灤　縣	99	1,294	13,567	102,257	911,572	482,877	428,695	8.91	112.62
遷　安	71	738	7,663	59,450	368,850	208,850	160,000	6.21	130.40
盧　龍	32	295	2,987	22,434	162,453	84,622	77,831	7.24	108.71
都山設治局	10	95	754	43,308	216,539	118,965	97,574	5.00	121.92
△天　津	43	840	10,607	92,797	320,998	173,465	147,533	3.46	117.58
静　海	37	520	5,059	45,424	235,374	128,313	107,061	5.18	119.85
青　縣	43	456	4,483	42,973	276,925	151,724	125,201	6.44	121.17
大　城	33	328	3,284	33,058	170,074	92,696	77,378	5.14	120.12
★寧　河	42	428	3,156	40,064	244,255	130,418	113,837	6.15	114.57
寶　坻	54	555	5,868	57,097	325,084	174,529	150,555	5.69	115.92
武　清	35	429	4,110	58,810	357,491	219,736	137,755	6.08	159.51
安　次	44	345	3,393	30,198	171,441	92,056	79,385	5.68	116.01
滄　縣	53	556	6,298	72,961	446,201	234,556	211,645	6.12	110.84
△南　皮	42	623	6,537	34,794	210,091	110,939	99,152	6.04	111.89
△東　光	49	505	5,104	60,549	276,788	158,245	118,543	4.57	133.49
△鹽　山	43	453	4,514	62,061	350,215	195,140	155,075	5.64	125.84
慶　雲	33	332	3,317	32,724	154,229	82,601	71,628	4.71	115.33
△寧　津	35	372	3,215	62,115	324,328	169,875	154,453	5.22	109.98
△吳　橋	40	410	4,213	39,114	225,176	117,661	107,515	5.76	109.44
△新海設治局	12	287	2,913	33,821	169,103	89,897	79,206	5.00	113.37
△玉　田	44	580	5,551	52,990	335,133	177,860	157,273	6.32	113.09
△遵　化	50	547	5,683	50,613	302,573	163,182	139,391	5.98	117.07
△豐　潤	77	1,103	10,301	87,121	676,236	350,595	325,641	7.76	107.66
△薊　縣	59	637	6,231	41,260	285,475	154,363	131,112	6.92	117.73
△平　谷	16	147	1,457	13,659	65,246	35,133	30,113	4.78	116.67
△密　雲	34	309	2,932	26,300	132,814	73,582	59,232	5.05	124.23
興　隆	13	349	2,710	14,905	63,449	34,396	29,053	4.26	118.39
△通　縣	59	731	7,193	43,688	233,704	118,476	115,228	5.35	102.82
香　河	28	329	3,091	24,416	143,741	75,041	68,700	5.89	109.23

河　北　省

縣市別	鄉鎮	保	甲	戶	人口數			戶量	性比例
					合計	男	女	每戶平均人口數	每百女子所當男子數
大　興	18	252	2,551	24,390	145,889	88,323	57,566	5.98	153.43
△宛　平	36	423	3,745	43,417	236,837	132,568	104,269	5.45	127.14
△良　鄉	9	127	1,252	22,154	75,985	40,381	35,604	3.43	113.64
房　山	13	358	3,294	25,205	182,918	99,461	83,457	7.26	119.18
三　河	43	663	5,414	39,173	239,085	125,763	113,322	6.10	110.98
△順　義	32	369	3,514	32,501	163,827	86,233	77,594	5.04	111.13
△懷　柔	15	161	1,491	11,002	86,139	44,115	42,024	7.83	104.98
△昌　平	25	327	3,140	43,381	233,131	125,675	107,456	5.37	116.95
△涿　縣	31	376	3,697	34,765	199,868	105,971	93,897	5.75	112.86
△固　安	31	340	3,314	30,945	170,475	89,104	81,371	5.51	109.50
△永　清	23	275	2,790	23,756	149,936	79,724	70,212	6.31	113.56
△霸　縣	24	292	2,961	25,454	151,745	81,430	70,315	5.96	115.81
△新　城	42	462	4,368	43,254	256,397	135,225	121,172	5.93	111.60
定　興	36	340	3,440	35,050	217,241	119,249	97,992	6.20	121.69
淶　水	24	211	2,053	19,846	122,516	67,821	54,695	6.17	124.00
淶　源	21	195	1,960	21,712	112,968	56,995	55,973	5.20	101.82
易　縣	24	246	2,304	44,067	247,255	146,603	100,652	5.61	145.65
新　鎮	3	45	424	3,440	18,051	9,742	8,309	5.25	117.27
河　間	75	745	6,885	70,907	395,319	205,484	189,835	5.58	108.24
獻　縣	22	216	2,105	67,864	385,953	207,589	178,364	5.69	116.38
交　河	46	484	4,490	52,525	278,183	150,077	128,106	5.30	117.15
阜　城	17	101	904	17,576	94,565	51,305	43,260	5.38	118.60
景　縣	36	322	3,120	49,368	266,511	145,084	121,427	5.40	119.48
文　安	30	199	1,958	33,274	146,685	78,017	68,668	4.41	113.61
任　邱	26	195	1,920	51,279	260,454	142,112	118,342	5.08	120.17
肅　寧	23	117	1,118	55,813	315,926	163,827	152,099	5.66	107.71
△清　苑	50	631	6,347	88,420	486,963	272,205	214,758	5.51	126.75
徐　水	36	359	3,497	37,132	231,527	127,196	104,331	6.24	121.91
滿　城	24	270	2,496	23,948	131,570	72,093	59,477	5.49	121.21
完　縣	10	115	1,161	26,438	142,003	75,272	66,731	5.37	112.80
望　都	13	135	1,417	15,609	82,503	45,752	36,751	5.28	124.49
雄　縣	12	161	1,665	14,843	91,514	49,376	42,138	6.17	117.18
容　城	17	191	1,922	14,408	72,428	46,850	25,578	5.03	183.17
安　新	19	159	1,369	28,069	162,252	85,895	76,357	5.78	112.49
高　陽	20	233	2,278	28,586	155,687	84,458	71,229	5.45	118.57
蠡　縣	32	387	3,758	42,256	217,896	115,872	102,024	5.16	113.57

河北省

縣市別	鄉鎮	保	甲	戶	人口數 合計	人口數 男	人口數 女	每戶平均人口數	每百女子所當男子數
定縣	10	115	1,161	62,985	347,378	193,579	153,799	5.52	125.86
新樂	14	137	1,349	18,365	118,164	62,704	55,460	5.43	113.06
唐縣	14	126	1,392	36,917	191,539	103,982	87,557	5.19	118.76
曲陽	15	209	1,928	27,685	163,403	89,020	74,383	5.90	119.68
行唐	14	137	1,398	26,426	161,124	81,837	79,287	6.10	103.22
阜平	12	111	1,101	16,810	90,266	50,201	40,065	5.37	125.30
無極	31	359	3,488	34,973	163,133	90,975	72,158	4.66	126.08
安國	34	343	3,478	41,190	204,027	114,592	89,435	4.95	128.13
博野	8	65	733	16,914	101,375	60,825	40,550	5.99	149.99
深縣	35	635	6,404	68,057	351,914	189,701	162,213	5.17	116.95
饒陽	16	231	2,216	33,343	187,916	97,696	90,220	5.64	108.28
武強	21	227	2,057	23,129	92,733	51,379	41,354	4.01	124.24
武邑	10	78	960	37,554	186,723	100,366	85,857	4.97	117.48
衡水	30	294	2,820	31,421	154,071	78,259	75,812	4.90	103.22
安平	12	101	1,340	32,049	172,554	87,641	84,913	5.38	103.21
深澤	6	44	453	19,998	106,816	59,994	46,822	5.34	128.13
晉縣	35	351	3,661	25,692	196,884	108,416	88,468	7.66	122.55
束鹿	60	322	3,254	66,914	358,101	190,090	168,011	5.35	113.14
正定	47	460	4,880	43,091	263,971	141,577	122,394	6.27	115.67
獲鹿	36	382	3,854	36,365	105,070	94,762	70,308	4.54	134.78
藁城	56	534	5,421	40,039	243,555	128,570	114,985	6.08	111.81
欒城	22	322	3,164	17,711	86,954	49,104	37,850	4.91	129.73
趙縣	42	437	4,273	38,095	209,060	115,905	93,155	5.49	124.42
高邑	13	147	1,528	12,268	65,169	35,587	29,582	5.31	120.30
柏鄉	13	159	1,491	13,898	67,532	36,264	31,268	4.86	115.98
靈壽	9	78	750	21,893	123,207	67,004	56,203	5.63	119.22
平山	14	159	1,522	47,735	230,797	133,766	97,031	4.83	137.86
井陘	39	428	4,454	41,812	197,963	113,432	84,531	4.73	134.19
元氏	24	270	2,716	28,929	139,383	76,464	62,919	4.82	121.53
贊皇	11	113	978	14,661	78,374	42,873	35,501	5.35	120.53
南宮	50	503	4,802	57,482	278,711	150,107	128,604	4.85	116.73
冀縣	52	561	5,721	60,048	275,394	141,927	133,467	4.59	106.34
棗強	45	470	4,721	52,426	280,526	145,887	134,639	5.35	108.35
故城	16	230	2,216	22,951	123,874	64,310	59,564	5.40	108.00
清河	33	365	3,565	29,450	173,209	93,844	79,365	5.88	118.26
威縣	35	343	3,547	40,074	194,134	101,231	92,903	4.84	108.96

河北省

縣市別	鄉鎮	保	甲	戶	人口數			戶量 每戶平均人口數	性比例 每百女子所當男子數
					合計	男	女		
廣宗	22	255	2,127	20,528	102,645	53,320	49,325	5.00	108.10
新河	21	193	1,961	19,836	97,437	49,262	48,175	4.91	102.26
寧晉	61	611	6,122	61,154	323,216	173,335	149,881	5.29	115.71
鉅鹿	29	291	2,911	29,652	139,220	76,077	63,143	4.70	120.48
平鄉	21	228	2,260	21,823	108,258	59,792	48,466	4.97	123.37
邢台	38	517	5,216	59,110	294,780	164,789	129,991	4.99	126.77
任縣	15	179	1,868	17,498	106,472	56,745	49,727	6.08	114.11
南和	13	291	2,760	30,605	141,300	75,554	65,746	4.62	114.91
沙河	12	237	2,329	39,900	135,372	72,924	62,448	4.38	116.77
雞澤	22	260	2,543	17,593	86,935	47,662	39,273	4.94	121.36
隆平	17	188	1,872	22,487	130,842	71,197	59,645	5.82	119.37
堯山	14	140	1,401	14,491	77,127	41,051	36,076	5.36	113.79
臨城	14	155	1,106	15,328	69,387	36,698	32,689	4.53	112.26
內邱	19	188	1,918	22,540	153,264	59,467	93,797	6.80	63.40
大名	47	568	8,680	102,698	576,127	299,336	276,791	5.61	108.18
廣平	10	106	1,118	14,812	82,155	43,268	38,887	5.55	111.27
南樂	25	279	2,733	41,738	205,426	115,536	89,890	4.92	128.53
清豐	54	621	8,795	61,119	331,858	179,570	152,288	5.43	117.91
濮陽	45	451	4,556	77,752	505,677	266,291	259,386	6.50	111.24
東明	24	211	2,107	39,729	210,558	110,693	99,865	5.30	110.84
長垣	50	534	5,569	55,340	286,500	153,210	133,290	5.18	114.94
磁縣	45	476	4,978	56,964	309,963	172,536	137,427	5.44	125.57
邯鄲	37	454	3,697	28,254	178,917	93,944	84,973	6.33	110.56
永年	49	569	5,747	53,643	275,442	152,161	123,281	5.13	123.43
成安	26	268	2,722	16,232	93,874	47,438	46,436	5.78	102.16
肥縣	16	196	1,930	24,905	131,029	65,820	65,209	5.26	100.94
曲周	19	185	1,538	41,858	208,348	105,276	103,072	4.98	102.14
北戴河管理局	4	26	191	1,759	8,600	4,638	3,962	5.09	122.11
△綏寧	6	71	793	16,341	75,798	44,680	31,118	9.69	143.58
△浚陽	16	245	2,100	27,770	198,285	103,239	95,046	7.14	108.62

資料來源：根據河北省政府報部之三十七年一月鄉鎮保甲戶口統計表編製。

說　　明：表列除臨榆等二十九縣有△符號者係三十七年一月數，寧河、安新、曲周、係三十六年七月數外餘均係河北省政府照舊資料估計填報之三十六年一月數。

山東省

鄉市別	鄉鎮	保	甲	戶	人口數			戶量	性比例
					合計	男	女	每戶平均人口數	每百女子所當男子數
總計	5,561	66,250	682,336	7,340,166	38,865,254	19,334,890	19,530,364	5.29	99.00
濟南市	11	175	4,416	132,742	605,815	343,216	262,599	4.56	130.70
威海衛市	11	880	1,331	19,982	175,000	81,500	93,500	8.76	87.17
烟台市	22	200	2,109	31,635	227,000	101,000	126,000	7.17	80.16
寧陽	55	568	5,797	57,973	300,000	149,000	151,000	5.17	98.67
滋陽	38	395	3,950	39,558	309,732	149,361	160,371	7.83	93.13
鄒縣	23	364	5,800	87,000	409,570	213,717	195,853	4.71	109.12
滕縣	120	1,301	13,141	135,850	740,714	371,457	369,257	5.45	100.59
魚台	13	173	2,940	51,049	241,161	119,454	121,707	4.72	98.15
鉅野	52	746	7,459	74,586	270,142	139,090	131,052	3.62	106.13
鄆城	62	1,034	10,433	118,450	663,320	320,770	342,550	5.60	93.64
嘉祥	23	272	2,720	27,200	145,185	74,092	71,093	5.34	104.22
濟寧	27	390	5,621	111,289	488,942	249,192	239,750	4.39	103.94
壽張	42	457	4,601	45,808	236,671	117,337	119,334	5.27	98.33
東平	70	758	7,580	75,914	410,913	204,061	206,852	5.41	98.65
沂水	89	1,080	10,820	108,343	616,206	304,093	312,113	5.69	97.43
蒙陰	29	314	3,140	31,505	169,207	83,694	85,513	5.37	97.87
莒縣	110	1,500	16,052	160,792	896,185	439,092	457,093	5.57	96.06
日照	90	933	9,334	93,337	509,714	252,852	256,862	5.40	98.44
清平	30	334	3,347	33,472	164,737	82,307	82,430	4.91	99.85
高唐	40	390	3,980	39,803	199,683	99,831	99,852	5.02	99.98
夏津	35	398	3,900	39,917	197,450	95,720	101,730	4.95	94.09
武城	27	333	3,323	33,234	174,715	87,303	87,412	5.26	99.87
齊河	43	591	5,956	59,623	288,607	135,803	152,804	4.84	88.81
禹城	43	447	4,480	44,851	232,412	115,112	117,300	5.18	98.13
平原	18	269	4,014	60,682	335,000	162,860	172,140	5.52	94.61
館陶	42	450	4,600	45,960	223,781	111,840	111,941	4.87	99.91
恩縣	45	492	4,830	48,314	251,774	121,874	129,900	5.21	93.82
臨清	55	560	5,695	56,945	276,796	132,086	144,710	4.86	91.28
邱縣	18	161	1,601	16,099	81,904	40,902	41,002	5.09	99.76
長清	76	878	8,783	87,825	405,465	235,732	169,733	4.62	138.88
德縣	60	584	5,839	58,390	291,923	143,963	147,960	5.00	97.30
無棣	52	538	5,479	54,791	262,536	130,322	132,214	4.79	98.57
霑化	30	315	3,156	31,557	164,385	82,535	81,850	5.21	100.84
利津	29	302	3,054	30,578	184,279	91,141	93,138	6.03	97.85
陵縣	26	280	2,818	28,180	148,664	73,233	75,431	5.27	97.09

山東省

縣市別	鄉鎮	保	甲	戶	人口數			戶量 每戶平均人口數	性比例 每百女子所當男子數
					合計	男	女		
德平	55	522	5,238	52,394	245,161	123,081	122,080	4.68	100.82
樂陵	61	618	6,255	63,763	311,555	155,322	156,233	4.89	99.42
臨邑	28	316	3,160	31,601	157,292	78,461	78,831	4.98	99.53
聊城	42	442	4,488	45,199	230,256	114,038	116,218	5.09	98.12
茌平	44	468	4,676	46,730	209,086	102,554	106,532	4.47	96.45
博平	29	338	3,401	34,007	169,180	82,600	86,580	4.92	95.40
堂邑	32	398	3,985	39,870	201,692	96,446	105,246	5.06	91.64
冠縣	32	391	3,910	39,164	211,844	105,022	106,822	5.41	98.31
莘縣	23	240	2,500	25,000	133,345	65,104	68,241	5.33	95.40
陽穀	88	916	9,164	91,658	329,443	164,221	165,222	3.59	99.39
朝城	29	336	3,420	34,229	187,364	93,925	93,439	5.47	100.52
平陰	30	340	3,408	35,000	181,308	90,642	90,666	5.18	99.97
東阿	58	605	6,054	60,562	322,204	160,201	162,003	5.32	98.89
肥城	55	654	6,570	65,793	327,388	156,740	170,648	4.98	91.85
汶上	95	957	9,250	98,600	512,400	265,800	246,600	5.20	107.79
文登	81	864	8,701	87,009	494,830	246,410	248,420	5.34	99.19
牟平	106	1,125	11,275	112,745	633,073	316,231	316,842	5.61	99.81
榮成	48	524	5,248	52,491	293,159	145,477	147,682	5.58	98.51
福山	34	363	3,634	36,365	215,689	107,578	108,111	5.93	99.51
海陽	92	971	9,701	97,031	533,049	264,539	268,510	5.49	98.52
安邱	86	957	9,565	95,648	560,371	270,185	290,186	5.86	93.11
昌樂	17	231	3,189	50,115	251,943	131,082	120,861	5.03	108.46
益都	32	387	3,868	38,679	446,038	220,524	225,514	4.53	97.79
臨朐	68	718	7,179	71,787	425,116	211,324	213,792	5.92	98.85
濰縣	69	731	7,321	73,242	385,945	192,079	193,866	5.27	99.08
棲霞	57	596	5,964	59,667	340,143	169,271	170,872	5.70	99.06
招遠	68	721	7,214	72,156	372,632	184,404	188,228	5.16	97.97
黃縣	80	863	8,647	86,490	470,814	234,009	236,850	5.44	98.82
蓬萊	57	597	5,988	59,889	318,650	149,420	169,910	5.32	88.32
青城	7	73	728	7,280	52,512	26,106	26,406	7.21	98.86
齊東	6	124	1,726	30,089	132,379	64,662	67,717	4.40	95.49
章邱	75	1,007	10,074	100,738	530,712	259,856	270,856	5.27	95.94
鄒平	22	314	3,138	31,375	155,768	73,984	81,784	4.96	90.46
長山	36	469	4,688	47,030	256,750	129,619	127,131	5.46	101.96
桓台	38	503	5,031	50,314	289,798	141,585	148,213	5.76	95.53
高苑	15	156	1,560	15,595	171,313	85,458	85,855	10.99	99.54

山東省

縣市別	鄉鎮	保	甲	戶	人口數 合計	人口數 男	人口數 女	戶量 每戶平均人口數	性比例 每百女子所當男子數
惠民	71	709	7,142	71,420	297,620	148,720	148,900	4.17	99.88
商河	64	653	6,528	65,284	330,544	161,979	168,565	5.06	96.09
濟陽	41	574	5,743	57,430	284,991	141,082	143,909	4.96	98.03
濱縣	48	500	5,101	51,012	251,949	125,820	126,129	4.94	99.75
陽信	52	518	5,223	52,224	247,352	123,120	124,232	4.74	99.10
單縣	62	787	7,872	78,715	452,802	230,101	222,701	5.75	103.32
金鄉	16	262	3,963	65,675	309,096	154,209	154,887	4.71	99.56
成武	28	332	3,923	39,229	222,810	103,302	119,508	5.68	86.44
曹縣	82	982	9,816	98,163	617,003	307,303	309,700	6.29	99.23
泰安	108	1,569	15,695	156,947	964,585	482,531	482,054	6.15	100.10
萊蕪	74	768	7,684	76,843	403,448	200,824	202,624	5.25	99.11
新泰	39	432	4,319	43,186	227,317	111,732	115,585	5.26	96.67
博山	37	431	4,305	43,049	210,308	106,104	104,204	4.89	101.82
淄川	38	617	6,170	61,695	340,852	170,120	170,732	5.52	99.64
歷城	25	321	4,473	66,569	324,232	157,726	166,506	4.87	94.73
萊陽	156	1,650	16,450	164,520	908,707	452,245	456,462	5.52	99.08
平度	16	1,771	17,718	177,178	868,317	433,059	435,258	4.90	99.49
即墨	120	1,327	13,265	132,653	719,643	349,913	369,730	5.43	94.64
掖縣	120	1,350	13,591	135,911	756,168	375,062	381,106	5.56	98.41
濰縣	100	1,167	11,671	116,712	646,826	321,422	325,404	5.54	98.78
壽光	90	969	9,691	96,910	516,135	254,069	262,066	5.33	96.95
廣饒	48	526	5,274	52,757	310,723	154,441	156,282	5.89	98.82
臨淄	16	346	3,460	34,590	174,373	86,217	88,156	5.04	97.80
博興	38	484	4,836	48,363	254,238	125,020	129,218	5.26	96.75
蒲台	24	247	2,473	24,727	125,463	61,811	63,652	5.07	97.11
曲阜	15	210	3,271	49,124	237,648	119,725	117,923	4.84	101.53
泗水	16	139	3,107	50,229	216,623	111,650	104,973	4.31	106.36
費縣	29	435	6,525	97,875	419,167	218,512	200,655	4.28	108.90
嶧縣	80	800	8,110	81,225	423,887	211,344	212,543	5.22	99.43
郯城	25	402	5,460	83,383	589,706	284,290	305,416	7.07	93.08
臨沂	25	401	6,175	85,265	418,921	210,012	208,909	4.91	95.93
定陶	15	240	3,840	61,440	217,949	112,434	105,516	3.55	106.56
菏澤	21	348	5,622	89,950	398,277	198,134	200,143	4.43	99.00
范縣	25	264	2,648	26,496	147,163	73,472	73,691	5.56	99.70
觀城	15	126	1,271	12,738	65,425	31,711	33,714	5.14	94.06
昌邑	89	1,057	10,573	105,733	526,775	263,387	263,388	4.98	99.99

山　東　省

縣市別	鄉鎮	保	甲	戶	人口數 合計	人口數 男	人口數 女	戶量 每戶平均人口數	性比例 每百女子所當男子數
高密	92	933	9,334	93,337	509,714	253,757	255,957	5.46	89.14
膠縣	96	1,134	11,344	113,441	597,730	297,653	300,077	5.27	99.19
諸城	140	1,510	15,104	151,063	816,577	407,405	409,172	5.41	99.57
臨冠邱特區	8	82	832	8,317	77,000	35,500	41,500	9.26	85.54
利廣霑根墾區管理局	6	61	617	6,240	77,400	34,450	42,950	12.40	80.21

資料來源：　根據山東省政府報部之三十七年一月份鄉鎮保甲戶口統計表。

說　　明：　1.表列數字除定陶爲三十六年五月數，菏澤、汶上、平原爲六月數，費縣、臨沂爲九數，魚台、歷城爲十月數，昌樂、齊東、濟南市爲十一月數，金鄉、鄒縣濟甯、曲阜爲十二月數外，餘均仍係三十六年一月數。

2.鄆城縣鄉鎮保甲各數係就所報人口數依照各縣各該項平均數估列，戶數係就該縣歷年平均戶量估計。

山　西　省

縣市別	鄉鎮	保	甲	戶	人口數 合計	男	女	戶量 每戶平均人口數	性比例 每百女子所當男子數
總計	3,074	79,217	[illegible]	3,034,232	15,247,059	8,348,598	6,898,461	5.03	121.02
▲太原市	16	1,727	8,696	63,039	326,890	193,615	133,275	5.18	145.27
平定	22	735	3,660	71,857	386,056	213,762	172,294	5.37	124.07
壽陽	18	1,311	6,820	40,347	209,814	120,852	88,962	5.20	182.40
盂縣	64	1,306	7,194	48,870	240,651	135,154	105,497	4.92	128.11
▲定襄	14	720	3,593	29,205	158,837	87,132	71,705	3.95	121.51
五台	53	1,259	9,023	50,198	257,259	150,568	108,691	4.94	128.84
代縣	23	896	4,239	30,012	149,788	83,976	65,812	4.99	127.60
繁峙	24	705	2,985	30,435	152,697	85,645	67,052	5.02	127.23
崞縣	57	1,789	9,874	65,931	293,063	157,649	135,414	4.46	115.56
▲忻縣	27	1,057	4,456	75,053	298,395	160,388	138,007	3.98	116.21
寧武	15	563	2,451	21,153	100,205	55,163	45,042	4.74	122.47
靜樂	30	772	3,697	28,516	134,886	73,685	61,201	4.73	120.32
保德	20	357	1,664	15,199	74,162	40,738	33,424	4.88	121.88
五寨	18	378	1,945	13,024	61,171	34,278	26,893	4.70	127.46
岢嵐	18	375	1,858	16,345	53,392	29,315	24,077	3.26	121.75
昔陽	50	981	4,971	35,149	171,536	97,550	73,986	4.87	131.85
和順	26	471	2,336	13,013	97,566	52,818	44,748	7.50	118.03
遼縣	26	564	3,115	21,063	100,309	56,340	43,969	4.76	128.13
榆社	19	464	2,487	17,016	81,334	45,178	36,156	4.78	124.95
沁縣	37	852	4,285	30,876	156,125	83,717	72,408	5.06	115.62
沁源	27	647	3,328	23,488	108,230	60,605	47,625	4.61	127.25
襄垣	51	1,084	6,127	38,197	182,499	98,485	84,014	4.78	117.22
黎城	29	665	2,998	20,949	105,195	58,685	46,510	5.02	126.18
武鄉	47	1,068	6,093	37,425	187,871	102,552	85,319	5.02	120.23
石樓	18	360	1,530	10,078	53,669	28,979	24,690	5.32	117.37
離石	56	906	5,515	38,525	199,546	108,865	90,681	5.18	116.61
中陽	25	587	3,343	20,128	96,253	51,816	44,437	5.78	120.44
臨縣	66	1,293	7,145	50,495	256,554	140,174	116,380	5.08	127.79
方山	14	283	1,340	9,094	46,302	25,975	20,327	5.09	127.78
嵐縣	33	543	2,585	19,954	96,403	53,589	42,814	4.83	125.17
興縣	37	605	2,361	21,889	108,517	61,593	46,924	4.96	131.26
浮山	21	418	2,240	16,217	75,479	40,843	34,636	4.65	117.92
晉城	111	2,133	10,502	75,458	354,691	193,559	161,132	4.70	120.12
高平	90	1,803	9,019	61,476	306,180	159,979	146,201	4.98	109.42
陵川	55	1,101	5,391	37,189	175,566	94,252	81,314	4.72	115.91

山 西 省

縣市別	鄉鎮	保	甲	戶	人口數 合計	人口數 男	人口數 女	戶量 每戶平均人口數	性比例 每百女子所當男子數
陽城	73	1,651	8,154	57,312	254,427	138,398	116,029	4.44	119.28
沁水	57	1,022	5,054	34,580	163•754	88,672	75,082	4.74	118.10
長子	51	1,102	5,404	37,834	209,962	125,227	84,735	5.55	147.79
屯留	37	729	3,718	31,898	163,862	88,374	75,488	5.14	117.70
長治	61	1,389	7,012	44,399	240,452	133,934	106,518	5.42	125.74
潞城	38	806	4,541	32,094	146,117	79,997	66,120	4.55	120.99
平順	37	699	3,142	25,095	122,868	67,686	55,182	4.90	122.66
壺關	41	925	4,811	33,104	159,133	86,886	72,247	4.81	120.26
隰縣	30	418	2,012	15,580	98,073	56,613	41,460	6.29	136.55
大寧	6	125	590	4,457	23,183	13,031	10,152	5.20	128.35
永和	9	162	754	5,073	23,315	13,172	10,143	4.59	129.86
平陸	21	656	3,695	24,545	122,747	65,613	57,134	5.00	114.84
永濟	21	795	3,564	20,644	138,313	71,252	67,061	6.70	106.25
虞鄉	16	394	1,567	8,329	60,867	34,274	26,593	7.31	128.88
解縣	16	437	1,675	8,985	59,912	31,578	28,334	6.67	111.45
聞喜	55	1,095	5,809	38,012	206,805	110,632	96,173	5.44	115.03
夏縣	42	1,038	6,315	38,254	179,491	97,658	81,833	4.69	110.34
芮城	21	509	2,515	17,899	100,452	55,054	45,398	5.61	121.27
垣曲	22	678	2,738	17,998	95,616	54,683	40,933	5.31	133.59
絳縣	23	475	2,334	17,246	106,194	58,785	47,409	6.16	118.98
翼城	25	721	4,236	29,910	157,898	88,557	69,341	5.28	127.71
曲沃	38	734	4,562	27,388	140,967	76,195	64,772	5.15	117.63
陽曲	23	643	3,282	31,625	156,981	84,743	72,238	4.96	117.29
晉源	14	780	3,331	17,383	86,662	48,411	38,251	4.99	126.56
徐溝	6	243	1,194	11,808	47,239	25,494	21,745	4.00	117.24
▲晉源	14	458	2,166	12,076	105,384	55,514	49,870	8.73	111.32
▲交城	17	291	1,442	25,568	127,731	71,787	55,944	4.99	128.32
▲祁縣	16	878	4,375	33,644	162,398	87,837	74,561	4.83	117.81
▲太谷	18	736	3,860	28,225	149,935	81,283	68,652	5.31	119.22
▲榆次	21	865	3,420	34,969	165,416	89,959	75,457	4.73	119.19
鄉寧	24	387	2,045	13,563	75,362	40,892	34,470	5.56	118.63
稷山	36	714	3,581	19,167	124,234	67,288	56,946	6.48	118.16
河津	31	581	3,260	22,536	103,908	57,393	46,515	4.61	123.39
新絳	39	765	4,452	27,894	132,376	69,947	62,429	4.75	112.04
靈邱	37	855	4,545	32,941	157,963	86,715	71,248	4.79	121.71
▲廣靈	11	282	1,463	17,791	117,390	62,924	54,466	6.60	115.53

山　西　省

縣市別	鄉鎮	保	甲	戶	人口數			戶量	性比例
					合計	男	女	每戶平均人口數	每百女子所當男子數
山陰	15	576	2,931	15,241	79,329	44,861	34,468	5.20	130.15
▲應縣	15	767	4,565	39,821	144,602	81,636	62,966	3.63	129.65
渾源	29	1,032	6,850	48,590	225,734	121,216	104,518	4.65	115.98
▲陽高	17	753	3,829	21,975	157,197	84,357	72,840	7.15	115.81
▲天鎮	18	516	2,414	32,845	142,254	76,967	65,287	4.33	117.89
▲大同	35	1,481	10,985	74,929	378,922	208,615	170,307	5.06	122.49
▲懷仁	10	669	3,046	22,275	113,404	60,746	52,658	5.09	115.36
▲左雲	14	578	3,103	20,933	101,304	54,922	46,382	4.84	118.41
▲右玉	12	623	3,293	21,570	107,445	58,919	48,526	4.98	121.42
神池	18	405	2,121	13,188	62,466	35,033	27,433	4.74	127.70
朔縣	48	1,344	6,853	44,231	221,221	119,031	102,190	5.00	116.48
偏關	14	303	1,556	10,885	51,455	28,280	23,175	4.73	122.03
平魯	12	262	1,630	9,124	44,426	25,316	19,110	4.87	132.47
▲河曲	19	804	4,271	29,893	146,703	80,599	66,104	4.91	121.93
汾西	18	447	2,171	15,140	77,020	41,886	35,134	5.09	119.22
▲靈石	24	400	2,001	11,611	70,123	37,963	32,160	6.04	118.04
霍縣	25	490	2,877	18,167	101,713	55,433	46,280	5.60	119.78
蒲縣	6	180	1,249	8,691	44,338	22,695	21,643	5.10	104.86
安澤	29	588	3,108	22,435	101,901	56,733	45,168	4.54	125.60
▲臨汾	26	1,244	5,803	43,694	233,758	128,745	105,013	5.35	122.60
洪洞	24	654	4,152	30,245	155,710	84,026	71,684	5.15	117.22
趙城	14	485	3,240	25,832	138,366	74,572	63,794	5.35	116.89
吉縣	10	360	1,310	8,857	48,714	26,685	22,029	5.50	121.14
汾城	30	402	2,419	12,592	70,597	39,982	30,615	5.61	130.60
襄陵	10	415	3,209	23,434	120,149	68,283	51,866	5.13	131.65
萬泉	28	641	3,042	16,492	96,818	52,008	44,810	5.87	116.06
安邑	34	728	2,851	19,236	124,803	65,656	59,147	6.49	111.00
榮河	27	488	2,362	14,147	81,152	42,676	38,476	5.74	110.91
臨晉	32	695	3,846	25,123	92,345	48,726	43,619	3.67	111.71
猗氏	24	570	2,852	13,698	87,624	45,278	42,346	6.40	103.80
▲孝義	22	411	2,032	45,118	180,474	97,957	82,517	4.00	118.71
▲汾陽	29	1,050	5,131	27,697	218,721	117,834	100,887	7.90	116.80
▲平遙	41	1,258	6,357	56,231	280,735	147,508	133,227	4.99	110.72
▲介休	22	799	3,999	36,603	185,752	99,475	86,277	5.07	105.30
▲文水	27	1,039	6,138	44,153	224,159	121,299	102,860	5.08	117.93

山　西　省

縣市別	鄉鎮	保	甲	戶	人口數			戶量	性比例
					合計	男	女	每戶平均人口數	每百女子所需男子數

資料來源：　根據山西省政府報部之卅七年一月治村閭鄰戶口統計表編製。

說　明：　1.表列數字除太原等二十四縣市有▲符號者係三十七年一月數外，餘均係山西省政府估計報部之三十六年七月數。

2.表列有▲符號者除太原市、清源、係清查數，定襄、廣靈、左雲、右玉係估計數外，餘均爲清查，估計合併數。

3.表列「鄉鎮」「保」「甲」係就原表「治村」「閭」「鄰」填列。

河　南　省

縣市別	鄉鎮	保	甲	戶	人口數			每戶平均人口數	每百女子所當男子數
					合計	男	女		
總計	1,240	22,038	291,907	5,238,350	29,654,095	15,097,753	14,556,342	5.66	103.72
新鄭	10	179	2,198	32,887	189,835	96,474	93,361	5.77	103.33
△中牟	6	89	1,114	21,423	178,711	88,823	89,888	8.34	98.81
△尉氏	7	64	833	26,210	148,290	79,929	68,361	5.66	116.92
密縣	9	174	1,121	26,960	148,674	74,227	74,447	5.51	99.70
郟縣	8	181	2,221	45,052	255,672	138,454	117,218	5.67	118.12
禹縣	20	381	4,693	68,796	399,548	198,679	200,869	5.81	98.91
洧川	7	98	1,303	16,572	112,619	55,037	57,582	6 79	95.58
長葛	6	106	1,512	22,496	150,107	75,098	75,009	6.67	100.12
廣武	4	86	964	13,548	76,139	38,415	37,724	5.62	101.83
汜水	4	70	789	20,383	107,394	53,790	53,604	5.27	100.35
滎陽	6	120	1,568	26,087	122,767	64,794	57,973	4.71	111.77
△開封	14	193	2,396	103,074	518,994	261,150	257,844	5.03	101.48
△商邱	20	305	5,190	82,305	612,440	321,635	290,805	7.44	110.60
柘城	12	174	1,998	38,375	255,400	129,801	125,599	6.66	103.35
永城	18	278	7,311	87,929	550,684	298,249	252,435	6.26	118.15
△夏邑	11	246	2,910	41,692	308,134	154,769	153,365	7.39	100.92
△虞城	8	102	1,340	20,664	175,371	87,392	87,979	8.49	99.33
△寧陵	4	73	1,647	23,901	151,386	76,434	74,952	6.33	101.98
鹿邑	22	293	3,199	112,932	629,044	315,120	313,924	5.57	100.38
安陽	30	412	5,487	94,921	635,084	299,023	336,061	6.69	88.98
△湯陰	11	183	2,379	30,694	238,085	116,741	121,344	7.66	9.621
△林縣	12	221	2,400	52,732	364,355	189,792	174,563	6.91	106.41
臨章	10	218	2,338	35,471	200,106	105,050	95,056	5.64	110.51
武安	10	126	1,290	54,298	303,153	155,132	148,021	5.58	104.80
△涉縣	9	111	948	23,098	149,500	78,700	70,800	6.47	111.16
△淇縣	10	104	1,145	18,445	117,823	61,522	56,301	6.39	109.27
△內黃	10	240	2,875	34,920	173,338	83,326	90,012	4.96	92.57
△汲縣	11	119	1,278	28,048	169,648	84,286	85,362	6.05	98.74
△濬縣	9	216	3,085	54,718	329,762	161,309	168,453	6.03	95.76
滑縣	15	375	4,875	113,375	602,438	292,393	310,045	5.31	94.31
新鄉	13	223	2,444	56,095	271,638	136,630	135,008	4.84	101.20
△沁陽	11	494	5,196	56,796	315,285	163,321	151,964	5.55	107.47
博愛	6	140	2,100	27,334	207,766	104,450	103,316	7.60	101.10
修武	8	220	2,731	33,580	204,631	96,769	107,862	6.09	89.72
武涉	9	158	1,739	32,941	242,586	122,895	119,691	7.36	102.68

河 南 省

縣市別	鄉鎮	保	甲	戶	人口數			戶量	性比例
					合計	男	女	每戶平均人口數	每百女子所當男子數
△溫縣	5	57	1,045	22,892	142,516	71,385	71,131	6.23	100.36
孟縣	6	152	1,689	36,726	190,381	91,867	98,514	5.18	93.25
濟源	8	102	1,311	42,130	214,397	107,527	106,870	5.09	100.61
△獲嘉	6	133	1,770	23,335	159,764	74,972	84,792	6.85	88.42
封邱	8	122	1,627	25,948	157,735	79,180	78,555	6.08	100.80
原武	4	64	660	10,130	60,472	29,897	30,575	5.97	195.90
△陽武	10	142	1,652	22,674	151,317	75,170	76,147	6.67	98.72
△延津	8	96	1,214	17,469	127,814	64,421	63,393	7.32	101.62
△輝縣	10	150	1,950	45,425	275,689	135,212	140,477	6.07	96.25
許昌	12	191	2,745	49,545	309,492	154,214	155,278	6.25	99.31
臨潁	11	211	2,652	41,664	241,100	127,126	113,974	5.79	111.54
△襄城	16	266	3,197	53,780	237,853	124,877	112,976	4.42	110.53
△鄢陵	6	145	1,900	27,825	183,129	95,898	87,231	6.58	109.94
△郾城	19	295	3,799	68,345	369,275	189,821	179,454	5.40	105.78
臨汝	13	232	2,354	41,624	247,774	124,521	123,253	5.95	101.03
魯山	12	178	2,959	47,491	263,622	144,113	119,509	5.55	120.59
△寶豐	11	156	1,875	33,009	188,888	100,836	88,052	5.72	114.52
△郟縣	10	189	2,504	36,824	203,374	104,369	99,005	5.52	105.42
△南陽	29	572	7,581	114,263	628,982	333,767	295,215	5.50	113.06
△方城	13	369	4,250	55,738	293,656	170,429	123,227	5.27	138.30
△新野	10	197	2,828	50,145	272,142	155,677	116,465	4.92	75.36
唐河	16	472	6,088	85,368	477,041	270,434	206,607	5.59	130.89
△泌陽	13	244	2,674	44,387	294,322	164,232	130,090	6.63	126.24
內鄉	12	205	2,819	41,468	272,927	144,368	128,559	6.58	112.26
△淅川	8	174	2,595	38,905	191,254	82,191	109,063	4.92	75.36
△鄧縣	25	421	8,830	95,721	614,768	355,718	259,050	6.42	137.32
△鎮平	12	213	2,741	59,168	312,047	178,628	133,419	5.27	133.88
△桐柏	7	103	1,127	23,910	128,491	71,707	56,784	5.37	126.28
南召	8	146	1,862	30,067	162,928	92,464	70,464	5.42	131.22
舞陽	12	336	4,161	65,220	467,169	234,921	232,248	7.17	100.93
△葉縣	16	279	3,447	46,453	309,110	155,210	153,900	6.65	100.85
△淮陽	16	216	4,380	164,309	794,087	399,536	394,551	4.83	101.26
△沈邱	13	163	4,262	65,667	329,801	164,214	165,587	5.02	99.17
△商水	7	130	3,125	49,958	265,523	130,032	135,491	5.31	95.97
△西華	13	213	2,577	51,797	275,004	124,805	150,199	5.31	83.09
△太康	11	239	3,079	72,284	372,592	190,756	181,836	5.15	10.490

河南省

縣市別	鄉鎮	保	甲	戶	人口數 合計	人口數 男	人口數 女	戶量 每戶平均人口數	性比例 每百女子所當男子數
△扶溝	3	32	279	6,922	52,946	26,584	26,362	7.65	100.84
△項城	8	199	2,544	70,041	392,608	189,405	203,203	5.60	93.21
△汝南	28	480	6,369	130,813	676,221	343,857	332,364	5.17	103.46
△上蔡	17	337	3,895	96,853	512,049	255,080	256,969	5.29	99.26
西平	14	272	2,961	64,752	332,774	169,346	163,428	5.14	103.62
遂平	10	190	2,475	58,203	298,108	149,621	148,487	5.12	100.76
確山	14	262	2,724	51,464	254,789	131,765	123,024	4.95	107.11
正陽	13	203	2,728	51,141	274,179	131,893	142,286	5.36	92.69
新蔡	12	231	4,871	86,398	393,971	190,080	203,891	4.56	93.23
△潢川	16	283	4,213	62,650	311,527	159,717	151,810	4.97	105.21
△光山	16	202	3,030	82,819	319,068	180,090	210,978	4.72	85.36
△固始	12	249	4,880	88,910	379,842	180,166	199,676	4.27	90.23
△商城	10	151	2,204	28,755	218,714	109,230	109,484	7.61	99.77
息縣	20	390	4,689	96,025	468,001	224,782	243,219	4.87	92.42
信陽	18	208	4,825	82,280	417,654	226,291	191,363	5.08	118.25
羅山	12	159	2,148	52,968	242,052	132,920	109,132	4.57	121.80
△經扶	7	79	751	21,199	104,635	53,250	51,385	4.94	103.63
洛陽	24	445	4,971	76,868	479,820	230,308	249,512	6.24	92.30
鞏縣	10	179	1,637	29,469	184,285	94,683	89,602	6.25	105.00
△偃師	9	156	1,970	28,856	187,635	90,497	97,138	6.50	93.17
△登封	8	156	2,155	30,992	167,014	82,356	84,658	5.39	97.28
孟津	3	52	758	21,536	122,736	63,056	59,680	5.70	115.66
△伊川	11	150	1,700	23,618	229,481	119,427	110,054	9.72	108.52
△宜陽	8	148	1,543	21,545	169,659	86,258	83,401	7.87	103.43
△嵩縣	12	223	2,753	39,733	182,050	93,773	88,277	4.58	106.23
△伊陽	6	104	1,246	26,001	124,976	62,431	62,545	6.25	99.82
△陝縣	13	146	1,581	21,697	132,493	70,262	62,231	6.11	112.91
△靈寶	13	216	2,230	27,188	133,398	67,785	65,613	4.91	103.31
閿鄉	8	97	961	13,373	64,900	33,694	31,206	4.85	107.97
△盧氏	16	194	1,963	22,689	112,110	58,807	53,303	4.95	110.33
△洛寧	13	197	2,081	26,121	134,822	66,467	68,355	5.16	97.24
△澠池	6	75	1,007	14,409	100,840	52,157	48,683	7.00	107.24
△新安	10	173	1,640	21,085	152,043	78,918	73,125	7.21	107.92
△通許	5	127	1,764	24,560	158,202	81,443	76,759	6.44	106.10
陳留	6	107	1,433	32,018	139,073	69,724	69,349	4.34	100.54
△蘭封	7	176	1,520	28,860	138,845	69,936	68,909	4.81	101.49

河　南　省

縣市別	鄉鎮	保	甲	戶	人口數			戶量	性比例
					合計	男	女	每戶平均人口數	每百女子所當男子數
△民　權	6	109	2,348	34,223	138,988	62,365	76,623	4.06	81.93
睢　縣	7	161	2,005	65,524	336,504	166,244	170,260	5.13	97.64
△杞　縣	8	257	3,589	69,173	377,830	188,238	189,592	5.46	99.29
考　城	5	118	1,520	32,203	162,410	80,743	81,667	5.04	98.87

資料來源：　根據河南省政府報部之三十七年一月鄉鎮保甲戶口統計表編製。

說　　明：　表列數字除中牟等六十四縣有△符號者係河南省政府三十六年報部資料外餘均係三十七年一月數。

陝 西 省

縣市別	鄉鎮	保	甲	戶	人口數			每戶平均人口數	每百女子所當男子數
					合計	男	女	戶量	性比例
總計	1,031	7,438	133,932	2,094,660	10,011,201	5,245,452	4,765,749	4.78	110.07
△榆林	13	100	1,845	27,408	142,685	74,864	67,821	5.21	110.38
△神木	7	41	778	13,314	82,624	43,495	39,129	6.21	111.16
△府谷	7	60	1,177	17,105	120,144	65,705	54,439	7.02	120.69
△米脂	14	109	2,287	28,897	170,357	92,170	78,187	5.89	117.88
△靖邊	3	8	140	1,607	9,723	5,266	4,457	6.05	118.15
△葭縣	12	76	1,647	20,897	121,874	64,184	57,690	5.83	111.26
△橫山	6	35	725	9,693	52,811	26,821	25,990	5.45	103.20
△定邊	15	71	1,296	18,168	95,288	59,566	35,722	5.24	166.75
△延安	9	57	682	9,188	36,248	20,477	15,771	3.95	129.84
△綏德	24	138	2,344	28,835	157,398	80,949	76,449	5.46	105.89
△安塞	8	32	249	1,255	8,516	4,641	3,875	6.79	119.77
△保安	5	25	250	1,700	14,593	7,770	6,823	8.58	113.88
△延長	5	25	250	5,664	26,424	15,200	11,224	4.67	135.42
△延川	10	62	693	7,726	40,920	22,051	18,869	5.36	116.86
△清澗	14	141	1,366	16,793	89,049	46,058	42,991	5.30	107.13
△安定	6	55	602	7,317	40,578	21,065	19,513	5.55	107.95
△吳堡	12	49	749	7,657	36,492	18,721	17,771	4.77	105.35
宜君	5	24	383	6,192	26,576	14,012	12,564	4.29	111.57
銅川	7	47	961	14,572	61,655	32,639	29,016	4.23	112.49
栒邑	10	62	1,030	16,238	95,559	50,216	45,343	5.88	110.75
▲淳化	6	30	564	7,370	38,537	20,685	17,852	5.23	115.87
耀縣	6	35	647	12,882	55,723	29,355	26,368	4.33	111.33
△鄜縣	10	34	534	6,553	31,296	17,236	14,060	4.77	122.59
▲洛川	9	44	815	12,947	60,844	31,710	29,134	4.70	108.84
▲黃陵	4	19	316	5,065	25,555	13,125	12,430	5.05	105.59
▲宜川	7	39	465	7,524	34,501	18,673	15,828	4.59	117.97
△甘泉	7	39	465	7,633	34,679	18,792	15,887	4.54	118.29
▲黃龍設治局	9	58	625	9,527	38,983	22,605	16,378	4.26	138.02
▲山陽	15	103	1,930	31,252	138,027	73,349	64,678	4.42	113.41
鎮安	14	115	1,451	20,231	96,296	52,255	44,041	4.76	118.65
商南	8	70	974	14,102	62,562	32,940	29,622	4.04	111.20
雒南	20	164	2,985	41,962	195,829	102,512	93,317	4.67	146.62
柞水	4	31	399	6,054	26,976	14,258	12,718	4.45	112.11
商縣	23	186	3,732	56,097	252,501	133,140	119,361	4.51	111.54
白河	9	49	866	12,465	67,714	35,026	32,688	5.43	107.15

陝　西　省

縣市別	鄉鎮	保	甲	戶	人口數 合計	男	女	戶量 每戶平均人口數	性比例 每百女子所當男子數
漢陰	14	82	1,396	21,612	112,184	59,905	52,279	5.19	114.59
鎮坪	5	20	161	2,672	13,517	7,058	6,459	5.06	109.27
紫陽	11	94	1,343	19,582	89,154	45,542	43,612	4.55	104.43
平利	8	52	1,125	20,402	108,097	55,407	52,690	5.30	105.16
▲洵陽	16	133	1,847	29,205	144,549	76,297	68,252	4.05	111.79
寧陝	8	40	362	6,415	31,230	16,655	14,575	4.87	114.27
嵐皋	9	62	830	14,196	70,198	35,642	34,556	4.94	103.14
石泉	10	65	882	12,673	84,097	44,737	39,360	6.63	113.66
安康	28	215	2,903	43,965	200,191	105,853	94,338	4.55	112.21
城固	18	147	1,960	46,431	176,104	94,349	81,755	3.79	115.40
西鄉	18	132	2,197	32,871	144,628	73,945	70,683	4.40	104.61
沔縣	14	100	2,011	27,846	135,572	69,129	66,443	4.87	104.04
洋縣	19	139	2,722	40,450	174,390	93,105	81,285	4.31	114.54
寧強	14	109	1,489	23,474	111,023	55,084	55,939	4.73	98.47
褒城	19	118	2'098	31,227	147,355	77,224	70,131	4.72	110.11
鎮巴	10	75	1,185	19,542	93,069	46,956	46,113	4.76	101.83
略陽	9	72	1,213	18,814	80,325	41,075	39,250	4.27	104.65
留壩	6	31	282	4,704	22,014	11,978	10,036	4.68	119.35
佛坪	5	29	137	3,204	15,050	8,236	6,814	4.70	120.87
鳳縣	7	36	767	11,547	46,508	25,090	21,418	4.05	117.14
南鄭	20	157	3,029	62,900	281,760	142,462	139,298	4.48	102.28
醴泉	7	65	1,540	24,832	123,946	65,029	58,917	4.99	110.37
長武	5	36	756	11,025	60,317	32,464	27,853	5.47	116.55
永壽	6	30	718	12,336	58,501	31,153	27,348	4.74	113.91
乾縣	10	74	1,989	31,037	162,687	85,693	76,994	5.24	111.30
邠縣	9	55	1,114	15,798	78,391	41,675	36,716	4.96	113.51
朝邑	11	82	1,395	19,834	102,400	52,679	49,721	5.16	105.95
▲韓城	9	85	1,574	22,646	121,685	64,069	57,616	5.37	111.20
▲白水	5	44	1,004	12,765	62,156	32,866	29,290	4.87	112.21
▲澄城	9	88	1,827	24,374	92,682	48,444	44,238	3.80	109.51
▲平民	5	29	338	5,123	22,125	11,395	10,730	4.32	106.20
渭南	24	162	2,946	50,220	227,029	113,044	113,985	4.52	99.17
大荔	10	70	1,484	24,509	120,237	62,053	58,184	4.91	106.65
華縣	13	91	2,061	31,653	134,548	64,359	70,189	4.25	91.69
華陰	8	92	1,581	24,666	108,416	55,756	52,660	4.39	105.88
潼關	7	36	638	12,184	55,350	29,875	25,475	4.54	117.27

陝 西 省

縣市別	鄉鎮	保	甲	戶	人口數			戶量 每戶平均人口數	性比例 每百女子所當男子數
					合計	男	女		
蒲城	15	108	1,720	41,184	198,639	103,735	94,904	4.82	109.31
郃陽	16	154	2,636	36,409	152,093	75,326	76,767	4.18	98.12
岐山	11	104	2,207	30,857	146,034	77,308	68,726	4.73	112.49
郿縣	7	57	1,182	18,227	77,047	41,797	35,250	4.23	118.57
武功	11	76	1,716	27,214	128,435	69,313	59,122	4.72	117.24
汧陽	7	36	798	12,015	45,940	24,895	21,045	3.82	118.29
麟遊	4	22	476	7,892	36,996	19,819	17,177	4.69	115.38
鳳翔	19	120	2,422	37,364	192,104	102,138	89,966	5.14	113.53
盩厔	14	117	2,545	41,377	174,192	92,314	81,878	4.21	112.75
寶鷄	22	163	3,216	69,096	270,454	145,625	124,829	3.91	116.66
扶風	8	95	2,098	28,773	135,067	70,796	64,271	4.69	110.15
隴縣	13	76	1,592	24,367	110,434	57,701	52,733	4.53	109.42
藍田	15	153	3,428	56,579	253,912	130,353	123,559	4.49	105.50
興平	9	111	2,323	36,044	172,018	89,549	82,469	4.77	108.58
高陵	6	33	712	11,640	61,110	31,672	29,438	5.25	107.59
長安	32	300	6,603	98,469	500,839	257,275	243,564	5.09	105.63
臨潼	17	132	2,766	50,302	259,497	131,953	127,544	5.16	103.46
咸陽	11	62	1,234	22,428	107,442	56,629	50,813	4.79	111.45
涇陽	12	78	1,841	26,335	133,570	70,263	63,307	5.07	110.99
富平	13	97	2,199	36,796	201,224	104,731	96,493	5.47	108.54
三原	11	96	1,365	23,714	117,268	63,417	53,851	4.95	117.76
鄠縣	9	78	1,727	28,954	135,864	71,029	64,835	4.69	109.55

資料來源： 根據陝西省政府報部之三十七年一月鄉鎮保甲戶口統計表編製。

說　　明： 表列數字除榆林等十九縣有△符號者係估計數，淳化等十一縣有▲符號者係三十六年七月數，鎮安係三十六年一月數，宜君、安康兩縣係三十六年十二月數外，餘均係三十七年一月數。

甘肅省

縣市別	鄉鎮	保	甲	戶	人口數			戶量	性比例
					合計	男	女	每戶平均人口數	每百女子所當男子數
總計	771	7,034	82,662	1,278,270	7,090,517	3,696,201	3,394,316	5.55	108.89
蘭州市	9	79	1,555	44,286	182,697	100,609	82,088	4.13	122.56
皋蘭	21	151	1,572	23,569	137,350	69,070	68,280	5.83	101.16
景泰	5	43	368	5,234	34,513	17,881	16,632	6.59	107.51
△靖遠	12	89	921	14,210	79,815	41,076	38,739	5.62	106.03
會寧	9	83	1,012	16,285	98,674	50,963	47,711	6.06	106.82
△永登	9	84	1,102	19,103	102,313	52,168	50,145	5.35	104.03
岷縣	24	249	2,883	44,917	193,990	99,680	94,310	4.32	105.69
隴西	15	106	1,109	19,001	103,217	52,474	50,743	5.43	103.41
漳縣	6	60	594	10,076	44,346	23,253	21,093	4.40	110.24
臨潭	9	70	710	10,547	54,114	27,357	26,757	5.13	102.24
夏河	14	83	751	14,213	56,788	28,384	28,404	3.99	99.93
卓尼設治局	10	85	890	11,019	41,744	19,862	21,882	3.79	90.77
平涼	16	150	1,626	24,830	124,032	66,826	57,206	4.99	116.82
華亭	6	55	670	9,187	43,882	22,816	21,066	4.78	108.31
化平	4	27	256	3,976	22,394	11,442	10,952	5.63	104.47
隆德	9	66	731	11,268	67,659	34,687	32,972	6.00	105.20
莊浪	11	99	1,411	21,020	126,003	66,172	59,831	5.99	110.60
△靜寧	12	106	1,484	22,123	132,026	67,879	64,147	5.97	105.82
崇信	5	36	374	6,173	31,863	16,614	15,249	5.16	108.95
海原	10	54	534	8,429	52,926	26,852	26,074	6.28	102.98
西吉	9	63	765	11,125	70,812	36,585	34,227	6.37	106.89
固原	14	110	1,512	21,304	136,714	72,576	64,138	6.42	113.16
△慶陽	8	82	844	11,525	74,227	40,097	34,130	6.44	117.48
涇川	14	129	1,639	24,069	136,647	79,041	57,606	5.68	137.21
靈台	11	114	1,426	19,713	111,850	60,971	50,879	5.67	119.83
▲環縣	10	63	661	6,091	58,583	32,658	25,925	9.62	125.97
▲合水	5	36	301	3,007	22,972	13,012	9,960	7.64	130.64
△寧縣	15	153	1,772	23,537	155,627	83,815	71,212	6.59	117.70
正寧	7	61	669	8,178	52,049	28,398	23,651	6.36	120.07
鎮原	16	197	1,749	24,020	154,800	81,972	72,828	6.44	112.55
天水	40	339	4,177	67,818	306,442	161,103	145,339	4.52	110.85
甘谷	17	152	1,890	28,469	160,108	83,445	76,663	5.62	108.85
武山	14	141	1,522	22,869	121,458	65,689	55,769	5.31	117.79
△禮縣	17	157	2,150	30,722	169,412	86,764	82,648	5.51	104.98
西和	12	120	1,600	24,749	156,318	81,412	74,906	6.32	108.69

甘肅省

縣市別	鄉鎮	保	甲	戶	人口數 合計	男	女	戶量 每戶平均人口數	性比例 每百女子所當男子數
秦安	19	234	2,948	41,946	236,225	123,280	112,945	5.63	109.15
△通渭	14	173	2,185	32,123	177,021	92,176	84,845	5.51	108.64
清水	19	138	1,542	22,458	121,136	62,821	58,315	5.39	107.73
兩當	6	39	366	5,187	23,039	12,201	10,838	4.44	112.58
徽縣	18	181	1,900	28,663	125,417	65,683	59,734	3.37	109.96
臨夏	20	196	2,160	39,283	219,191	114,759	104,432	5.58	109.89
永靖	7	55	865	14,080	92,083	46,640	45,443	6.54	102.63
寧定	9	86	924	13,917	89,431	47,177	42,254	6.43	111.65
和政	6	60	614	12,020	59,209	29,647	29,562	4.93	100.29
武威	14	270	3,415	53,647	319,312	163,913	155,399	5.95	105.48
民勤	11	74	628	13,788	104,446	53,684	50,762	7.57	105.76
永昌	5	50	523	8,117	48,918	25,386	23,532	6.03	107.88
山丹	6	48	415	6,260	37,495	19,860	17,635	5.99	112.62
民樂	4	54	668	9,607	47,146	23,520	23,626	4.91	99.55
張掖	12	126	1,480	24,199	176,075	91,788	84,287	7.28	108.90
△臨澤	6	58	544	7,916	52,882	27,505	25,377	6.68	108.39
古浪	4	35	417	6,164	38,700	19,881	18,819	6.28	105.64
酒泉	11	106	1,339	22,256	132,641	69,255	63,386	5.96	109.26
△金塔	2	25	361	6,238	34,715	17,295	17,420	5.57	99.28
鼎新	2	12	134	1,947	13,468	6,952	6,516	6.92	106.69
高台	5	64	736	12,531	66,969	33,924	33,045	5.34	102.65
玉門	6	40	376	5,348	29,006	15,313	13,693	5.42	111.83
△安西	5	30	289	4,003	22,035	11,579	10,456	5.50	110.74
敦煌	5	32	412	5,960	32,023	16,748	15,275	5.37	109.64
肅北設治局	1	2	11	171	1,036	512	524	6.06	97.71
武都	22	195	2,655	38,548	223,942	114,783	109,159	5.81	105.15
文縣	13	105	1,171	16,262	92,816	48,734	44,082	5.71	110.55
西固	8	60	768	10,922	59,807	30,249	29,558	5.47	102.34
成縣	12	131	1,735	24,869	116,552	60,253	56,299	4.69	106.99
康縣	10	133	1,564	22,499	115,393	60,346	55,047	5.13	109.63
臨洮	13	132	1,323	26,635	153,621	79,120	74,501	5.77	106.20
洮沙	5	29	403	5,268	25,253	12,106	13,147	4.79	92.08
康樂	9	63	821	11,512	63,252	31,474	31,778	5.49	99.04
定西	10	100	1,233	18,723	109,755	56,346	53,409	5.86	105.50
榆中	12	75	869	13,097	83,082	42,785	40,297	6.34	106.17
會川	8	77	963	14,534	72,360	35,613	36,747	4.98	96.91

甘肅省

縣市別	鎮鄉	保	甲	戶	人口數			每戶平均人口數	每百女子所當男子數
					合計	男	女		
△渭源	6	47	603	9,833	50,834	25,865	24,969	5.17	103.59
湟惠局	1	7	72	1,077	6,466	3,425	3,041	6.00	112.63

資料來源：根據甘肅省政府報部之人口統計報告表編製。

說　明：表列數字除環縣、合水係二十五年數，鼎新係三十七年一月數，靖遠等十一縣有△符號者係三十六年七月數外，餘均係三十六年十月數。

青海省

縣市別	鄉鎮	保	甲	戶	人口數			戶量	性比例
					合計	男	女	每戶平均人口數	每百女子所當男子數
總計	251	1,086	10,806	200,539	1,307,719	658,815	648,904	6.52	101.53
西寧市	5	58	858	15,419	71,098	35,847	35,251	4.61	101.69
湟中	42	250	2,568	29,049	213,059	109,056	104,003	7.33	104.86
互助	36	110	1,137	14,518	112,627	58,067	54,560	7.76	106.43
大通	27	97	1,074	13,322	92,347	48,216	44,131	6.93	109.26
亹源	9	26	274	4,100	25,466	13,148	12,318	6.21	106.74
樂都	21	105	1,116	11,848	83,168	43,343	39,825	7.02	108.83
民和	22	97	1,043	12,187	71,263	36,448	34,815	5.85	104.69
循化	7	29	346	6,722	30,213	14,735	15,478	4.49	95.20
△同仁	4	17	250	3,270	25,738	13,102	12,636	7.87	103.69
貴德	11	41	422	5,652	33,289	16,641	16,648	5.89	99.95
化隆	12	59	642	9,602	52,114	25,509	26,605	5.43	95.88
湟源	10	44	436	5,299	30,049	15,717	14,332	5.67	109.66
祁連設治局	3	9	81	1,035	5,526	2,898	2,628	5.34	110.27
都蘭	4	15	71	18,000	120,000	58,000	62,000	6.66	93.55
共和	6	17	186	2,847	13,593	6,446	7,147	4.77	90.19
△興海	5	14	12	12,000	80,000	39,000	41,000	6.66	95.12
海晏	2	8	75	1,017	5,065	2,538	2,527	4.98	100.35
△玉樹	8	30		9,000	67,000	33,000	34,000	7.44	97.06
△囊謙	7	26		4,000	30,000	14,000	16,000	7.50	87.50
△稱多	5	17		10,000	69,000	34,000	35,055	6.90	97.14
△同德	4	14	140	11,000	75,000	37,000	38,000	5.82	97.37
直屬塔爾寺鄉	1	3	45	652	2,104	2,104		3.23	

資料來源：根據青海省政府三十七年一月鄉鎮保甲戶口統計表編製。

說　明：表列同仁等七縣（有△符號者）戶口數係估計數。

福 建 省

縣市別	鄉鎮	保	甲	戶	人口數 合計	人口數 男	人口數 女	戶量 每戶平均人口數	性比例 每百女子所當男子數
總計	903	10,271	132,048	2,447,970	11,143,083	5,771,334	5,371,749	4.55	107.44
福州市	5	134	3,062	81,672	331,273	174,550	156,723	6.06	111.37
廈門市	4	57	1,130	35,972	158,271	77,336	80,935	4.40	95.55
林森	28	416	5,436	116,242	546,034	281,783	264,251	4.70	106.63
古田	14	151	1,798	36,501	153,717	91,358	62,359	4.21	146.50
閩清	11	103	1,143	19,987	123,863	68,742	55,121	6.20	124.71
長樂	14	159	2,342	47,907	209,609	116,489	93,120	4.37	125.09
連江	18	178	2,226	58,420	217,656	111,370	106,286	3.73	104.78
羅源	7	85	815	21,579	98,423	54,114	44,309	4.56	122.13
永泰	17	156	1,888	32,191	135,895	75,962	59,933	4.22	126.74
福清	14	267	3,355	46,559	331,380	176,046	155,334	7.12	113.33
平潭	7	92	1,422	20,634	99,460	51,776	47,684	4.82	108.58
南平	19	157	1,812	40,873	162,389	86,061	76,328	3.97	112.75
沙縣	14	159	1,744	24,704	97,937	50,772	47,165	3.96	107.54
順昌	10	85	835	13,166	61,052	31,289	29,763	4.64	105.13
尤溪	13	156	1,796	32,746	147,698	82,015	65,683	4.51	124.86
將樂	10	105	1,203	17,144	71,594	36,969	34,625	4.18	106.77
建寧	9	81	811	11,405	50,038	24,856	25,182	4.39	98.71
泰寧	8	70	691	10,752	45,254	23,092	22,162	4.21	104.20
建陽	14	124	1,120	19,049	77,850	41,515	36,335	4.09	114.26
建甌	27	252	2,966	51,030	209,182	109,615	99,567	4.10	110.09
浦城	24	219	2,575	40,020	181,480	97,258	84,222	4.53	115.48
邵武	15	152	1,523	24,968	105,669	53,494	52,175	4.23	102.53
崇安	11	101	1,068	17,705	68,318	35,922	32,396	3.86	110.91
松溪	12	107	833	11,577	54,500	29,353	25,147	4.71	116.72
政和	9	82	875	16,762	68,175	35,981	32,194	4.07	111.76
水吉	11	92	954	13,799	60,027	32,008	28,019	4.35	114.24
晉江	24	298	6,928	124,342	591,672	301,194	290,478	4.76	103.69
莆田	21	387	5,719	121,170	632,815	306,330	326,485	5.22	93.83
仙遊	18	258	3,450	64,843	298,306	152,886	145,420	4.60	105.13
南安	30	439	6,077	99,702	508,841	259,119	249,722	5.10	103.76
同安	13	150	2,325	48,025	211,159	105,588	105,571	4.40	100.02
永春	15	144	1,755	35,273	199,918	101,103	98,815	5.67	102.31
惠安	16	191	2,882	86,096	376,994	187,926	189,068	4.38	99.39
安溪	19	155	2,298	58,906	299,418	151,015	148,403	5.08	101.76
金門	4	38	534	9,278	49,485	23,119	26,366	5.33	87.68

福　建　省

縣市別	鄉鎮	保	甲	戶	人口數			每戶平均人口數（戶量）	每百女子所當男子數（性比例）
					合計	男	女		
龍溪	21	264	3,435	67,580	280,548	142,178	138,370	4.15	102.75
漳浦	15	198	2,517	45,334	201,179	99,549	101,630	4.44	97.95
詔安	13	180	2,644	43,285	196,564	97,378	99,186	4.54	98.18
海澄	11	173	1,853	25,982	119,096	56,358	62,738	4.58	89.83
雲霄	7	85	1,523	24,369	108,944	54,158	54,786	4.47	98.85
長泰	7	57	778	13,317	57,167	27,439	29,728	4.29	92.30
東山	6	72	1,117	19,538	81,209	39,037	42,172	4.16	92.59
龍岩	18	221	2,403	30,332	141,821	68,913	72,908	4.67	94.52
南靖	13	159	1,588	25,749	115,337	57,678	57,659	4.48	100.03
平和	18	151	2,103	39,626	207,862	107,722	100,140	5.25	107.57
永定	16	199	2,424	37,131	171,480	90,610	80,870	4.62	112.04
漳平	6	87	1,015	18,854	76,394	38,399	37,995	4.05	101.06
華安	7	75	801	11,174	51,745	25,647	26,098	4.63	98.27
長汀	20	201	2,326	39,122	198,311	97,320	100,991	5.07	96.37
上杭	21	216	3,017	45,109	196,438	93,341	103,097	4.35	90.54
寧化	16	202	1,940	28,231	122,269	60,970	61,299	4.33	99.46
武平	18	226	2,521	34,700	140,992	70,150	70,842	4.06	99.02
連城	11	114	1,467	22,329	107,741	53,705	54,036	4.83	99.39
光澤	10	105	888	11,359	53,576	27,909	25,667	4.72	108.73
福安	15	147	2,067	52,637	224,997	129,600	95,397	4.27	135.85
霞浦	11	121	1,938	44,160	180,939	103,679	77,260	4.10	134.19
福鼎	15	212	2,839	50,973	209,185	121,565	87,620	4.10	138.74
寧德	14	134	1,680	33,549	173,269	96,721	76,548	5.16	126.35
壽寧	11	107	1,339	28,658	107,326	60,986	46,340	3.75	131.61
屏南	8	83	1,133	18,232	69,088	41,028	28,060	3.79	146.21
周寧	3	51	588	11,463	45,395	26,868	18,527	3.96	145.02
柘榮	3	26	397	7,497	38,984	23,090	15,894	5.20	145.27
永安	12	118	1,267	19,637	78,774	42,429	36,345	4.01	116.74
大田	11	126	1,378	23,930	99,061	52,929	46,132	4.14	114.73
德化	12	118	1,416	24,735	104,355	50,062	54,293	5.03	92.21
三元	6	48	483	9,399	34,829	18,259	16,570	3.71	110.19
寧洋	6	41	349	5,349	21,686	11,519	10,167	4.05	113.30
清流	8	70	724	14,417	55,287	27,729	27,558	3.83	100.62
明溪	9	84	700	9,214	35,883	18,403	17,480	3.89	105.28

資料來源：　根據福建省政府報部之三十七年一月鄉鎮保甲戶口統計表編製。

台　灣　省

鄉市別	鄉鎮	保	甲	戶	人口數			戶量 每戶平均人口數	性比例 每百女子所當男子數
					合計	男	女		
總計	359	6,286	78,961	1,090,436	6,384,019	3,211,822	3,172,197	5.85	101.25
台北市	10	340	4,107	60,768	320,785	162,171	158,614	5.28	102.24
基隆市	6	124	1,358	21,414	99,623	51,289	48,334	4.65	106.11
新竹市	7	150	1,350	22,173	122,837	61,684	61,153	5.54	100.87
台中市	8	163	1,677	25,256	141,841	71,571	70,270	5.62	101.71
彰化市	4	92	931	10,701	61,628	30,801	30,827	5.76	99.92
台南市	7	215	2,340	31,206	172,602	86,685	85,917	5.53	100.89
嘉義市	6	191	1,535	23,172	119,815	60,148	59,667	5.17	100.81
高雄市	10	304	2,403	33,822	166,058	86,304	79,754	4.91	100.21
屏東市	7	146	1,563	18,955	106,157	58,018	52,139	5.55	103.60
台北	43	741	10,380	129,227	731,013	371,124	359,889	5.66	103.12
新竹	42	614	8,793	123,595	786,733	394,925	391,808	6.37	100.79
台中	57	1,066	13,490	202,413	1,238,665	620,746	617,919	6.12	100.46
台南	67	1,169	15,649	217,645	1,329,771	663,356	666,415	6.11	99.54
高雄	50	636	8,681	112,967	663,055	332,376	330,679	5.87	100.51
台東	16	100	1,329	17,145	97,494	50,300	47,194	5.69	106.58
花蓮	13	171	2,345	28,116	152,184	78,870	73,314	5.41	107.58
澎湖	6	64	1,030	11,861	73,758	35,454	38,304	6.22	92.56

資料來源：　根據台灣省政府報部之三十六年七月鄉鎮區村里鄰戶口統計表編製。

說　　明：　該省三十七年一月鄉鎮保甲戶口統計報部時全國總表已編竣發表未便更改茲將該表附印於后。

台　灣　省

縣市別	鄉鎮	保	甲	戶	人口數			每戶平均戶量人口數	性比例每百女子所當男子數
					合計	男	女		
總　計	359	6,289	79,213	1,123,244	6,515,550	3,280,802	3,234,748	5.80	101.42
台北市	10	340	4,158	63,701	328,738	166,781	161,957	5.16	102.98
基隆市	6	124	1,358	21,583	99,612	51,115	48,497	4.61	105.40
新竹市	7	148	1,326	22,287	124,729	62,516	62,213	5.60	100.49
台中市	8	163	1,682	26,716	148,336	74,956	73,380	5.55	102.15
彰化市	4	92	931	11,118	62,508	31,305	31,203	5.62	100.23
台南市	7	215	2,341	32,053	176,961	89,027	87,934	5.52	101.24
嘉義市	6	191	1,548	23,932	124,533	62,615	61,918	5.20	101.13
高雄市	10	304	2,429	34,701	170,979	88,890	82,089	4.93	108.28
屏東市	7	146	1,563	19,338	108,626	55,264	53,362	5.62	103.56
台　北	43	744	10,515	132,657	746,816	380,040	366,776	5.63	103.62
新　竹	42	616	8,822	128,029	804,065	404,283	399,782	6.28	101.13
台　中	57	1,066	13,491	208,436	1,258,365	630,880	627,485	6.04	100.54
台　南	67	1,169	15,651	224,586	1,358,418	678,177	680,241	6.05	99.70
高　雄	50	636	8,698	115,980	675,960	339,218	336,742	5.83	100.73
台　東	16	190	1,329	17,551	97,327	49,417	47,910	5.55	103.15
花　蓮	13	171	2,341	28,595	155,219	80,518	74,701	5.43	107.79
澎　湖	6	64	1,030	11,981	74,358	35,800	38,558	6.21	92.85

資料來源：　根據台灣省政府報部之三十七年一月各縣市鄉鎮區村里鄰戶口統計報告表編製。

廣東省

縣市別	鄉鎮	保	甲	戶	人口數 合計	男	女	戶量 每戶平均人口數	性比例 每百女子所當男子數
總計	2,702	37,936	415,364	5,551,401	27,209,968	14,409,238	12,800,730	4.90	113.27
湛江市	10	175	2,300	38,842	270,648	158,894	111,754	7.02	142.18
汕頭市	6	90	1,583	34,782	178,163	94,198	83,965	5.12	112.19
開平	61	835	8,820	100,166	498,988	272,696	226,292	4.98	120.51
台山	70	1,017	12,231	161,164	744,840	417,801	327,039	4.62	127.75
番禺	41	1,297	13,150	157,428	599,409	291,921	307,488	3.81	94.94
順德	45	1,126	10,715	117,909	380,738	188,897	191,841	3.23	98.47
中山	67	1,575	16,850	193,500	750,715	375,529	375,186	3.88	100.09
新會	70	1,319	14,131	166,578	632,055	315,354	316,701	3.79	99.57
恩平	42	445	4,482	48,892	236,021	136,159	99,862	4.83	136.35
赤溪	9	38	338	3,716	16,849	8,684	8,165	4.53	106.36
從化	16	212	2,446	30,869	137,209	70,569	66,640	4.44	105.89
花縣	24	322	3,240	38,875	207,302	103,739	103,563	5.33	100.17
三水	24	402	4,052	47,254	155,766	67,451	88,315	3.30	76.37
南海	54	1,472	15,639	182,078	648,718	316,603	332,115	3.56	95.33
東莞	61	1,408	14,873	162,696	662,528	333,139	329,389	4.07	101.14
增城	33	451	4,852	61,177	279,081	148,775	130,306	4.56	114.17
寶安	25	361	3,927	47,626	174,150	88,191	85,959	3.66	102.60
連縣	28	398	4,071	45,694	216,417	112,246	104,171	4.74	107.75
曲江	23	237	2,791	47,330	217,182	112,405	104,777	4.59	107.28
南雄	27	259	2,943	42,506	199,669	95,609	104,060	4.70	91.88
樂昌	11	116	1,254	19,672	91,065	46,982	44,083	4.63	106.58
始興	10	184	1,712	21,155	93,868	44,741	49,127	4.44	91.07
仁化	5	63	791	11,624	46,847	23,023	23,824	4.03	96.64
翁源	16	162	1,835	26,457	141,183	69,968	71,215	5.34	98.25
英德	32	401	4,820	61,478	299,880	157,798	142,082	4.88	111.06
乳源	10	121	1,308	15,065	82,251	41,520	40,731	5.46	101.94
連山	8	78	852	10,368	47,302	26,959	20,343	4.56	132.52
陽山	20	230	2,602	36,162	204,366	108,062	96,304	5.65	112.20
佛岡	8	120	1,213	15,797	78,918	41,280	37,638	4.99	109.68
清遠	49	558	6,039	100,959	556,602	286,380	270,222	5.51	105.98
連南	20	94	764	30,402	75,640	35,770	39,870	3.71	89.72
高要	34	539	6,847	106,138	466,261	240,818	225,443	4.39	106.82
廣寧	18	400	4,539	55,875	254,653	135,026	119,627	4.56	112.87
四會	17	232	2,984	37,537	152,086	70,711	81,375	4.05	86.89
開建	5	80	913	11,592	74,124	37,959	36,165	6.39	104.06

廣東省

縣市別	鄉鎮	保	甲	戶	人口數			每戶平均人口數	性比例
					合計	男	女	戶量	每百女子所當男子數
封川	8	117	1,534	25,474	101,074	48,172	52,902	3.97	91.06
鬱南	12	270	3,693	46,623	244,897	132,906	111,991	5.25	118.67
新興	33	352	3,892	49,082	231,027	111,407	119,620	4.71	93.13
羅定	22	374	4,045	64,441	308,606	171,712	136,894	4.79	125.43
德慶	12	209	2,318	37,122	166,458	83,978	82,480	4.48	101.82
雲浮	22	332	3,651	60,421	273,917	160,982	132,935	4.86	121.10
鶴山	30	295	3,686	53,158	205,771	101,858	103,913	3.87	98.02
高明	20	171	1,610	20,477	98,401	50,069	48,332	4.81	103.59
惠陽	54	454	4,460	114,547	566,792	299,454	267,338	4.95	112.01
博羅	18	179	553	44,703	222,091	120,851	101,240	4.97	119.37
海豐	35	582	6,464	82,981	355,964	207,490	148,474	4.29	139.75
陸豐	31	425	5,297	79,737	356,852	208,259	148,593	4.47	140.15
河源	30	223	2,449	28,558	202,893	112,732	90,161	7.10	125.03
紫金	16	218	2,215	43,783	204,726	107,319	97,407	4.67	110.17
新豐	14	133	1,285	17,040	86,681	47,879	38,802	5.09	123.39
龍門	18	202	2,227	25,545	106,189	56,971	49,218	4.16	151.75
潮安	20	454	6,634	140,479	563,887	276,393	287,494	4.01	96.14
潮陽	70	1,467	15,885	175,565	801,927	397,543	404,384	4.57	98.31
揭陽	64	1,100	13,223	183,059	890,456	467,915	422,541	4.86	110.74
澄海	31	365	5,035	78,259	380,176	185,718	194,458	4.86	95.51
饒平	40	469	5,616	72,268	355,092	183,053	172,039	4.91	106.40
惠來	30	466	5,388	65,239	257,176	140,199	116,977	3.94	119.85
普寧	33	510	6,859	101,230	549,309	296,213	253,096	5.43	117.03
豐順	20	288	3,250	43,399	192,830	107,796	85,034	4.44	126.77
南澳	4	42	463	6,130	26,032	12,430	13,602	4.25	91.38
興寧	30	537	5,857	84,572	456,481	228,342	228,139	5.40	100.09
梅縣	35	551	6,311	86,027	448,557	219,350	229,207	5.21	95.70
五華	29	506	4,857	58,889	326,216	182,913	143,303	5.54	127.64
平遠	13	142	1,670	24,416	104,363	52,223	52,140	5.27	100.16
蕉嶺	15	135	1,340	18,037	102,087	53,491	48,596	5.66	110.07
龍川	39	523	5,444	65,616	312,834	163,743	149,091	4.77	109.83
連平	28	198	1,710	20,456	90,130	48,545	41,585	4.41	116.74
和平	24	267	2,940	34,698	161,347	86,581	74,766	4.65	115.80
大埔	27	336	4,815	52,830	249,112	136,972	112,140	4.71	122.14
茂名	44	513	6,361	96,564	592,933	332,265	260,668	6.14	127.47
電白	46	379	4,293	70,946	352,170	203,104	149,066	4.96	136.25

廣東省

縣市別	鄉鎮	保	甲	戶	人口數 合計	男	女	戶量 每戶平均人口數	性比例 每百女子所當男子數
化縣	40	487	5,620	66,497	403,465	228,847	174,618	6.07	131.05
吳川	13	157	1,913	30,371	177,573	102,708	74,865	5.85	137.19
信宜	36	569	6,204	79,272	411,170	222,760	188,410	5.19	118.23
廉江	30	350	4,138	49,728	422,793	246,421	176,372	8.50	139.72
陽江	42	461	5,257	93,316	502,076	279,718	222,358	5.38	125.80
陽春	41	370	4,563	62,518	18,233	10,573	7,660	3.49	138.02
梅茂	3	21	197	5,225	324,583	160,991	163,592	5.19	98.41
合浦	48	633	6,973	92,618	609,146	346,203	262,943	6.58	131.66
欽縣	37	324	3,028	41,731	352,763	185,688	167,075	8.45	111.14
防城	22	240	2,576	34,225	207,229	118,950	88,279	6.05	134.74
靈山	58	612	6,127	71,992	404,244	228,775	175,469	5.61	130.38
遂溪	25	268	2,588	34,187	244,832	148,447	96,385	7.16	154.01
海康	20	186	2,232	30,674	220,927	139,872	81,055	7.20	172.56
徐聞	10	124	1,325	21,194	109,220	59,927	49,293	5.15	121.57
瓊山	43	361	3,314	44,092	391,909	212,653	179,256	8.89	118.65
文昌	34	307	2,896	35,406	213,366	123,133	90,233	6.03	136.46
定安	16	156	1,016	9,609	118,724	72,872	45,852	12.35	158.93
儋縣	23	252	2,468	25,369	156,422	79,455	76,967	6.17	103.23
澄邁	15	143	922	11,272	133,941	81,070	52,871	11.88	153.33
臨高	17	116	1,244	16,356	139,899	72,109	67,890	8.55	106.21
樂會	9	127	1,063	15,291	103,593	54,020	49,573	6.77	108.97
瓊東	10	89	673	7,135	89,658	48,975	40,683	12 56	120.38
崖縣	12	147	1,623	20,022	126,559	63,108	63,451	6.32	99.46
陵水	7	59	527	6,892	50,725	26,551	24,174	7.36	109.82
萬寧	10	102	859	9,576	90,368	46,266	44,102	9.44	104.91
感恩	7	76	730	8,430	39,805	19,649	20,156	4.72	97 48
昌江	6	78	753	8,999	44,192	21,623	22,469	4.91	96.23
樂東	11	117	984	10,264	55,183	29,306	25,877	5.38	113.25
保亭	14	107	985	12,819	71,840	38,640	33,200	5.60	116.39
白沙	16	174	2,078	20,780	82,000	38,500	43,500	3.95	88.51
南山局	11	122	1,251	13,796	56,582	28,743	27,839	4.10	103.25

資料來源：根據廣東省政府三十七年一月鄉鎮保甲戶口統計表編製。

說　明：表列梅茂縣數字係照三十六年七月梅菉局數字填列。

廣西省

縣市別	鄉鎮	保	甲	戶	人口數			戶量	性比例
					合計	男	女	每戶平均人口數	每百女子所當男子數
總計	1,801	18,919	204,013	2,820,388	14,636,337	7,636,084	7,000,253	5.19	109.08
桂林市	9	123	1,202	27,359	135,212	74,326	60,886	4.94	122.07
臨桂	33	384	4,365	46,706	234,041	120,312	113,729	5.01	105.79
永福	10	98	934	11,281	55,793	28,707	27,086	4.95	105.98
百壽	11	94	1,110	12,427	66,805	35,224	31,581	5.37	105.42
陽朔	14	150	1,894	23,887	123,784	63,408	60,376	5.18	105.02
興安	18	216	2,589	28,074	152,304	83,835	68,469	5.43	122.44
全縣	20	271	3,422	56,215	307,745	178,911	128,834	5.47	138.87
資源	6	78	910	13,227	66,136	34,694	31,442	5.00	110.34
灌陽	10	118	1,598	23,041	120,207	71,598	48,609	5.22	147.29
靈川	14	144	1,811	23,558	113,668	58,672	54,996	4.83	106.68
義寧	9	101	893	10,276	47,869	24,590	23,279	4.66	105.63
龍勝	16	157	1,327	14,450	70,283	36,172	34,111	4.86	106.04
賀縣	39	374	3,730	53,064	256,416	130,070	126,346	4.83	107.69
修仁	12	99	935	14,284	73,316	36,983	36,333	5.13	101.79
蒙山	13	140	1,463	20,216	106,887	55,677	51,210	5.29	108.72
昭平	22	222	2,174	26,367	148,898	80,720	68,178	5.65	118.39
荔浦	11	127	1,597	26,467	144,102	72,929	71,173	5.44	102.47
恭城	14	161	1,733	24,188	128,697	70,378	58,319	5.32	120.68
富川	10	127	1,629	22,389	111,824	59,922	51,902	4.99	115.45
鍾山	17	210	2,380	34,312	174,555	91,743	82,812	5.09	110.78
平樂	19	212	2,343	31,885	173,234	90,998	82,236	5.43	110.65
信都	8	69	794	10,782	61,311	30,156	31,155	5.69	96.79
懷集	52	597	6,033	61,342	294,716	152,567	142,149	4.80	107.33
柳江	21	260	3,069	57,607	265,537	135,287	130,250	4.61	103.87
融縣	30	307	2,991	37,427	184,818	94,892	89,926	4.94	105.52
雒容	7	69	738	9,896	44,857	21,961	22,896	4.53	95.92
中渡	6	52	557	7,490	35,910	17,934	17,976	4.79	99.77
榴江	9	92	841	11,032	57,677	29,253	28,424	5.23	102.92
三江	32	285	2,626	32,782	147,546	74,416	73,130	4.50	101.76
柳城	17	165	1,745	23,714	121,496	60,675	60,821	5.12	99.76
來賓	15	136	1,521	26,139	141,785	71,327	70,458	5.42	101.23
象縣	21	194	2,054	28,757	145,281	74,090	71,191	5.05	104.07
遷江	13	145	1,504	22,874	115,560	56,766	58,794	5.05	96.57
忻城	14	147	1,560	19,529	104,445	52,266	52,179	5.35	100.17
宜山	34	352	3,613	59,551	289,610	145,324	144,286	4.86	100.72

廣西省

縣市別	鄉鎮	保	甲	戶	人口數			戶量	性比例
					合計	男	女	每戶平均人口數	每百女子所當男子數
天河	11	133	1,266	15,594	73,024	36,862	36,162	4.68	101.93
羅城	15	151	1,553	24,813	119,375	60,688	58,687	4.81	103.41
思恩	19	182	1,606	19,018	90,103	44,691	45,412	4.74	98.41
宜北	6	58	573	7,428	45,881	23,400	22,481	5.18	104.09
河池	18	181	1,464	21,422	96,906	48,333	48,573	4.52	99.51
南丹	17	151	1,199	16,753	75,883	38,259	37,624	4.53	101.69
天峨	8	71	672	9,208	44,390	22,582	21,808	4.82	103.55
蒼梧	43	498	6,267	86,891	427,818	213,175	214,643	4.92	99.32
岑溪	17	207	2,519	36,243	209,798	110,232	99,566	5.79	110.71
容縣	28	287	3,442	54,248	312,453	168,524	143,929	5.76	117.09
藤縣	31	360	4,535	72,546	390,223	209,629	180,594	5.38	116.08
平南	44	505	5,631	76,712	406,399	225,196	181,203	5.30	124.28
桂平	46	538	6,623	105,833	481,629	254,901	226,728	4.55	112.43
貴縣	49	580	6,444	93,297	475,101	250,097	225,004	5.09	111.15
武宣	12	149	1,761	25,194	138,923	70,785	68,138	5.51	103.88
興業	13	151	1,636	26,482	128,620	69,427	59,193	4.86	117.29
鬱林	25	307	4,432	83,887	369,634	207,460	162,174	4.41	127.92
北流	33	430	5,260	67,424	369,860	207,132	162,728	5.49	127.29
博白	36	349	4,186	82,105	407,951	235,227	172,724	4.97	136.19
陸川	20	206	2,513	33,396	259,728	149,949	109,779	7.78	136.59
邕寧	61	559	5,877	75,683	431,813	228,833	202,980	5.71	112.74
永淳	22	237	2,453	30,496	181,788	100,023	81,765	5.96	122.33
橫縣	38	358	4,026	52,388	296,040	156,588	139,452	5.65	112.29
賓陽	35	385	4,014	49,875	231,718	120,448	111,270	4.65	108.25
上林	24	269	2,631	38,057	227,873	113,969	113,904	5.99	100.06
都安	29	320	3,208	46,753	277,313	138,328	138,985	5.93	99.53
隆山	20	197	1,868	24,070	136,920	68,980	67,940	5.69	101.53
平治	14	137	1,340	18,712	99,237	48,840	50,397	5.30	96.91
那馬	8	75	851	13,609	72,460	36,822	35,638	5.32	103.32
果德	8	74	928	12,802	64,896	31,008	33,888	5.07	91.50
隆安	17	154	1,663	19,788	114,380	55,746	58,634	5.78	95.02
武鳴	33	339	3,835	47,628	250,279	123,888	126,391	5.25	98.02
扶南	10	95	933	9,599	79,112	39,323	39,789	8.24	98.83
綏綠	5	40	532	7,298	45,268	23,055	22,213	6.20	103.79
同正	7	67	725	8,759	49,568	24,191	25,377	5.66	95.33
上思	9	89	1,121	15,862	92,650	50,596	42,054	5.84	120.31

廣西省

縣市別	鄉鎮	保	甲	戶	人口數			戶量 每戶平均人口數	性比例 每百女子所當男子數
					合計	男	女		
百色	18	178	1,741	20,116	102,103	49,221	52,882	5.07	93.08
東蘭	18	169	1,808	24,495	122,442	60,975	61,467	5.00	99.11
鳳山	10	86	1,074	14,471	72,414	36,032	36,382	5.00	99.04
田 ,西	10	87	814	9,527	47,665	23,637	24,028	5.00	98.37
樂業	9	90	788	10,448	51,197	26,095	25,102	4.90	103.95
萬岡	16	137	1,357	18,578	93,257	46,071	47,186	5.02	97.64
西隆	12	126	1,207	16,066	79,063	39,628	39,435	4.92	100.49
西林	11	99	729	11,737	55,996	27,069	28,927	4.77	93.58
凌雲	11	114	989	12,215	66,919	33,038	33,881	5.48	97.51
靖西	41	420	4,209	52,091	248,005	123,863	124,142	4.76	99.77
天保	27	269	2,613	31,867	143,526	72,346	71,180	4.50	101.64
鎮邊	12	120	1,059	16,873	81,926	41,031	40,895	4.85	100.33
向都	11	112	1,332	19,437	94,810	48,317	46,493	4.88	103.92
鎮結	8	96	1,141	17,445	91,126	45,471	45,655	5.22	99.60
龍茗	12	117	1,227	13,817	80,769	40,507	40,262	5.85	100.61
田東	21	208	1,881	22,872	114,935	55,012	59,923	5.03	91.80
田陽	23	222	2,101	24,602	135,667	67,084	68,583	5.51	97.81
敬德	11	98	810	11,591	54,964	28,018	26,946	4.74	103.98
龍津	12	124	1,119	12,929	65,173	32,069	33,104	5.04	96.87
上金	8	78	795	9,853	53,326	26,491	26,835	5.41	98.72
左縣	4	42	466	5,013	30,447	14,678	15,769	6.07	93.08
崇善	9	86	872	11,227	64,498	92,125	32,373	5.74	99.23
思樂	7	65	654	7,521	52,506	26,312	26,194	6.98	100.45
明江	6	60	553	5,896	32,204	15,914	16,290	5.46	97.69
寧明	5	54	477	4,932	29,748	14,605	15,143	6.03	96.45
憑祥	4	40	453	4,812	22,416	11,003	11,413	4.66	96.41
萬承	7	67	668	7,692	45,771	22,674	23,097	5.95	98.17
雷平	16	131	1,302	14,133	75,393	37,824	37,569	5.33	100.68
養利	5	50	531	5,664	30,732	15,004	15,728	5.43	99.40

資料來源： 根據廣西省政府報部之三十六年七月鄉鎮保甲戶口統計表編製。

雲南省

縣市別	鄉鎮	保	甲	戶	人口數			戶量 每戶平均人口數	性比例 每百女子所當男子數
					合計	男	女		
總計	1,423	12,453	125,513	1,715,333	9,065,921	4,552,461	4,513,460	5.29	100.86
昆明市	8	108	1,867	55,670	301,786	159,795	141,991	5.42	112.54
穀昌	16	187	2,234	33,569	169,439	83,630	85,809	5.05	97.46
安寧	10	86	783	9,413	57,463	28,319	29,144	6.10	97.17
呈貢	6	81	913	12,651	65,301	32,715	32,586	5.16	100.39
晉寧	8	59	696	10,105	51,511	24,747	26,764	5.10	92.46
玉溪	10	98	1,310	18,936	117,862	60,325	57,537	6.22	104.85
昆陽	8	74	874	10,262	67,807	33,367	34,440	6.61	96.88
易門	5	53	591	8,004	46,208	23,896	22,312	5.77	107.10
廣通	5	36	414	6,356	31,994	15,728	16,266	5.03	96.69
鹽興	7	50	387	4,375	24,684	12,225	12,459	5.64	98.12
祿豐	8	54	499	6,795	39,554	19,777	19,777	5.82	100.00
羅次	6	58	539	6,912	36,861	18,413	18,448	5.33	99.81
富民	8	54	511	6,641	33,366	16,670	16,696	5.02	99.84
祿勸	14	136	1,321	20,183	99,108	49,010	50,098	4.91	97.83
武定	19	152	1,355	15,804	83,509	42,021	41,488	5.28	101.28
△元謀	6	36	540	7,304	41,378	19,789	21,589	5.66	91.66
昭通	20	221	2,198	32,180	150,485	74,729	75,756	4.68	98.64
威信	8	87	1,073	15,996	72,277	37,474	34,803	4.52	107.67
×鎮雄	24	192	2,150	30,881	184,111	109,916	74,195	5.96	148.14
×彝良	30	259	2,543	22,440	106,301	53,160	53,141	4.74	100.03
綏江	8	71	727	9,572	44,862	22,635	22,227	4.69	101.83
大關	12	144	1,385	17,327	78,717	41,119	37,598	4.54	109.36
永善	16	136	1,370	20,127	103,098	49,343	53,755	5.12	91.79
魯甸	10	124	1,317	14,503	65,093	31,361	33,732	4.49	92.97
巧家	21	186	1,788	28,324	144,020	72,589	71,431	5.08	101.62
▲鹽津	9	114	1,514	15,083	69,396	35,211	34,185	4.60	103.00
曲靖	14	121	1,105	17,731	100,918	52,074	48,844	5.69	106.61
平彝	12	149	1,607	23,230	120,757	64,361	56,396	5.20	114.12
宣威	22	247	3,023	44,151	293,104	155,687	137,417	6.64	113.29
霑益	17	198	1,657	22,671	116,840	57,600	59,240	5.15	97.23
會澤	24	227	2,509	36,880	178,208	88,752	89,456	4.83	99.21
尋甸	13	124	1,373	18,586	103,240	51,363	51,877	5.55	99.01
嵩明	11	120	1,296	16,410	82,643	41,496	41,147	5.04	100.85
馬龍	7	72	652	6,735	35,819	18,444	17,375	5.32	106.15
陸良	19	122	1,579	25,211	134,425	70,914	63,511	4.33	111.66

雲　南　省

縣市別	鄉鎮	保	甲	戶	人口數 合計	人口數 男	人口數 女	戶量 每戶平均人口數	性比例 每百女子所當男子數
羅平	16	146	1,172	18,750	77,059	40,799	36,260	4.11	112.52
彌勒	13	136	1,167	18,151	82,460	39,093	43,367	4.54	90.14
華寧	13	122	1,052	13,201	85,002	41,639	43,363	6.44	96.02
江川	8	61	627	8,486	55,617	29,867	25,750	6.55	115.99
△澂江	8	85	860	9,990	59,639	29,810	29,829	5.97	99.94
宜良	12	131	1,302	17,452	95,972	48,003	47,969	5.50	100.07
路南	13	143	1,439	17,158	91,860	46,363	45,497	5.35	101.90
瀘西	10	114	1,413	22,259	109,979	57,275	52,704	5.94	108.67
師宗	9	79	659	8,534	36,140	18,443	17,697	4.23	104.21
邱北	7	69	877	8,778	42,148	20,671	21,477	4.70	96.25
硯山	10	102	1,314	14,135	56,958	27,903	29,055	4.03	96.03
文山	16	134	1,061	15,805	77,325	36,556	40,769	4.89	89.67
馬關	10	109	1,465	20,453	102,941	48,943	53,998	5.03	90.64
△西疇	13	90	657	9,916	59,271	28,480	30,791	5.90	92.49
×廣南	14	134	1,292	24,222	110,469	54,359	56,110	4.56	96.88
富寧	10	75	771	8,774	37,614	18,060	19,554	4.29	92.36
△建水	20	194	2,360	31,616	150,044	74,974	75,070	4.75	99.87
石屏	15	133	1,149	14,324	81,264	39,468	41,796	5.67	94.43
河西	8	58	498	7,307	52,785	25,653	27,132	7.22	94.55
通海	8	68	696	7,609	45,289	21,968	23,321	5.95	94.20
曲溪	6	42	391	5,101	31,182	15,937	15,245	6.17	104.54
開遠	16	147	1,214	16,985	83,831	43,613	40,218	4.93	108.44
箇舊	6	53	623	9,007	48,776	24,959	23,817	5.41	104.79
蒙自	17	143	1,279	16,761	88,920	43,423	45,497	5.31	95.44
×屏邊	10	75	699	9,580	44,622	21,304	23,318	4.66	91.36
金平	7	60	529	6,740	28,442	14,141	14,301	4.22	98.88
龍武設治局	7	64	480	5,342	20,287	10,192	10,095	3.80	100.96
△新平	12	81	671	8,990	39,100	19,439	19,661	4.35	98.87
元江	16	132	1,130	18,400	80,010	38,607	41,403	4.35	93.25
墨江	10	79	493	8,369	35,621	17,580	18,041	4.26	97.44
×鎮沅	5	39	403	5,645	21,868	9,999	11,869	3.87	84.24
景東	19	150	1,234	14,799	103,175	51,399	51,776	6.97	99.27
▲雙柏	11	61	643	9,489	50,125	24,030	26,095	5.28	92.09
峨山	12	89	778	8,450	40,671	20,186	20,485	4.81	98.54
思茅	5	30	212	2,863	11,374	5,485	5,889	3.89	93.14
寧洱	10	76	606	7,800	33,102	16,030	17,072	4.24	93.90

雲南省

縣市別	鄉鎮	保	甲	戶	人口數			戶量	性比例
					合計	男	女	每戶平均人口數	每百女子所當男子數
江城	5	36	204	2,858	12,909	5,747	7,162	4.52	80.24
鎮越	4	43	369	5,130	22,311	10,490	11,821	4.35	88.74
▲車里	7	46	524	8,065	29,091	13,195	15,896	3.61	83.01
佛海	5	37	449	4,240	17,958	8,799	9,159	4.23	96.07
南嶠	8	60	521	6,275	25,614	13,034	12,580	4.08	103.61
六順	6	44	293	3,325	14,903	7,324	7,579	4.48	96.63
▲寧江設治局	3	20	156	2,048	7,024	3,444	3,580	3.43	96.20
姚安	16	155	1,649	19,494	110,911	54,666	56,245	5.69	97.19
鎮南	12	105	1,203	15,654	83,949	40,999	42,950	5.36	95.46
彌渡	9	112	1,140	15,410	107,190	53,970	53,220	6.95	101.41
祥雲	13	118	1,302	17,348	98,741	48,880	49,861	5.69	98.03
▲鹽豐	7	48	436	5,647	29,470	14,095	15,375	5.26	91.66
永仁	4	53	684	9,580	67,105	33,586	33,519	7.01	99.09
大姚	13	134	1,313	16,127	93,309	46,814	46,495	5.79	100.68
牟定	9	83	1,070	14,986	88,526	43,863	44,663	5.91	98.21
楚雄	18	125	1,534	19,353	103,826	52,517	51,309	5.36	102.35
雙江	6	60	559	7,383	32,834	16,348	16,486	4.45	99.16
△景谷	8	69	508	7,673	37,175	17,580	19,595	4.84	89.72
△緬寧	9	73	834	12,180	69,623	31,859	37,764	5.72	84.36
鎮康	12	101	1,075	13,884	75,327	36,867	38,460	5.43	95.86
瀾滄	15	123	1,372	22,500	93,759	47,102	46,657	4.17	100.95
耿馬設治局	11	57	401	4,854	23,684	11,213	12,471	4.88	89.91
×滄源設治局	8	67	693	6,914	19,303	10,123	9,180	2.79	110.27
△鶴慶	14	130	1,136	14,363	84,949	42,894	42,055	5.91	101.99
劍川	10	69	690	8,316	54,551	27,358	27,193	6.56	100.96
△洱源	9	94	835	8,631	44,530	22,268	22,262	5.16	100.03
鄧川	5	61	566	5,913	38,676	19,323	19,353	6.54	99.84
△賓川	15	130	1,238	12,875	79,616	40,211	39,405	6.18	102.05
永勝	14	120	1,054	13,354	89,199	43,831	45,368	6.68	96.61
×華坪	8	57	480	6,567	37,115	18,117	18,998	5.65	95.36
×寧蒗設治局	6	32	216	2,827	12,137	6,429	5,708	4.29	112.63
大理	7	69	770	11,810	69,295	31,544	37,751	5.87	83.56
鳳儀	6	59	628	8,700	45,700	22,078	23,622	5.25	93.46
蒙化	17	146	1,542	19,189	120,512	59,666	60,846	6.28	98.06
雲縣	13	92	830	11,459	58,782	30,077	28,705	5.13	104.78
順寧	16	137	1,514	22,349	120,496	61,015	59,481	5.39	102.58

雲南省

縣市別	鄉鎮	保	甲	戶	人口數 合計	男	女	戶量 每戶平均人口數	性比例 每百女子所當男子數
昌寧	12	106	1,106	15,561	74,522	37,391	37,131	4.79	100.70
永平	9	58	570	7,277	38,972	19,827	19,145	5.35	103.56
雲龍	11	76	620	8,593	51,599	26,321	25,278	6.00	104.13
△漾濞	5	35	268	3,499	19,345	9,909	9,436	5.53	105.01
騰衝	26	169	1,621	23,639	158,687	80,965	77,722	6.71	104.17
保山	33	313	3,468	44,228	283,309	140,013	143,296	6.41	97.71
△龍陵	8	81	759	9,127	44,809	21,594	23,215	4.91	93.02
△潞西設治局	8	76	651	9,938	50,001	24,558	25,443	5.03	96.52
瑞麗設治局	5	35	351	4,856	21,274	9,840	11,434	4.38	86.06
△隴川設治局	4	30	313	3,622	14,447	6,503	7,944	3.99	81.86
▲梁河設治局	10	48	407	6,997	32,037	15,920	16,117	4.58	98.78
╳盈江設治局	6	36	229	4,884	20,982	10,046	10,936	4.30	91.86
蓮山設治局	5	26	284	3,121	13,094	5,999	7,095	4.19	84.55
△維西	8	66	565	7,478	35,271	17,625	17,646	4.72	99.88
△蘭坪	11	84	729	8,002	32,473	17,302	15,171	4.06	114.06
麗江	12	95	1,278	17,378	90,511	48,637	41,874	5.21	116.15
中甸	6	38	445	6,649	34,577	17,527	17,050	5.20	102.80
╳德欽設治局	4	16	128	1,236	5,207	2,716	2,491	4.21	109.03
貢山設治局	4	24	165	1,867	9,788	5,116	4,672	5.24	109.50
福貢設治局	4	29	346	4,783	17,563	9,303	8,260	3.67	112.63
碧江設治局	4	28	229	3,024	14,590	7,660	6,930	4.82	110.53
瀘水設治局	4	34	225	3,180	17,312	7,751	9,561	5.44	81.07
河口督辦公署	14	85	578	6,271	25,916	12,597	13,319	4.13	94.58
麻栗坡督辦公署	19	160	1,474	20,583	116,448	56,709	59,739	5.66	94.93

資料來源：　根據雲南省政府三十七年一月鄉鎮保甲戶口統計表編製。

說　　明：　表列元謀等十八縣局（有△符號者）係三十六年七月數，鎮雄等十縣局（有╳符號者）係三十五年七月數，鹽津等七縣局（有▲符號者）係三十六年一月數外，餘均為三十七年一月數。

貴 州 省

縣市別	鄉鎮	保	甲	戶	人口數			戶量 每戶平均人口數	性比例 每百女子所需男子數
					合計	男	女		
總計	1,405	12,942	128,325	1,838,780	10,173,750	5,100,983	5,072,767	5.53	100.56
貴陽市		148	1,801	46,591	240,253	125,820	114,433	5.16	109.95
貴筑	20	205	2,026	28,887	145,729	72,163	73,566	5.04	98.09
息烽	10	84	813	11,502	62,058	31,786	30,272	5.40	105.00
修文	13	122	1,053	14,677	73,515	36,332	37,183	5.01	97.71
龍里	14	113	1,075	12,930	68,844	35,336	33,508	5.32	105.46
貴定	17	155	1,562	21,335	105,405	52,615	52,790	4.94	99.67
開陽	22	193	1,813	24,386	137,576	70,003	67,573	5.64	103.60
惠水	23	210	2,142	29,506	141,580	67,838	73,742	4.80	92.00
安順	18	197	2,193	37,713	200,589	98,289	102,300	5.32	96.08
長順	14	122	1,108	14,335	76,401	37,250	39,151	5.33	95.14
平越	13	100	920	14,802	71,465	35,543	35,922	4.83	98.94
甕安	11	142	1,202	15,698	86,161	43,832	42,329	5.49	103.55
麻江	16	146	1,396	18,731	95,233	47,923	47,310	4.08	101.30
清鎮	18	171	1,588	21,162	110,845	57,258	53,587	5.24	106.85
平壩	14	125	1,338	18,721	97,138	48,593	48,545	5.19	100.10
鎮遠	13	102	957	14,025	77,431	39,539	37,892	5.52	104.35
施秉	10	77	625	8,310	42,751	21,023	21,728	5.14	96.76
黃平	21	173	1,666	21,756	116,461	58,212	58,249	5.35	99.94
岑鞏	10	89	975	12,484	73,683	39,772	33,911	5.90	117.28
天柱	17	173	1,937	25,008	129,652	65,229	64,423	5.18	101.25
台江	10	71	740	9,561	43,732	22,290	21,442	4.57	103.95
三穗	7	89	901	12,941	67,446	34,004	33,442	5.21	101.68
劍河	13	99	982	13,017	64,473	32,716	31,757	4.95	103.02
餘慶	13	106	955	12,398	72,135	36,682	35,453	5.82	103.47
錦屏	14	117	1,218	16,052	76,608	38,618	37,990	4.77	101.65
鑪山	13	102	1,303	19,155	92,556	45,832	46,724	4.83	98.09
雷山設治局	9	62	617	7,398	34,602	17,911	16,691	4.68	107.31
獨山	24	177	1,617	22,693	125,327	61,933	63,394	5.67	97.70
榕江	18	131	1,269	15,870	81,729	40,354	41,375	5.15	97.53
黎平	20	177	2,097	29,090	143,189	72,298	70,891	4.92	101.98
都勻	21	175	1,540	22,457	116,143	57,552	58,591	5.17	98.23
平塘	15	124	1,344	17,569	91,488	44,841	46,647	5.21	96.13
荔波	21	158	1,330	17,481	79,661	39,310	40,351	4.56	97.40
從江	23	166	1,769	21,976	94,569	47,646	46,923	4.30	101.54
丹寨	9	73	682	8,638	44,851	22,655	22,196	5.19	102.07

貴 州 省

縣市別	鄉鎮	保	甲	戶	人口數 合計	人口數 男	人口數 女	戶量 每戶平均人口數	性比例 每百女子所當男子數
三都	16	120	981	12,429	61,006	30,105	30,901	4.91	97.42
羅甸	18	127	1,076	14,263	76,605	37,900	38,705	5.37	97.92
興仁	13	131	1,242	17,655	99,619	48,547	51,072	5.64	95.06
興義	30	250	1,867	27,563	189,568	91,213	98,355	6.88	92.74
安龍	16	144	1,361	20,988	106,858	52,191	54,667	5.09	95.47
盤縣	30	278	2,419	31,917	202,856	103,565	99,291	6.36	104.30
貞豐	12	119	1,423	19,952	101,398	49,725	51,673	5.08	96.30
晴隆	11	78	787	11,319	56,521	28,240	28,281	4.99	99.86
普安	11	110	915	11,151	59,472	28,781	30,691	5.33	93.78
册亨	12	103	986	11,879	53,468	27,547	25,921	4.50	106.27
郎岱	20	164	1,789	23,167	122,113	60,410	61,703	5.27	97.90
關嶺	19	156	1,658	21,402	111,705	52,772	58,933	5.22	89.55
普定	21	160	1,334	20,396	131,252	66,342	64,910	6.44	102.21
鎮寧	18	180	1,524	21,116	91,730	44,471	47,259	4.34	94.10
紫雲	11	92	1,075	14,321	68,185	33,329	34,856	4.76	95.62
望謨	13	92	908	13,440	63,268	31,511	31,757	4.71	99.23
畢節	16	230	2,383	47,758	298,828	151,415	147,413	6.26	102.71
大定	20	224	2,995	44,239	241,335	120,908	120,427	5.46	100.40
黔西	26	219	2,274	35,655	182,091	91,520	90,571	5.11	101.03
威寧	27	276	2,641	34,597	178,383	91,918	86,465	5.16	106.31
水城	25	236	2,349	30,890	150,934	74,827	76,107	4.89	98.32
織金	24	256	2,413	35,839	194,660	95,131	99,529	5.43	95.58
金沙	18	164	1,934	30,258	170,433	85,622	84,811	5.63	100.96
納雍	18	165	1,539	21,359	114,053	55,305	58,748	5.34	94.14
赫章	16	141	1,662	23,411	130,496	63,901	66,595	5.57	95.95
遵義	50	485	5,520	83,597	546,005	273,766	272,239	6.53	100.56
桐梓	30	293	2,589	38,887	258,013	129,808	128,205	6.63	101.25
正安	22	234	2,647	39,396	216,289	107,458	108,831	5.49	98.74
赤水	22	199	2,004	29,166	152,084	75,898	76,186	4.21	99.62
仁懷	26	205	2,190	31,266	247,178	124,357	122,821	7.91	101.25
綏陽	19	171	1,788	27,134	140,767	70,064	70,703	5.19	99.10
湄潭	21	199	2,163	29,152	157,774	78,722	79,052	5.41	99.58
鰼水	22	174	1,563	27,005	154,418	77,746	76,672	5.72	101.40
鳳岡	17	196	1,877	25,788	144,748	71,215	73,533	5.61	96.85
婺川	22	210	1,833	26,039	138,513	71,250	67,263	5.32	105.93
道眞	14	135	1,288	17,305	96,726	47,792	48,934	5.59	97.67

貴州省

市別	鄉鎮	保	甲	戶	人口數 合計	男	女	戶量 每戶平均人口數	性比例 每百女子所當男子數
銅仁	16	165	1,468	20,032	112,900	59,454	53,446	5.64	111.24
思南	19	228	1,892	26,382	295,493	103,723	101,770	7.79	101.92
松桃	24	185	2,104	35,632	181,952	94,789	87,163	5.11	108.75
沿河	25	262	2,522	32,035	191,674	96,773	94,901	5.98	101.97
石阡	18	163	1,460	22,117	134,073	66,582	67,491	6.06	98.65
玉屏	7	75	685	9,262	62,358	33,851	28,507	6.73	118.75
印江	15	183	1,799	24,834	177,838	91,047	86,791	7.16	104.90
德江	18	178	1,909	25,595	147,056	73,937	73,119	5.75	101.12
江口	13	113	935	12,337	69,775	36,557	33,218	5.66	110.05

資料來源： 根據貴州省政府報部之三十六年度人口統計報告表編製。

遼甯省

縣市別	鄉鎮	保	甲	戶	人口數			每戶平均戶量人口數	性比例每百女子所當男子數
					合計	男	女		
總計	564	6,146	98,744	1,675,832	10,007,204	5,143,519	4,863,685	5.97	105.75
瀋陽	40	367	6,104	89,011	506,093	260,524	245,569	5.69	106.09
錦州市	10	82	1,268	30,613	154,097	79,210	74,887	5.03	105.77
營口市	8	54	1,064	31,728	159,430	87,077	72,353	5.02	120.35
鞍山市	9	163	1,609	34,388	164,857	88,856	76,001	4.79	116.91
旅順市	...	...	...	4,595	25,241	15,529	9,712	5.49	159.89
錦縣	24	278	4,422	62,593	329,558	167,994	161,564	5.27	103.98
金縣	...	...	...	106,674	715,512	375,815	339,697	6.71	110.63
復縣	44	550	6,939	102,545	702,727	359,042	343,685	6.85	104.47
蓋平	36	582	3,440	96,741	640,132	325,980	314,152	6.62	103.77
海城	40	558	9,846	120,053	776,572	396,477	380,095	6.47	104.31
遼陽	42	499	9,629	130,240	842,589	430,877	411,712	6.47	104.65
本溪	29	267	2,952	50,949	321,205	168,119	153,086	6.30	109.82
撫順	22	496	4,426	86,538	403,772	218,937	184,835	4.67	118.45
新民	26	179	3'312	83,332	455,770	230,320	225,450	5.47	102.16
遼中	20	213	4,017	56,485	335,632	167,277	168,355	5.94	99.36
台安	13	121	2,187	34,350	209,698	105,210	104,488	6.10	100.69
黑山	29	231	3,795	67,293	362,828	186,183	176,645	5.39	105.40
北鎮	14	135	3,546	47,691	271,610	134,385	137,225	5.69	97.93
盤山	17	86	3,795	48,667	284,949	146,186	138,763	5.85	105.36
義縣	23	212	5,885	62,487	324,006	165,506	158,500	5.19	104.42
錦西	13	78	2,401	34,190	234,895	120,161	114,734	6.87	104.73
興城	12	65	1,877	37,275	230,871	113,868	117,003	6.19	97.32
綏中	15	154	3,606	43,758	251,087	127,246	123,841	5.74	102.75
莊河	35	354	6,021	97,544	636,605	326,852	309,753	6.53	105.52
岫巖	16	152	1,303	52,969	309,087	160,713	148,374	5.78	108.32
鉄嶺	27	270	5,300	63,123	358,381	185,175	173,206	5.68	106.91

資料來源：　根據遼甯省政府報部之三十六年十一月戶籍統計月報表編製

說　　明：　1.旅順金縣係偽滿資料，復縣蓋平莊河岫巖為三十六年一月數，海城、黑山錦西為八月數，鞍山台安北鎮盤山為十月數，餘均為十一月數。

2.各市縣男女數除旅順、金縣、復縣、蓋平、莊河、岫巖外餘以各該市縣平均性比例估列。

安 東 省

縣市別	鄉鎮	保	甲	戶	人口數			戶量 每戶平均人口數	性比例 每百女子所當男子數
					合計	男	女		
總計	290	3,337	32,490	546,308	2,992,305	1,650,083	1,342,222	5.48	122.94
通化市	8	230	1,211	16,368	80,058	45,678	34,380	4.89	132.86
安東市	8	359	2,546	56,277	271,115	147,979	123,136	4.82	120.17
通化	6	41	576	10,402	51,823	30,364	21,459	4.98	141.50
安東	19	216	1,353	53,301	315,653	162,315	153,338	5.92	105.85
鳳城	25	661	6,692	71,027	414,429	213,819	200,610	5.83	106.58
寬甸	20	193	2,644	49,915	302,540	157,380	145,160	6.06	108.42
桓仁	18	165	1,782	26,738	127,231	69,650	57,581	4.76	120.96
輯安	14	136	1,372	20,578	123,478	68,289	55,189	6.00	123.74
臨江	18	181	1,793	26,896	153,922	104,517	49,405	5.73	211.55
長白	9	44	481	7,222	42,066	24,877	17,189	5.82	144.73
撫松	15	63	687	9,094	59,953	39,399	20,554	6.59	191.69
濛江	6	25	268	3,875	22,583	14,418	8,165	5.83	176.58
輝南	1	9	182	5,141	24,400	13,563	10,837	4.75	125.15
金川	8	51	544	8,156	48,939	29,573	19,366	6.00	152.71
柳河	12	185	1,941	29,013	180,029	106,228	73,801	6.21	143.94
海龍	26	223	2,407	47,799	219,399	117,088	102,311	4.59	114.44
東豐	25	201	3,553	46,856	243,891	133,362	110,529	5.21	120.66
清源	20	148	1,501	26,244	135,367	75,198	60,169	5.16	124.98
新賓	31	195	787	27,246	154,294	85,438	68,856	5.66	124.08
孤山	1	11	170	4,160	21,135	10,948	10,187	5.08	107.47

資料來源：根據安東省政府報部之三十七年一月鄉鎮保甲戶口統計表編製。

說　　明：1.表列除孤山縣一鎮爲三十七年一月數外，餘均爲三十六年一月數。

2.表列通化輝南兩縣各數，係就一部份已收復之鄉鎮資料填列，孤山縣因區域尚未確定僅列一鎮數字。

遼北省

縣市別	鄉鎮	保	甲	戶	人口數			戶量 每戶平均人口數	性比例 每百女子所當男子數
					合計	男	女		
總計	409	4,306	47,431	830,962	4,627,841	2,424,180	2,203,661	5.57	110.01
遼源	18	206	776	35,299	184,589	94,797	89,792	5.23	105.57
四平市	6	96	895	16,428	75,705	41,513	34,192	4.61	121.41
北豐	25	201	4,317	46,856	243,891	133,362	110,529	5.21	120.66
西豐	21	126	1,908	47,324	232,169	124,907	107,262	4.91	116.45
開原	26	384	4,146	65,063	375,543	190,874	184,669	5.77	103.35
彰武	21	154	1,337	32,449	184,677	94,865	89,812	5.69	105.43
法庫	27	265	3,049	49,979	263,990	134,845	129,145	5.30	104.41
康平	13	229	2,362	32,075	173,564	86,953	86,611	5.41	100.29
昌圖	26	328	3,878	95,029	506,703	250,781	255,922	5.33	97.99
梨樹	39	330	3,512	73,230	415,041	209,635	205,406	5.67	102.06
通遼	22	425	2,176	-40,372	227,500	115,500	112,000	5.63	103.13
開通	12	63	948	13,032	88,619	50,748	37,871	6.80	134.00
瞻榆	11	70	1,039	14,295	91,489	51,185	40,304	6.40	127.00
安廣	10	76	1,124	15,457	114,385	62,860	51,525	7.40	122.00
洮南	17	186	2,747	37,784	230,481	131,985	98,496	6.10	134.00
突泉	13	97	1,435	19,736	130,261	72,367	57,894	6.60	125.00
洮安	13	99	1,456	20,027	144,200	81,776	62,424	7.20	131.00
鎮東	8	54	801	11,023	72,751	39,980	32,771	6.60	121.97
長嶺	15	102	1,908	34,536	177,584	92,283	85,301	5.14	108.19
科爾沁右翼前旗	12	121	1,258	22,765	117,060	60,536	56,524	5.14	107.09
科爾沁右翼中旗	7	74	764	13,826	71,096	39,057	32,039	5.14	121.90
科爾沁右翼後旗	2	21	215	3,897	20,037	10,421	9,616	5.14	108.36
科爾沁左翼前旗	12	117	1,213	21,962	112,930	58,719	54,211	5.14	108.31
科爾沁左翼中旗	18	262	2,713	49,123	252,591	131,346	121,245	5.14	108.33
科爾沁左翼後旗	15	220	1,454	19,395	120,985	62,885	58,100	6.24	108.23

資料來源：根據東北行轅政治委員會三十六年四月報部及遼北省政府報部之卅六年一月鄉鎮保甲戶口統計表編製。

說　明：1.遼源等各縣鄉鎮保甲戶口數及各旗人口數均係根據遼北省政府所報三十六年一月保甲戶口統計各旗鄉鎮保甲戶係照各縣平均數估計。

2.開通等各縣鄉鎮及人口數係東北行轅政治委員會三十六年四月報部數，保甲係照黑龍江、吉林、遼北三省平均數估計，戶及男女係照各該縣歷年平均戶量及性比例估計。

3.彰武、法庫、康平三縣係遼北省政府所報之三十六年一月數。

吉 林 省

縣市別	鄉鎮	保	甲	戶	人口數 合計	人口數 男	人口數 女	戶量 每戶平均人口數	性比例 每百女子所當男子數
總　計	381	3,767	93,504	1,189,683	6,465,449	3,473,239	2,992,210	5.43	116.08
吉林市	10	138	4,392	49,906	246,873	134,777	112,096	4.95	120.23
長春市	18	249	8,077	136,588	630,049	349,521	280,528	4.61	124.59
永　吉	25	239	6,084	88,675	499,486	269,629	229,857	5.63	117.30
長　春	25	409	6,947	77,833	474,229	232,380	241,849	6.09	96.08
▲敦　化	9	87	2,093	25,124	125,264	80,831	44,433	4.99	181.92
▲蛟　河	19	133	3,215	38,586	192,934	121,328	71,606	5.00	169.44
樺　甸	7	44	1,822	21,519	111,886	65,361	46,525	5.20	140.49
磐　石	17	159	3,361	45,000	225,351	127,643	97,708	5.01	130.64
雙　陽	8	110	2,939	30,266	183,872	95,628	88,244	6.07	108.37
伊　通	14	107	4,147	50,610	279,075	145,916	133,159	5.51	109.58
德　懷	17	168	4,699	56,759	299,859	148,689	151,170	5.28	98.33
農　安	6	35	875	10,535	73,695	44,247	29,448	6.99	150.24
九　台	22	199	4,749	64,326	385,989	199,063	186,926	6.00	106.49
▲扶　餘	22	309	7,436	89,240	446,202	231,730	214,472	5.00	108.05
德　惠	16	183	4,205	48,985	311,002	153,511	157,491	6.35	97.47
▲舒　蘭	23	205	4,927	59,126	295,633	173,271	122,362	5.00	141.61
▲榆　樹	30	419	10,076	120,921	604,650	313,974	290,676	5.00	141.61
五　常	20	139	3,183	39,753	266,347	151,641	114,706	6.70	132.20
雙　城	39	287	6,697	88,927	578,025	304,209	273,816	6.50	111.10
▲乾　安	9	60	1,459	17,511	87,559	47,528	40,031	5.00	108.73
▲郭爾羅斯旗	25	88	2,121	29,493	147,469	82,362	65,107	5.00	126.50

資料來源：根據吉林省政府報部之三十六年七月鄉鎮保甲戶口統計表及未收復縣市旗鄉鎮保甲戶口估計表。

說　明：1.吉林等十二縣市係三十六年七月數。

2.敦化等七縣（有▲符號者）係吉林省三十六年七月估計數。

3.五常、雙城兩縣之鄉鎮保甲及人口共計數係照東北行轅政治委員會所送松江省三十六年一月鄉鎮保甲戶口統計表內所列數字填列，戶及男女數係根據所報人口數照各該縣歷年平均戶量及性比例估列。

松　江　省

縣市別	鄉鎮	保	甲	戶	人口數			戶量	性比例
					合計	男	女	每戶平均人口數	每百女子所當男子數
總　計	199	2,050	32,556	456,316	2,570,806	1,506,060	1,064,746	5.63	141.45
牡丹江市		166	2,235	33,386	200,319	133,501	66,818	6.00	199.80
延吉市	4	35	855	8,558	42,792	24,640	18,152	5.00	135.74
甯　安	28	248	3,330	49,727	298,364	182,629	115,735	6.00	157.80
延　吉	19	253	6,067	72,923	364,617	194,620	169,997	5.00	114.48
安　圖	5	24	586	7,032	35,164	21,211	13,953	5.00	152.02
和　龍	10	95	2,293	27,521	137,608	72,323	65,285	5.00	110.78
汪　清	8	128	3,028	36,340	151,700	86,483	65,217	4.17	132.61
琿　春	12	81	1,948	23,381	116,938	68,512	48,426	5.00	141.48
東　甯	4	38	513	7,659	39,825	29,413	10,412	5.20	282.48
穆　陵	8	76	1,016	15,181	88,052	56,161	31,891	5.80	176.10
葦　河	7	59	779	16,350	89,928	57,286	32,642	5.50	175.50
延　壽	21	193	1,454	27,645	163,108	106,288	56,820	5.90	187.06
珠　河	14	132	2,141	24,673	133,233	81,492	51,741	5.40	157.50
賓　城	27	150	1,863	45,011	301,575	162,472	139,103	6.70	116.88
阿　城	18	245	2,802	38,887	287,763	159,868	127,895	7.40	125.00
方　正	11	105	1,326	17,529	95,000	50,000	45,000	5.42	111.11
綏　芬	3	22	302	4,513	24,820	19,161	5,659	5.50	338.59

資料來源：　根據東北行轅政治委員會三十六年四月及吉林省政府同年七月份報部資料。

說　明：　1. 延吉市及延吉、安圖、和龍、汪清、琿春等市縣各項數字均係吉林省政府所報三十六年七月估計數。

2. 牡丹江市及甯安、東甯、穆陵、綏芬等市縣人口合計數係東北行轅政治委員會報部數鄉鎮保甲戶及男女係估計數。

3. 葦河、延壽、珠河、賓縣、阿城等縣鄉鎮保甲及人口合計數均係東北行轅政治委員會報部數，戶及男女係估計數。

4. 方正縣戶口數係合江省報部之三十六年一月估計數，鄉鎮保甲係本局估計數。

合江省

縣市別	鄉鎮	保	甲	戶	人口數			戶量	性比例
					合計	男	女	每戶平均人口數	每百女子所當男子數
總計	195	2,069	25,309	332,874	1,841,000	959,500	881,500	5.53	108.85
佳木斯市	9	217	2,187	27,719	168,000	86,000	82,000	6.06	104.88
樺川	20	200	2,522	33,333	180,000	97,000	83,000	5.40	116.87
依蘭	28	268	3,378	44,643	250,000	127,000	123,000	5.60	103.25
勃利	13	129	1,622	21,429	120,000	62,000	58,000	5.60	106.90
密山	19	228	2,671	34,889	190,000	97,500	92,500	5.45	105.41
虎林	5	47	587	7,759	45,000	23,000	22,000	5.89	104.55
寶清	9	85	1,071	14,151	75,000	38,500	36,500	5.30	105.48
饒河	3	27	338	4,464	25,000	13,000	12,000	5.60	108.33
撫遠	2	21	265	3,509	20,000	11,000	9,006	5.70	122.22
同江	7	69	874	11,538	60,000	30,500	29,500	5.20	103.39
富錦	25	242	3,040	40,179	225,000	115,000	110,000	5.60	194.55
綏濱	6	54	676	8,929	50,000	28,000	22,000	5.60	127.27
蘿北	5	49	619	8,182	45,000	24,500	20,500	5.50	113.95
湯原	13	130	1,642	21,698	115,000	61,500	53,500	5.30	114.95
通河	11	107	1,348	17,818	98,000	50,500	47,500	5.50	106.31
鳳山									
鶴立	12	122	1,541	20,370	110,000	60,000	50,000	5.40	120.00
林口	8	74	928	12,264	65,000	34,500	30,500	5.30	113.14

資料來源：根據合江省政府報部之三十六年一月鄉鎮保甲戶口統計表編製。

說　明：1.戶口數係該省參照偽滿資料估計。

2.各縣之鄉鎮保甲數係根據黑龍江、松江兩省各縣平均數估計，佳木斯市係根據東北各省轄市平均數估列。

黑龍江省

縣市別	鄉鎮	保	甲	戶	人口數			戶量 每戶平均人口數	性比例 每百女子所當男子數
					合計	男	女		
總計	234	2,504	28,905	301,550	2,844,211	1,605,977	1,238,234	9.43	129.70
北安市									
瑷琿	7	73	746	7,553	75,546	44,962	30,584	10.00	147.01
漠河	4	6	36	364	3,636	2,090	1,546	9.99	135.19
鷗浦	1	4	43	421	4,202	2,411	1,791	9.98	134.62
呼瑪	2	8	83	821	8,209	4,432	3,777	10.00	117.34
遜河	2	13	120	1,109	11,092	6,154	4,938	10.00	124.63
奇克	2	11	108	1,060	7,500	5,843	1,657	7.07	352.63
烏雲	2	8	79	683	6,833	4,046	2,787	10.00	145.17
佛山	1	6	60	651	6,599	3,652	2,848	9.98	128.23
嫩城	5	71	806	8,055	80,540	44,709	35,831	10.00	124.78
龍鎮	7	81	801	7,103	70,032	43,307	26,725	9.86	162.05
孫吳	1	23	254	2,638	26,378	14,296	12,082	9.90	117.02
克山	13	189	2,100	19,371	183,710	97,432	86,278	9.48	112.93
通北	3	32	300	3,196	37,961	18,046	19,915	11.88	90.61
海倫	27	370	3,834	39,330	393,304	233,900	159,404	10.00	146.73
綏稜	9	101	1,003	9,995	98,962	52,472	46,490	9.90	112.87
慶城	14	160	1,781	16,574	165,739	94,265	71,474	10.00	131.89
綏化	26	280	3,100	32,671	316,712	172,416	144,296	9.69	119.49
望奎	17	174	2,631	25,511	246,014	132,211	113,803	9.64	116.17
明水	10	151	1,408	14,898	148,979	85,792	63,187	10.00	135.77
拜泉	20	240	3,400	33,915	349,050	109,543	158,507	10.29	120.21
依安	13	140	1,706	18,050	180,489	100,662	79,827	10.00	126.10
訥河	27	209	3,082	42,390	275,534	162,146	113,388	6.50	143.00
德都	8	55	415	4,085	40,851	25,473	15,378	10.00	165.65
克東	7	76	753	7,429	73,293	46,206	27,087	9.87	170.58
鐵驪	5	19	190	2,770	27,702	15,434	12,268	10.00	125.81
依克明安旗	2	4	66	907	5,443	3,077	2,366	6.00	130.05

資料來源：根據黑龍江省政府報部之三十六年一月鄉鎮保甲戶口統計表及東北行轅政治委員會三十六年四月報部資料。

1.表列各數除訥河、依克明安旗外，均係黑龍江省根據偽滿時期資料填列，北安市人口數包括在龍鎮縣內。

2.訥河、依克明安旗鄉鎮及人口合計，係東北行轅政治委員會，三十六年四月報部數，保甲係照黑龍江、遼北、吉林三省平均數估列，戶及男女數，係照各該縣歷年平均戶量及性比例估列。

嫩　江　省

縣市別	鄉鎮	保	甲	戶	人口數			戶量每戶平均人口數	性比例每百女子所當男子數
					合計	男	女		
總計	291	2,840	36,354	531,540	3,333,409	1,839,547	1,493,862	6.27	123.14
齊齊哈爾市	11	144	2,117	29,113	174,675	105,083	69,592	6.00	151.00
龍江	15	229	3,379	46,471	278,846	167,752	111,094	6.00	151.00
景星	7	64	944	12,980	83,075	46,639	36,436	6.40	128.00
泰來	11	106	1,569	21,576	140,246	79,795	60,451	6.50	132.00
林甸	8	104	1,528	21,176	110,119	65,895	44,224	5.20	149.00
安達	14	97	1,215	18,102	132,147	73,258	58,889	7.30	124.40
青岡	22	255	2,383	32,813	223,130	120,305	102,825	6.80	117.00
蘭西	21	222	2,426	32,458	194,745	103,401	91,344	6.00	113.20
肇東	20	250	2,503	32,805	229,638	124,009	105,629	7.06	117.40
肇州	21	225	2,583	35,689	253,395	132,788	120,607	7.10	110.10
大賚	11	97	1,431	19,682	141,708	77,587	64,121	7.20	121.00
呼蘭	25	300	3,450	55,366	326,657	173,441	153,216	5.90	113.20
巴彥	23	173	2,669	54,003	340,217	181,386	158,831	6.30	114.20
木蘭	11	95	1,530	15,058	85,832	48,302	37,530	5.70	128.70
甘南	11	87	1,285	17,676	106,038	61,296	44,742	6.00	137.00
富裕	4	44	646	8,883	59,518	34,615	24,903	6.70	139.00
東興	6	25	422	7,464	39,067	23,471	15,596	5.23	150.49
泰康	14	64	948	13,034	79,510	44,014	35,496	6.10	124.00
肇源	26	160	2,296	38,533	238,905	126,532	112,373	6.20	112.60
札賚特旗	10	99	1,030	18,658	95,941	49,978	45,963	5.14	108.73

資料來源：根據東北行轅政治委員會三十六年四月報部數，及遼北省政府報之三十六年一月鄉鎮保甲戶口統計。

說　　明：1.齊齊哈爾各市縣鄉鎮及人口合計係東北行轅政治委員會三十六年四月報部數保甲數係照黑龍江、遼北、吉林三省平均數估計，戶及男女數係照各該縣歷年平均戶量及性比例估計。

2.札賚特旗人口數係遼北省政府所報三十六年一月數，鄉鎮保甲戶係照該省各縣平均數估計。

3.安達等各縣鄉鎮保甲及人口合計係東北行轅政治委員會本年四月報部數，戶及男女係照各該縣歷年平均戶量及性比例估計。

興安省

縣市別	鄉鎮	保	甲	戶	人口數			戶量	性比例
					合計	男	女	每戶平均人口數	每百女子所當男子數
總計	131	853	5,396	65,509	327,563	184,026	143,537	5.00	128.21
海拉爾市	6	36	252	3,228	16,140	9,025	7,115	5.00	126.84
呼倫	6	36	257	3,074	15,370	8,240	7,130	5.00	115.57
奇乾	6	37	222	630	3,160	1,970	1,190	5.00	165.55
室韋	6	36	158	588	2,942	1,652	1,290	5.00	128.06
臚濱	10	62	372	1,686	8,434	4,523	3,911	5.00	115.65
雅魯	9	63	445	8,625	43,128	24,030	19,098	5.00	124.82
布西	8	64	384	5,481	27,406	15,202	12,204	5.00	124.52
索倫	6	36	217	1,703	8,519	4,570	3,949	5.00	115.72
索倫旗	6	44	308	4,235	21,158	12,354	8,804	5.00	140.32
新巴爾虎左翼旗	6	38	230	2,365	11,824	6,589	5,235	5.00	125.86
新巴爾虎右翼旗	6	40	280	2,790	13,950	9,720	4,230	5.00	230.00
陳巴爾虎旗	6	39	235	1,570	7,854	4,572	3,282	5.00	137.21
額爾克納左翼旗	6	36	216	1,695	8,476	4,437	4,039	5.00	109.85
額爾克納右翼旗	6	37	221	1,243	6,219	3,609	2,610	5.00	138.27
巴彥旗	8	56	392	6,077	30,386	16,899	13,487	5.00	125.30
莫力達瓦旗	9	60	360	6,859	34,297	19,590	14,707	5.00	133.20
布特拉旗	9	54	334	8,052	40,260	22,040	18,220	5.00	120.97
阿榮旗	6	42	262	4,304	21,520	11,406	10,114	5.00	112.77
喜札嘎爾旗	6	37	251	1,304	6,520	3,598	2,922	5.00	123.13

資料來源：　根據興安省政府三十六年五月報部之所轄市縣旗局人口總數統計表編製。

說　　明：　1.表列各數係省政府參考僞滿國勢調查資料及最近人口消長情形估列。

2.表列臚濱縣數字包括滿州里在內。

熱　河　省

縣市別	鄉鎮	保	甲	戶	人口數			戶量 每戶平均人口數	性比例 每百女子所當男子數
					合計	男	女		
總　計	570	5,657	65,522	1,067,182	6,196,974	3,287,177	2,909,797	5.74	112.97
承　德	28	400	4,446	61,632	343,735	180,066	163,669	5.57	109.98
灤　平	26	272	3,058	40,166	200,960	107,124	93,836	5.00	114.00
平　泉	36	340	4,900	83,961	574,774	303,299	271,475	6.80	111.68
隆　化	20	271	3,080	37,320	182,590	96,495	86,095	4.78	112.09
豐　甯	33	338	4,203	54,130	271,207	141,741	129,466	4.92	109.45
凌　源	22	270	3,355	61,476	423,974	223,851	200,123	6.85	111.85
朝　陽	50	550	6,945	113,422	712,814	365,192	347,622	6.27	105.04
阜　新	29	311	3,625	52,172	307,849	156,824	151,025	5.89	103.84
林　西	20	210	2,513	25,031	80,285	44,461	35,824	3.21	124.11
凌　南	21	206	2,946	91,334	542,432	299,708	242,724	5.47	123.38
甯　城	40	259	2,621	75,370	481,142	251,041	230,101	6.30	109.03
建　平	50	480	5,721	99,654	667,160	352,433	314,727	6.64	111.94
綏　東	34	325	2,811	42,152	231,346	125,955	105,391	5.49	119.47
赤　峯	36	349	3,925	66,887	452,467	250,512	201,955	6.80	123.98
開　魯	10	142	1,288	18,996	95,641	49,528	46,113	5.03	107.40
圍　場	27	210	2,330	51,086	262,874	137,895	124,979	5.15	110.25
經　棚	25	241	2,528	27,140	94,935	54,256	40,679	3.50	133.29
林　東	23	221	2,811	31,019	135,578	72,907	62,671	4.50	116.31
天　山	18	130	1,624	26,114	100,006	54,849	45,157	3.72	121.41
魯　北	22	132	792	8,120	35,205	19,040	16,165	4.27	117.75

資料來源：根據熱河省政府報部之卅六年七月鄉鎮保甲戶口統計及未收復之縣鄉鎮保甲戶口統計。

說　明：原表說明魯北、林東、林西、天山、經棚五縣因匪佔迄未收復，表列數字係根據偽滿資料估計。

察哈爾省

縣市別	鄉鎮	保	甲	戶	人口數			戶量	性比例
					合計	男	女	每戶平均人口數	每百女子所當男子數
總計	282	3,009	35,351	461,680	2,185,774	1,199,999	985,775	4.73	121.74
張家口市	9	91	1,857	40,195	156,652	92,294	64,358	4.90	143.41
萬全	11	150	1,863	25,866	116,176	62,675	53,501	4.49	117.59
宣化	32	330	3,581	45,057	237,677	133,565	104,112	5.27	128.29
赤城	9	115	1,339	14,907	73,917	36,556	37,361	4.96	97.85
龍關	20	170	1,555	15,209	69,597	37,132	32,465	4.58	114.37
△懷來	13	152	1,596	20,717	80,163	40,111	40,052	3.86	100.14
陽原	16	191	2,123	25,741	109,074	57,405	51,669	4.24	111.10
△懷安	17	218	2,492	33,301	177,003	95,656	81,347	5.31	117.59
蔚縣	30	367	4,372	61,791	293,162	163,957	129,205	4.74	126.90
△延慶	16	190	1,847	24,381	123,286	63,440	59,846	5.15	106.00
涿鹿	23	250	2,405	31,008	130,245	72,787	57,458	4 20	126.68
張北	13	130	1,770	23,936	125,691	69,883	55,808	5 25	125.22
商都	12	116	1,359	21,922	110,972	59,073	51,899	5.06	113.82
康保	18	127	1,460	17,676	88,861	49,932	38,929	5.03	128.26
△沽源	7	64	1,612	7,719	32,475	18,624	13,851	4.21	134.45
多倫	5	46	4,81	6,631	26,482	15,283	11,199	3.99	136.47
寶昌	9	75	936	11,855	60,133	34,984	25,149	5.07	139.11
新明	6	45	431	4,770	25,288	14,124	11,164	5.30	126.51
崇禮	9	104	1,246	16,621	78,073	43,358	34,715	4.70	124.90
尚義	7	78	1,026	12,377	70,847	39,160	31,687	5.72	123.58

資料來源：根據察哈爾省政府報部之卅七年一月鄉鎮保甲戶口統計表編製。

說　　明：表列各數除懷來懷安延慶沽源四縣因原報表僅列一部份數字經採用卅六年七月資料外餘均係卅七年一月數。

綏　遠　省

鄉市別	鄉鎮	保	甲	戶	人口數			戶量	性比例
					合計	男	女	每戶平均人口數	每百女子所當男子數
總計	296	2,269	22,925	395,586	2,233,226	1,243,797	989,459	5.65	125.70
歸綏市	6	74	953	25,115	105,495	61,094	44,401	4.20	137.60
包頭市	5	34	559	17,052	69,403	38,667	30,736	4.07	125.80
歸綏	16	170	1,938	29,315	160,336	92,273	68,063	5.47	135.57
包頭	10	57	4,92	89,30	45,168	25,196	19,972	5.06	126.16
薩拉齊	15	153	1,561	27,717	135,746	75,470	60,276	4.90	125.21
固陽	8	50	500	7,397	39,871	23,051	16,820	5.39	137.05
武川	22	147	1,914	24,527	114,896	64,771	50,125	4.68	129.22
托克托	13	120	1,263	17,811	88,369	49,575	38,794	4.96	127.79
和林格爾	10	100	1,092	14,431	68,656	38,638	30,018	4.76	128.72
陶林	15	86	738	12,417	65,577	36,756	28,821	5.28	127.53
清水河	8	54	723	5,406	30,329	16,599	13,730	5.61	120.89
涼城	12	174	1,977	35,100	172,169	99,349	72,820	4.91	136.43
豐鎮	18	210	2,953	61,112	281,250	154,711	126,539	4.60	122.26
集寧	13	88	917	22,320	96,394	53,331	43,063	4.32	123.84
興和	13	90	1,025	20,558	100,381	54,234	46,147	4.88	117.52
五原	11	59	455	6,972	38,402	21,368	17,034	5.51	125.44
臨河	19	129	943	11,433	57,119	29,904	27,215	4.99	109.98
安北	15	90	562	6,946	36,109	20,455	15,654	5.20	130.67
米倉	18	115	866	10,247	54,688	28,818	25,870	5.34	111.39
狼山	14	72	409	6,944	37,980	20,651	17,329	5.47	119.17
晏江	7	43	268	4,745	24,389	13,564	10,825	5.14	125.30
東勝	9	43	349	4,934	29,946	15,977	13,969	6.07	114.37
達拉特旗	10	60	411	7,505	52,461	28,871	23,590	6.99	122.39
桃力民	7	35	208	2,494	14,662	7,800	6,862	5.88	113.67
陝壩市	2	16	149	4,158	16,930	9,554	7,376	4.07	129.53
土默特旗、烏拉察布盟（四子王達爾罕茂明安西公中公東公等六旗）、伊克昭盟（杭錦達拉特郡王札薩克鄂托克烏審準格爾等七旗）、東四旗（正黃正紅廂藍廂紅等四旗）					296,500	163,090	133,410		122.25

資料來源：　根據綏遠省政府報部之卅七年一月鄉鎮保甲戶口統計表編製。

寧夏省

縣市別	鄉鎮	保	甲	戶	人口數			戶量 每戶平均人口數	性比例 每百女子所當男子數
					合計	男	女		
總計	140	1,058	10,335	125,789	759,002	414,331	344,671	6.03	120.21
銀川市		23	339	9,512	40,940	22,804	18,136	4.30	125.74
賀蘭	10	96	958	10,261	66,650	37,269	29,381	6.49	126.85
寧朔	10	86	868	9,408	56,915	32,093	24,822	6.05	129.29
靈武	16	122	1,181	13,394	92,043	49,336	42,707	6.87	115.52
鹽池	6	19	233	3,828	22,245	12,165	10,080	5.81	120.68
平羅	9	84	789	9,921	60,092	33,135	26,957	6.06	122.92
磴口	8	18	217	3,484	21,529	11,973	9,556	5.56	125.29
中衛	19	147	1,376	15,297	88,257	46,723	41,534	5.77	112.49
中寧	17	124	1,174	13,502	81,190	43,701	37,489	6.01	116.57
金積	8	71	627	8,361	49,390	26,667	22,723	5.91	117.36
同心	13	42	446	2,919	25,734	13,754	11,980	8.82	114.81
陶樂	2	7	60	642	4,053	2,300	1,753	6.31	131.20
永寧	14	119	1,093	12,497	77,192	43,288	33,904	6.18	127.68
惠農	8	86	825	10,864	65,144	35,011	30,133	6.00	116.19
紫胡設治局	尚未成立								
居延設治局	尚未成立								
定遠營辦事處		149	14	1,899	7,628	4,112	3,516	4.02	116.95

資料來源： 根據寧夏省政府報部之三十七年一月鄉鎮保甲戶口統計表編製。

新　疆　省

縣市別	鄉鎮	保	甲	戶	人口數			戶量	性比例
					合計	男	女	每戶平均人口數	每百女子所當男子數
總計	647	6,359	69,119	978,951	4,047,452	2,152,597	1,894,855	4.13	113.60
迪化市	4	42	1,560	17,108	69,991	42,955	27,036	4.09	158.88
迪化	10	72	680	7,394	37,054	21,796	15,258	5.00	142.85
昌吉	6	35	325	3,608	18,396	9,929	8,467	5.70	117.27
乾德	3	30	258	2,759	12,519	6,876	5,643	4.54	121.85
景化	5	36	324	3,713	21,205	11,807	9,398	5.36	125.56
吐魯番	10	90	968	12,227	63,268	32,738	30,530	5.17	107.23
綏來	7	52	520	6,145	38,133	21,667	16,466	6.20	131.59
阜康	4	28	245	2,232	13,003	8,173	4,830	5.83	169.10
孚遠	6	49	468	4,293	21,116	11,163	9,953	4.92	112.16
奇台	8	60	606	7,712	32,291	17,777	14,514	4.20	122.48
鄯善	8	74	814	7,258	42,988	21,966	21,022	5.92	104.49
托克遜	5	36	323	3,728	23,872	12,547	11,325	6.40	110.79
木壘河	3	22	180	2,132	8,466	4,723	3,743	4.00	126.18
烏河設治局									
▲伊寧	38	236	2,664	37,267	149,069	80,374	68,695	4.00	117.00
▲綏定	9	64	725	10,139	44,611	23,862	20,749	4.30	104.00
▲寧西	5	35	391	5,475	27,925	14,876	13,049	5.00	114.00
▲霍城	5	35	397	5,555	27,777	14,857	12,920	5.00	114.99
▲昭蘇	5	36	411	5,749	28,746	15,187	13,559	5.00	112.00
▲博樂	3	21	233	3,265	16,651	9,117	7,534	5.10	121.01
▲溫泉	2	12	134	1,870	10,473	5,486	4,987	5.60	110.00
▲特克斯	7	53	598	8,372	46,049	24,829	21,220	5.50	117.00
▲鞏留	6	39	446	6,236	32,432	17,277	15,155	5.20	114.00
▲鞏哈	7	50	561	7,850	43,176	23,094	20,082	5.50	115.00
▲精河	2	17	192	2,684	11,810	6,213	5,597	4.40	111.00
▲新源設治局	6	39	436	6,105	32,967	17,634	15,333	5.40	115.00
疏附	21	213	3,147	60,933	239,123	123,351	115,772	4.02	106.55
疏勒	10	173	1,895	38,946	141,185	70,248	70,937	3.63	99.03
伽師	17	164	1,305	36,684	153,803	80,336	73,467	4.26	109.35
巴楚	7	58	1,333	24,310	104,825	55,307	49,518	4.31	111.73
英吉沙	19	271	2,700	39,745	161,426	83,150	78,276	4.06	106.36
蒲犂	4	35	285	2,557	13,886	7,219	6,667	5.43	108.28
烏恰	4	28	328	2,638	13,262	6,864	6,398	5.03	107.28
阿圖什	10	103	1,002	11,194	51,246	26,443	24,803	4.60	106.61
岳普湖	8	108	1,143	11,647	49,590	26,086	23,504	4.26	110.98

新 疆 省

縣市別	鄉鎮	保	甲	戶	人口數			戶量	性比例
					合計	男	女	每戶平均人口數	每百女子所當男子數
阿克蘇	27	271	2,295	70,943	94,578	49,959	44,619	1.33	111.97
溫宿	16	138	1,326	17,806	76,537	39,989	36,548	4.30	109.41
拜城	7	76	970	14,161	76,369	40,870	35,499	5.39	115.21
庫車	24	228	2,417	26,712	137,461	74,947	62,487	5.15	119.98
沙雅	7	72	846	10,460	60,013	31,800	28,213	5.74	112.71
烏什	14	117	1,127	16,431	78,831	41,529	37,302	4.80	111.33
阿瓦提	7	63	664	16,152	33,891	18,428	15,463	3.00	119.17
柯坪	3	24	239	2,889	14,437	7,555	6,882	4.00	109.78
新和	6	57	708	9,654	47,452	25,046	22,406	4.91	117.18
阿合奇	4	27	232	2,330	12,795	6,329	6,466	5.49	97.88
▲塔城	10	75	843	11,787	48,327	25,314	23,013	4.10	110.00
▲額敏	9	64	722	10,111	50,554	26,481	24,073	5.00	110.00
▲沙灣	3	24	274	3,835	20,327	11,412	8,915	5.30	128.00
▲烏蘇	4	33	371	5,187	24,899	13,833	11,066	4.80	125.00
▲和豐	2	13	145	2,026	12,156	6,047	6,109	6.00	98.99
▲裕民	3	21	241	3,371	14,159	7,417	6,742	4.20	110.01
▲承化	5	39	441	6,168	24,672	13,508	11,164	4.00	121.00
▲福海	2	10	116	1,627	8,296	4,229	4,067	5.10	103.98
▲青河	1	6	69	971	5,146	2,547	2,599	5.30	98.00
▲哈巴河	3	19	220	3,075	13,530	6,994	6,536	4.40	107.01
▲吉木乃	2	14	162	2,271	10,675	5,616	5,059	4.70	111.01
▲富蘊	1	8	91	1,274	6,245	3,243	3,002	4.90	108.02
▲布爾津	3	20	227	3,183	15,276	8,002	7,274	4.80	110.00
布爾根設治局									
和闐	28	296	2,896	31,867	133,048	70,253	62,795	4.17	111.88
墨玉	28	307	3,441	38,309	150,315	79,981	70,334	5.92	113.71
策勒	16	140	1,335	15,543	53,699	27,974	25,725	5.45	108.74
于闐	16	172	1,850	19,459	74,614	38,892	35,722	3.83	108.87
洛浦	23	267	2,738	32,205	121,301	65,564	55,737	3.37	117.63
皮山	8	242	2,390	24,791	96,796	50,292	46,504	3.36	108.14
民豐	5	35	525	2,296	9,608	4,967	4,641	4.18	107.02
焉耆	6	52	487	7,021	27,120	15,194	11,926	3.86	127.40
和靖	1	6	35	373	2,585	1,866	719	6.93	259.53
輪台	6	62	529	4,634	31,490	16,725	14,765	6.79	113.27
尉犂	3	21	176	1,811	10,178	5,503	4,675	5.62	117.71
婼羌	1	13	126	1,295	5,786	3,193	2,593	4.47	123.14

新　疆　省

縣市別	鎮鄉	保	甲	戶	人口數			戶量 每戶平均人口數	性比例 每百女子所當男子數
					合計	男	女		
且末	3	25	276	2,752	11,626	6,269	5,357	4.22	117.02
庫爾勒	4	45	332	4,787	24,881	13,166	11,715	3.20	112.38
和碩	2	14	119	651	3,968	2,538	1,430	6.09	177.48
哈密	7	47	463	6,627	34,691	18,605	16,086	5.23	114.24
鎮西	4	31	210	3,326	17,689	9,206	8,483	5.31	108.52
伊吾	1	6	59	613	3,524	1,879	1,645	5.75	114.22
七角井設治局				14	129	97	32	9.20	303.13
莎車	18	374	4,765	64,452	307,766	158,826	148,904	4.77	106.64
澤普	6	87	752	11,963	44,526	23,996	20,530	5.72	116.88
葉城	20	227	2,893	38,425	160,177	83,266	76,911	4.17	108.26
麥蓋提	4	55	379	13,783	32,975	27,296	5,679	2.39	48.06

資料來源：伊甯等二十五縣（有▲符號者）「鄉鎮」「保」「甲」係本局估計數「戶」「口」係新疆省三十五年三月調查數，其餘各縣局數字均根據該省報部之三十六年七月鄉鎮保甲戶口統計編製。

後方各省市戶口統計

內政部　編

重慶：內政部，一九四三年油印本

後方各省市户口統計

周鍾嶽題

民國三十二年九月内政部編印

後方各省市戶口統計勘誤表

頁次	行次或位置	誤	正
1	重慶市「人口數」	404394	704394
1	說明2.	「…」[illegible]	「…」[illegible]
2	第十三行	[illegible]	[illegible]
2	第十六行	黃石	黃岩
2	[illegible]「人口數」	54784	54984
3	[illegible]「男子數」	51554	31554
3	[illegible]城「戶數」	17796	19796
4	第十三行	[illegible]	萍鄉
4	[illegible]「戶數」	226499	22699
7	[illegible]「戶數」	34025	[illegible]
8	[illegible]「人口數」	[illegible]	26842
8	[illegible]「人口數」	[illegible]	[illegible]
9	第十四行	[illegible]	古宋
9	中江「女子數」	[illegible]	[illegible]
10	[illegible]	9987	9988
10	[illegible]第一行	[illegible]	[illegible]
11	[illegible]「男子數」	192447	192477
11	安溪「女子數」	[illegible]	[illegible]
11	長汀「男子數」	103666	[illegible]

後方各省市户口統計勘誤表（續）

頁次	行次或位置	誤	正
12.	順昌「女子數」	31232	31233
12.	浦城「男子數」	118853	118851
13.	邵武「女子數」	55054	55094
14.	建甌「人口數」	57073	57093
16.	霞浦「女子數」	58287	58587
17.	江川「女子數」	32519	52510
18.	瀘源設治局「男子數」	10132	10123
19.	八寨「户數」	7589	7389
19.	石阡「壯丁數」	25741	25641
20.	清鎮「每户平均口數」	535	553
21.	安城「壯丁數」	36645	56645
22.	平民「人口數」	18291	18290
22.	南鄭「男子數」	138661	138061
23.	鎮安「女子數」	63179	63169
23.	材料來源第一行	根據陝西省政教部……	根據陝西省政府部
27.	尉犁「户數」	2641	2647
27.	婼羌「户數」	2241	2243
27.	鄯善「人口數」	32960	33960

目録

後方各省市戶口統計總表

（戶口、性別、壯丁）

民國三十一年十二月編製

省市別	戶數	人口數	男子數	女子數	壯丁數	備註
總計	39,941,152	218,391,844	114,563,944	103,827,900	29,902,415	
浙江省	2,864,523	12,407,732	6,750,758	5,656,974	2,313,581	三十年數
安徽省	1,265,487	7,662,529	4,196,128	3,466,401	678,129	二十九年數
江西省	2,220,069	11,552,995	5,805,968	5,747,027	1,371,659	三十年十一月數
湖北省	1,168,855	5,252,873	2,859,991	2,392,882	1,024,291	三十年數
湖南省	5,226,423	27,475,633	14,312,531	13,163,102	4,354,416	三十一年三月數
四川省	5,829,682	46,453,849	24,192,829	22,264,646	5,151,551	三十年六月數
西康省	317,968	1,755,542	890,874	864,668	198,569	二十九年數
福建省	2,125,365	12,101,485	6,459,426	5,642,059	1,949,331	三十年七月數
廣東省	2,987,618	15,061,880	8,056,107	7,005,773	2,024,951	三十年數
廣西省	2,610,612	14,254,809	7,579,750	6,674,817	2,275,483	二十九年數
雲南省	2,068,138	10,855,359	5,539,494	5,315,865	2,289,697	二十八年數
貴州省	1,931,045	10,487,368	5,308,564	5,178,804	1,823,816	二十九年數
河南省	2,784,702	17,801,264	9,252,399	8,548,865	1,380,904	三十年數
陝西省	2,082,785	9,715,917	5,056,962	4,658,955	1,694,211	三十年三月數
甘肅省	1,091,308	6,255,517	3,280,954	2,974,563	779,644	二十九年數
寧夏省	126,097	719,676	389,642	330,034	136,747	三十一年六月數
青海省	256,940	1,512,823	764,653	748,170	、、、	二十九年數
新疆省	902,448	4,360,020	2,427,854	1,932,166	、、、	二十年數
重慶市	134,221	494,394	243,240	267,154	168,125	三十一年五月數

資料來源：本表係根據各省市報部數編製，請參閱下列各省戶口統計。

說　明：1.查青海、新疆二省缺乏報部之詳細壯丁數，故未列入，表列壯丁數總計僅係代表的數。

2.各省市之排列係以本部註編《全國行政區域簡表》之排列先後爲序。

3.渝南區各縣數字未列入本表。

浙江省户口統計

（户口、性别、壯丁）

材料時期：民國三十年

區域別	户數	人口數	每户平均人口數	男子數	女子數	每百女子當男子數	壯丁數	壯丁對男子之百分比	備考
總計	2,861,329	12,407,032	4.34	6,750,958	5,656,074	119.36	2,317,581	38.05	
臨安	21,195	93,691	4.42	52,045	41,646	124.96	19,803	38.05	
於潛	16,927	72,321	4.64	39,926	32,395	123.25	15,513	38.85	
新登	14,412	70,336	4.88	39,311	31,025	126.71	14,937	38.00	
昌化	19,044	81,588	4.28	42,552	39,036	109.01	15,076	35.43	
壽昌	19,332	87,864	4.55	49,580	38,284	129.51	17,105	34.50	
孝豐	20,311	93,742	4.62	51,128	42,614	119.98	16,998	33.24	
諸暨	117,526	502,300	4.27	271,035	231,265	117.20	98,009	36.16	
嵊縣	93,180	407,748	4.38	221,733	186,015	119.20	86,786	39.14	
新昌	62,212	250,985	4.03	135,004	115,981	116.40	52,193	38.66	
臨海	126,228	500,443	3.99	267,320	233,123	114.70	…	…	二十八年數
黃巖	128,632	524,944	4.08	275,225	249,719	110.21	110,986	36.68	
天台	70,616	257,721	3.65	134,123	123,598	108.52	50,237	37.44	
仙居	54,784	217,990	3.98	116,700	101,291	115.21	46,709	40.02	
寧海	21,176	81,343	3.83	45,105	36,237	124.49	18,181	40.22	
[illegible]	59,776	248,693	4.16	135,443	113,251	119.60	52,193	38.54	
溫嶺	116,173	502,384	4.32	263,043	239,341	109.90	101,070	38.42	
衢縣	70,829	363,465	5.13	200,283	163,182	122.74	69,684	34.80	
龍游	41,388	204,134	4.93	111,524	92,610	120.42	41,420	37.59	
江山	64,512	321,226	4.98	173,693	147,533	117.66	62,782	42.59	
常山	33,233	156,195	4.62	88,597	67,598	131.06	35,087	39.60	
開化	30,367	151,583	4.94	85,630	65,953	129.83	29,487	34.92	
金華	64,644	318,944	4.93	181,614	137,224	132.25	70,946	39.06	
蘭谿	65,415	312,136	4.86	174,101	137,135	124.86	69,721	40.75	
東陽	117,870	460,851	3.92	237,080	223,771	105.95	…	…	二十八年數
義烏	74,603	326,454	4.38	173,476	152,978	113.40	66,116	38.11	
永康	64,660	284,794	4.40	149,028	135,766	109.77	57,917	38.93	
武義	26,633	105,743	3.96	57,642	48,101	119.84	24,442	42.42	
浦江	52,126	233,762	4.46	124,647	119,115	114.40	44,822	37.14	

浙江省戶口統計（續一）

區域別	戶數	人口數	每戶平均口數	男子數	女子數	每百女子所當男子數	壯丁數	壯丁占男子百分比	備註
湯溪	30,820	139,559	4.65	77,251	62,308	123.98	24,996	32.33	
建德	28,871	132,561	4.59	69,597	62,963	110.54	23,894	34.33	
淳安	54,236	264,649	4.88	139,942	124,707	112.22	43,635	31.18	
桐廬	26,293	115,716	4.40	62,152	53,654	115.65	22,105	35.62	
遂安	32,625	155,781	4.77	83,368	72,413	115.13	29,888	35.85	
壽昌	17,524	84,088	4.82	47,138	36,950	127.57	16,077	34.11	
分水	9,963	48,520	4.87	25,997	22,523	115.42	8,528	32.81	
永嘉	176,180	742,639	4.25	404,477	344,162	117.53	127,539	31.53	
麗水	37,013	146,907	3.97	80,365	66,542	120.68	30,423	37.86	
青田	62,101	273,107	4.40	154,585	118,522	130.43	58,759	38.01	
縉雲	48,276	204,345	4.22	110,081	94,264	[illegible]	43,542	39.52	
松陽	32,667	134,698	4.12	73,403	61,295	119.75	27,041	36.85	
遂昌	31,464	138,599	4.34	78,442	60,157	130.40	25,283	32.33	
龍泉	40,755	167,003	4.10	94,761	72,242	131.17	34,175	36.06	
慶元	26,694	110,642	4.14	61,758	48,884	126.34	24,079	38.98	
雲和	19,178	75,640	3.94	42,331	33,309	127.09	15,769	37.25	
宣平	20,696	77,544	3.75	42,680	34,864	122.44	15,993	37.47	
景寧	23,938	117,818	4.91	65,637	52,181	125.79	25,458	38.79	
瑞安	121,503	550,884	4.53	307,288	243,596	126.15	113,226	36.85	
樂清	84,447	372,254	4.41	200,095	172,159	116.23	72,456	36.21	
平陽	166,670	742,119	4.45	420,269	321,850	130.58	158,359	37.80	
泰順	48,795	189,449	3.88	113,667	75,782	149.99	43,851	38.58	
玉環	45,880	141,444	4.17	103,793	37,656	118.41	44,496	39.12	

資料來源：根據浙江省政府報部「浙江省各縣市區鄉鎮保甲戶口數統計表」編製

說　明：1、海面區各縣數字未列入本表

2、總計欄內之壯丁與男子之百分比，係將本列壯丁數與總計之男子數相除計算。

安徽省戶口統計

（戶口、性別、壯丁）

材料時期：民國二十九年

縣別	戶數	人口數	每戶平均人口數	男子數	女子數	每百女子之男子數	壯丁數	壯丁與男子之百分比	備註
總計	1,264,407	7,662,529	6.06	4,176,128	3,486,401	119.78	678,129	32.86	
太湖	67,428	348,191	5.16	187,327	160,864	116.45	…	…	
潛山	41,186	284,562	6.91	152,887	131,675	116.11	…	…	
岳西	22,364	219,950	7.24	119,236	100,714	118.39	…	…	
舒城	82,436	495,918	6.00	276,939	218,979	126.49	…	…	
六安	128,285	727,601	5.67	403,921	323,680	124.79	…	…	
霍山	27,927	146,290	5.24	81,554	64,736	125.98	…	…	
廣德	24,830	158,230	6.95	89,901	68,329	131.57	…	…	
郎溪	26,988	127,360	4.72	72,229	55,131	131.06	…	…	
歙縣	78,041	370,514	4.75	193,184	177,330	108.94	…	…	
黟縣	12,594	61,469	4.88	29,733	31,736	93.69	…	…	
休寧	40,666	204,487	5.03	111,144	93,349	119.07	…	…	
祁門	17,525	87,191	4.98	47,005	40,186	116.97	…	…	
績溪	18,210	93,043	5.11	50,361	42,632	117.97	…	…	
涇縣	34,462	207,664	6.13	119,371	88,293	135.20	…	…	
太平	13,557	82,145	6.05	46,238	35,907	128.77	…	…	
旌德	12,520	61,063	4.88	35,066	25,997	134.88	…	…	二十五年數
寧國	25,906	164,127	6.34	89,737	74,390	120.63	…	…	
石埭	9,412	48,384	5.14	26,432	21,952	120.41	…	…	
阜陽	162,541	1,187,625	7.30	[illegible]	[illegible]	132.20	214,459	39.45	
臨泉	79,270	502,832	6.[illegible]	272,606	230,226	118.41	[illegible]	39.32	
潁上	54,963	350,274	6.50	[illegible]	[illegible]	118.15	[illegible]	[illegible]	
太和	64,674	[illegible]	[illegible]	[illegible]	[illegible]	109.97	[illegible]	35.34	
霍邱	83,157	458,161	[illegible]	[illegible]	[illegible]	[illegible]	106,711	44.86	
蒙城	79,796	493,764	6.19	264,225	229,515	115.19	86,347	32.32	
立煌	44,433	253,364	5.87	146,324	[illegible]	[illegible]	…	…	

材料來源：根據內政部三十年六月編「戶口統計」編製

說　明：1.淪陷區各縣數未列入本表

2.總計欄之壯丁與男子之百分比係根據有壯丁數與男子數之縣份計算

江西省戶口統計

（戶口、性别、壯丁。）

材料時期：民國三十年十二月

縣別	戶數	人口數	每戶平均口數	男子數	女子數	每百女子所當男子數	壯丁數	壯丁與男子百分比	備註
總計	2221,169	11,952,995	5.24	5,802,868	5,847,123	1012	1,371,649	23.63	
豐城	39,449	449,356	4.05	207,165	241,189	87.18	60,819	29.08	
進賢	31,236	200,195	6.21	101,721	98,476	103.21	25,639	25.16	
南城	33,778	171,688	5.05	81,260	89,428	91.04	21,674	26.74	
黎川	19,945	109,446	5.47	54,376	54,777	97.28	17,198	31.63	
南豐	25,551	107,961	4.53	52,482	55,453	94.62	17,592	33.44	
廣昌	19,724	97,980	4.60	43,776	47,824	91.82	14,789	27.77	
資溪	7,894	38,054	4.82	19,675	18,381	107.03	5,684	28.89	
臨川	81,657	482,591	5.91	245,141	237,445	103.22	39,339	16.04	
光澤	13,760	65,882	4.79	35,380	30,502	115.99	11,135	31.47	
金谿	22,556	101,281	4.52	48,022	53,259	91.29	14,321	29.45	
崇仁	25,776	124,263	4.21	63,991	65,272	115.40	22,336	33.10	
宜黃	22,309	91,856	4.12	46,018	46,815	98.16	17,644	39.26	
樂安	19,239	97,566	5.12	42,311	55,219	96.14	16,695	37.46	
東鄉	23,428	144,840	6.11	70,175	71,355	98.34	15,595	22.22	
餘江	22,100	134,432	4.75	64,448	71,014	90.62	15,579	24.55	
上饒	61,721	319,520	5.18	162,857	156,464	102.04	55,114	32.64	
玉山	49,278	245,305	4.94	124,429	116,376	104.05	42,834	32.34	
弋陽	25,444	119,448	4.75	60,448	53,810	103.15	14,862	24.51	
貴溪	45,131	246,569	5.56	117,121	129,448	90.84	25,445	21.64	
鉛山	11,227	106,221	5.42	82,116	44,165	107.33	15,038	18.31	
廣豐	44,216	274,442	5.65	139,606	135,376	102.24	38,409	27.50	
横峰	12,[illegible]	58,441	4.44	30,854	27,387	112.66	8,763	28.40	
吉安	68,523	344,575	4.94	174,444	[illegible]	91.48	30,976	19.07	
宜春	46,697	299,781	6.03	140,183	159,548	[illegible]	21,110	13.04	
泰和	30,642	152,453	4.97	75,344	76,554	94.05	9,633	12.76	
吉水	27,635	154,326	5.57	77,975	77,351	100.53	20,128	25.15	
永豐	26,544	146,742	5.31	71,316	71,596	99.27	18,944	27.02	
安福	24,434	129,406	5.31	58,959	71,761	83.30	14,225	24.13	

江西省户口統計（續一）

縣別	戶數	人口數	每戶平均人數	男子數	女子數	每百女子對男子數	壯丁數	壯丁對男子之百分比	備註
遂川	47,083	217,222	4.43	118,757	98,465	120.61	19,413	17.58	
萬安	24,243	103,249	4.17	49,129	54,171	91.69	9,138	18.41	
永新	41,324	191,446	4.63	89,030	102,416	86.93	23,898	26.84	
寧岡	5,773	31,229	5.41	15,408	15,821	97.39	4,779	32.68	
蓮花	19,935	83,193	4.16	40,821	42,372	96.34	11,236	27.53	
清江	27,756	175,785	6.33	86,469	89,316	96.81	16,963	19.62	
新淦	16,957	85,651	5.05	42,814	42,837	99.95	7,924	18.51	
新喻	31,823	170,329	5.35	83,213	87,116	95.52	16,710	20.08	
峽江	9,467	39,446	4.18	19,082	20,364	93.70	3,918	20.53	
分宜	14,147	73,046	5.16	39,114	33,932	115.27	5,949	15.21	
萍鄉	100,269	554,354	5.53	279,139	275,215	101.43	60,373	21.63	
萬載	29,671	231,909	7.82	111,725	120,184	92.96	18,523	16.58	
上高	24,370	126,350	5.18	64,608	61,742	104.64	14,074	21.78	
宜豐	25,217	116,278	4.61	58,550	57,728	101.42	11,893	20.31	
贛縣	62,292	322,150	5.17	164,981	157,169	104.97	35,223	21.35	
雩都	41,624	239,661	5.75	115,657	124,003	93.27	12,481	10.79	
信豐	43,654	208,915	4.79	103,182	105,733	97.59	24,269	23.52	
興國	43,045	193,251	4.49	93,724	99,527	94.17	13,093	13.97	
會昌	33,208	131,533	3.96	63,699	67,834	93.90	12,251	19.23	
安遠	22,951	94,565	4.12	46,792	47,773	97.95	13,017	27.82	
尋鄔	19,865	87,893	4.42	46,479	41,414	112.23	14,922	32.10	
龍南	24,915	105,239	4.22	49,304	55,935	88.15	16,912	34.30	
定南	14,418	65,256	4.53	31,597	33,659	93.87	7,954	25.16	
虔南	12,166	53,759	4.42	26,031	27,728	93.88	6,251	24.01	
大庾	20,183	93,511	4.63	50,379	43,131	116.80	12,554	24.96	
南康	61,216	292,032	4.77	152,668	139,364	109.55	44,927	29.43	
上猶	25,861	122,576	4.74	64,158	58,418	109.83	14,911	23.24	
崇義	18,879	80,493	4.26	42,250	38,243	110.48	9,250	21.89	
寧都	47,086	208,181	4.42	102,165	106,016	96.37	16,440	16.09	

江西省户口統計（續二）

縣別	户數	人口數	每户平均口數	男子數	女子數	每百女子所當男子數	壯丁數	壯丁與男子之百分比	備註
瑞金	38,880	179,545	4.62	92,918	86,627	107.26	18,670	20.09	
石城	20,290	84,428	4.16	41,657	42,771	97.40	10,114	24.28	
鄱陽	52,196	371,085	7.11	201,144	169,941	118.32	46,507	23.12	
餘干	51,113	262,392	5.14	128,291	134,101	95.66	33,768	26.32	
樂平	35,732	218,965	6.13	114,270	104,695	109.15	26,412	23.11	
浮梁	23,858	168,952	7.08	90,872	78,080	116.38	16,443	18.09	
婺源	32,609	173,737	5.30	87,081	86,656	100.49	24,222	27.82	
德興	13,447	65,173	4.85	33,150	32,023	103.52	9,645	29.10	
萬年	22,699	122,190	5.38	62,457	59,733	104.56	13,063	20.92	
修水	45,395	331,763	7.31	175,136	156,627	111.82	56,314	32.03	
銅鼓	9,769	48,050	4.92	25,509	22,541	113.17	4,982	19.53	

材料来源：根據江西省政府秘書處「江西省保甲户口統計報告表」編製。

說　明：淪陷區各縣數字未列入本表。

湖北省户口统計

（户口、性别、壮丁）

材料時期：民國三十年

县城别	户数	人口数	每户平均口数	男子数	女子数	每百女子所当男子数	壮丁数	壮丁占男子之百分比	備註
總計	1,163,835	7,252,375	6.21	3,859,591	3,392,782	113.77	1,020,491	26.44	
通城	21,651	181,781	8.40	101,217	80,564	125.64	33,737	33.33	二十八年六月数
羅田	29,008	214,458	7.38	120,916	93,542	129.25	37,492	31.01	二十九年七月数
英山	23,297	216,385	9.29	113,976	102,409	111.29	33,984	29.17	同上
襄陽	101,195	469,558	4.64	244,953	224,605	109.05	71,829	31.47	
宜城	36,279	179,107	4.94	96,467	82,640	116.73	22,528	23.35	
南漳	70,087	370,609	5.29	189,371	181,238	104.49	45,392	23.97	
棗陽	74,621	444,474	6.00	238,659	205,815	115.96	53,705	22.48	二十七年四月数
穀城	63,823	291,311	4.56	148,918	142,393	104.58	45,847	30.74	
光化	33,836	169,345	5.00	95,527	73,818	129.36	30,612	32.05	
均縣	41,195	219,561	5.33	124,865	94,696	131.86	35,749	28.61	
鄖縣	49,590	371,365	7.49	206,041	165,324	124.63	62,542	30.35	
房縣	35,316	222,610	6.30	119,987	102,623	116.92	27,644	23.04	
竹谿	25,612	170,703	6.66	95,237	75,466	126.20	31,346	32.91	
竹山	27,236	187,012	6.87	102,383	84,629	120.98	21,556	21.05	
保康	20,438	111,398	5.45	58,497	52,901	110.58	17,457	29.84	
鄖西	34,272	212,291	6.19	116,338	95,952	121.25	37,371	32.12	
公安	45,051	351,216	7.80	185,783	165,433	112.30	39,754	21.40	
石首	42,380	318,622	7.52	171,128	147,511	116.02	19,717	11.52	
松滋	70,325	443,378	6.31	228,363	215,015	106.21	48,843	21.40	
長陽	48,127	280,129	5.82	138,096	142,033	97.22	30,409	22.02	
興山	20,140	108,784	5.40	57,027	51,757	110.18	15,844	27.84	
巴東	31,918	214,079	6.92	115,304	98,775	116.73	25,493	21.32	
五峰	16,735	88,671	5.30	45,588	43,083	105.81	15,412	33.81	
秭歸	42,003	253,986	6.05	131,451	122,535	107.28	38,611	29.38	
恩施	41,876	327,254	7.81	170,491	156,763	108.76	52,361	30.71	
宣恩	18,995	123,376	6.50	64,071	59,305	108.04	18,797	29.34	
建始	34,276	232,274	6.78	126,710	105,564	120.03	43,363	34.22	
利川	24,594	236,804	9.63	134,492	102,312	131.45	15,226	11.32	二十九年一月数

湖北省户口统計（續一）

縣別	户数	人口数	每户平均口数	男子数	女子数	性比例数	壮丁数	壮丁占人口之百分比	備註
来鳳	18,417	116,375	6.11	61,278	55,097	111.22	11,103	18.12	二十七年六月报
咸豐	19,036	116,693	6.13	62,606	54,087	115.75	13,325	29.25	
鶴峰	13,118	83,320	5.41	36,961	36,379	101.51	13,321	23.92	

資料來源：根據湖北省政府秘書處「湖北省三十年上半年保甲户口统計表」編製。
説　明：淪陷區各縣數字未列入本表。

湖南省户口統計

（户口性別壯丁）

材料時期：民國三十一年□

區域別	户數	人口數	每户平均人數	男子數	女子數	每百女子之男子數	壯丁數	壯丁與男子之百分比	備註
總計	5,224,463	27,495,673	5.26	14,312,531	13,183,142	108.57	4,301,416	30.40	
長沙市	45,620	275,854	6.01	144,051	132,809	108.42	44,709	31.25	由長沙縣析出見說明1
長沙	175,223	1,136,040	6.49	559,724	576,816	97.07	144,480	25.26	見說明1
湘陰	109,848	672,899	6.13	359,687	313,212	114.84	92,512	25.72	
瀏陽	148,568	751,184	5.06	388,547	363,637	105.40	118,209	30.42	
醴陵	114,237	589,927	5.13	297,821	292,106	102.15	88,558	29.39	
湘潭	171,899	1,121,091	6.30	535,871	585,220	91.57	129,108	23.46	
寧鄉	114,467	714,768	6.16	369,943	344,825	104.93	107,922	29.90	
益陽	157,592	766,655	4.86	391,949	374,706	104.61	99,691	25.43	
湘鄉	223,235	1,271,021	5.69	644,572	626,449	102.89	151,358	23.54	
攸縣	74,462	383,884	5.26	198,321	184,563	106.37	68,101	34.69	
安化	110,496	674,071	6.11	366,815	307,255	119.38	103,673	28.26	
茶陵	58,673	247,436	4.37	122,172	125,264	97.53	49,022	40.13	
邵陽	237,039	1,344,449	5.67	708,308	637,441	111.17	206,534	[illegible]	
新化	110,366	815,380	7.39	428,568	386,811	110.79	122,188	28.51	
武岡	142,365	809,543	5.69	434,447	376,196	115.25	[illegible]	[illegible]	
新寧	60,813	218,694	4.30	113,103	105,591	115.47	34,104	33.51	
城步	19,762	94,375	4.79	48,940	45,435	108.71	15,125	30.91	
常德	110,166	597,295	5.41	310,637	286,658	108.37	134,448	43.32	
平江	80,539	442,856	5.51	234,729	208,127	112.78	63,729	27.15	
華容	55,716	296,600	5.32	148,375	148,225	100.10	44,862	30.24	
漢壽	62,156	355,539	5.72	183,201	172,338	106.30	45,812	25.10	
沅江	52,827	278,644	5.27	136,877	141,767	96.55	32,125	23.47	
澧縣	113,751	566,937	4.98	296,119	270,818	109.34	98,441	33.24	
安鄉	44,602	215,852	4.84	108,843	107,009	101.71	33,514	30.79	
臨澧	46,672	223,032	4.88	118,574	104,458	113.51	43,821	36.96	
南縣	44,141	289,891	6.57	149,534	140,357	106.54	35,343	23.67	
衡陽	173,775	1,154,379	6.64	604,116	550,263	109.79	181,320	30.01	見說明1
衡山	93,802	511,823	5.46	266,905	244,918	108.98	85,704	32.11	

湖南省戶口統計(續一)

縣別	戶數	人口數	每戶平均人數	男子數	女子數	每百女子所當男子數	壯丁數	壯丁占男子之百分比	備註
安仁	39,065	179,547	4.60	92,029	87,518	105.15	35,213	38.26	
耒陽	124,585	580,839	4.71	312,870	273,769	114.20	100,372	32.08	
常寧	77,977	379,546	4.75	202,441	177,105	114.31	66,026	32.62	
酃縣	24,330	91,270	3.75	47,271	43,599	108.42	17,241	36.47	
零陵	94,423	478,508	5.29	254,272	224,256	113.39	86,545	34.06	
祁陽	157,621	775,150	4.92	409,215	365,946	118.27	135,027	33.00	
東安	46,578	238,550	5.12	128,564	109,985	116.89	38,589	30.02	
道縣	71,584	345,029	4.25	193,319	151,710	127.43	59,832	30.95	
寧遠	80,016	367,387	4.59	197,792	169,595	116.63	66,842	33.74	
永明	32,036	116,020	3.62	60,351	55,669	108.41	21,726	36.00	
江華	40,092	192,694	4.81	105,983	85,711	124.82	38,544	30.02	
新田	36,393	161,314	4.45	86,014	75,300	114.23	30,603	35.58	
郴縣	50,167	213,991	4.25	111,004	102,987	107.78	36,284	32.69	
永興	58,323	245,502	4.55	121,441	124,161	114.01	48,279	34.15	
資興	40,204	150,886	3.75	82,614	68,272	121.01	29,335	35.51	
宜章	46,844	195,664	4.18	100,084	95,580	104.71	32,407	32.38	
汝城	35,059	147,332	4.20	83,298	64,034	130.08	29,310	35.19	
桂東	21,064	89,115	4.23	47,836	41,279	115.88	14,447	30.20	
桂陽	85,460	335,803	4.02	175,507	160,296	109.49	66,071	37.65	
臨武	31,130	136,292	4.38	71,037	65,205	109.02	26,030	36.67	
藍山	30,056	132,744	4.42	69,884	62,861	111.17	24,419	34.94	
嘉禾	32,985	142,742	4.35	72,646	70,553	102.97	27,008	37.25	
芷江	41,518	225,646	5.43	121,035	104,611	115.70	32,086	26.51	
鳳凰	39,391	156,346	3.97	79,261	77,085	103.03	24,212	30.47	
沅陵	69,828	392,247	5.61	212,312	179,935	117.99	68,231	32.14	
瀘溪	26,336	122,939	4.62	63,965	59,074	108.28	18,590	29.06	
辰谿	34,464	176,891	5.13	92,105	84,786	108.63	27,819	29.66	
溆浦	55,455	341,958	6.17	176,955	165,003	107.24	56,707	32.05	
黔陽	48,905	261,509	5.35	133,421	128,088	103.58	37,090	27.88	

湖南省户口統計（續二）

縣市別	户數	人口數	每户平均人數	男子數	女子數	每百女子之男子數	壯丁數	壯丁與男子之百分比	備註
麻陽	31,754	151,173	4.76	76,510	74,663	102.47	20,968	27.41	
永順	47,954	241,429	5.05	124,603	116,826	106.66	36,486	29.28	
保靖	31,296	143,275	4.58	73,345	69,930	104.88	21,961	29.94	
龍山	48,260	230,894	4.99	118,778	112,116	105.94	38,912	32.76	
桑植	24,960	136,841	5.48	72,184	64,657	111.64	24,617	34.10	
古丈	10,426	42,926	4.44	22,385	20,541	108.98	6,727	30.05	
瀘溪	18,537	85,789	4.63	43,209	42,580	101.48	14,036	32.48	
綏寧	37,005	164,860	4.45	86,109	78,751	109.34	28,531	33.13	
會同	42,930	188,132	4.38	97,116	91,016	106.70	28,973	29.83	
通道	7,064	28,328	4.01	14,476	13,852	104.50	4,524	31.25	
乾城	22,075	86,550	3.92	44,453	42,097	105.60	13,605	30.61	
永綏	30,856	130,050	4.21	67,265	62,785	107.14	22,650	33.67	
晃縣	23,588	116,488	4.94	62,110	54,378	114.28	19,132	30.80	
桃源	109,946	554,479	5.04	297,537	256,942	115.80	85,135	28.62	
石門	64,357	326,546	5.07	175,041	151,505	115.60	62,225	35.55	
慈利	69,584	366,033	5.26	195,762	170,271	114.97	66,367	33.90	
大庸	30,826	149,091	4.84	80,345	68,746	116.87	23,980	29.85	
衡陽市	34,115	138,505	4.06	74,027	64,478	114.81	22,456	30.35	衡陽市部分見說明1

材料來源：根據湖南省政府秘書處「湖南省各縣三十一年一月至三月份保甲户口異動統計報告表」編製。

說　明　1. 查長沙市及衡陽市均於三十一年一月一日劃由長沙縣歸長沙市户數11,710，男子數31,473，女子數19,207，壯丁數8,035，由衡陽縣劃歸衡陽市户數34,225，男子數73,805，女子數64,316，壯丁數22,510。

2. 淪陷區各縣數字未列入本表。

四川省户口统计

（户口、性别、壮丁、）

材料时期：民国二十年七月

区域别	户数	人口数	每户平均人数	男子数	女子数	每百女子所当男子数	壮丁数	壮丁与男子之百分比	备注
总计	5,229,102	[illegible]	5.93	24,192,029	22,214,416	108.75	5,485,551	22.53	
成都市	75,654	374,821	7.59	212,807	159,514	133.41	82,184	38.62	
成都	31,334	164,657	5.52	89,334	75,318	115.55	18,852	21.08	
华阳	71,921	413,290	5.45	217,753	195,277	114.61	54,521	25.02	
简阳	125,781	860,762	6.81	454,983	406,779	112.10	94,498	20.82	
广汉	52,848	264,524	5.04	142,763	121,761	115.55	41,992	29.42	
崇庆	68,415	378,096	5.5	191,114	186,982	102.21	43,922	22.98	
什邡	35,450	203,408	5.75	110,446	92,962	118.15	29,156	26.35	
双流	27,553	150,317	5.29	76,658	73,659	104.07	19,862	25.91	
新都	28,307	153,406	5.24	85,567	67,839	122.09	25,278	30.14	
江油	33,391	222,354	6.66	126,610	95,744	111.35	30,262	23.89	
北川	8,167	38,432	4.64	19,248	18,684	103.02	6,122	31.81	
温江	30,934	165,304	5.28	84,979	78,360	108.46	23,447	27.60	
新繁	18,673	102,227	5.51	54,766	48,461	112.95	14,315	24.23	
金堂	67,411	494,766	7.42	259,514	237,552	109.25	65,234	25.52	
灌县	56,913	291,538	5.18	151,023	140,565	107.44	42,905	28.41	
郫县	34,171	183,156	5.36	97,680	85,416	114.28	26,279	26.90	
彭县	68,160	351,185	5.15	176,765	174,416	101.07	51,580	27.68	
崇宁	18,584	89,629	4.82	46,779	42,850	109.16	11,552	24.70	
新津	27,146	148,246	5.46	75,024	73,222	102.46	18,780	25.05	
平武	22,491	111,113	4.92	56,445	54,610	102.24	16,536	29.24	
梓潼	31,591	154,494	4.94	81,665	74,829	109.14	17,441	21.36	
罗江	31,311	151,750	4.85	79,511	72,239	110.07	20,074	25.25	
彰明	23,565	114,556	4.91	61,234	53,302	114.88	15,400	24.50	
茂县	8,054	37,107	4.61	19,445	18,658	98.86	[illegible]	32.02	
汶川	4,049	22,396	5.55	11,603	10,793	107.50	3,729	32.14	
绵阳	64,355	390,832	5.64	211,312	179,520	117.71	51,176	24.22	
德阳	42,559	197,542	4.63	105,313	92,229	114.57	28,643	27.21	
巴县	111,534	777,678	6.96	435,546	367,252	114.14	57,524	12.90	

四川省户口统計（續一）

縣別	户數	人口數	每户平均人口數	男子數	女子數	每百女子所當男子數	壯丁數	壯丁與男子之百分比	備註
江津	121,867	819,303	6.72	463,467	355,836	130.25	110,268	23.79	
合川	122,751	678,900	5.53	366,898	312,002	117.59	90,138	24.57	
江北	92,891	554,157	5.97	288,444	266,013	108.31	63,711	22.11	
武胜	61,021	334,316	5.48	170,393	163,923	103.95	27,011	15.87	
奉節	55,718	354,977	6.37	190,935	164,042	116.39	41,862	21.94	
懋功	3,610	23,029	6.38	11,151	11,878	93.88	1,717	15.19	
靖化	2,263	9,041	3.99	4,315	4,726	91.30	1,711	39.65	
松潘	6,086	27,042	4.44	14,219	12,583	113.00	5,881	24.19	
理番	4,787	21,788	4.55	11,170	10,618	105.20	3,873	34.67	
安縣	41,558	205,052	4.95	110,196	94,856	116.17	28,604	25.96	
綿竹	53,180	272,538	5.12	148,129	124,409	119.07	41,325	28.24	
長壽	56,995	386,338	6.78	205,998	180,340	114.23	37,121	18.02	
永川	63,270	381,441	6.05	212,641	168,800	125.97	42,797	20.13	
榮昌	52,195	315,666	6.05	166,013	149,653	110.93	37,319	22.48	
綦江	56,989	390,625	6.85	208,681	181,944	114.70	39,358	18.86	
南川	54,654	307,746	5.63	161,526	146,220	110.47	37,730	23.36	
巫山	42,573	239,083	5.62	130,403	108,680	119.99	32,320	24.64	
雲陽	76,463	490,079	6.41	251,249	238,830	105.20	40,744	16.22	
萬縣	149,870	848,225	5.66	451,181	397,048	113.63	90,543	20.07	
開縣	86,688	611,105	7.05	312,559	298,546	104.69	68,422	21.89	
巫溪	31,110	157,621	5.07	82,528	75,095	109.90	20,366	24.52	
墊江	30,251	201,202	6.65	100,991	115,804	95.99	23,298	23.27	
梁山	66,641	391,972	5.88	202,158	189,814	106.50	24,956	12.35	
酉陽	63,586	508,540	7.99	270,759	235,781	114.85	84,249	31.12	
石柱	34,175	189,362	5.54	97,701	91,661	106.59	26,598	27.22	
秀山	58,633	344,344	5.87	179,183	165,161	108.49	41,074	22.92	
黔江	16,620	136,913	8.24	77,094	59,819	128.88	20,345	26.39	
銅梁	75,129	414,268	5.51	215,615	198,653	108.54	40,135	18.61	
大足	53,106	365,263	6.88	195,407	169,856	115.04	41,159	21.06	

四川省戶口統計（續二）

縣別	戶數	人口數	每戶平均人數	男子數	女子數	每百女子所當男子數	壯丁數	壯丁與人口之百分比	備註
璧山	54,515	315,375	5.78	147,347	168,028	113.05	64,727	20.35	
涪陵	165,759	923,204	5.71	467,357	455,814	102.54	94,619	20.89	
達縣	120,241	653,167	5.17	333,181	324,576	102.31	76,581	23.76	
開江	29,572	228,864	7.67	123,124	105,735	121.45	43,194	18.85	
渠縣	113,519	494,902	7.46	253,111	238,791	105.42	61,802	16.22	
大竹	94,447	446,444	5.85	214,133	232,011	104.14	53,767	22.11	
宣漢	65,909	442,657	6.76	229,027	213,062	107.18	63,407	22.42	
萬源	27,324	145,558	5.33	72,790	72,768	100.03	23,976	34.17	
城口	13,164	75,120	5.71	39,465	35,655	110.69	8,324	22.21	
彭水	43,855	285,560	6.6	153,819	131,741	116.76	24,601	22.14	
酆都	88,476	480,912	5.41	244,410	238,642	102.18	64,454	25.24	
樂山	69,228	351,258	5.75	177,775	173,477	102.48	[illegible]	22.71	
洪雅	35,075	187,982	5.35	96,419	91,553	104.98	26,544	24.61	
峨邊	8,535	45,579	5.34	23,198	22,380	103.43	6,282	21.13	
夾江	30,012	154,648	5.15	76,291	78,357	97.33	43,158	37.35	
犍為	87,557	536,649	6.14	274,201	262,448	104.48	42,319	19.43	
榮縣	88,160	448,487	5.62	219,035	229,454	99.85	52,458	21.10	
威遠	60,223	340,471	5.74	176,015	163,456	107.67	42,398	24.37	
眉山	61,906	373,656	6.04	191,509	182,147	105.14	44,356	22.12	
丹稜	16,790	86,947	5.16	43,762	43,185	101.34	14,966	29.65	
忠縣	75,447	452,826	6.00	226,053	226,768	99.64	57,370	25.38	
名山	22,092	118,929	5.42	60,892	57,634	105.75	17,549	22.47	
峨眉	29,428	143,060	5.10	78,054	75,106	104.05	27,574	31.49	
青神	20,872	119,035	5.70	57,671	59,364	106.52	14,917	25.10	
邛崍	69,477	352,052	5.07	184,952	171,105	98.79	47,255	33.87	
大邑	46,496	326,974	5.10	118,282	118,712	99.64	35,472	28.50	
蒲江	18,005	113,119	6.28	56,515	58,596	108.03	15,581	21.57	
瀘縣	170,577	985,716	5.78	534,474	452,237	118.43	[illegible]	22.95	
宜賓	145,302	755,314	5.26	395,904	359,805	110.48	107,449	27.18	

四川省户口統計（續三）

區域別	户數	人口數	每户平均口數	男子數	女子數	每百女子所當男子數	壯丁數	壯丁對男子之百分比	備註
慶符	35,968	170,488	5.12	87,804	82,684	106.19	19,760	22.50	
富順	130,821	755,105	5.77	378,603	376,460	100.59	76,254	20.14	
自貢市	43,937	220,900	5.03	122,287	98,613	124.01	32,665	26.71	
南溪	52,275	288,376	5.52	153,784	134,592	114.26	39,576	25.69	
筠連	14,864	76,458	5.14	40,695	35,763	112.55	10,820	26.75	
珙縣	29,945	148,695	4.97	78,730	69,965	112.53	21,932	27.86	
資陽	88,558	551,395	6.22	275,568	274,827	100.27	54,447	19.76	
井研	31,986	169,161	5.29	81,746	87,415	93.51	16,970	20.76	
内江	104,259	587,644	5.64	301,958	285,685	105.70	65,043	21.54	
叙永	58,097	293,944	5.06	155,096	138,848	111.70	35,738	23.04	
雷波	5,950	26,810	4.41	13,782	13,028	105.79	3,580	25.45	
古宋	19,005	102,285	5.38	54,823	47,462	115.51	13,668	24.93	
古藺	59,865	329,132	5.50	170,477	158,655	107.45	18,455	10.83	
彭山	27,677	147,214	5.32	72,837	74,377	97.93	14,134	19.40	
高縣	35,575	171,487	4.85	89,858	81,629	110.08	25,168	28.01	
長寧	39,391	217,355	5.52	126,368	90,987	138.89	26,566	21.02	
興文	14,156	69,884	4.94	37,254	32,630	114.17	9,485	25.45	
隆昌	57,627	326,494	5.67	166,017	160,477	103.45	36,022	21.70	
屏山	22,345	116,746	5.22	59,619	57,127	104.36	14,825	24.87	
馬邊	7,633	33,097	4.34	17,361	15,736	110.33	3,123	17.99	
合江	67,465	394,332	5.84	214,722	179,610	119.55	52,549	24.47	
納谿	14,939	88,122	5.90	50,375	37,767	133.38	11,659	23.14	
江安	45,329	236,519	5.46	129,451	107,068	120.91	26,455	20.45	
資中	104,622	666,127	6.37	344,365	321,762	107.02	76,601	22.24	
閬中	52,587	368,085	7.00	192,018	176,067	109.06	53,691	27.93	
南充	140,492	826,385	5.88	435,244	391,145	111.27	95,986	22.05	
通江	25,097	155,775	6.21	77,735	78,040	99.61	7,346	9.45	
南江	27,344	161,055	5.89	78,787	82,268	95.76	16,534	20.99	
巴中	68,707	510,809	7.43	257,214	253,595	101.43	54,374	21.14	

四川省戶口統計（續四）

區域別	戶數	人口數	每戶平均人口數	男子數	女子數	性比例	壯丁數	壯丁佔男子百分比	備註
劍閣	41,472	240,964	5.81	122,141	118,823	102.79	29,315	24.00	
蓬安	57,662	364,359	6.32	193,253	170,836	113.28	42,183	21.84	
廣安	117,370	662,644	5.55	333,711	328,934	101.45	66,035	19.79	
三台	127,992	871,421	6.71	446,458	425,263	104.98	105,936	23.77	
射洪	81,022	449,490	5.55	213,641	235,849	90.58	49,113	22.99	
鹽亭	41,714	275,929	6.78	144,868	131,061	110.53	45,624	31.49	
仁壽	138,744	932,381	6.72	491,169	441,212	111.32	97,521	19.85	
西充	63,727	350,091	5.49	175,280	142,811	102.57	36,061	20.34	
營山	65,050	415,120	6.38	213,8[illegible]	202,246	105.46	42,982	20.17	
儀隴	45,218	304,960	6.74	165,025	139,937	117.93	38,099	23.09	
鄰水	47,304	305,613	6.44	165,406	140,207	117.92	42,511	25.70	
岳池	92,470	547,001	5.91	286,176	260,825	109.72	54,271	18.96	
蒼溪	36,342	243,185	6.69	121,648	121,537	100.09	30,580	25.14	
南部	92,304	696,613	7.55	368,097	328,546	112.03	73,015	19.84	
廣元	49,191	276,506	5.62	139,701	136,805	102.12	34,654	24.81	
昭化	15,130	94,589	6.29	46,454	48,135	96.51	8,615	18.55	
中江	112,615	828,206	7.35	430,152	398,054	108.06	117,868	27.40	
遂寧	91,715	603,227	6.65	297,345	305,882	97.21	70,578	23.74	
潼南	48,364	277,507	5.76	144,119	135,388	106.45	19,552	13.57	
安岳	113,792	655,331	5.76	319,865	335,466	95.35	47,441	14.83	
蓬溪	87,091	613,326	7.04	310,098	303,228	102.27	54,654	17.62	
樂至	68,849	420,819	6.11	209,524	211,295	99.16	37,165	17.74	
[illegible]	20,372	144,236	5.12	54,975	49,261	111.61	14,657	26.66	現已改為汶川縣
三峽實驗區	15,564	80,725	5.19	44,993	35,732	125.92	5,418	12.49	現已改為北碚管理局

材料來源：根據四川省政府秘書處「四川省各縣實施新縣制整編保甲清查戶口鄉鎮保甲戶口統計」編製。

西康省户口統計

（户口性别、壯丁、）

材料時期：民國廿九年

區別	户數	人口數	每户平均口數	男子數	女子數	每百女子所當男子數	壯丁數	壯丁與男子之百分比	備註
總計	317,968	1,755,542	5.52	890,874	864,668	103.03	198,567	25.59	[illegible]
巴安	2,708	14,024	5.18	7,235	6,789	106.57	2,716	37.95	
康定	4,795	36,430	7.60	24,290	12,140	200.08	4,530	18.65	
九龍	2,629	13,174	5.01	6,742	6,432	104.82	2,807	41.78	
瀘定	4,511	24,001	5.32	12,062	11,939	101.03	4,814	39.95	
雅江	1,321	5,838	4.42	2,952	2,886	102.29	760	25.75	
道孚	1,368	4,330	3.17	1,850	2,480	74.60	399	21.57	
理化	2,131	10,243	4.82	6,018	4,225	143.15	2,932	48.31	
瞻化	3,648	40,387	11.07	19,942	20,445	97.54	6,004	30.09	
稻城	1,395	5,284	3.79	2,917	2,367	123.24	1,130	38.74	
鹽井	4,032	22,256	5.52	10,671	11,585	92.11	…	…	[illegible]見說明2.
甘孜	3,826	11,437	2.99	5,239	6,198	84.53	1,522	29.05	
鑪霍	1,887	8,387	4.44	4,457	3,930	113.41	1,635	36.68	
丹巴	4,305	17,386	4.04	9,734	7,652	127.80	3,048	31.25	
定鄉	1,483	5,347	3.61	2,280	3,067	74.54	1,121	49.17	
昌都	7,244	39,971	5.52	19,301	20,670	93.38	…	…	[illegible]見說明2.
得榮	1,302	6,047	4.64	3,024	3,023	100.03	887	23.20	
武成	4,249	23,452	5.52	11,061	12,391	89.27	…	…	[illegible]見說明2.
寧靜	6,381	35,224	5.52	17,376	17,848	97.36	…	…	[illegible]見說明2.
察雅	6,995	38,610	5.52	18,891	19,719	95.80	…	…	[illegible]見說明2.
貢縣	3,918	21,629	5.52	10,338	11,291	91.56	…	…	[illegible]見說明2.
察隅	…	…	…	…	…	…	…	…	見說明1.
科麥	…	…	…	…	…	…	…	…	見說明1.
恩達	729	4,024	5.52	1,951	2,073	94.11	…	…	[illegible]見說明2.
鄧柯	1,466	5,018	3.42	2,510	2,508	100.08	693	27.81	
石渠	3,380	11,254	3.33	5,267	5,987	87.97	1,725	32.75	
白玉	3,251	12,452	3.73	6,317	6,135	102.97	2,561	40.54	
德格	3,256	12,562	3.86	6,959	5,603	124.20	1,209	17.37	
同普	6,854	37,834	5.52	18,630	19,204	97.[illegible]	…	…	[illegible]見說明2.

西康省户口統計

縣別	戶數	人口數	每戶平均口數	男子數	女子數	每百女子所當男子數	壯丁數	壯丁與男子之百分比	備註
嘉黎	2,924	16,464	5.52	6,740	9,400	71.70	…	…	人口係[illegible]
碩督	…	…	…	…	…	…	…	…	見說明1.
太昭	…	…	…	…	…	…	…	…	見說明1.
義敦	1,718	11,760	6.85	5,983	5,777	103.57	720	12.03	
雅安	21,091	125,869	5.97	63,391	60,478	104.82	17,175	27.09	
滎經	12,087	67,831	5.61	33,425	34,106	98.88	11,704	34.90	
蘆山	7,485	32,612	4.36	15,563	17,049	91.28	4,944	31.77	
漢源	21,336	122,907	5.76	62,448	60,289	103.36	17,361	27.77	
西昌	26,145	220,555	8.44	112,179	108,376	103.21	20,557	18.32	
冕寧	21,656	86,024	3.97	44,610	41,414	107.72	12,008	26.92	
鹽源	10,406	63,366	6.09	32,531	30,835	105.50	12,803	39.36	
昭覺	14,000	59,010	4.22	32,380	26,630	121.59	8,100	25.02	
天全	17,344	91,159	5.26	45,029	46,130	97.61	14,596	32.41	
會理	38,500	218,694	5.68	110,946	107,746	102.97	18,666	16.82	
寧南	5,487	25,957	4.73	13,243	12,714	104.16	4,015	30.32	
鹽邊	6,144	36,343	5.92	17,728	18,615	95.24	4,117	23.22	
越嶲	16,928	81,115	4.79	40,420	40,695	99.32	6,406	15.85	
寶興	2,704	14,382	5.32	6,995	7,387	94.69	2,535	36.24	
金湯設治局	445	2,678	6.05	1,423	1,255	113.39	346	24.31	
寧東設治局	2,250	13,001	5.78	6,400	6,601	96.95	1,456	22.44	
泰寧設治局	263	1,508	5.73	904	604	149.67	181	20.02	

材料來源：根據西康省政府民政廳編西康省各縣鄉鎮保甲戶口統計表及西康建省委員會編二十五年各縣人口統計概況表編製。

說　明：1.自巴安、得榮、寧靜、[illegible]、貢縣、察隅、科麥、恩達、[illegible]、嘉黎、碩督、太昭等十三縣戶口數在西康省鄉鎮保甲戶口統計表因本省列報經常準查報該十三縣尚未收歸管轄所有鄉鎮保甲戶口數字未經調查統計者報等由其中除察隅、科麥、碩督、太昭四縣因[illegible]以前報告材料無從補充外，其餘各縣是用以前西康建省委員會所報告該縣人口數補充之。惟察隅等四縣戶口數曾見康藏前鋒三卷六期內有所記載，茲特表列於下，聊供參考。

西康省户口統計（續二）

縣局別	户數	人口數			縣局別	户數	人口數		
		合計	男	女			合計	男	女
察隅	3,121	8,920	4,351	4,569	碩督	1,853	10,412	5,079	5,333
科麥	1,761	6,805	3,320	3,485	太昭	1,223	8,692	4,240	4,452

2. 前西康建省委員會所報各縣人口統計概況表，僅列人口數、男子數及女子數未列户數、本表所列鹽井、昌都、武成、寧靜、察雅、貢縣、恩達、同普、嘉黎、等九縣之户數，係依照此次西康省政府所報各縣之平均每户量比例估列。

3. 根據西康省政府報部「西康省鄉鎮保甲户口統計表」内載明，在寧屬西昌、會理、冕寧、越雋、鹽源、鹽邊、昭覺、寧南、寧東、等九縣局尚有倮族約八十餘萬未分別計入各縣局内。

4. 全省「壯丁與男子之百分比」係將未列壯丁數字各縣局之男子數剔除計算表列有壯丁數各縣局之男子合計數為37.591%。

十二

福建省户口统计

（户口、性别、壮丁）

材料时期：民国三十年七月

县别	户数	人口数	每户平均人口数	男子数	女子数	性比例（每百女子中男子数）	壮丁数	壮丁占男子之百分比	备注
总计	2,125,965	12,101,785	5.69	6,459,724	5,642,057	114.49	1,979,331	30.64	
闽侯	185,382	1,028,333	5.55	559,664	468,669	119.42	143,909	25.72	[illegible]
古田	31,216	196,537	6.30	118,809	77,728	152.85	43,498	36.61	
屏南	15,043	74,949	4.99	46,575	28,374	164.15	17,101	36.72	
闽清	23,115	136,344	5.90	76,511	59,833	127.87	23,051	30.13	
长乐	44,191	230,405	5.21	127,007	103,398	122.83	38,918	30.64	
连江	37,749	233,952	6.20	129,478	104,474	123.93	45,572	35.20	
罗源	24,531	112,149	4.57	64,368	47,781	134.71	23,528	36.55	
永泰	29,446	157,718	5.36	91,781	65,937	139.19	30,299	33.01	
福清	54,974	363,461	6.61	192,477	170,984	112.57	60,295	31.33	
霞浦	39,467	211,936	5.37	125,848	86,045	146.31	46,556	36.98	
福鼎	44,988	249,226	5.54	147,621	101,604	145.29	51,943	35.19	
宁德	43,235	210,071	4.86	126,415	83,656	151.11	41,474	25.57	
寿宁	25,031	115,442	4.61	67,786	56,636	135.67	26,407	38.96	
福安	51,318	284,977	5.55	171,578	113,399	151.15	55,088	32.11	
平潭	19,577	106,207	5.43	57,364	48,843	117.45	19,482	33.96	
莆田	84,711	660,172	7.79	325,983	334,189	97.54	94,304	28.93	
仙游	50,632	321,299	6.35	166,623	154,676	107.72	55,726	33.44	
晋江	120,222	656,446	5.46	338,002	318,444	106.14	95,697	21.72	
南安	97,025	545,878	5.63	279,160	266,718	104.66	75,442	26.23	
惠安	47,826	402,568	8.42	200,276	202,292	99.10	50,362	25.15	
安溪	35,494	300,091	9.86	181,143	118,948	152.29	57,751	32.99	
同安	37,463	233,233	6.23	119,281	113,952	104.68	41,499	34.76	
永春	31,617	215,043	6.80	108,806	106,237	102.42	29,651	27.25	
德化	15,275	112,299	7.38	56,308	55,991	100.56	18,149	31.95	
大田	24,899	122,662	4.91	56,123	66,539	110.59	18,531	33.02	
龙岩	26,945	138,383	5.13	69,844	68,539	101.90	15,758	22.56	
长汀	36,427	213,344	5.91	103,666	99,708	103.94	28,301	27.31	
宁化	24,852	124,884	5.03	63,786	61,098	104.40	19,200	30.11	

福建省户口統計（續一）

縣別	户數	人口數	每户平均人數	男子數	女子數	性比例（每百女子之男子數）	壯丁數	壯丁對男子比例	備註
上杭	39,721	198,225	4.99	96,790	101,435	95.42	28,261	29.30	
武平	32,533	157,675	4.85	83,346	74,329	112.15	26,054	31.26	
清流	12,543	59,476	4.74	31,086	28,390	109.54	10,933	35.17	
連城	18,969	107,934	5.69	54,852	53,082	103.35	19,585	35.71	
明溪	9,373	36,824	3.93	19,252	17,572	109.56	7,599	39.47	
永定	32,299	173,412	5.37	90,852	82,560	110.04	24,421	26.88	
雲霄	23,492	124,562	5.30	66,908	57,654	116.05	20,592	30.78	
龍溪	44,552	299,614	6.76	153,235	146,379	104.68	47,175	30.74	
華安	9,872	59,892	6.07	30,557	29,335	104.17	9,832	32.34	
漳浦	37,664	222,644	5.91	113,614	109,030	104.20	34,437	30.33	
南靖	20,585	124,335	6.04	64,139	60,196	106.55	21,752	33.91	
長泰	11,316	63,458	5.61	31,324	32,134	97.48	10,695	34.15	
平和	34,537	230,367	6.67	111,433	78,933	[illegible]	34,215	30.71	
詔安	38,391	213,165	5.55	109,397	103,768	105.42	39,144	35.78	
東山	13,458	86,394	6.42	42,473	43,921	96.70	14,857	34.98	
海澄	21,990	134,206	6.10	66,412	67,794	97.96	22,451	33.79	
漳平	13,835	78,720	5.69	39,990	38,730	103.25	11,825	29.64	
寧洋	5,498	22,549	4.10	12,180	10,369	117.47	4,452	36.55	
南平	43,082	204,080	4.74	115,824	88,256	131.24	30,974	26.74	
將樂	16,559	71,576	4.32	38,431	33,145	115.95	11,237	29.24	
沙縣	22,679	106,654	4.70	56,204	50,450	111.41	13,198	23.50	
尤溪	35,235	165,994	4.71	91,168	74,826	121.84	30,716	33.69	
順昌	13,844	66,644	4.81	35,411	31,232	113.35	10,180	28.75	
永泰	21,314	100,997	4.74	57,876	43,121	134.22	19,576	33.82	
建甌	56,389	250,293	4.44	132,638	117,655	112.73	38,080	28.71	
崇安	19,078	90,224	4.73	51,612	38,612	133.66	13,487	26.12	
浦城	45,593	214,221	4.70	118,853	95,368	124.62	34,210	28.78	
政和	16,803	78,522	4.67	42,970	35,552	120.86	14,361	31.95	
松溪	11,908	62,029	5.21	33,783	28,246	119.60	11,031	32.64	

福建省户口統計（續二）

縣別	戶數	人口數	每戶平均人口數	男子數	女子數	每百女子所當男子數	壯丁數	壯丁佔男子之百分比	備　　註
邵武	21,442	115,959	5.51	60,865	55,054	110.47	17,954	29.50	
泰寧	11,716	52,837	4.51	26,424	26,413	100.04	9,868	37.34	
建寧	12,000	59,857	4.99	30,661	29,196	105.02	10,218	33.33	
建陽	22,002	106,108	4.82	58,920	47,188	124.86	17,748	30.12	
三元	8,756	38,223	4.37	20,751	17,472	118.77	8,008	38.59	
水吉	14,741	67,413	4.57	36,137	31,276	115.54	10,216	28.32	
柘洋	9,579	43,748	4.57	26,805	16,943	158.21	10,085	37.62	
周墩	9,722	51,310	5.28	31,953	19,357	165.07	10,099	31.61	

材料來源：根據福建省政府根部「福建省各縣區鄉鎮保甲戶口壯丁數目表」編製。

說　明　邊淪縣市之數字未列入本表。

廣東省戶口統計

（戶口、性別、壯丁）

材料時期：民國三十年

縣市別	戶數	人口數	每戶平均人數	男子數	女子數	性比例（每百女子對男子數）	壯丁數	壯丁與男子百分比	備註
總計	2984,018	15264,220	5.14	8,158,107	7,105,575	114.99	2,124,957	25.54	
龍門	24,959	103,051	4.13	55,654	47,397	117.42	17,461	31.37	
清遠	85,544	556,216	6.54	295,169	261,047	113.07	55,440	18.78	
[illegible]	15,956	70,434	5.05	36,534	33,900	108.38	15,305	41.38	二十九年八月數
赤溪	3,724	16,200	4.35	8,230	7,970	103.26	…	…	
高要	124,664	506,918	4.07	257,700	249,218	103.40	2,779	1.08	
四會	40,784	178,027	4.18	80,878	94,149	83.72	19,279	23.84	
新興	41,945	187,624	4.47	96,260	91,364	106.72	24,775	27.64	二十九年九月數
高明	19,159	94,866	4.96	48,808	46,058	105.97	16,546	33.40	
恩平	64,442	313,361	5.05	161,239	149,121	108.13	44,018	24.82	
開平	99,350	499,494	5.00	273,008	225,89	121.12	81,692	32.05	
鶴山	59,455	252,559	4.26	132,241	120,318	110.24	58,676	44.17	
德慶	30,409	158,513	5.21	77,362	81,151	95.33	17,051	22.04	
封川	23,173	108,166	4.58	55,804	52,362	106.75	15,826	28.70	
開建	10,158	64,977	6.40	34,017	30,960	109.87	10,122	29.76	二十九年九月數
[illegible]	47,241	246,427	5.25	136,014	110,413	123.63	…	…	
羅定	75,325	332,395	4.41	182,804	149,591	122.20	45,434	24.85	
雲浮	61,501	294,929	4.80	161,038	133,891	120.28	45,953	28.52	
鬱南	43,802	222,057	5.30	123,411	103,644	123.79	22,966	17.88	
曲江	47,041	237,019	4.93	122,390	114,629	106.77	52,728	43.90	
南雄	41,118	211,505	5.15	99,491	112,014	88.82	25,116	25.24	
始興	21,013	98,240	4.68	47,609	50,631	94.03	16,952	35.48	二十九年十一月數
樂昌	20,157	106,740	5.30	55,685	51,055	109.07	18,468	33.06	
仁化	10,676	44,826	4.20	22,519	22,307	100.95	3,762	16.71	
乳源	17,049	86,172	4.52	44,585	41,587	107.21	17,288	38.78	
英德	62,622	286,935	4.57	148,695	138,244	107.56	47,500	31.94	
翁源	27,318	133,497	4.78	68,426	65,071	105.16	11,105	16.23	
連縣	44,133	208,538	4.72	111,011	97,527	114.04	32,306	33.20	
陽山	27,780	142,955	5.47	88,194	54,761	117.95	31,410	35.60	

廣東省戶口統計（續一）

縣別	戶數	人口數	每戶平均人數	男子數	女子數	每百女子所當男子數	壯丁數	壯丁占男子百分比	備註
連山	8.948	41.210	4.61	23.580	17.830	131.15	7.012	29.73	
新豐	16.189	82.703	5.14	46.551	36.152	128.76	12.756	27.40	
紫金	43.340	203.376	4.69	110.594	92.782	119.20	35.023	31.67	二十九年十二月數
龍川	62.706	312.759	4.99	166.684	146.075	114.11	40.680	24.41	
河源	27.161	197.654	7.02	120.272	77.378	115.49	31.225	25.96	
和平	34.199	163.568	4.78	85.768	77.800	110.24	27.722	32.32	二十八年數
連平	26.871	96.077	3.58	50.751	45.327	111.96	11.633	22.92	
豐順	44.627	228.037	5.11	124.364	103.677	119.95	35.242	28.34	
揭陽	201.772	987.323	4.90	521.924	464.399	111.67	…	…	
饒平	94.503	442.555	4.78	225.552	212.899	105.76	68.619	30.45	
惠來	81.888	394.262	4.81	200.411	193.851	103.38	51.699	25.80	二十九年十二月數
大埔	49.892	304.595	6.11	167.712	136.883	122.52	…	…	二十八年數
普寧	101.661	563.842	5.55	288.736	275.106	104.95	70.917	24.57	
梅縣	89.481	545.296	6.09	285.110	260.186	109.58	94.359	33.09	
五華	39.875	228.937	5.74	122.394	106.543	114.46	37.817	44.63	二十九年十二月數
興寧	75.817	429.547	5.67	233.925	195.622	119.58	82.448	35.35	
平遠	22.734	98.837	4.35	49.808	49.029	101.59	17.354	34.84	
蕉嶺	17.293	103.025	5.96	55.212	47.813	115.47	15.537	28.14	
茂名	111.591	626.943	5.62	357.824	269.119	132.96	132.494	37.05	
信宜	83.090	428.865	5.16	222.019	206.846	107.34	56.604	25.54	二十九年六月數
化縣	65.120	357.018	5.59	194.942	156.076	124.90	72.658	37.26	
吳川	32.386	162.933	5.03	91.369	71.564	127.67	30.946	33.87	二十九年十二月數
廉江	71.608	416.642	5.82	235.513	181.129	130.03	63.292	26.87	二十八年數
海康	40.405	182.939	4.53	105.694	77.245	136.83	21.130	19.99	
遂溪	39.880	206.690	5.18	116.232	84.458	136.89	…	…	
徐聞	25.511	123.182	4.83	68.584	54.598	125.62	12.046	17.56	
陽春	59.441	288.629	4.86	149.590	139.039	107.59	43.447	29.06	
欽縣	91.845	306.133	3.37	162.332	143.801	112.89	24.115	14.86	二十八年數
防城	36.916	192.123	5.20	106.620	85.503	124.70	28.360	26.60	

廣東省戶口統計（續二）

區域別	戶數	人口數	每戶平均人口數	男子數	女子數	每百女子對男子數	壯丁數	壯丁與男子之百分比	備註
中山	68,386	387,236	5.66	224,545	162,691	138.02	85,053	37.88	
[illegible]	14,190	67,502	4.76	34,127	33,375	102.25	14,186	41.57	二十九年五月數
[illegible]	2,270	14,349	6.32	8,095	6,254	129.44	2,435	30.08	

材料來源：根據廣東省政府振部「廣東省各縣市與保甲戶口統計報告表」編製

說　明：1、淪陷區各縣市之戶口及壯丁數未列入本表。

2、總計欄內之壯丁與男子之百分比，係未列壯丁縣份之男子數剔除計算。

十四

廣西省戶口統計

（戶口、性別、壯丁、）

材料時期：民國二十九年

區域別	戶數	人口數	每戶平均人口數	男子數	女子數	每百女子所當男子數	壯丁數	壯丁與男子之百分比	備註
總計	260,442	1,425,469	5.49	757,734	667,879	113.56	223,483	30.00	
桂林	32,492	155,826	4.80	86,733	69,093	125.53	24,495	28.24	
邕寧	77,530	444,826	5.71	234,862	207,964	112.93	67,442	28.71	
扶南	9,429	69,353	7.11	35,102	34,251	102.48	11,032	31.43	
綏淥	6,891	39,998	5.81	20,379	19,619	103.87	5,827	28.59	
隆安	16,581	104,988	6.35	51,898	53,090	97.75	14,632	28.19	
永淳	28,965	181,430	6.26	94,442	86,988	108.54	30,358	32.14	
横縣	51,944	287,845	5.55	153,088	136,767	111.92	42,337	34.19	
武鳴	44,025	253,535	5.75	126,850	126,685	100.13	37,978	29.94	
都安	41,286	242,682	5.88	123,844	118,718	104.28	35,944	28.97	
隆山	20,541	115,872	5.64	60,027	55,845	107.44	16,594	27.64	
果德	10,733	57,254	5.35	28,111	29,143	96.46	7,524	26.84	
賓陽	46,809	256,704	5.48	134,160	122,544	109.46	45,808	34.14	
上林	31,862	187,228	5.88	97,212	90,016	107.99	29,007	29.84	
那馬	11,100	62,927	5.67	32,678	30,224	108.03	9,734	29.79	
上思	14,632	84,219	5.74	46,652	37,387	124.73	14,048	30.13	
蒼梧	73,936	394,594	5.34	208,585	186,009	112.14	70,321	33.75	
藤縣	70,994	415,438	5.85	227,879	187,559	121.52	76,546	33.59	
容縣	47,844	306,396	[illegible]	168,396	138,000	122.03	46,185	27.43	
岑溪	35,213	202,635	6.13	108,970	93,665	116.34	32,324	29.72	
懷集	57,935	290,920	5.01	154,244	136,674	113.55	48,263	31.29	
信都	9,928	53,073	5.35	27,703	25,390	108.44	10,423	35.10	
桂平	90,956	501,312	5.51	271,848	229,464	118.47	77,432	28.48	
平南	65,589	392,010	5.98	223,226	168,784	132.45	65,355	29.94	
貴縣	76,928	439,044	5.71	236,665	202,357	116.96	75,324	31.75	
武宣	21,491	129,105	6.01	68,115	60,990	111.68	18,836	27.65	
鬱林	72,652	359,467	4.95	206,311	153,156	134.81	62,298	30.20	
博白	72,654	404,400	5.52	235,605	168,795	142.11	64,734	27.78	
北流	61,059	352,771	5.88	205,954	147,817	139.52	59,132	28.75	
陸川	5003	251586	5.13	145805	105781	138.06	37325	25.08	
興業	23081	121,[illegible]	5.40	67,837	54,371	123.55	20,803	31.03	

廣西省戶口統計（續一）

區域別	戶數	人口數	每戶平均人口數	男子數	女子數	每百女子所當男子數	壯丁數	壯丁與人口之百分比	備註
興安	27,567	160,858	5.84	90,073	70,785	127.25	46,785	29.94	
灵川	25,136	128,209	5.10	66,091	62,118	106.40	21,609	32.70	
陽朔	21,960	118,924	5.42	62,725	56,198	111.62	18,282	30.74	
百壽	12,967	67,647	5.22	35,818	31,829	112.53	10,205	28.[illegible]9	
永福	12,452	58,404	4.85	31,635	26,769	118.18	8,986	28.41	
榴江	10,403	56,502	5.45	29,842	26,660	111.94	8,217	27.51	
義寧	10,402	50,073	4.81	25,763	24,310	105.98	6,997	27.16	
全縣	64,725	345,505	5.34	201,585	143,920	140.07	61,758	30.64	
灌陽	24,252	119,165	4.91	70,462	48,703	144.68	23,550	33.42	
龍勝	14,482	71,865	4.96	37,958	33,907	111.95	10,185	26.83	
平樂	27,922	163,627	5.86	87,146	76,481	113.94	25,974	29.81	
恭城	21,779	121,182	5.56	67,827	53,355	127.13	19,490	28.73	
富川	22,580	109,558	4.85	59,424	50,134	118.49	20,217	34.03	
賀縣	43,271	232,076	5.36	126,265	105,811	119.33	44,981	35.62	
荔浦	24,930	144,455	5.79	75,054	69,401	108.15	23,584	27.16	
修仁	12,357	66,432	5.38	33,832	32,600	103.78	10,276	30.37	
昭平	24,538	138,320	5.77	76,442	61,878	123.54	24,080	31.50	
鍾山	31,549	172,542	5.47	91,698	80,844	113.43	25,999	30.53	
蒙山	18,278	101,374	5.55	53,298	48,076	110.86	16,897	31.70	
中渡	6,594	36,489	5.53	18,549	17,940	103.39	5,301	28.58	
柳江	48,118	255,207	5.31	131,432	123,775	106.19	37,641	28.66	
雒容	9,675	48,726	5.04	24,865	23,861	104.21	6,219	25.01	
融縣	34,811	180,201	5.18	93,783	86,417	108.52	26,588	28.35	
羅城	19,186	104,246	5.43	55,247	48,999	112.75	15,442	27.95	
柳城	22,847	120,582	5.28	61,941	58,641	105.65	15,785	28.71	
三江	28,225	132,618	4.70	69,835	62,783	111.25	21,429	30.11	
來賓	20,175	145,652	7.22	75,738	69,914	108.33	22,260	29.39	
象縣	26,702	142,972	5.35	72,717	70,255	103.50	22,245	30.57	
宜山	60,751	293,767	4.84	149,320	144,447	103.37	39,566	26.54	

廣西省戶口統計（續二）

區別	戶數	人口數	每戶平均人數	男子數	女子數	每百女子所當男子數	壯丁數	壯丁對人口百分比	備註
天河	15,117	75,367	4.99	38,547	36,820	104.36	11,996	31.10	
思恩	20,131	94,634	4.65	47,336	47,248	100.18	13,344	28.19	
河池	21,076	104,029	4.94	52,374	51,655	101.39	14,448	28.22	
宜北	7,059	40,246	5.69	21,106	19,140	110.85	7,344	34.70	
遷江	17,684	105,411	5.90	53,491	51,920	103.03	15,582	29.14	
南丹	17,955	84,051	4.68	41,746	42,305	98.68	11,518	27.59	
忻城	19,550	109,211	5.59	54,681	54,530	100.28	17,9[illegible]	32.16	
百色	21,664	110,677	5.36	54,128	56,549	[illegible]	[illegible]	34.50	
田東	21,629	119,673	5.53	57,239	62,434	91.6[illegible]	[illegible]	26.27	
敬德	10,955	58,786	5.37	30,439	28,347	11[illegible]	8,442	26.76	
凌雲	11,316	66,014	5.59	32,704	33,310	98.18	9,874	30.19	
西林	10,188	50,306	4.94	25,842	24,464	105.35	8,862	34.25	
東蘭	22,365	113,144	5.06	56,367	56,777	99.28	18,521	32.86	
天保	29,485	137,380	4.66	70,940	66,440	106.77	23,287	32.52	
西隆	16,552	80,361	4.86	41,388	38,973	106.20	11,986	28.96	
田陽	23,221	131,174	5.65	65,224	65,950	98.90	20,866	31.90	
向都	18,031	85,258	4.73	44,309	40,949	108.2[illegible]	14,420	34.09	
鳳山	10,956	58,951	5.38	30,228	28,723	105.24	16,548	34.89	
平治	14,695	83,254	5.67	42,082	41,172	102.21	12,259	29.13	
龍津	11,269	58,358	5.18	27,862	30,496	88.21	8,465	30.96	
憑祥	4,751	24,658	5.19	12,572	12,086	104.02	3,807	30.28	
崇善	9,467	52,834	5.58	26,825	26,009	103.15	7,721	28.78	
養利	5,564	28,875	5.19	14,061	14,814	94.92	4,150	29.51	
龍茗	12,764	73,459	5.76	36,456	37,003	98.52	10,848	29.40	
萬承	7,414	40,930	5.52	20,237	20,693	97.80	6,886	34.07	
左縣	5,267	28,683	5.45	14,075	14,608	96.35	4,211	29.92	
同正	7,855	41,968	5.34	20,771	21,197	97.99	5,511	26.53	
鎮結	15,238	74,045	4.86	38,180	35,865	106.45	12,956	33.98	
寧明	3,954	28,270	7.15	13,946	14,324	97.36	4,305	30.87	

十五

廣西省戶口統計（續三）

縣別	戶數	人口數	每戶平均人口數	男子數	女子數	每百女子之男子數	壯丁數	壯丁對男子之百分比	備註
思樂	7,401	49,230	6.65	25,470	23,760	107.20	7,955	31.25	
明江	5,810	31,644	5.45	15,892	15,752	100.89	5,221	32.85	
靖西	44,622	236,670	5.30	119,320	117,350	101.68	38,210	32.02	
鎮邊	15,189	75,612	4.98	38,552	37,060	104.05	9,650	25.03	
雷平	13,913	70,981	5.10	35,467	35,514	99.87	10,219	28.81	
上金	8,763	48,977	5.59	24,546	24,431	100.47	6,913	28.16	
田西	8,970	46,223	5.15	23,312	22,911	101.75	6,859	29.42	
崇善	9,342	49,914	5.34	25,794	24,120	106.94	7,472	28.97	
萬岡	15,844	93,497	5.91	47,200	46,297	101.95	14,547	30.82	
來賓	8,041	36,899	4.58	18,884	18,015	104.82	6,514	34.52	
資源	12,225	65,595	5.37	34,711	30,884	112.39	9,742	28.21	
臨桂	45,488	237,439	4.96	122,115	115,324	105.90	35,930	29.43	

材料來源：根據廣西省政府報部，廣西各縣市鄉鎮村街甲戶口統計表編製。

雲南省戶口統計

（戶口性別壯丁）

材料時期：民國二十八年

縣市別	戶數	人口數	每戶平均人數	男子數	女子數	[illegible]	壯丁數	[illegible]	[illegible]
總計	2,065,198	10,855,559	5.25	5,539,444	5,313,365	104.25	2,282,69[illegible]	39.8[illegible]	
昆明市	26,451	196,968	5.40	112,665	84,301	133.65	32,506	[illegible]	
昆明	37,462	191,916	5.11	94,979	96,937	98.39	39,462	41.55	
富民	7,068	36,481	5.16	18,196	18,285	99.51	7,447	40.93	
宜良	21,893	110,699	5.06	55,742	54,957	101.43	23,166	41.56	
呈貢	13,989	71,249	5.09	35,788	35,461	100.92	14,098	39.39	
羅次	6,560	42,566	6.49	21,537	21,029	102.42	8,501	39.49	
祿豐	6,917	44,305	6.41	22,163	22,142	100.09	8,150	36.77	
易門	10,561	56,388	5.34	28,593	27,795	102.87	10,824	37.86	
嵩明	18,680	94,677	5.07	47,715	46,962	101.60	20,829	43.65	
晋寧	9,719	51,987	5.35	25,570	26,417	96.79	10,113	39.55	
安寧	10,460	64,338	6.15	32,308	32,030	100.87	11,617	35.96	
昆陽	10,752	63,458	5.90	32,632	30,826	105.26	13,804	42.30	
武定	20,816	117,550	5.65	59,754	57,796	103.39	24,905	41.68	
元謀	8,637	47,320	5.48	22,863	24,457	93.48	9,594	41.96	
祿勸	23,611	121,154	5.13	65,542	55,612	117.86	27,242	41.61	
曲靖	19,535	98,824	5.06	51,832	46,992	105.92	18,067	35.54	
平彝	23,988	115,138	4.80	59,629	55,509	107.42	……	……	
宣威	49,205	305,420	6.21	165,502	139,918	118.28	60,930	36.82	
霑益	23,791	123,405	5.19	64,818	58,287	110.64	25,658	39.65	
馬龍	9,707	45,357	4.67	23,494	21,863	107.46	9,559	40.69	
陸良	27,657	156,689	5.67	81,703	74,986	118.96	31,224	38.33	
羅平	23,145	106,708	4.60	56,370	50,338	111.98	23,800	42.22	
尋甸	26,154	146,012	5.58	75,854	70,158	108.12	32,323	42.00	
巧家	32,365	169,432	5.24	88,399	81,033	109.09	35,651	40.31	
會澤	52,245	232,840	4.46	110,644	122,196	90.51	50,[illegible]	45.21	
昭通	41,961	187,921	4.44	95,207	92,514	102.91	36,836	38.64	
永善	20,492	90,236	4.40	46,276	43,950	105.27	18,281	39.42	
綏江	13,006	64,348	4.94	32,469	31,399	96.56	12,262	36.64	

雲南省户口統計（續一）

縣別	户數	人口數	每户平均人數	男子數	女子數	每百女子所當男子數	壯丁數	壯丁對男子之百分比	備註
魯甸	17,100	78,378	4.58	40,557	37,821	107.23	16,110	39.72	
大關	20,462	91,880	4.49	46,355	45,525	101.82	17,253	37.22	
鹽津	18,190	82,712	4.55	41,963	40,749	102.98	13,722	32.70	
澂江	12,523	67,299	5.37	33,364	33,935	98.32	13,960	41.84	
玉溪	27,687	145,575	5.26	72,854	72,721	100.18	27,859	38.24	
路南	17,755	97,887	5.51	50,497	47,390	106.56	20,078	39.76	
江川	10,827	64,045	5.92	31,555	32,519	97.00	11,545	36.61	
鎮雄	59,957	308,535	5.15	160,927	147,608	109.02	…	…	
威信	13,698	66,593	4.86	32,904	33,687	97.68	…	…	
彝良	30,637	148,347	4.84	75,307	73,040	103.10	29,702	39.44	
楚雄	18,125	122,506	6.76	62,766	59,740	105.07	22,881	37.26	
廣通	6,586	35,454	5.38	17,494	17,960	97.41	6,178	35.31	
雙柏	10,072	45,733	4.54	29,326	14,407	203.55	12,818	43.69	
牟定	16,180	99,552	4.15	50,300	49,249	102.14	19,285	38.34	
鹽興	4,777	29,464	6.17	14,417	15,047	95.81	57.33	39.74	
蒙自	22,980	120,286	5.26	58,999	61,287	96.27	22,019	37.32	
建水	39,924	175,895	4.41	85,490	90,405	94.56	31,449	36.79	
曲溪	6,003	37,501	6.28	18,867	18,634	101.18	7,286	38.23	
通海	9,441	58,188	6.16	28,147	30,041	93.70	8,049	28.60	
河西	9,707	58,706	6.15	28,928	30,778	93.99	10,994	38.00	
峨山	11,204	55,504	4.95	27,741	27,763	99.92	11,433	41.21	
石屏	24,661	117,408	4.76	58,501	58,907	99.31	24,137	41.26	
開遠	19,098	96,015	5.03	46,679	49,336	94.61	19,202	41.14	
[illegible]	[illegible],140	98,432	5.15	42,451	55,981	93.08	19,532	44.16	
[illegible]	[illegible]119	92,668	6.35	64,940	27,728	234.20	35,612	54.84	
[illegible]	[illegible],873	114,688	5.01	57,403	57,285	100.21	21,969	38.27	
[illegible]	[illegible]509	100,600	4.68	50,446	50,154	100.28	18,489	36.65	
[illegible]	16,239	107,883	6.44	54,556	52,925	96.28	18,386	33.68	
廣南	36,178	186,618	5.16	93,726	92,383	101.41	40,358	43.08	

雲南省戶口統計（續二）

縣別	戶數	人口數	每戶平均人數	男子數	女子數	每百女子所當男子數	壯丁數	壯丁與男子之百分比	備註
富寧	12,592	58,210	4.55	29,981	28,229	106.17	14,952	42.22	
瀘西	26,688	135,643	5.08	69,664	65,979	105.59	27,643	38.96	
彌勒	18,173	99,980	5.50	50,465	49,515	101.92	19,588	38.4[illegible]	
師宗	8,780	37,056	4.22	20,156	16,900	119.27	9,208	45.68	
邱北	16,982	89,371	5.26	44,213	45,158	97.91	18,425	40.76	
思茅	5,280	22,450	4.25	11,055	11,395	97.02	4,920	44.69	
寧洱	10,075	47,488	4.71	24,241	23,247	104.28	10,118	41.74	
墨江	11,430	48,085	4.21	24,288	23,797	102.06	9,804	40.41	
景谷	14,961	73,607	4.92	37,322	36,285	[illegible]	14,554	39.00	
元江	20,870	84,609	4.19	42,916	41,693	102.93	18,487	43.08	
新平	11,786	54,246	4.60	27,684	26,562	104.22	11,488	41.50	
瀾滄	30,315	114,381	3.77	56,155	58,226	96.44	22,874	40.79	
鎮沅	6,461	30,490	4.72	15,856	14,634	108.35	6,771	42.70	
景東	19,724	114,804	5.82	59,459	55,442	107.29	24,193	40.71	
緬寧	15,210	84,982	5.59	42,632	42,350	100.71	16,909	39.66	
雙江	7,888	38,774	4.92	20,097	18,677	107.60	8,401	42.10	
騰衝	33,462	205,357	6.14	105,181	100,206	104.91	41,088	39.08	
保山	56,419	332,495	5.89	168,166	164,329	102.33	71,247	42.37	
永平	8,468	48,016	5.67	23,954	24,062	99.55	7,422	30.98	
鎮康	18,182	99,436	5.47	49,784	49,652	100.27	20,385	40.95	
龍陵	14,101	73,611	5.22	38,805	34,836	110.39	16,779	43.24	
大理	15,092	87,720	5.74	45,296	44,424	101.96	15,897	35.10	
祥雲	18,125	108,800	6.00	55,839	52,961	105.43	20,904	37.44	
洱源	10,282	56,994	5.54	28,159	28,835	97.52	11,716	41.60	
鳳儀	8,824	50,320	5.70	25,551	24,969	101.53	10,862	42.05	
鄧川	6,509	41,533	6.38	20,422	21,111	96.74	7,897	38.67	
賓川	15,615	100,117	6.41	50,100	50,017	100.17	17,189	34.31	
雲龍	13,308	82,755	6.22	42,297	40,458	104.55	16,860	39.86	
漾濞	15,918	111,200	6.99	55,549	55,651	99.82	22,115	39.81	

雲南省户口統計（續三）

縣別	户數	人口數	每户平均人數	男子數	女子數	性比例	壯丁數	壯丁與男子百分比	備註
麗江	19,757	114,423	5.80	60,007	54,416	110.27	23,576	39.29	
蘭坪	12,871	58,319	4.53	31,025	27,294	113.67	14,383	46.36	
鶴慶	14,681	87,189	5.94	44,294	42,895	103.26	21,691	48.97	
劍川	9,417	62,738	6.66	31,871	30,867	103.25	15,929	45.70	
維西	8,764	38,681	4.41	20,186	18,495	109.14	9,005	44.61	
中甸	6,354	31,924	5.02	15,718	16,206	96.99	6,087	38.73	
蒙化	30,176	181,188	6.00	90,736	90,452	100.31	35,087	38.67	
漾濞	3,197	20,712	6.48	10,710	10,002	107.08	4,327	40.40	
永勝	16,385	115,975	7.09	57,426	58,349	98.08	21,044	36.64	
華坪	11,302	66,426	5.89	33,074	33,352	98.85	12,316	37.24	
姚安	18,179	114,408	6.29	56,818	57,590	98.66	21,683	38.16	
鹽豐	6,158	36,920	6.00	18,585	18,335	101.36	7,430	39.99	
鎮南	16,691	94,816	5.68	47,512	47,304	100.44	19,088	40.18	
大姚	17,241	104,332	6.05	52,419	51,913	100.97	19,836	37.84	
永仁	12,858	75,740	5.89	37,662	38,078	98.91	14,342	38.08	
順寧	29,151	159,303	5.45	83,516	75,787	110.20	28,124	33.67	
昌寧	16,551	82,769	5.10	42,254	40,515	104.29	17,037	40.74	
雲縣	20,321	107,138	5.27	55,583	51,555	107.81	22,503	40.49	
車里	8,775	32,917	3.75	16,438	16,479	99.75	8,215	49.98	
南嶠	6,107	23,453	3.84	11,715	11,443	99.76	5,630	48.06	
佛海	5,465	23,536	4.31	11,913	11,623	102.50	5,267	44.21	
鎮越	4,907	15,980	3.26	7,740	8,240	93.93	1,841	23.79	
六順	5,285	24,994	4.62	12,642	12,352	97.49	4,703	37.05	
江城	3,581	18,254	5.10	9,030	9,224	97.90	4,515	49.76	
金平	7,706	31,657	4.11	14,983	16,674	89.68	6,211	41.52	
屏邊	11,042	52,993	4.80	26,424	26,569	99.45	10,740	40.64	
硯山	18,631	85,642	4.60	43,021	42,621	100.94	18,524	43.06	
寧江設治局	1,951	6,894	3.53	3,358	3,536	94.97	1,618	48.18	
德欽設治局	1,062	4,880	4.60	2,335	2,547	91.60	1,202	51.59	

雲南省戶口統計（續一）

區別	戶數	人口數	平均每戶人口數	男子數	女子數	男子數對女子數之比	壯丁數	壯丁與男子之百分比	備註
[illegible]	4.044	15.308	3.79	8.179	7.129	114.73	3.564	43.58	
[illegible]	3.082	12.457	4.04	6.480	5.977	108.42	2.471	38.15	
[illegible]	6.846	31.014	4.53	15.481	15.533	99.67	6.337	41.93	
[illegible]	4.898	21.010	4.29	10.061	10.949	91.89	734	7.30	
[illegible]	3.725	13.849	3.72	6.775	7.074	95.77	3.157	46.30	
[illegible]	3.114	15.765	5.06	8.064	7.701	104.71	3.542	44.07	
[illegible]	2.352	8.541	3.63	3.965	4.576	86.65	1.665	41.99	
[illegible]	3.305	13.660	4.13	6.979	6.631	[illegible]	2.251	32.25	
[illegible]	2.176	10.170	4.90	5.219	4.951	105.41	…	…	
[illegible]	6.789	22.323	4.02	13.775	12.548	101.55	5.936	43.16	
[illegible]	7.587	35.794	4.65	17.464	17.315	104.75	…	…	
[illegible]	2.830	12.516	4.43	6.598	5.958	111.11	2.907	45.27	
[illegible]	6.914	19.313	2.80	10.152	9.190	110.15	5.644	55.95	
[illegible]	7.087	30.427	4.29	15.547	14.830	105.17	6.848	44.91	
[illegible]	22.585	125.494	5.56	65.485	62.006	102.59	25.427	44.05	

材料來源、根據雲南省政府秘書處統計室送部「雲南省各市縣局戶口統計表」及「雲南省各市縣局壯丁人數統計表」編製。

說　明：全省壯丁與男子之百分比，係將未列壯丁數各縣局之男子數剔除計算，未列有壯丁數各縣局之男子合計數為六二 62.331。

貴州省户口統計

（户口、性別、壯丁）

材料時期：民國二十九年

縣別	户數	人口數	每户平均人數	男子數	女子數	每百女子所當男子數	壯丁數	壯丁佔男子百分比	備註
總計	1,931,445	10,187,268	5.47	5,285,644	4,912,344	107.57	1,842,376	34.36	
貴陽	27,852	136,455	4.92	71,457	65,478	108.0[illegible]	31,221	39.68	
貴築	31,188	164,071	5.26	82,976	81,101	102.31	28,780	34.68	
息烽	13,295	71,903	5.41	36,875	35,028	105.27	11,938	32.37	二十八年數
修文	15,105	81,941	5.42	41,052	40,889	100.40	16,443	40.91	
龍里	14,265	70,379	4.93	35,767	34,612	103.34	12,443	35.36	
貴定	19,842	98,519	4.95	48,784	49,735	98.09	17,[illegible]	35.[illegible]	
開陽	25,125	133,118	5.30	67,450	65,668	102.71	16,042	23.75	
定番	29,227	149,235	5.11	75,578	73,463	97.25	34,847	44.46	
大塘	9,440	46,913	5.19	23,915	22,995	103.79	8,501	36.81	
廣順	10,742	51,852	4.85	26,208	25,444	102.20	9,536	36.[illegible]	
長寨	7,449	35,192	4.60	17,452	17,740	98.38	5,584	32.00	
羅甸	16,534	83,496	5.05	41,368	42,[illegible]	96.35	14,687	35.16	
平越	15,440	74,150	4.95	38,382	35,768	101.38	13,295	34.48	
甕安	22,498	110,785	4.28	56,[illegible]	54,792	102.[illegible]	19,[illegible]	35.[illegible]	
湄潭	31,490	162,218	5.15	84,435	81,783	95.[illegible]	19,667	24.49	
餘慶	12,144	73,344	6.04	37,751	35,613	10[illegible]	14,015	[illegible]	
遵義	95,959	564,451	5.91	287,[illegible]	277,[illegible]	101.[illegible]	[illegible]	[illegible]	二十八年數
綏陽	28,154	160,179	5.69	81,215	78,[illegible]	102.92	26,[illegible]	32.85	二十八年數
桐梓	40,877	254,890	6.24	124,900	[illegible]	[illegible]	44,[illegible]	35.[illegible]	
仁懷	40,044	252,259	6.30	12[illegible]	[illegible]	[illegible]	35,[illegible]	[illegible]	
赤水	29,354	161,967	5.45	8[illegible]	78,[illegible]	[illegible]	38,[illegible]	44.16	二十八年數
正安	44,991	281,546	6.45	[illegible]	[illegible]	[illegible]	[illegible]	[illegible]	二十八年數
都勻	[illegible]	125,612	5.45	[illegible]	[illegible]	[illegible]	18,14[illegible]	[illegible]	
平舟	9,328	47,517	5.04	[illegible]	[illegible]	[illegible]	[illegible]	[illegible]	
獨山	15,541	91,604	5.88	[illegible]	[illegible]	[illegible]	16,[illegible]	[illegible]	
荔波	24,486	108,369	4.45	54,118	54,251	[illegible]	[illegible]	[illegible]	
麻江	15,182	78,115	5.15	[illegible]	37,[illegible]	[illegible]	[illegible]	[illegible]	
爐山	29,385	152,[illegible]	5.18	7[illegible]	[illegible]	[illegible]	[illegible]	[illegible]	

貴州省戶口統計（續一）

縣別	戶數	人口數	每戶平均人數	男子數	女子數	性比例	壯丁數	每百男子中壯丁數	備註
三合	11,103	54,626	4.92	26,835	26,591	97.84	8,144	31.48	
八寨	7,589	38,958	5.27	20,001	18,937	115.62	4,244	24.07	
都江	5,282	23,755	4.50	12,059	11,696	103.3	4,586	34.37	
丹江	8,609	41,031	4.77	22,116	18,915	116.92	7,544	34.27	
鎮遠	12,621	66,055	3.20	32,918	33,135	99.35	12,455	37.84	
三穗	12,625	60,917	4.85	30,250	30,667	98.64	9,993	33.05	二十八年數
天柱	21,982	128,[illegible]	5.87	67,856	61,149	111.05	21,882	32.25	二十八年數
施秉	7,541	35,691	4.92	19,456	17,235	101.15	6,394	35.45	
黃平	24,885	142,470	5.15	72,258	71,212	101.47	26,442	36.32	
台拱	9,536	42,656	4.26	22,426	19,490	105.99	7,522	36.29	
劍河	12,646	61,384	4.84	31,731	29,653	107.01	11,356	35.84	
黎平	33,447	149,877	4.46	74,966	70,911	105.72	25,626	34.18	
錦屏	14,831	74,752	5.04	37,485	37,267	100.60	11,595	30.95	
永從	14,154	59,415	4.20	31,522	27,891	113.02	11,444	35.04	
榕江	18,083	90,351	5.10	46,157	44,194	104.55	14,997	32.51	
下江	8,548	30,310	3.55	15,485	14,825	104.45	5,228	33.76	
銅仁	20,557	116,281	5.66	62,249	54,032	115.33	20,160	32.57	二十八年數
江口	14,728	83,147	5.65	44,577	38,570	115.57	14,085	31.78	
岑鞏	12,112	71,305	5.89	37,675	33,630	112.03	12,520	33.25	
玉屏	10,524	71,098	6.75	39,476	31,622	124.84	10,811	27.39	
思南	32,662	236,695	7.28	120,156	116,537	103.11	38,894	32.39	
沿河	23,534	140,776	5.99	73,458	67,318	109.12	26,742	36.40	二十八年數
德江	19,437	110,282	5.66	55,597	54,685	101.67	18,485	33.44	
印江	21,245	140,862	6.63	91,151	85,711	106.35	24,537	27.25	
婺川	25,270	111,522	4.54	57,669	53,853	107.09	23,844	41.38	二十八年數
后坪	11,418	52,208	4.20	18,735	33,475	55.94	5,759	30.65	
松桃	31,424	184,835	5.59	89,652	95,181	110.50	32,782	32.90	二十八年數
石阡	22,305	144,232	6.57	71,971	75,215	95.62	25,401	35.62	
鳳岡	22,944	129,613	5.91	66,850	62,225	106.65	25,595	38.21	二十八年數.

貴州省户口統計（續二）

縣別	户數	人口數	每户平均人數	男子數	女子數	每百女子所當男子數	壯丁數	壯丁占男子百分比	備註
畢節	46,142	302,741	6.56	151,148	151,593	99.71	53,850	35.63	二十八年數
安順	34,958	232,865	6.72	114,602	118,263	96.91	29,871	26.06	
普定	21,509	125,965	5.84	64,391	61,574	104.58	25,463	39.45	二十八年數
清鎮	23,782	131,575	5.55	65,364	66,211	98.72	23,006	35.20	二十八年數
鎮寧	21,552	97,275	4.62	46,380	50,895	91.13	17,729	38.23	
郎岱	25,442	145,916	5.75	70,248	75,668	92.65	25,187	35.55	二十八年數
平壩	19,765	100,251	5.07	49,823	50,428	98.76	18,277	36.62	
紫雲	15,513	62,642	4.04	30,437	32,205	94.67	13,003	42.65	二十八年數
安龍	21,155	112,182	5.24	58,022	54,160	107.13	20,858	35.95	二十八年數
普安	14,950	73,232	5.17	35,068	38,164	92.29	14,345	52.38	
興仁	17,143	99,000	5.76	47,537	51,463	92.37	16,906	35.65	
興義	32,984	182,640	5.48	92,398	90,272	102.42	31,505	34.85	
關嶺	21,868	109,960	5.03	54,346	55,614	97.72	19,055	35.22	
安南	11,316	51,518	4.99	25,728	25,790	99.76	10,460	40.42	
貞豐	21,408	97,598	4.59	[illegible]	47,664	97.26	13,358	26.90	
冊亨	12,646	61,705	4.88	30,385	31,320	97.01	7,524	24.70	
盤縣	36,228	222,498	5.77	107,646	114,852	102.66	38,938	36.17	
大定	86,217	457,920	5.29	232,447	225,473	103.10	85,032	36.70	二十八年數
威寧	55,241	266,278	4.82	134,455	131,823	102.00	56,479	42.01	二十八年數
黔西	78,644	444,425	5.66	226,493	217,932	104.16	85,764	37.76	二十八年數
織金	40,441	212,611	5.25	109,500	103,111	106.20	37,875	34.59	二十八年數
水城	27,153	121,013	4.46	62,169	58,844	102.21	27,255	44.52	
赤水	23,813	144,558	6.19	73,485	70,893	103.66	23,160	31.65	
納雍	…	…	…	…	…	…	…	…	
金沙	…	…	…	…	…	…	…	…	
道真	…	…	…	…	…	…	…	…	
望謨	14,931	69,017	4.67	[illegible]	[illegible]	[illegible]	[illegible]	37.55	

材料來源：根據貴州省政府秘書處《貴州省各縣保甲户口統計報告表》編製。

說明：[illegible]户口數分別併入[illegible]金沙道真三縣之户口數[illegible]

河南省戶口統計

（戶口、性別、壯丁）

材料時期：民國三十一年

縣別	戶數	人口數	每戶平均人數	男子數	女子數	每百女子所當男子數	壯丁數	壯丁與男子之百分比	備註
總計	2,784,402	15,013,264	6.39	[illegible]	[illegible]	112.23	[illegible]	16.03	
洧川	25,328	156,987	6.20	78,286	78,701	99.47	11,394	14.56	
鄢陵	44,380	284,695	6.41	145,812	138,883	104.99	420		
禹縣	75,690	458,550	6.57	226,483	232,033	97.61	23,129	10.22	
密縣	34,733	249,467	7.18	122,627	126,780	96.72	12,752	10.40	
新鄭	31,250	203,767	6.52	101,052	102,715	98.38	20,229	20.32	
商水	29,250	217,458	7.50	107,325	110,135	97.26	12,815	11.72	
項城	48,368	261,440	5.40	122,901	138,239	88.90	27,108	22.06	
沈邱	24,690	197,502	8.10	108,784	88,718	122.54	10,855	9.96	
許昌	78,797	491,691	5.99	[illegible]938	246,578	102.02	34,386	14.12	
臨潁	48,291	289,447	5.99	154,460	134,987	116.04	8,188	5.20	
襄城	55,140	352,489	6.28	177,555	159,934	108.52	30,019	17.30	
郾城	63,943	406,640	6.18	212,303	198,337	107.04	20,560	9.68	
長葛	39,766	215,604	5.22	106,028	109,572	96.77	37,735	35.59	
滎陽	17,923	126,641	7.06	68,577	72,224	94.67	5,480	8.01	
林縣	64,977	398,853	6.14	205,228	192,925	106.74	…	…	二十六年數見說明
武安	65,416	368,783	5.65	226,292	163,491	146.18	…	…	同上
涉縣	19,911	121,233	6.10	70,371	50,862	138.35	…	…	同上
沁陽	59,543	305,328	5.13	156,585	148,743	105.27	…	…	二十五年數見說明
洛陽	72,629	509,148	7.21	240,785	268,760	89.44	45,246	18.82	
陝縣	29,182	161,933	5.55	82,557	79,376	104.01	2,307	2.79	
偃師	28,159	196,526	6.98	85,058	111,493	76.30	10,703	12.58	
鞏縣	23,359	216,779	9.29	100,226	116,553	85.99	26,851	26.79	
孟津	18,731	117,626	6.28	47,920	69,706	68.75	9,932	20.75	
宜陽	28,539	196,675	6.75	97,565	96,112	101.59	29,960	30.09	
登封	39,755	240,246	6.05	100,721	91,525	109.22	27,046	25.34	
洛寧	26,535	166,715	6.28	81,921	84,740	96.61	16,046	19.59	
新安	24,107	152,908	6.35	80,426	72,482	110.96	12,101	15.05	
澠池	22,326	115,198	5.16	59,988	55,210	108.65	17,684	29.48	

河南省户口統計（續一）

縣別	戶數	人口數	每戶平均人數	男子數	女子數	每百女子對男子數	壯丁數	壯丁百分比
嵩縣	34,6[illegible]8	257,961	7.83	133,763	125,301	106.75	15,618	11.68
靈寶	23,195	157,844	4.89	67,441	70,743	94.91	10,445	15.58
閿鄉	12,445	69,465	5.77	35,613	33,852	105.20	8,037	22.57
盧氏	22,989	138,336	6.02	70,486	67,850	103.89	14,839	21.08
臨汝	40,502	278,850	6.88	144,424	134,426	107.44	36,228	25.08
魯山	24,373	216,574	8.89	118,672	97,902	121.22	18,286	15.91
郟縣	35,002	237,752	6.79	125,286	112,466	111.40	31,340	25.01
寶豐	32,443	213,107	6.57	111,050	102,057	108.81	16,758	15.09
伊陽	21,717	138,805	6.35	69,481	69,344	100.23	26,955	38.79
伊川	27,629	242,813	8.79	117,383	125,430	93.58	19,446	16.57
南陽	107,297	644,599	5.95	362,478	285,121	127.13	52,429	14.55
南召	27,645	181,880	6.54	105,431	76,449	137.91	25,573	24.26
鎮平	43,215	344,789	7.98	195,182	149,607	130.46	5,332	2.73
唐河	99,515	565,025	5.75	284,492	228,533	122.11	62,520	22.78
桐柏	15,079	79,183	5.25	40,335	38,847	104.83	4,860	12.05
鄧縣	85,227	516,598	6.46	288,263	228,335	124.25	[illegible]	17.93
內鄉	69,939	392,152	5.61	211,812	180,340	117.45	31,512	14.88
新野	40,940	256,308	6.26	136,072	120,236	113.14	33,518	22.65
方城	66,631	352,186	5.29	192,868	159,318	125.30	36,645	25.92
舞陽	55,196	397,000	7.19	195,449	201,551	96.97	38,226	19.55
葉縣	48,395	340,585	7.05	169,228	171,357	98.92	17,881	10.56
汝南	75,338	667,862	6.85	364,524	305,338	119.58	61,925	16.92
正陽	32,744	253,421	7.73	124,066	123,355	97.44	21,535	17.22
上蔡	65,608	428,045	6.54	212,559	216,486	97.74	18,311	8.57
新蔡	46,852	332,996	7.06	165,887	165,109	10?.4?	24,064	14.51
西平	46,718	323,555	6.92	161,603	162,402	98.59	16,085	10.01
遂平	40,333	296,469	7.31	151,512	144,957	104.46	9,265	5.99
確山	45,520	239,557	5.25	122,649	116,510	105.27	13,706	11.22
[illegible]山	34,441	244,620	7.17	150,852	115,765	131.28	2,357	4.93

河南省户口統計（續二）

縣別	户數	人口數	每戶平均人口數	男子數	女子數	每百女子對男子數	壯丁數	壯丁對男子之百分比	備註
潢川	45,711	278,189	6.09	146,118	132,071	110.64	36,413	24.92	
光山	73,457	341,950	4.65	205,559	136,391	150.70	14,336	6.97	
經扶	12,667	93,451	7.38	53,060	40,391	131.37	15,563	29.33	
固始	64,845	424,271	6.54	227,542	196,719	115.67	59,168	26.00	
息縣	79,647	419,407	5.27	207,295	212,132	97.72	27,342	14.01	
商城	22,795	216,090	9.44	118,786	97,304	115.86	15,981	16.23	
淅川	31,282	180,089	5.74	93,215	86,874	107.30	16,583	11.35	

材料來源：根據河南省政府編印「河南省實施縣各級組織綱要考核方案」內載「民國三十一年份關於地方自治事業之推行（二）附表（一）至（二）」及本部三十年所編「戶口統計」編製。

說　明　1、查林縣、武安、涉縣、沁縣、四縣戶口及壯丁數未旅列報，本表係據本部三十年所編「戶口統計」所載各該縣之戶口數填列；

2、總計欄內之「壯丁與男子之百分比」係將未列壯丁各縣之男子數剔除計算。

3、淪陷區各縣數字未列入本表。

陝西省戶口統計

（戶口、性別、壯丁）

材料時期：民國三十年三月

縣別	戶數	人口數	每戶平均人數	男數	女子數	每百女子所當男子數	壯丁數	壯丁佔人口百分比	備註
總計	[illegible]	[illegible]	4.67	[illegible]	[illegible]	[illegible]	[illegible]	[illegible]	
長安	160,784	695,156	4.32	342,659	352,497	97.20	145,152	[illegible]	[illegible]
咸陽	20,028	98,925	4.94	49,872	49,051	101.67	22,038	[illegible]	
興平	31,752	154,217	4.86	79,557	74,660	106.56	27,624	[illegible]	
臨潼	44,257	220,231	4.98	114,625	105,608	108.52	43,192	37.65	
高陵	9,551	46,715	4.89	23,098	23,617	97.80	6,476	27.65	
鄠縣	26,184	121,748	4.65	62,204	59,544	104.47	19,662	31.61	
藍田	48,795	198,939	4.08	98,876	100,063	98.81	31,358	31.71	
涇陽	24,218	122,706	5.03	62,204	55,170	112.61	26,181	39.35	
三原	18,932	98,920	5.01	51,960	46,960	110.95	17,915	[illegible]	
盩厔	44,924	162,912	3.98	86,612	76,300	113.52	25,701	29.67	
渭南	50,787	212,138	4.31	110,176	105,962	101.11	35,170	31.92	
富平	32,627	167,405	5.12	83,549	83,566	99.62	27,054	32.91	
醴泉	22,444	107,345	4.78	54,927	53,018	103.60	13,814	25.15	
同官	11,654	52,799	4.96	25,944	23,885	112.06	9,357	32.98	
耀縣	9,647	46,418	4.87	24,098	22,880	105.32	7,601	31.54	
大荔	21,873	95,693	4.37	48,066	47,627	100.92	15,221	31.67	
朝邑	22,807	104,129	4.55	52,170	51,959	100.41	18,900	36.25	
郃陽	33,961	147,495	4.34	74,315	73,180	101.55	32,186	43.31	
澄城	23,737	98,446	4.19	53,324	46,122	115.62	19,973	37.46	
白水	12,522	60,205	[illegible]	31,445	28,768	109.41	8,283	26.32	
韓城	25,558	113,759	4.83	57,701	56,058	102.62	19,655	33.53	
[illegible]	25,595	92,421	3.62	44,124	47,847	92.32	12,131	28.44	
平民	4,544	18,291	[illegible]	10,155	8,157	124.38	3,565	35.04	
潼關	10,294	45,430	[illegible]	24,692	21,238	116.26	8,855	35.75	
華陰	29,057	124,555	[illegible]	61,444	66,444	92.85	25,779	46.85	
商縣	53,907	249,711	[illegible]	128,676	119,035	111.56	32,466	21.66	
蒲城	36,915	171,530	[illegible]	88,390	83,140	106.31	26,355	29.74	
雒南	51,826	216,442	4.27	109,617	114,327	102.12	35,817	32.67	

陝西省戶口統計（續一）

縣別	戶數	人口數	每戶平均人數	男子數	女子數	每百女子男數	壯丁數	每百男子壯丁數	備註
柞水	9,263	41,829	4.52	22,883	18,946	120.78	6,654	29.08	
鳳翔	35,856	171,601	4.79	92,805	78,796	117.78	29,475	31.44	
岐山	31,045	131,200	4.23	66,947	64,253	104.19	14,553	21.74	
寶雞	53,291	218,107	4.08	118,944	99,163	119.95	42,229	35.50	
栒邑	14,073	79,128	5.67	41,437	37,691	111.53	14,356	34.45	
郿縣	17,072	68,701	4.02	37,990	30,711	123.70	7,044	18.54	
麟遊	5,248	24,893	4.71	13,445	11,448	116.88	4,944	36.85	
汧陽	11,191	45,228	4.04	23,775	21,453	110.82	5,890	24.77	
隴縣	21,624	88,027	4.07	45,786	42,241	108.39	17,819	37.29	
邠縣	18,636	90,124	4.84	45,979	44,145	104.15	10,688	23.25	
南鄭	50,445	258,697	5.13	138,061	120,636	114.44	47,124	34.13	
淳化	7,886	39,287	4.99	21,799	17,488	124.65	6,987	32.05	
長武	10,022	55,354	5.52	28,989	26,365	109.95	6,991	24.12	
乾縣	26,883	127,568	4.75	66,010	61,558	107.25	24,861	37.66	
武功	22,227	108,132	4.86	57,002	51,130	120.09	18,632	31.58	
永壽	10,486	49,305	4.70	25,942	23,363	111.04	7,003	26.99	
沔縣	24,207	109,867	4.53	54,469	55,398	98.32	24,027	44.12	
褒城	28,481	133,492	4.69	68,476	65,016	105.32	24,290	35.47	
城固	45,201	197,710	4.37	108,501	89,209	121.65	35,883	33.07	
洋縣	38,768	163,738	4.22	86,874	76,864	113.02	26,154	30.11	
西鄉	33,050	143,609	4.35	72,347	71,261	101.52	22,666	31.35	
寧強	26,860	115,811	4.31	57,403	58,408	98.28	22,658	39.39	
嵐皋	14,400	66,869	4.64	33,910	32,959	102.89	24,665	72.74	
略陽	18,711	79,988	4.27	39,687	40,301	98.48	8,785	22.14	
佛坪	2,522	11,820	4.64	6,625	5,195	127.53	2,360	35.62	
鎮巴	18,922	93,545	4.94	46,533	47,012	98.98	10,763	23.15	
漢陰	25,296	122,161	4.85	65,791	56,370	113.16	16,354	25.64	
留壩	4,559	20,875	4.30	11,311	9,564	118.27	3,076	27.19	
扶風	26,402	114,894	4.47	63,322	54,152	117.65	23,010	36.10	

陝西省戶口統計（續二）

縣別	戶數	人口數	每戶平均人數	男子數	女子數	每百女子之男子數	壯丁數	壯丁佔男子百分比	備註
安康	55,922	284,211	5.27	154,712	129,499	119.47	42,355	27.37	
平利	21,702	110,611	5.10	57,232	53,379	107.22	17,799	31.10	
鎮平	2,847	15,653	4.79	7,083	6,567	107.86	2,458	34.70	
洵陽	39,154	194,046	4.96	101,673	92,373	110.07	31,676	31.15	
白河	14,606	83,726	5.73	44,784	38,942	115.00	11,475	25.62	
紫陽	25,604	130,289	5.09	65,687	64,602	101.68	18,556	28.25	
石泉	14,420	79,398	5.51	42,782	36,616	116.84	11,248	26.29	
寧陝	9,437	40,641	4.31	22,257	18,384	121.07	7,875	35.38	
山陽	35,784	141,490	4.19	75,320	66,170	113.83	21,253	28.22	
鎮安	29,291	134,299	4.58	71,130	63,179	112.60	20,181	28.37	
商南	16,665	71,272	4.28	37,714	33,558	112.58	10,911	28.93	
鳳縣	9,548	41,246	4.32	22,600	18,646	121.12	9,252	41.82	
榆林	26,889	144,205	5.36	76,472	67,731	112.71	29,919	39.16	
神木	13,617	70,829	5.20	36,950	33,879	[illegible]	[illegible]	45.67	
府谷	15,595	103,061	6.61	53,692	49,369	108.76	19,069	35.52	
橫山	10,679	64,424	6.03	35,534	30,594	108.56	11,468	35.30	
葭縣	21,694	119,831	5.52	62,547	57,284	109.19	21,312	34.07	
膚施	5,875	29,856	5.08	15,852	14,004	113.20	…	…	二十六年縣政府報數
安塞	1,255	8,516	6.78	4,641	3,875	119.77	…	…	二十四年報部數
甘泉	1,547	7,444	4.87	3,984	3,460	115.14	…	…	二十六年縣政府報數
保安	1,744	14,850	8.61	8,032	6,818	117.80	…	…	
安定	7,517	40,578	5.53	21,065	19,513	107.95	7,125	33.82	二十九年報部數
延長	4,798	24,812	5.17	13,775	11,037	124.81	…	…	二十九年報部數
延川	7,126	40,920	5.30	22,051	18,869	116.86	…	…	二十九年報部數
定邊	4,783	25,676	5.37	14,121	11,555	122.21	6,255	44.30	
靖邊	1,676	9,197	5.49	5,191	4,206	123.42	2,457	47.33	
米脂	25,885	167,296	5.79	89,514	77,782	114.84	30,762	34.44	二十九年報部數
綏德	28,855	157,598	5.46	82,949	74,649	110.87	27,101	32.54	
清澗	16,793	89,049	5.30	46,058	40,991	107.15	14,902	28.01	二十九年報部數

陝西省戶口統計（續三）

縣別	戶數	人口數	每戶平均人數	男子數	女子數	男女性比例(每百女子男子數)	壯丁數	壯丁與男子之百分比	備註
吳堡	7,654	36,492	4.77	18,721	17,771	105.35	6,643	35.48	二十九年報部數
鄜縣	6,553	31,296	4.78	17,236	14,060	122.59	4,932	28.61	〃 〃
洛川	11,481	56,770	4.94	29,855	26,915	110.91	6,289	21.07	
中部	4,855	25,324	5.22	13,673	11,651	117.35	4,221	30.87	
宜君	8,155	36,313	4.45	19,939	16,374	121.77	5,526	27.71	
宜川	8,729	38,160	4.37	20,996	17,164	122.33	7,087	33.75	
黃龍設治局	6,328	22,857	3.61	13,491	9,366	144.04	5,072	37.60	

材料來源：根據陝西省政報部「陝西省各縣保甲戶口統計報告表」及本部三十年所編「戶口統計」編製。

說　明　1. 查膚施、安塞、甘泉、保安、安定、延長、延川、綏德、清澗、吳堡、鄜縣等十一縣以地方情形特殊未能查報，本表姑以本部三十年所編「戶口統計」所列各該縣數字填列補充。

2. 總計欄內之「壯丁與男子之百分比」係將未列壯丁各縣之男子數剔除計算。

甘肅省戶口統計

（戶口性別、壯丁）

材料時期：民國二十九年

縣別	戶數	人口數	每戶平均人數	男子數	女子數	每百女子所當男子數	壯丁數	壯丁與人口之百分比	備註
總計	1,072,308	6,257,319	5.75	3,284,974	2,972,463	110.30	938,644	28.95	
蘭州市	20,408	86,063	4.22	54,450	32,613	165.59	21,790	40.77	
皋蘭	22,363	148,222	6.65	76,177	72,045	105.74	23,542	39.40	
景泰	4,675	31,536	6.75	15,930	14,606	109.26	6,318	39.66	
臨洮	21,518	132,449	6.16	67,050	65,399	102.52	28,046	41.87	
臨夏	23,002	138,392	4.94	73,620	64,772	118.66	19,558	26.56	
洮沙	3,663	23,698	6.47	12,399	11,299	109.74	4,094	33.02	
寧定	10,975	58,777	5.36	29,122	29,655	98.20	9,083	31.19	
永靖	10,075	56,577	5.62	29,694	26,887	110.43	11,628	39.16	
和政	8,258	46,188	5.58	23,360	22,728	102.78	7,990	34.20	
靖遠	13,791	77,451	5.62	40,709	36,742	110.80	11,428	23.07	
榆中	11,847	80,402	6.79	41,538	38,864	106.88	9,260	22.29	
渭源	3,268	50,518	15.46	24,964	25,554	97.69	7,767	31.11	
定西	14,617	89,642	6.13	46,762	42,880	109.05	14,558	31.13	
隴西	21,084	114,044	5.68	60,227	53,817	111.91	22,460	37.29	
漳縣	8,657	41,735	4.83	21,329	20,406	104.52	7,729	36.24	
臨潭	9,106	42,430	4.66	21,804	20,626	105.77	6,176	28.35	
夏河	3,097	10,985	3.55	5,282	5,741	91.31	2,390	45.59	
會寧	12,783	89,703	7.02	46,896	42,807	109.55	16,845	35.93	
岷縣	28,220	211,164	2.40	109,043	102,121	105.74	34,620	31.75	
天水	57,301	279,405	4.88	147,891	131,521	112.45	25,157	17.01	
秦安	34,553	212,462	6.15	110,443	102,019	108.26	31,605	28.62	
清水	18,541	103,894	5.55	54,869	49,025	111.66	20,690	37.76	
徽縣	25,878	121,604	4.70	62,782	58,822	106.75	19,599	31.15	
兩當	4,216	18,763	4.45	9,893	8,870	111.53	2,169	21.92	
禮縣	27,018	163,177	6.04	86,169	77,008	111.90	24,995	28.08	
通渭	31,326	183,200	5.85	93,941	89,259	105.25	20,104	21.40	
武山	19,725	105,701	5.36	56,357	49,444	115.08	23,022	40.71	
甘谷	35,060	147,618	4.47	76,806	70,812	108.46	23,070	30.04	

甘肅省户口統計（續一）

縣別	户數	人口數	每户平均口數	男子數	女子數	每百女子所當男子數	壯丁數	壯丁與男子之百分比	備註
西和	16,337	102,523	6.28	53,354	49,169	108.51	16,107	30.19	
武都	31,229	158,401	5.07	80,793	77,608	104.10	27,137	33.06	
西固	10,426	49,024	4.70	24,897	24,127	103.19	7,515	30.18	
康縣	15,934	79,527	4.99	40,299	39,228	102.73	10,621	26.35	
文縣	13,031	85,541	6.56	44,509	41,032	108.47	14,677	32.98	
成縣	19,746	107,194	5.43	55,102	52,092	105.77	11,605	21.07	
平涼	19,267	115,960	6.02	61,051	54,909	111.19	10,574	17.32	
華亭	7,679	41,571	5.41	21,964	19,607	112.02	5,130	23.36	
靜寧	27,636	195,448	7.07	102,645	92,803	110.61	18,320	17.85	
隆德	12,236	82,495	6.74	42,458	40,037	106.05	11,378	27.44	
莊浪	9,146	59,701	6.53	31,289	28,412	109.54	7,671	24.58	
慶陽	19,988	121,509	6.08	66,761	54,748	121.94	24,996	37.44	
寧縣	25,989	154,308	5.94	84,818	69,490	122.06	31,076	36.64	
正寧	6,632	40,165	6.05	22,071	18,094	121.98	7,963	36.07	
合水	4,919	26,115	5.31	14,316	11,799	121.33	5,866	40.98	二十八年數
環縣	6,091	58,583	9.62	32,658	25,925	125.97	…	…	二十四年數見統計上
涇川	15,982	110,619	6.92	59,967	50,652	118.39	14,995	25.01	
崇信	5,399	28,525	5.28	14,588	14,137	103.76	5,532	38.45	
鎮原	24,800	167,833	6.77	87,710	80,123	109.47	25,859	29.49	
靈臺	16,765	94,425	5.63	49,713	44,712	111.18	10,075	20.27	
固原	16,510	117,561	7.12	62,465	55,096	113.45	14,018	22.44	
海原	9,826	61,715	6.28	31,722	29,993	105.76	7,805	24.60	
化平	3,544	24,264	6.85	12,594	11,670	107.80	4,727	37.55	
武威	35,643	327,026	9.18	172,517	154,609	111.58	44,147	24.45	
永昌	7,151	43,963	6.15	23,262	20,701	112.57	9,485	40.77	
民勤	11,454	112,936	9.86	58,010	54,926	105.61	22,412	38.79	
古浪	6,012	35,128	5.84	19,060	16,068	118.62	4,266	22.38	
永登	19,943	124,238	6.22	63,641	60,597	105.02	12,935	20.32	
張掖	20,519	152,875	7.45	81,468	71,407	114.09	22,656	27.81	

甘肅省户口統計（續二）

縣局別	户數	人口數	每户平均人口數	男子數	女子數	每百女子所有男子數	壯丁數	壯丁與男子之百分比	備註
民樂	5,203	30,504	5.86	16,486	24,760	79.41	6,261	41.62	
山丹	7,357	43,603	5.93	22,845	14,018	162.95	9,621	40.54	
臨澤	7,917	53,650	6.78	28,519	25,151	113.48	10,771	37.77	
酒泉	17,205	115,208	6.66	60,104	55,104	109.18	15,958	26.55	
金塔	3,782	25,303	6.69	13,879	11,421	121.52	1,383	9.95	
高臺	7,956	59,553	7.50	31,524	28,229	111.67	6,453	20.46	
鼎新	1,307	10,144	7.76	5,062	5,082	99.61	1,566	30.94	
安西	3,672	20,744	5.64	10,985	9,759	112.15	3,278	28.12	
敦煌	5,302	29,607	5.58	15,755	13,852	113.74	5,128	34.55	
玉門	4,299	26,643	6.20	14,207	12,436	114.24	4,947	34.82	
[illegible]	9,928	60,400	6.08	30,374	30,026	101.16	9,839	32.39	
[illegible]	183	1,036	5.66	543	493	110.14	165	30.39	
[illegible]	10,618	36,395	3.43	17,668	18,728	94.34	6,378	[illegible]	

材料來源：根據甘肅省政府報部“甘肅省各縣局鄉鎮保甲户口一覽表”及“内政統計調查表”編製

說　明：1.“甘肅省各縣局鄉鎮保甲户口一覽表”原僅列各縣市局二十九年份户數人口數、男子數及女子數，未列壯丁數，本表姑以甘省報部“内政統計調查表”所列二十八年份各縣市局壯丁數補充編列。

2.[illegible]縣地方情形特殊，原表僅列報二十八年編查一[illegible]之數，計户數831、男子數3,113、女子數2,453，本表為求完整特暫以二十五年報部數。

3.全省“壯丁與男子之百分比”係將[illegible]縣男子數剔除計算，表列壯丁數各縣市局男子之合計數為3,248,296。

寧夏省户口統計

（户口、性別壯丁、）

材料時期：民國卅一年六月

縣別	户數	人口數	每户平均人數	男子數	女子數	每百女子所當男子數	壯丁數	壯丁所佔人口百分比	備註
總計	126,097	719,646	5.71	389,612	330,034	118.45	[illegible]	35.61	
賀蘭	17,557	96,673	5.51	54,525	42,148	129.37	19,164	35.15	包括省會户數7,111戶 [illegible] 壯丁數6,550在內
寧朔	9,636	56,846	5.90	31,568	25,278	124.88	10,796	34.2[illegible]	
靈武	13,763	82,448	4.96	43,944	38,504	114.20	15,468	35.35	
鹽池	1,080	6,342	5.87	3,695	2,647	139.59	2,262	6.22	
平羅	10,232	57,578	5.61	31,282	26,306	118.51	11,553	36.87	
磴口	2960	14,412	4.87	7,949	6,465	122.99	2,547	32.04	
中衛	15,989	87,958	5.50	45,844	46,124	108.76	15,347	35.50	
中寧	15,534	75,508	5.58	39,822	35,686	111.59	15,420	37.97	
金積	8,444	47,846	5.87	25,752	22,088	116.59	8,925	34.27	
同心	7,276	42,549	5.86	22,265	20,584	108.22	8,741	39.25	
陶樂	714	3,805	5.33	2,160	1,645	1315	718	33.24	
永寧	13,684	78,345	5.74	43,526	35,017	124.30	15,032	34.72	
惠農	9,998	61,413	6.27	32,876	28,537	115.20	12,741	34.29	
定遠營	1,750	7,983	4.61	4,666	3,317	140.67	1,918	41.11	

材料來源：根據寧夏省政府秘部、寧夏省各縣處三十一年度四、五、六、月份保甲户口異動統計報告表編製。

青海省戶口統計

（戶口、性別、壯丁）

材料時期：民國廿九年

縣別	戶數	人口數	每戶平均人口數	男子數	女子數	每百女子所當男子數	壯丁數	壯丁占男子之百分比	備註
總計	254,441	1,414,223	5.89	731,653	[illegible]	104.20	…	…	
西寧	34,905	232,559	6.64	101,473	131,086	[illegible]	…	…	[illegible]
互助	16,786	122,589	7.35	62,372	60,217	103.59	…	…	
大通	14,553	94,635	6.95	51,887	42,748	108.67	…	…	
亹源	3,040	22,218	7.31	11,191	12,027	104.68	…	…	
樂都	8,916	92,856	10.43	47,696	45,160	105.61	…	…	
民和	13,437	91,835	6.83	47,265	44,568	106.05	…	…	
循化	5,671	31,468	5.55	15,153	16,315	92.88	…	…	
同仁	308	2,154	6.99	1,107	1,047	105.73	…	…	
貴德	6,878	36,830	5.35	17,175	19,655	87.38	…	…	
化隆	10,690	63,931	[illegible]	32,229	31,702	101.66	…	…	
湟源	8,147	48,961	6.01	24,472	24,489	[illegible]	…	…	
共和	4,170	16,614	3.98	8,815	7,799	113.03	…	…	二十五年報部數
玉樹	9,945	57,910	5.82	19,359	38,551	50.22	…	…	二十五年報部數
都蘭	26,912	133,585	4.96	66,672	66,913	99.64	…	…	二十五年報部數
囊謙	2,190	13,200	6.03	4,413	8,787	50.22	…	…	二十五年報部數
同德	84,200	398,700	4.73	204,374	194,326	105.17	…	…	二十五年報部數
稱多	…	…	…	…	…	…	…	…	

材料來源：根據青海省政府報部、青海省會及各縣原編與已整理保甲戶口對照表」及本部二十七年所編成「內務行政應用統計專刊第一種戶口統計」編表。

說　明：查青海省政府所報「青海省會及各縣原編與已整理保甲戶口對照表」內未列共和、玉樹、都蘭、囊謙、同德、稱多等六縣戶口數，復查准查復，以該六縣均係蒙藏游牧民族，未曾編組保甲，以致戶口數無法查報。本表係以本部二十七年所編成「內務行政應用統計專刊第一種戶口統計」所列各該縣之戶口數補充編列，惟稱多一縣仍無法查填，故從闕。

新疆省户口統計

（户口、性别、壯丁）

材料時期：民國廿二年

縣别	户數	人口數	每户平均人數	男子數	女子數	每百女子所當男子數	壯丁數	壯丁所占人口之百分比	備註
總計	924,445	4,360,020	4.35	[illegible]	[illegible]	125.9	…	…	
迪化	31,257	144,688	4.53	97,733	46,955	208.52	…	…	見說明1
乾德	2,925	16,438	5.62	10,671	5,767	185.03	…	…	見說明1
奇台	14,444	74,536	5.16	49,476	25,060	197.43	…	…	見說明1
[illegible]	2,277	17,485	7.70	10,204	7,281	140.14	…	…	同上
昌吉	5,911	32,688	5.53	19,806	12,882	153.75	…	…	同上
呼圖壁	4,756	27,869	5.86	15,752	12,117	130.00	…	…	同上
阜康	3,720	25,256	6.79	14,648	10,608	138.08	…	…	見說明1
孚遠	5,823	34,465	5.97	21,456	13,329	160.82	…	…	見說明1
綏來	11,295	67,093	5.94	40,873	26,220	155.88	…	…	同上
沙灣	3,704	19,150	5.17	11,628	7,522	154.59	…	…	同上
鎮西	4,490	21,999	4.90	14,920	7,079	210.76	…	…	同上
哈密	8,864	46,149	5.21	26,705	19,444	137.36	…	…	同上
吐魯番	9,104	81,069	8.90	43,380	37,689	115.10	…	…	同上
鄯善	10,684	54,596	5.11	29,157	25,449	114.87	…	…	同上
伊寧	38,718	195,914	5.06	109,653	86,261	127.12	…	…	同上
綏定	8,550	47,793	5.59	34,568	13,225	177.46	…	…	同上
[illegible]	2,457	12,310	4.99	7,311	4,999	146.25	…	…	同上
精河	2,255	13,099	5.86	8,014	5,085	157.60	…	…	同上
博樂	3,194	14,372	4.50	9,198	5,174	177.77	…	…	同上
塔城	6,176	36,006	5.83	21,591	14,315	151.55	…	…	見說明1
額敏	9,410	46,205	4.91	26,554	19,651	135.13	…	…	見說明2
烏蘇	5,379	29,910	5.07	18,347	11,563	158.67	…	…	同上
阿克蘇	50,550	148,221	4.29	72,559	75,652	95.92	…	…	同上
溫宿	32,443	129,453	4.04	77,012	52,441	146.85	…	…	同上
拜城	12,299	75,268	6.12	39,892	35,376	112.76	…	…	同上
烏什	16,301	101,928	6.37	54,246	47,682	155.90	…	…	同上
庫車	37,075	181,668	4.90	99,786	81,932	121.73	…	…	同上
沙雅	14,618	65,195	4.46	39,274	25,921	151.51	…	…	見說明1

新疆省户口統計(續一)

區域別	戶數	人口數	每戶平均人數	男子數	女子數	每百女子之男子數	[illegible]	[illegible]	備註
焉耆	13,602	76,267	5.60	40,436	35,831	112.85	…	…	見說明2.
輪台	6,941	38,520	5.55	20,662	17,858	115.70	…	…	見說明3.
尉犁	2,641	17,946	6.78	11,096	6,850	161.98	…	…	見說明3.
婼羌	2,241	12,426	5.53	6,807	5,619	121.14	…	…	見說明3.
疏勒	41,524	161,527	3.89	90,245	71,282	126.60	…	…	見說明2.
巴楚	15,191	76,594	5.04	39,223	37,371	104.95	…	…	同上
麥蓋提	9,517	44,161	4.64	22,566	21,595	104.50	…	…	同上
疏附	67,094	291,858	4.35	158,829	133,029	119.39	…	…	同上
伽師	42,755	171,020	4.00	92,111	78,909	116.73	…	…	見說明3.
莎車	25,283	156,502	6.19	82,867	73,635	112.54	…	…	見說明2.
葉爾羌	30,710	141,267	4.60	74,235	67,032	110.74	…	…	同上
蒲犁	3,282	18,873	5.75	10,124	8,749	115.72	…	…	同上
葉城	24,527	180,275	7.35	98,304	81,971	119.92	…	…	見說明3.
澤普	12,153	35,534	7.50	19,231	16,303	117.96	…	…	見說明2.
皮山	19,687	80,495	4.09	44,916	35,579	126.24	…	…	同上
英吉沙	37,539	148,608	7.78	80,278	68,330	117.48	…	…	同上
和闐	35,028	158,294	4.78	85,255	72,917	116.96	…	…	見說明3.
墨玉	25,157	104,152	4.14	56,888	47,264	120.36	…	…	見說明2.
于闐	34,580	144,066	3.96	76,658	67,408	113.72	…	…	同上
且末	3,388	17,075	5.04	9,743	7,332	132.88	…	…	同上
策勒	15,325	63,562	4.73	34,476	29,086	118.53	…	…	同上
洛浦	26,541	107,491	4.05	58,056	49,435	117.44	…	…	見說明2.
承化	3,482	24,721	7.10	15,156	9,545	158.99	…	…	見說明2.
布爾津	1,329	13,342	10.04	7,658	5,684	134.73	…	…	同上
[illegible]	4,898	28,016	5.72	16,555	11,461	144.75	…	…	同上
吉木乃	2,050	12,870	6.34	7,525	5,345	140.78	…	…	同上
哈巴河	7,720	13,950	5.35	8,662	5,288	163.80	…	…	見說明3.
阿瓦提	8,748	34,643	3.96	18,253	16,390	111.37	…	…	見說明2.
柯坪	2,432	11,772	4.84	6,506	5,266	123.55	…	…	同上

新疆省户口統計（續二）

縣局別	户數	人口數	每户平均人數	男子數	女子數	每百女子對男子數	壯丁數	壯丁對男子之百分比	備註
[illegible]	5,334	26,755	5.01	14,380	12,375	11622	…	…	見說明2、
[illegible]	3,590	34,960	9.06	11,671	21289	5482	…	…	見說明3、
[illegible]	28	296	1056	252	44	572,73	…	…	見說明2、
[illegible]	2,350	10,346	4.44	5,255	5,091	103.22	…	…	見說明3、
[illegible]	4,738	30,558	6.45	17,559	12,999	135.18	…	…	見說明3、
[illegible]	2,911	21,457	7.37	11,990	9,467	12665	…	…	見說明2、
[illegible]	726	3,131	4.31	1,786	1,345	13279	…	…	同上
[illegible]	3,266	18,030	5.52	10,423	7,607	13702	…	…	見說明3、
[illegible]	3,008	14,500	4.82	7,995	6,505	12294	…	…	見說明4、
[illegible]	4,440	21,400	4.82	11,802	9,598	12296	…	…	同上
[illegible]	2,656	12,800	4.82	7,059	5,741	12296	…	…	同上
[illegible]	1,950	9,400	4.82	5,184	4,216	12296	…	…	同上
[illegible]	3,216	15,500	4.82	8,548	6,952	12296	…	…	同上

材料来源：根據新疆省政府報部各縣局人口數編製。

說明：1. 查新疆省政府原僅報二十一、二十二兩年各縣局查報之人口數（何縣局係二十一年數何縣局係二十二年數未曾註明）未列户數及男女口數本表所列户數及男女口數、均係依照以前所報户口數按現報人口數比例估得填列。

2. 迪化等五十縣局係依據民政廳報部二十七年份户口統計(一)(二)兩表所載各該縣户數男女口數比例估計。

3. 乾德、沙雅等十五縣局係依據各該縣局報部"歷年户口統計調查表"二十[illegible]及男女口數比例估計。

4. 伊吾等五設治局係依據全省[illegible]比率估計填列。

民國二十五年度
南京市戶口統計報告

南京市户口統計專門委員會辦事處　編

南京：南京特別市地方自治推進委員會，
一九三七年鉛印本

民國二十五年度

南京市户口統計報告

馬超俊

南京特別市地方自治推進委員會

常務委員

馬超俊　王漱芳　劉百閔

南京市戶口統計專門委員會

顧問	陳長衡	吳大鈞	朱君毅	葛敬猷
	劉大鈞	陶孟和	金國寶	
常務委員	陳長衡	朱君毅	葛敬猷	
委員	陳華寅	陳正謨	褚一飛	李昌熙
	許世瑾	張延哲	王士達	鄭堯拌
	汪　龍	芮寶公	曾昭承	王光輝
	王人麟	楊克天		
總幹事	王人麟			

南京市戶口統計專門委員會辦事處

處長　張延哲

指導課

課長　周承基

技術指導員兼各股主任

陳仁慶　文永詢　林　列　趙仁長　劉長寧

總務課

課長　任西萍

各股主任

文書股孫受菴　會計股曹沛仁　庶務股古繼述

總報告編輯委員會

總編輯　張延哲

副總編輯　文永詢　劉長寧

編輯　林　列　周承基　任西萍　趙仁長　陳仁慶

插　　圖

總理遺像

革命尚未成功

同志仍須努力

總理遺囑

余致力國民革命凡四十年其目的在求中國之自由平等積四十年之經驗深知欲達到此目的必須喚起民衆及聯合世界上以平等待我之民族共同奮鬥

現在革命尚未成功凡我同志務須依照余所著建國方略建國大綱三民主義及第一次全國代表大會宣言繼續努力以求貫澈最近主張開國民會議及廢除不平等條約尤須於最短期間促其實現是所至囑

南京市地方自治推進委員會成立紀念攝影

南京市戶口統計專門委員會辦事處職員攝影

南京市自治區域圖

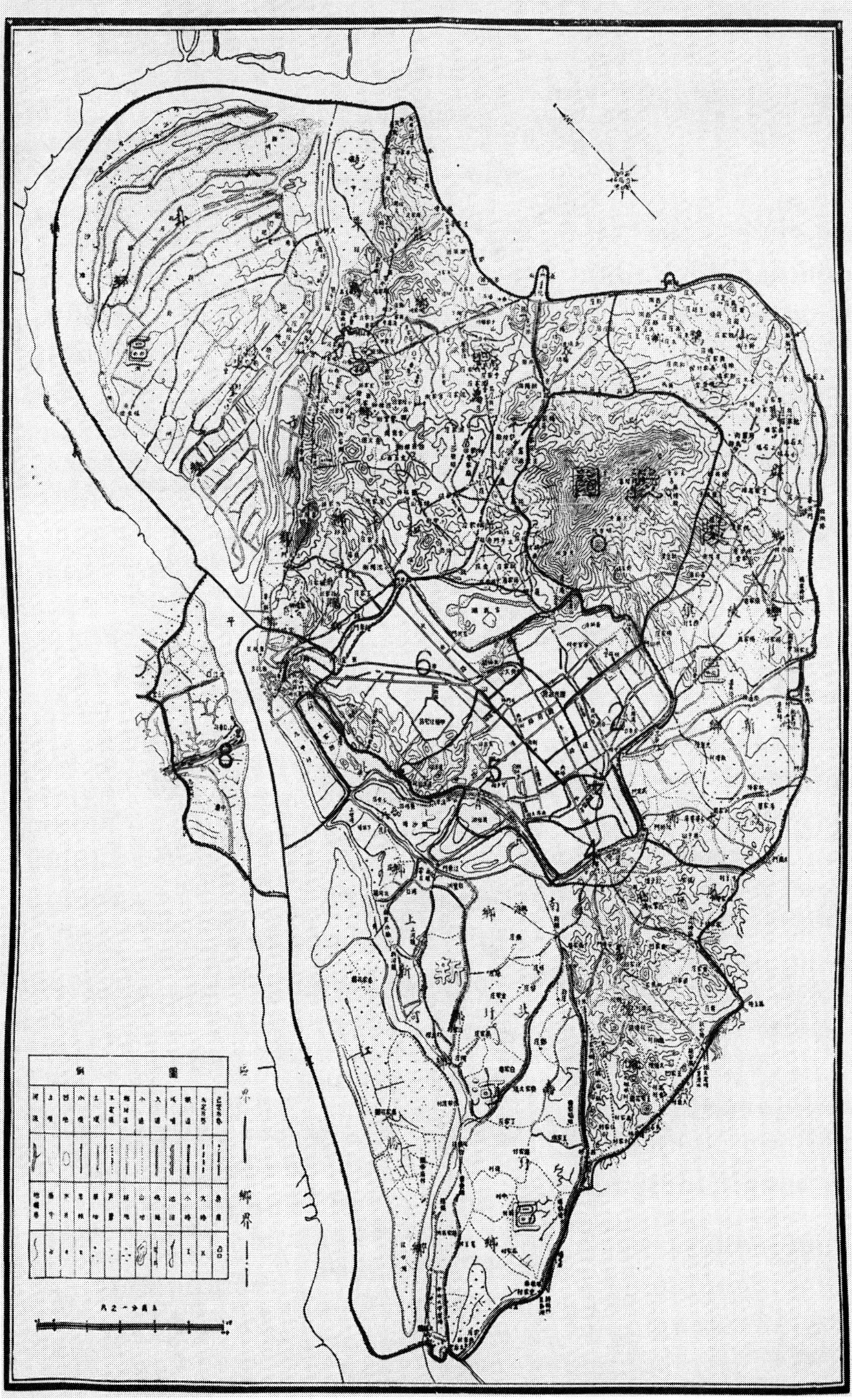

题　词

國勢普查之初步工作

陳其采題

明敏檢查精確統計類別
部居允愜賅備甲第衡門
不遺鉅細於以考量補偏
救弊手此一編堪資理治計
日呈功偉哉茲製

王漱芳題

序

馬　序

吾國晚近，人口繁衍，動號數萬萬，而向無統一確定之數。夫文化進步社會事業日益發達，戶籍統計之旨趣，人口政策之決定，蓋常爲生民利病之根據，國家行政之張本。試自政治觀之，選舉徵兵安內攘外繫之；自經濟觀之，租稅分配，糧食統制繫之；自教育觀之，救濟失學，淸除文盲繫之；自社會觀之，卹幼養老，振災濟貧繫之。而京市爲首都所在，中外人士，紛往沓來，人口多寡，日異而月有不同，雖向之專司其責者，亦極難確定。自本市地方自治推進委員會成立，首議舉辦全市戶口總複查，延致專家，辦理統計，方法力求精熟，數字務求正確，費時數月，始克蕆事。其於戶政前途，獲效至鉅。超俊深望此次戶口統計之宏成，不獨關係京市一隅之地，今後各重要省市如能繼起而行之，使吾國人口得有比較的確定之數，則一切庶政之推行，不至畸輕畸重以急騖於紛也。是爲序。

馬超俊

劉 序

戶籍調查，爲施政之本；人口之確數，民生之實況，由是而明；政府之設施，地方之措置，由是而決；是故歐美各國，按戶考尋，歲行無間，勤愼將事，不稍鬆懈。周禮：「小司徒，掌建邦之敎法，以稽國中及四郊都鄙之夫家九比之數，以辨其貴賤老幼廢疾」，足見戶籍調查之重要，蓋無間於古今東西也。

總理嘗撰地方自治開始實行法，以淸戶口，立機關，定地價，修道路，墾荒地，設學校六事，爲實行地方自治之初步，而以淸查戶口居其首焉。遺敎雖僅就地方自治而言，然推之國家行政，亦復一轍。我國方當建設之際，凡百待舉，何以徵兵役以固國防？何以廣建設以裕民生？何以行選舉以明憲政？胥有賴於精確的戶口調査；卽就地方庶政而言，何以施敎？何以養生？何以設衞？亦無不賴於精確的戶口調查爲其根據，乃能適應時地，推行盡利：故戶口調查，關係我國今後施政，至爲重要。

南京爲首善之區，凡有新猷，無不率先倡辦。昨年夏，南京市地方自治推進委員會成立，黨政機關，謀所以推進京市地方自治者，其基礎工作首在淸戶口，於是組織京市戶口總覆查工作團，合黨政軍警各方面之力量，動員達數千人，盡一日之力，完成其事，誠快舉也。予忝與是役，無所貢獻，得王邁羣先生終始其事，調查旣竟，又聘請專家，組織京市戶口統計專門委員會，設辦事處，由張延哲先生主持其事，未踰半年，整理工作，全部告竣。予念是役以最少之人力，最寡之經費，最短之時間，而舉辦最繁重最雜複之戶口調查與統計，苟非得人善主其事，則未易收此效率也。故得人爲要矣。玆當統計報告編竣，用弁數言，以爲紀念。

劉百閔 二六，五，二八。

陳序

戶口普查與戶籍及人事登記，乃我國向來不知認眞注意或不謀積極改造的一種基本要政。直到最近始漸被重視而漸知講求。我們要成一個有組織有秩序有團結和有健全構成分子的現代國家，並使政府易於確立各種施政方針及測驗各種施政成績，皆非有戶口統計，生命統計及其他基本國勢統計不爲功。一國如此，一省一市一縣亦何莫不然。歐美諸邦遠則百餘年前，近則數十年前，即有定期戶口普查，或每五年一次，或每十年一次，其人事登記亦早已舉辦，故對於人口之靜的狀態與動的實況皆有統計可徵。戶口普查有如商店之盤查存貨，人事登記則類似商店之日記帳簿。二者相需爲用，缺一不可。 中山先生所著中國革命史中關於革命方略部份曾謂「人口清查，戶籍釐定，皆縣自治最先之要務。」；又國民政府建國大綱第八條所定籌備自治工作亦以「全縣人口調查清楚」爲第一件；又地方自治開始實行法亦明定由「清戶口」及爲各種「分類登記」入手；又民國十二年主張開國民會議之演說中亦謂「說到中國人數向來號稱四萬萬，但是眞正的戶口册總沒有調查清楚。」：可見 中山先生對於戶口普查與戶籍及人事登記皆非常重視。鄙人不敏亦曾略盡鼓吹宣傳之責約二十年於玆。惟至今全國曾有比較科學的戶口調查之市縣猶屈指可數。至於已舉辦戶籍及人事登記者更寥若晨星。南京市自國民政府建都以來已舉辦戶口普查三次。戶籍及人事登記亦已規模粗具，但在法律，行政，及技術三方面皆有待切實改善之點尙多。最近首都地方自治推進委員會與市政府及首都警察廳會同舉辦之第三次戶口總覆查，其原始表格卽甚多缺點，無可諱言。幸對於整理工作曾組織戶口統計專門委員會指導一切，鄙人亦忝列常委之一，頗知其詳。至於實際工作則由該會辦事處張處長延哲負責最多。全處職員無論爲市府調用者，或臨時譏考錄用者，皆知認眞服務，異常勤奮。報酬雖薄，辛苦不辭。故能於最短期間完成其使命，其努力奉公之精神，實値得吾人敬佩。推此志也，雖舉辦全國戶口普查可也。統計報告旣成，爰就個人觀感略述數語以誌不忘。

民國二十六年五月二十六日陳長蘅序於立法院。

吳　序

清查戶口，爲施行庶政之權輿，　總理手訂建國大綱，其訓政數設，以籌辦地方自治爲實行憲政之準備，而地方自治開治實行法，則以清查戶口爲辦理地方自治之首要工作。南京特別市地方自治推進委員會成立伊始，即注重各區清查戶口工作，以符　總理遺敎。去歲七月，復舉辦全市戶口總複查，而對於戶口統計事宜，則先後組織戶口統計專門委會員，及該會辦事處，分別設計執行。玆經辦理蕆事，編成報告，備載辦理經過，及統計分析，使人瞭然於首都之人口構成及其整理之方法，綱目畢舉，鉅細靡遺。夫統計資料之整理，本以應用機器最爲便捷精確，今以人工分析，雖需時較久，然竟能得此成績，洵非易事，故於其書之成也，樂爲序之。

中華民國二十六年六月二日吳大鈞

朱序

吾國地大物博，種姓繁衍，然自有史以來，生齒之數，率憑臆測，迄未有精確之調查，現今所謂中國人口四萬萬五千萬佔世界總人口四分之一者，亦係估計之詞。年來朝野人士，均認戶口普查，爲國家經濟建設之基本工作，故中央政府，既有以民三十年爲全國戶口普查年之擬議，而各省市政府，望風承旨，已有競先舉辦者。羣策羣力，將來之成功，可以預卜。惟是普查工作，極爲繁重，其方法之規劃，組織之健全，人才之訓練，經費之籌措，缺一不可，若使事前無充分準備，則一旦全國同日舉行，遇有困難，將不免有牽一髮動全身之慮，故普查前之試查工作，實屬迫不容緩之舉。南京市地方自治推進委員會有鑑於此，因聯絡黨政軍警各機關，於民二十五年七月四日舉行南京市戶口總複查，以爲之試驗。事後又組織戶口統計專門委員會，延聘統計專家，研討整理計劃，以從事於其結果之整理，旋聘張延哲先生爲該會所屬之辦事處處長，依照計劃，實施整理。舉凡登記，轉錄；分析，綜合諸工作，以尙闕統計機器之設備，悉假手於人工，計預此役者百餘人，前後歷時數月，而全部之工作完成，所需經費，僅及萬餘元，而南京全市人口之確數，及其分配之情形，已粲然可覩，則將來全國普查之進行，應視此舉爲嚆矢。今張先生以所編南京戶口統計報告書索序，敬爲弁一言以歸之。

中華民國二十六年五月二十七日朱君毅

葛序

戶口調查統計，實爲一切施政之先導，京市爲首善之區，允宜盡期妥善，以爲各地模楷，而供他日借鑑。嘗考我國舉辦戶口調查，自清末以迄於玆，凡四十年有餘矣，其間歷次成績，無論其爲設計與技術，要皆不能免於缺憾，蓋法度人力兩者俱難貫澈所致也，南京自定爲國都以來，人口有激增，市政當局近以推行地方自治，與夫辦理選舉諸端，非有精確調查統計，不足以策進行，爰於二十五年秋間舉行全市戶口總覆查，嗣以整理統計工作，頗感繁重，市府爲審愼盡善起見，乃廣延統計專家暨有關戶口統計機關主要人員贊襄設計事宜，於二十五年八月始組成南京市戶口統計專門委員會從事於議訂章則，調整項目，旋議決設置辦事處担任實施工作，延統計局張科長延哲統其事。張君擘劃周詳，處理敏捷，越明年五月全部工作即覩厥成。惟近世各文明國之整理戶口統計，大底皆利用機器，以代有限之人力，故其成功也精且速，乃今南京市戶口統計整理，以少數之人力，於短期之間，竣此繁重事務，非張君之負責，曷克臻此，方今百政建施之際，人口調查統計，正宜積極推行，未來成效，在吾人之從事統計事業者胥有責焉，玆幸整理蕆事，統計報告，行將發刊，特誌概略，以明經過。

葛敬猷

王　序

現代文明各國莫不以人口調查爲施政根據，蓋政府之行政設施，欲適應民衆之需求，則對於社會之客觀環境，必先有充分認識，而人口調查之統計，即以科學方法分析社會內容，研究其動態，以供當局施政之參考及人民之借鏡者也。我國歷代雖例有人口登記之舉，然觀其民數報册，虛報臆造，多不可憑，且總數以外不及其他。近年以來政府鑒於人口調查，關係國家庶政至切，始取法歐美逐漸實施。京市自十六年定都設市後，首卽注意人口問題。十七年幷曾舉行大調查一次統計發表。自茲以後十八年來，京市人口激增，異動頻繁，當局認識有舉行總覆查之必要，爰於去年七月四日會同黨政憲警機關動員數千人，舉辦京市戶口總覆查。其間工作經過，俱見報告，無庸贅述。幷以調查所得，聘請國內專家組織京市戶口統計辦事處，負責分類統計，製成報告，人麟代表政府，始終參與其事。回溯總覆查開始，以迄統計結束，凡十閱月，初以時間忽促，未敢期其盡善，幸賴諸專家之悉心整理，本報告之編製，始克蕆事。此項工作，在國內尙屬創舉，不無參考價値。所望此後本市人口調查能陸續舉行，而每舉行一次均能較前精進，幷逐漸推行於全國，以發揮其在政治上之功效，則茲編之作，抑亦拋磚引玉之意也。爰誌數語，以向各統計專家及工作人員敬致謝忱，並爲之序。

王人麟

張　序

民國二十五年七月間，南京市舉行戶口總複查，由南京市政府聯合有關各機關共策進行，并推定南京市地方自治推進委員會主持其事，迨複查完畢，乃組織南京市戶口統計專門委員會計劃整理統計事宜，俾得根據統計之結果，作地方自治施政之參考。延哲被延爲委員之一，又謬承推舉組織南京市戶口統計專門委員會辦事處，負責實施整理工作，現是項統計，已告完成，爰將整理經過，扼要敍述於次，詳細情形，當另文報告也。

二十五年十二月二十六日，辦事處成立，在籌備期間內，經由技術指導課各股主任根據專門委員會通過之整理方法，分別實驗，擬訂整理新計劃，於一月十六日呈奉南京市地方自治推進委員會核准後，自一月二十二日起，指導課各股先後開始工作，至本年三月卅一日各股工作，均告完成，即將各項材料交由編輯委員會編擬報告書。五月初旬編纂完畢，陸續付印。

辦事處之組織，除編輯委員會外。計分爲總務與技術指導二課。總務課分爲文書，會計，庶務三股，由南京市地方自治推進委員會遣派該會及市府職員充任之，技術指導課按工作性質及次序分爲四股：第一股負責人事管理及點收裝訂編號等事宜，第二股負責審查校對，第三股轉錄，第四股分類。各股主任均由南京市地方自治推進委員會函請主計處遣派統計局同事充任之。

竊查此次整理工作能如此迅速完成者，端賴專門委員會各顧問委員及總幹事指示有方，而總務技術指導二課課長暨各股主任。認眞督率，各工作人員努力奉公，工作效率且超過預定計劃，其辦事之勤謹，精神之奮發，至堪欽佩。惟簡陋草率之處，仍恐不免。尙祈海內　賢達，賜予指正。

張延哲　二六，六，十。

目　録

目　錄

附 錄

表　目

圖 目

第 一 篇

緖　　論

自第1頁至第4頁

第一篇 緒　論

I 本市劃區沿革

此次本市舉行戶口總複查，其戶口調查區係按照自治區加以劃分，惟本市及其自治區之劃分沿革，有略須加以敍述者。緣本市向爲江甯縣境，自國民政府奠都南京以來將原有之江甯縣屬範圍，分劃爲南京市，江甯縣，總理陵園等三區，並以南京市爲特別市，直隸行政院。京市與江甯縣之境界劃分，曾於二十年省市會議，粗具端倪。同年九月市府始依劃區標準，劃定區界及繪製簡明區圖，編製各坊鄉區戶口淸册等工作。二十二年三月，將市內分爲八自治區，使與首都警察廳各分局之轄境相同，又實行查勘區界，重繪區圖。二十三年十月，並確定省市劃界，至二十四年三月，本市實行接收三鄉區。所有新市區範圍計東至烏龍山外郭遺址，南至鐵心橋西善橋大勝關，西至浦口鎮，北至長江，面積佔四六五・八五平方公里。[1]玆將各區面積製表如下：

南京市各自治區面積表

區域別	方公里	百分比
總計	465.85	100.00
第一區	8.16	1.75
第二區	5.80	1.25
第三區	1.98	0.43
第四區	1.97	0.42
第五區	5.88	12.6
第六區	13.71	2.94
第七區	6.04	1.30
第八區	422.31	90.65
燕子磯區		
孝陵區		
上新河區		
陵園區		

本市此次戶口總複查，係根據上列區界加以劃分。劃區之事，務在精詳，重複及遺漏之處，應極端避免，故此項工作頗爲繁重。

II 本市總複查之緣起及其組織

南京市政府有鑒於人口調查爲　總理遺教及中央歷次會議之議決案[2]，其關係甚爲重要，且本市戶口清查僅於民十七舉行一次，迨至二十年區公所成立，雖曾辦理戶口抽查，惟以時日參差，異動頻繁，難期翔實。况距今已久，人口已大爲增加，因此感覺本市戶口總複查實爲最急要之工作而不能稍緩者也。

京市戶口總複查由南京特別市地方自治推進委員會主持，並聯絡市黨部，警察廳，憲兵司令部，及各機關共同協助進行，爲謀工作便利及統一起見，乃組織南京市戶口總複查工作團，團設團本部，總團長由馬市長自兼，副總團長爲劉百閔，王固磐，谷正倫，總幹事爲王人麟。團本部之下爲區團部，城區團長由警察局長担任，副區團長由區黨部常委及區長憲兵隊長担任　鄉區團長由各區黨部常委，憲兵隊長，警察所長及巡邏隊長担任，區團之下設隊，隊長由各警區分駐所巡官及鄉鎮長担任，再下爲總複查工作組，每組有工作人員二人，均由本市各機關臨時調用者，計有五，三四五人。

III 總複查辦法

此次戶口總複查之日期爲二十五年七月四日。事前之準備工作約有三種：(一)調查區之劃分係將本市按照自治區域劃分爲二千五百分區，每分區以一組之調查工作人員担任。每分區之範圍，則以一組之工作人員二人於一日內能調查完畢之原則加以劃分。(二)宣傳因人口調查頗易引起人民之誤會[(3)]，故事前非有完密之宣傳不可。至於此次所作之宣傳係由各方同進，有傳單，佈告，標語，各報登載特刊，無綫電廣播，各機關紀念週演講戶口調查之意義及其重要，散發填表須知等。(三)工作人員之訓練對於工作人員之訓練約有數端，第一使其明瞭表格內所載各項之內容及意義，其次爲填表之方法[(4)]，經過此項訓練後，方開始分途向指定之區域挨戶調查。

IV 戶口統計專門委員會及辦事處之成立

京市總複查於七月四日卽日全市查竣，但京市人口之結構及分佈情形，必須將原始調查表加以統計分析，方能明瞭。乃由南京特別市地方自治推進委員會聘請專家組織戶口統計專門委員會，設計整理方案。經該會詳細研究後，對於整理工作提出計劃書一份[(5)]，厘定各種應行整理之項目及方法等，至其實施方面，則由專門委員會建議組織戶口統計辦事處負責進行。

戶口統計辦事處因專門委員會之建議，於去歲十二月二十六日成立，依照計劃，實施整理統計工作，並爲求原計劃之便於實行起見，先將各種步驟予以試驗，因而建議對於原計劃稍事修改者略有數端[(6)]。辦事處之組織分總務指導兩課。總務課分文書，會計，庶務三股，統由南京特別市地方自治推進委員會派員兼充。指導課分四股：第一股管理點收裝訂及編號，第二股管理審查及校對，第三股管理轉錄，第四股管理分類，其負責人員，亦由該會聘請國府主計處統計局同仁擔任。計自成立至全部分類完畢，爲時三個月另五日，全處工作人員最多時至一百十二人，所需費用約萬元左右，其決算書已由戶口統計專門委員會總幹事王人麟先生負責趕製中，至工作進行情形將于次篇敍述之。

附註：(1) 參閱南京市自治工作概況第一三八頁。

(2) 參閱國民經濟建設運動月刊第一卷第二號張延哲著之什麼是普查及為什麼要普查第一五頁。

(3) 參閱國民經濟建設運動月刊第二卷第二期張延哲著之各國普查沿革第一一頁。

(4) 參閱南京市自治工作概況附錄南京市戶口統計計劃第二四一至第二四四頁。

(5) 同上。第二四九頁至第二六四頁。

(6) 參閱本報告附錄南京市戶口總復查新訂整理計劃。

第　二　篇

業務概況

自第5頁至第10頁

第二篇　業務概況

I　工作人員之選擇及訓練

本處指導課工作分爲四股，第一股爲點收裝訂及編號，第二股爲審查及校對，第三股爲轉錄，第四股爲分類。各股工作人員，除第二股係由市政府各機關調用者外，均爲經過測驗予以錄取。又因各股所需工作人員之技能，頗不相同，爲求提高工作效率起見，事先對各員之特長分別考察，然後分配工作、大概選擇之標準以教育程度，技能及性情參酌比較，並依照各股之需要，分別派遣至各該股工作。工作人員旣經派定，其次乃爲人員之訓練。

對于工作人員之訓練亦分爲三種步驟：(一)說明各項應用表格。將各該股應用表格內各項加以解释，如第一第二第三股對於原始調査表內各欄之解釋，第四股對於八種基本整理表各欄之解釋是也(1)，其次分別將點交，裝訂，編號，審查，轉錄，校對，分類之分法加以敍述。如第二第四股應將卡片內應用符號，審查，校對，轉錄各項手續，第四股應將分類表內各種填記數字及計算方法加以敍述。(二)示範。各股指導員旣將各該股應用表格內容及工作方法說明後，爲使工作人員徹底明瞭其任務起見，各指導員又復分別將各種工作步驟方法實施表演，如分類股指導員則示之以點數卡片之手續，安置卡片或分析表之適當地位，轉錄及分析之程序，夾置卡片之方法等，予以實地表演，使之易於明瞭。(三)實習。示範旣經完畢，倘恐工作人員未能熟諳各種整理手續，故予彼等實習機會，實習時由嫻熟工作方法人員在場隨時指導，並觀其各種步驟是否遵照指定之步驟進行。實習完畢後，指導員將各種已裝訂之卡片及整理表，逐一校對，如有錯誤，又須向各該員詳示解釋，直至完全明瞭爲止。

II　工作步驟

工作步驟首爲京市地方自治推進委員會將原始表格交辦事處。辦事處於收到表格時則加以整理裝訂，（以區爲單位訂若干張爲一本）並逐頁編號以便審查。審查之範圍，約有四種：(一)補充遺漏，(二)删除重複，(三)修正錯誤，(四)厘定內容(2)。原始表格經過上列之審查後，送交第三股轉錄。轉錄係將表內所列事項，用符號及簡寫轉抄於卡片上，每張卡片代表一人。（此外，並有特種卡片一種　所包括之人數爲數十人或數百人不等，係用於轉錄僅列人數而於內容未詳之調查表）。於每册表格抄完後，卽交校對股校對，查核與原表是否有出入之處，隨時予以更正。校對完畢，乃送第四股分類，分類之事頗爲繁重，故必須先厘定分類之程序，而後方能工作。分類之程序，係先將某一分駐所中之人口卡片分五百餘張爲一組，按八種整理表次序及其內容由分類人員逐項分類。每表各項分類完畢後，予以加總。循次將八種整理表分類完畢，其結果爲一段人口狀況數字，再彙加各段人口狀況之數字，遂成一分駐所之人口狀況數字，彙加各分駐所之人口狀況數字，遂成一警局人口狀況之數字，彙加各警察局及鄉鎮人口狀況之數字，遂爲本市人口狀況之總數字。將最後所得之各類總數字予以分析及研究，即爲本報告統計部分之內容。本報告由指導員組織編輯委員會加以彙編及分析說明，爲本處工作最後之階段。

III 工作概況

本處自去歲十二月二十六日成立，各股按照計劃工作，本年二月十九日，點收及裝訂工作完畢，計共點收調查表册二千一百本，張數爲十九萬一千五百三十一張。編號工作係一月十八日開始，至二月十九日完畢，共計編號頁數十八萬二千五百九十八號。審查工作由一月二十二日開始至二月二十六止，除星期例假外實際工作三十一天內，共添改四百零八萬九千八百三十七次。工作人員三十二人，一個月共工作八百一十五工，其算術平均數爲每人每分鐘添改一〇·七次。添改次數之多，並非原調查表錯誤過多，實因釐定表中內容，及盡力設法補充其未詳之狀況，乃致次數增多。例如婚姻狀況一欄，戶主張姓爲已婚，其妻張李氏，在婚姻狀況一欄遺漏未填，則審查員當斟酌情形在其婚姻狀況欄內補註已婚，以便轉錄，諸如此類，不勝枚舉，乃使審查添改之次數加多也。茲將各警局及分駐所添改情形，列表於次：

各區添改次數表

分駐所或鄉鎮別	區							別				
	1	2	3	4	5	6	7	8	(3)孝陵區	(4)燕子磯區	(5)上新河區	(6)陵園區
總計	519,616	384,039	384,327	634,308	622,767	344,899	339,878	145,830	170,498	290,903	223,695	29,072
1	36,586	38,167	30,011	123,502	48,562	58,657	26,728	59,881	44,111	38,657	78,087	29,072
2	42,916	47,339	42,339	56,140	95,914	11,241	56,878	50,235	32,456	59,743	34,912	—
3	69,122	32,383	71,055	93,884	65,105	17,885	24,642	35,714	17,541	11,965	17,542	—
4	55,696	35,216	86,029	81,262	77,093	38,123	44,634	—	41,614	16,396	30,477	—
5	75,428	55,534	11,962	27,319	47,466	50,991	24,236	—	31,776	36,486	17,187	—
6	57,506	57,791	75,651	94,494	23,144	34,948	45,664	—	—	28,327	22,633	—
7	43,050	22,967	67,280	76,062	83,764	30,266	22,283	—	—	17,637	22,857	—
8	53,112	12,618	—	81,655	75,364	31,852	27,652	—	—	31,815	—	—
9	57,951	44,054	—	—	50,097	5,217	47,141	—	—	17,572	—	—
10	28,249	37,971	—	—	56,258	65,719	—	—	—	32,300	—	—

調查表經審查完畢，移交第三股轉錄。轉錄工作自一月二十五日開始，至三月十六日上午止，除星期日，紀念日，例假等實際工作計四十二天，全部轉錄工作完竣。轉錄總數量爲九一一，五三八張，平均每天全股轉錄二一，七二〇張，每週全股轉錄一三〇，三二〇張，茲將歷週工作情形，列表如下：

歷週轉錄工作成績表

週別	本週工作日數	卡片數	每日每人工作平均數
總計	1,342	911,538	679
第一週	146	88,254	604
第二週	180	138,425	769
第三週	167.5	134,096	801
第四週	206.5	164,378	796
第五週	203	169,612	836
第六週	236	111,621	473
第七週	181	88,986	492
第八週	22	16,166	735

轉錄之卡片，難免有錯誤之處，故必加以校對。校對部分於一月十七日開始工作，至三月十九日，其工作係由八人擔任。校對之工作，係將已轉錄之卡片與調查表對照複核一遍，以更正其錯誤，並有二種目的，(一)爲求正確之統計，對錯誤過多之項目，予以相當注意，以研究其所以錯誤之原因而加以更正。(二)爲對轉錄人員考績之參照。茲將轉錄各項錯誤次數百分比，列表如下：

百分比	項目											
	警區別	分駐所別	戶別	全戶人口	表次編號	性別	年齡	籍貫	業別	教育程度	婚姻狀況	住年
100.00	—	—	22.70	8.00	8.40	2.20	5.60	3.20	5.70	2.60	10.10	31.50

觀上表住京年數一欄，錯誤爲百分之三一·五〇，爲各欄中之最大者，究其原因，係原始調查表對於住年，填寫過於忽略，致轉錄員多數誤會，譬如調查表中第一名戶主住京年數爲世居，其家屬之住年每多遺漏未填者，或劃一長直線者，在填表人之意思原爲世居，但因此乃引起轉錄人員之誤會，或以爲未詳，或以爲世居者，錯誤皆由此發生。至轉錄人員因各人之才力不同，其錯誤率亦彼此殊異，其差異之程度可於下表顯示之：

轉錄員平均錯誤率表

（第三週——第八週）

轉錄員	平均錯誤率%	轉錄員	平均錯誤率%
1	0.20	15	0.22
2	0.30	16	0.05
3	0.15	17	0.17
4	0.06	18	0.03
5	0.09	19	0.05
6	0.03	20	0.07
7	0.12	21	0.08
8	0.11	22	0.11
9	0.11	23	0.08
10	0.11	24	0.10
11	0.10	25	0.11
12	0.13	26	0.04
13	0.06	27	0.29
14	0.13	28	0.13

觀上表，錯誤最多者爲二號轉錄員，錯誤最少者爲第六號轉錄員。將此種錯誤率與各該轉錄員所轉錄之卡片數量相參照，則該員之成績便易於評定也。

校對股將卡片詳細校對後即將所有卡片轉送分類股。分類股工作自一月二十八日開始，實際工作日數爲四十九日，工作人數最少時爲二十一人，最多爲三十一人。計分類卡片總數爲八四六、五三〇，此外尙有特種人口卡片三四、〇〇六張，指導員實驗及示範所分類之卡片六五、〇〇八張，共九四五、五四四張，爲本市之人口總數。茲將分類股歷週工作情形歷表如下：

歷週分類工作成績表

週別	卡片數	平均效率
總計	846,530	934
第一週	11,612	387
第二週	79,384	665
第三週	125,361	880
第四週	133,725	1218
第五週	139,427	1134
第六週	120,484	993
第七週	126,127	1126
第八週	110,410	1072

全部卡片分類完畢，乃由指導課整理表格送交編輯委員會。編輯委員會自四月一日開始工作，其工作步驟約爲四種，(1)複核及製表，(2)計算工作效率，(3)研究及分析，(4)編輯總報告，本報告初稿係於五月二十四日編就。

IV 人事管理

本處指導課前後參加工作人員共計一百十二人，工作時間在整理期內共三月有餘，其中除星期日及例假外，實際工作日數爲四千六百八十四工，茲製表如下：

類別／月份	人數	工數
總計	296	4,684
一月份	105	688
二月份	112	2,553
三月份	79	1,572

其次，再將本處工作人員請假數與實際工作日數作一比較，列表如下：

股別	實際工作數	請假次數			百分率		
		共計	事假	病假	共計	事假	病假
總計	4,684	119	65.75	53.25	2.54	1.40	11.4
第一股	593	9.00	3.50	5.50	1.51	0.59	0.92
第二股	1,182	50.50	26.00	24.50	4.26	2.19	2.07
第三股	1,343	23.25	17.00	6.25	1.72	1.26	0.46
第四股	1,565	33.25	19.25	17.00	2.31	1.23	1.08

觀上表事假佔總工數百分之一•四〇，病假佔百分之一•一四，請假總數爲百分之二•五四〇此點頗足爲將來辦理統計工作時之參考，以定件薪，日薪或月薪之三種辦法中何者爲最佳。

以上爲此次辦理京市戶口統計整理工作經過之簡略情形，至其工作方法，可參閱本報告附錄新舊計劃。其統計結果及其分析研究將於第四篇分別敘述之。

附註：(1)其式見附錄本報告第錄四。

(2)參閱本報告附錄二。

（3）孝陵衛區內各鄉鎮：1,孝陵鎮2,馬群鎮3,湯新鄉4,仙鶴鄉5,岔秀鄉。

（4）燕子磯區內各鄉鎮：1,燕子磯鎮2,棲霞鄉3,笆斗鄉4,七里鄉5,八卦鄉6,太平鄉7,烏龍鄉8,高山鄉9,和平鄉10,金闾鄉。

（5）上新河區內各鄉鎮：1,上新河鎮2,善德鎮3,南圩鄉4,南湖鄉5,北勝鄉6,老圩鄉。

（6）陵園區內1,陵園。

第 三 篇

全市户口统计

自第11頁至第16頁

第三篇 全市戶口統計

表1 南京市戶口總數

區別	戶數	人口數		
		共計	男	女
總計	181,476	945,544	556,567	388,977
第一區	24,724	134,456	83,072	51,384
第二區	17,166	88,679	51,827	36,852
第三區	15,629	84,430	48,706	35,724
第四區	27,092	138,263	77,770	60,493
第五區	27,656	140,269	80,348	59,921
第六區	14,633	79,163	46,902	32,261
第七區	15,777	76,407	45,446	30,961
第八區	7,325	30,916	17,704	13,212
孝陵區	7,558	50,518	33,745	16,773
燕子磯區	13,205	63,472	36,272	27,200
上新河區	9,707	51,805	29,926	21,879
陵園區	1,004	7,166	4,849	2,317

表2 南京市各類戶數

區別	普通戶	棚戶	商戶	船戶	廟宇	公共處所						其他
						官署	學校	醫院	救濟院	教堂	公所	
總計	116,722	46,119	15,902	409	408	588	351	178	72	17	87	623
第一區	18,512	2,604	3,354	4	16	76	29	29	—	2	26	72
第二區	12,222	3,035	1,586	11	27	96	29	13	66	3	9	68
第三區	13,057	170	2,174	64	31	34	22	16	1	3	11	46
第四區	19,768	5,038	1,942	—	84	54	46	89	4	—	6	61
第五區	19,843	5,213	2,290	2	78	70	58	5	—	5	8	84
第六區	10,448	2,790	1,091	—	33	122	40	12	—	2	5	90
第七區	8,378	5,206	1,735	303	14	55	16	7	—	1	5	57
第八區	2,774	4,233	251	14	2	11	11	1	—	—	1	27
孝陵區	3,831	3,365	270	—	39	12	18	2	—	—	4	17
燕子磯區	4,942	7,502	546	10	57	34	48	—	1	1	6	58
上新河區	2,243	6,727	621	1	25	23	29	4	—	—	6	29
陵園區	704	235	42	—	2	1	6	—	—	—	—	14

表3 南京市普通戶每戶人口數

區別	一人	二人	三人	四人	五人	六人	七人	八人	九人	十人	十一—十五人	十六—二十人	二一—二五人	二六—三十人	三一—三五人	三六—四十人	四一—四五人	四六—五十人	五十一人以上
總計	6,512	1,8085	2,1416	1,9752	15,446	11,489	7,976	5,236	3,552	2,619	3,534	740	197	94	27	15	12	4	16
第一區	991	3,080	3 508	3,113	2,368	1,702	1,135	823	625	458	535	116	29	15	5	2	3	1	3
第二區	540	2,017	2 341	2,009	1,641	1,182	872	517	378	265	352	73	15	10	4	—	2	1	3
第三區	759	2,008	2 369	2,231	1,605	1,330	851	609	392	300	420	121	36	15	4	5	—	—	2
第四區	1,126	2,976	3 498	3,403	2,633	1,957	1,364	925	600	416	613	137	51	19	10	2	4	2	5
第五區	1,103	3,030	3,603	3,346	2,685	1,917	1,328	870	560	458	723	157	32	23	2	2	3	—	1
第六區	673	1,470	1,854	1,655	1,325	1,001	833	484	365	330	384	55	15	3	—	—	—	—	1
第七區	537	1,557	1,757	1,467	1,107	748	465	287	174	123	128	21	3	3	—	1	—	—	—
第八區	187	479	590	554	367	256	137	85	52	23	28	6	3	3	1	3	—	—	—
孝陵區	175	506	630	614	580	468	354	202	124	61	102	10	4	1	—	—	—	—	—
燕子磯區	257	557	790	846	719	590	418	261	177	124	145	24	3	1	—	—	—	—	—
上新河區	143	280	351	391	317	266	161	105	80	48	84	12	4	1	—	—	—	—	—
陵園區	21	95	125	123	99	72	58	41	25	13	20	8	2	—	1	—	—	—	1

表4 南京市常住人口籍貫

省市別	人口數		
	共計	男	女
總計	945,544	556,567	388 977
本市	251,639	134,335	117,334
江蘇	333,698	197,451	176,247
浙江	33,424	20,847	12,577
安徽	137,131	77,446	59,685
江西	9,752	5,549	4,163
湖北	23,739	13,615	10,034
湖南	23,064	13,678	9,386
四川	3,492	2,189	1,303
西康	117	93	24
河北	14,977	9,386	5,591
山東	29,463	18,143	11,338
山西	1,474	1,063	411
河南	7,710	4,895	2.814
陝西	1,234	753	481
甘肅	193	141	52
青海	137	122	15
福建	5,523	3,080	2.443
廣東	11,227	6,732	4,495
廣西	832	480	352
雲南	1.207	701	506
貴州	1,310	766	544
遼寧	1,563	857	706
吉林	373	220	153
黑龍江	67	44	23
熱河	124	82	42
察哈爾	76	57	19
綏遠	87	65	22
寧夏	9	9	—
新疆	55	53	2
上海	4,003	2,439	1,564
北平	2,807	1,609	1,193
天津	2.755	1,594	1,161
青島	38	23	15
西京	7	3	4
蒙古	60	43	17
西藏	25	18	7
哈爾濱	1	1	—
未詳	4,2131	37,947	4,184

—12—

表5 南京市常住人口住京年數

住京年數	人口數 共計	人口數 男	人口數 女
總計	945,544	556,567	388,977
未滿一年	78,233	45,811	32,428
1—2	82,501	48,974	33,527
2—3	62,135	37,800	24,335
3—4	51,295	30,744	20,551
4—5	34,352	20,204	14,148
5—9	98,882	56,689	42,193
10—14	50,925	28,354	22,571
15—19	33,072	18,310	14,762
20—24	29,482	16,909	12,573
25—29	18,434	10,421	8,013
30以上	81,930	43,764	38,166
未詳	324,297	198,587	125,710

表6 南京市常住人口年齡性別與婚姻狀況

年齡組	共計	男 共計	男 未婚	男 已婚	男 鰥	男 離異	男 未詳	女 共計	女 未婚	女 已婚	女 寡	女 離異	女 未詳
總計	945,544	556,567	231,444	222,497	9,486	99	93,041	388,977	149,783	193,967	21,158	46	24,023
不滿一歲	14,939	7,738	7,738	—	—	—	—	7,201	7,201	—	—	—	—
1	25,238	13,022	13,022	—	—	—	—	12,216	12,216	—	—	—	—
2	23,124	12,085	12,085	—	—	—	—	11,039	11,039	—	—	—	—
3	21,689	11,184	11,184	—	—	—	—	10,485	10,485	—	—	—	—
4	17,133	8,795	8,795	—	—	—	—	8,338	8,338	—	—	—	—
5	15,546	7,996	7,996	—	—	—	—	7,552	7,552	—	—	—	—
6—10	76,536	40,036	40,036	—	—	—	—	36,500	35,500		—	—	—
11—15	79,026	44,819	44,582	236	1	—	—	34,207	33,338	864	5	—	—
16—20	94,409	53,490	43,580	6,622	35	4	2,219	35,919	16,257	16,343	75	3	3,241
21—25	92,968	55,118	17,224	24,335	175	11	13,244	37,850	3,301	31,448	182	9	1,910
25—30	92,319	56,161	73,60	73,822	360	23	10,597	36,157	1,019	32,415	346	3	2,344
31—35	85,395	51,882	39,31	39,118	558	20	8,255	33,513	602	30,237	584	7	2,083
36—40	66,621	40,192	2,172	31,411	738	14	5,857	25,429	[illegible]	23,249	923	5	1,931
41—45	60,049	37,078	1,870	28,573	1,104	12	5,519	22,971	272	19,266	1,528	4	1,901
46—50	45,821	27,839	1,249	21,268	1,291	8	4,023	17,982	214	13,980	1,995	4	1,789
51—55	32,563	18,482	777	13,763	1,316	3	2,603	14,101	166	9,648	2,674	4	1,609
56—60	24,212	12,370	488	9,030	1,268	1	1,553	11,842	137	6,974	3,279	1	1,451
61—65	17,737	8,053	233	5,578	1,271	2	969	9,684	129	4,572	3,767	—	1,216
66—70	10,269	3,861	105	2,526	781	—	489	6,408	91	2,502	2,965	1	849
71—75	4,495	1,409	46	799	396	—	168	3,086	48	1,005	1,652	3	380
76—80	1,706	456	17	245	130	—	64	1,250	5	357	741	2	145
81—85	527	121	2	68	42	—	9	406	6	103	247	—	50
86—90	169	39	1	13	11	—	14	130	2	31	84	—	13
91—95	27	8	2	1	4	—	1	19	—	6	11	—	2
96—100	14	7	—	5	—	—	2	7	—	3	4	—	—
未詳	43,030	39,345	899	1,005	25	1	37,415	3,685	516	984	96	—	2,109

表7 南京市常住人口年齡業別與性別

年齡組	共計		農業		礦業		工業		商業		交通運輸		公務		自由職業		人事服務		無業		未詳	
	男	女	男	女	男	女	男	女	男	女	男	女	男	女	男	女	男	女	男	女	男	女
總計	556,567	388,977	32,068	7,260	215		255,130	2,726	157,418	5,674	28,210	319	78,942	1,273	16,591	3,664	15,065	193,586	161,843	156,783	11,079	17,690
0—15	145,675	127,538	2,881	1,269	6	—	2277	221	8,711	331	193	26	137	23	276	179	735	5,466	128,781	118,243	1,677	1,678
16—20	58,490	35,919	3,491	1,137	36	—	7,969	386	27,405	651	1,852	61	2,894	166	1,162	651	1,521	19,828	9,962	10,131	2,198	2,908
21—25	55,118	37,850	3,515	744	30	—	7,683	293	21,985	612	3,929	59	8,112	349	2,620	959	2,023	28,105	3,536	4,363	1,615	2,360
26—30	56,162	36,157	3,637	674	35	—	7,988	247	19,381	539	4,837	36	11,793	314	2,798	557	2,433	28,971	2,142	3,107	1,125	1,712
31—35	51,882	33,513	3,822	676	28	—	7,958	298	18,210	596	4,988	39	9,782	194	2,552	382	2208	27,055	1,789	2,659	845	1,614
35—40	40,192	26,429	3,445	555	19	—	5,807	268	14,786	593	3,815	20	6,784	101	1,816	190	1,719	21,272	1,443	2,141	556	1,289
41—45	37,078	22,971	3,326	565	20	1	5,283	274	15,354	605	3,595	22	4,551	40	1,430	135	1,474	18,302	1,480	1,908	555	1,119
46—50	27,839	17,982	2,710	459	25	1	3,599	193	12,140	455	2,330	12	2,869	17	1,062	113	1,082	14,037	1,52	1,732	467	963
51—55	18,462	14,101	1,999	388	11	—	2,209	194	7,874	437	1,418	18	1,545	16	770	92	710	10,401	1,516	1,738	410	817
56—60	12,370	11,842	1,508	320	2	—	1,390	131	5,357	338	668	13	674	9	610	79	416	7,963	1,391	2,093	354	891
61—65	8,053	9,684	1,023	254	2	—	720	99	3,271	264	257	7	281	5	419	96	281	5,574	1,497	2,591	202	784
66—70	3,861	6,408	485	126	1	—	255	63	1,392	132	87	5	92	3	226	78	135	3,326	919	2,120	168	555
71—75	1,409	3,086	107	48	—	—	102	25	463	54	19	—	28	—	74	35	69	1,360	467	1,289	80	275
76—80	455	1,250	29	12	—	—	29	11	126	24	5	—	9	1	29	10	19	533	181	549	29	105
81—85	121	406	8	3	—	—	5	3	38	5	3	—	1	—	3	5	5	133	51	213	7	44
86—90	39	130	1	1	—	—	4	—	9	3	1	—	1	1	1	1	2	38	18	78	2	8
91—95	8	19	—	—	—	—	—	—	6	—	—	—	—	—	1	—	—	3	1	13	—	3
96—100	7	7	—	—	—	—	1	—	3	—	—	—	—	—	2	—	—	2	1	5	—	—
未詳	39,345	3,685	87	19			2,057	20	897	35	182	1	29,349	34	738	102	233	1,257	5,113	1,702	669	565

表 8 南京市常住人口教育程度

年齡組	共計			大學程度			中學程度			小學程度			識字			不識字			未詳		
	共計	男	女	共計	男	女	共計	男	女	共計	男	女	共計	男	女	共計	男	女	共計	男	女
總計	945,544	556,567	388,977	23,567	21,403	2,164	54,680	40,896	13,784	97,886	66,448	31,438	154,468	131,002	23,466	488,852	228,810	260,042	126,091	68,008	58,083
0—5	117,651	60,820	56,831	—	—	—	—	—	—	2,266	1,342	924	1,018	635	383	114,367	58,843	55,524	—	—	—
6—12	106,060	55,585	50,475	—	—	—	—	—	—	24,487	20,653	13,834	11,150	7,198	3,952	50,936	23,184	27,752	9,467	4,550	4,937
13—20	143,911	87,760	56,151	691	491	200	13,752	9,131	4,621	26,866	18,044	8,822	27,430	22,482	4,958	57,552	28,165	29,387	17,610	9,447	8,163
21—25	92,968	55,118	37,850	3,195	2,537	658	11,162	7,661	3,501	10,309	7,561	2,748	17,879	15,072	2,807	38,381	16,642	21,739	12,042	5,645	6,397
26—30	92,319	56,162	36,157	5,255	4,671	584	9,457	6,993	2,464	8,300	6,327	1,973	17,460	14,917	2,543	40,205	18,072	22,133	11,612	5,182	6,430
31—35	85,395	51,882	33,513	4,774	4,401	373	6,906	5,461	1,445	5,898	4,573	1,325	16,222	13,925	2,297	40,809	19,046	21,763	10,786	4,476	6,310
36—40	66,621	40,192	26,429	3,459	3,284	175	4,547	3,760	787	3,632	2,856	776	12,647	10,874	1,773	33,714	15,860	17,854	8,622	3,558	5,064
41—45	60,049	37,078	22,971	2,282	2,221	61	3,035	2,621	414	2,514	2,136	378	12,324	10,969	1,355	31,957	15,793	16,144	7,957	3,338	4,619
46—50	45,821	27,839	17,982	1,553	1,502	51	1,885	1,662	223	1,469	1,258	211	9,585	8,630	956	25,074	12,169	12,905	6,254	2,618	3,636
51—55	32,563	18,462	14,101	873	858	15	974	884	90	789	653	133	6,718	6,007	711	18,495	8,308	10,187	4,714	1,749	2,965
56—60	24,212	12,370	11,842	403	395	8	546	498	48	472	380	92	4,809	4,238	571	14,188	5,614	8,574	3,794	1,245	2,549
61—65	17,137	8,053	9,684	151	149	2	319	288	31	316	254	62	3,329	2,880	449	10,623	3,598	7,025	2,999	884	2,115
65—70	10,269	3,861	6,408	53	51	2	127	111	16	142	101	41	1,727	1,424	303	6,248	1,701	4,547	1,972	473	1,499
71—75	4,495	1,409	3,036	18	16	2	46	33	8	53	33	26	677	509	168	2,737	597	2,140	958	216	742
76—80	1,705	456	1,250	6	5	1	20	15	5	15	9	6	213	143	70	1,092	210	882	360	74	286
81—85	527	121	405	2	2	—	4	2	2	3	3	—	55	34	21	347	57	290	116	23	93
86—90	169	39	130	2	1	1	2	1	1	1	—	1	15	10	6	109	15	94	39	12	27
91—95	27	8	19	1	—	1	—	—	—	1	1	—	2	2	—	12	3	9	11	2	9
96—100	14	7	7	1	1	—	1	1	—	—	—	—	5	3	2	5	1	4	2	1	1
未詳	43,030	39,345	3,685	848	818	30	1,867	1,769	98	347	261	866	11,191	11,050	141	2,021	932	1,089	26,756	24,515	2,241

表9 南京市男女學童數與人口數百分比

區別	學童數			人口數	百分比
	共計	男	女		
總計	106,060	55,585	50,475	902,514	11.75
第一區	12,579	6,566	6,013	129,195	9.74
第二區	9,653	5,040	4,613	67,260	11.06
第三區	9,107	4,590	4,517	83,098	10.85
第四區	16,478	8,715	7,763	133,278	12.36
第五區	16,154	8,436	7,718	135,982	11.88
第六區	7,835	4,109	3,726	76,326	10.27
第七區	8,218	4,277	3,941	75,406	10.90
第八區	3,688	1,933	1,755	30,768	11.99
孝陵區	5,324	2,768	2,556	35,470	15.01
燕子磯區	8,724	4,692	4,032	60,443	14.43
上新河區	7,533	4,037	3,496	48,080	15.67
陵園區	767	422	345	6,388	12.01

表10 南京市壯丁數與男子數百分比

區別	壯丁數	男子數	百分比
總計	240,432	517,222	46.49
第一區	39,873	78,543	50.77
第二區	25,016	50,675	49.37
第三區	21,858	48,399	45.16
第四區	31,312	73,546	42.57
第五區	34,192	76,796	44.52
第六區	23,927	44,174	54.16
第七區	21,437	44,524	48.15
第八區	8,452	17,616	47.98
孝陵區	7,679	19,022	40.37
燕子磯區	14,172	33,510	42.29
上新河區	10,159	26,306	38.77
陵園區	2,315	4,111	56.31

第　四　篇

統計分析

自第17頁至第68頁

第四篇　統計分析

I 全市戶口

【甲】戶口類別

（1）戶之類別　此次戶口統計之戶別　計分普通戶，棚戶，商戶，船戶，廟宇及公共處所五種，公共處所之中，包括官署，學校，醫院，救濟院，教堂及其他等類，按戶籍法內，關於戶之種類，計分普通戶，船戶，寺廟戶及公共戶四種，惟我國各大城市因公安，消防，衞生等關係，故於辦理戶口調查統計時，多有另列棚戶一項者，本市向例，亦復如是，茲特一併列入，以資參考。

（2）人口類別　西歷1872年聖彼得堡第八次國際統計會議，議決調查人口，可分三種，一、現住人口　二、常住人口，三、法律人口，現住人口，爲調查時調查區域內一切在場之人口，暫時他往者不列入，暫時來住者不剔除，常住人口，爲調查區域內一切常川居住之人口，凡常住而他往者仍須列入，暫時來住者應予剔除，法律人口，又稱本籍人口，爲一切在調查區域內有法律住所之人口，上述三種人口，除法律人口因調查困難，且用途較少，故鮮被採用外，至於現住人口與常住人口，則在人口調查統計時，必須擇定一種，或二者並用。惟二者各有短長，各國統計專家，聚訟紛紜，莫衷一是，就中尤以華卜理休氏（Fabricius）主用現住人口，梅野爾氏（Meyer）主用常住人口，各從多方面立論，反復辯難，最爲激烈，但結果尚不能判定孰爲優劣，惟有斟酌國情，並視其用途如何，自定取捨或兼收並蓄，按常住人口，對於自治方面，確較現住人口爲重要，此次人口調查統計，係南京特別市地方自治推進委員會主辦，其動機及應用範圍，亦偏重於自治方面，且在總複查時，對於暫時他往者，每多誤填現住，則在統計時，亦頗難算出真確之現住人口數，故決定以常住人口爲統計對象也，

【乙】人口總數

表11　南京市城鄉戶口總數

區別	戶數	人口數			戶量	性比例	面積	人口密度
		共計	男	女	（平均每戶人口數）	（每百女子所當男子數）	（方公里）	（每方公里人口數）
總計	181,476	945,544	556,567	388,977	5.21	143.08	465.85	2,024.51
城區共計	142,677	741,667	434,071	307,596	5.19	141.11	43.54	17,034.15
第一區	24,724	134,456	83,072	51,384	5.44	161.60	8.16	16,477.45
第二區	17,166	88,679	51,827	3[illegible],852	5.17	140.63	5.80	15,289.48
第三區	15,629	84,430	48,706	35,724	5.40	136.34	1.98	42,541.41
第四區	27,032	138,263	77,770	60,493	5.10	128.56	1.57	70,184.26
第五區	27,655	140,269	80,348	59,921	5.07	134.08	5.88	23,855.27
第六區	14,633	79,163	46,902	32,261	5.41	145.38	13.71	5,774.84
第七區	15,777	76,407	45,446	30,961	4.84	146.78	6.04	12,650.17
鄉區共計	38,799	203,877	122,496	81,381	5.25	150.52	422.31	482.77
第八區	7,325	30,916	17,704	13,212	4.22	133.99	422.31	482.77
孝陵區	7,558	50,518	33,745	16,773	6.68	201.18		
燕子磯區	13,205	63,472	35,272	27,200	4.80	133.35		
上新河區	9,707	51,805	29,926	21,879	5.33	136.67		
陵園區	1,004	7,166	4,849	2,317	7.14	206.60		

(1)本市常住人口　常住人口，本屬包括一切在場之常住者及暫時他往之常住者，而剔除暫時之來住者，故調查表內雖每有將暫時他往之人誤填現住，然對於統計常住人口，則仍屬無礙，總計全市常住人口，爲945,541人，男556,567人，女388,977人，詳見本章以下各節。(見表1)

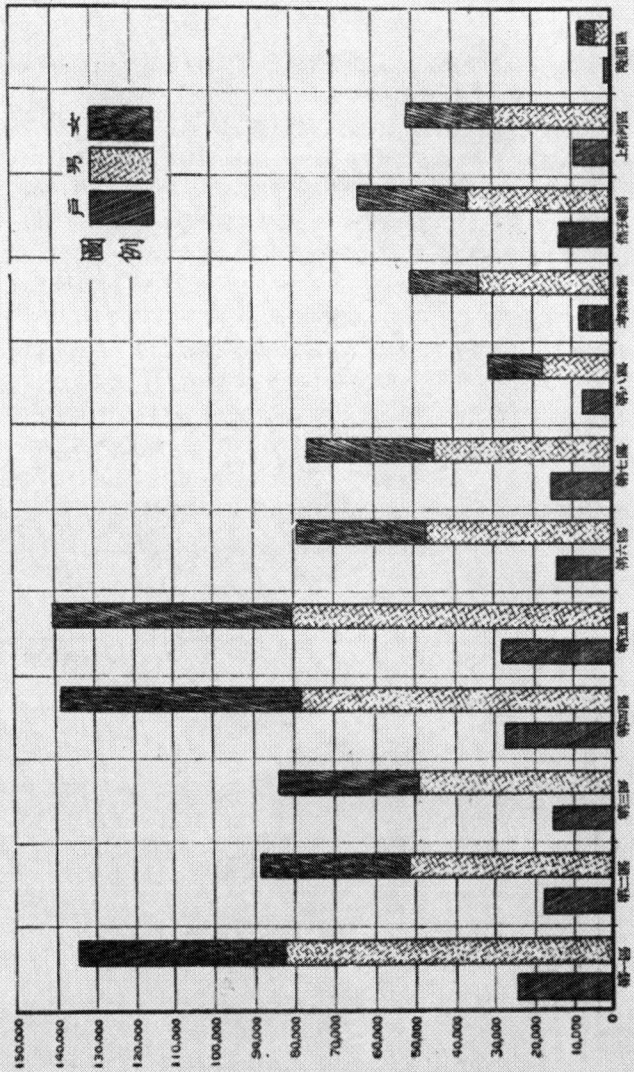

圖 1. 南京市各區戶口總數

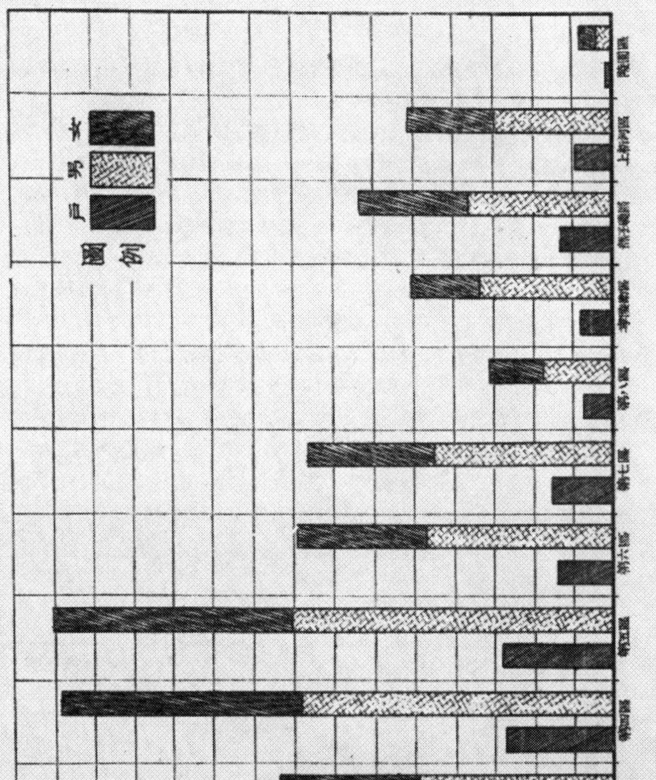

圖2. 南京市城鄉戶口數及其百分比

（2）常住人口與警廳調查人數相差之原因　按是年六月份首部警察廳調查本市人數爲973,158人，此次總複查係在七月四日舉行，爲期相近，而人數相差27,614人，考其原因，大約不外乎下列數種，(1)剔除暫時來住者（2）剔除旅外在半年以上者，(註一)(3)剔除重複人數　如在住戶已填，而在服務或營業處所重填者，(4)　剔除外國籍人口，若同時普查全國之現住人口與常住人口，則在理論上，兩數自應相等，或近於相等，但在一區域調查，則兩數相差較甚，大約鄉村人口，旅外謀生者多，暫來者少，故常住多於現住，最近之例，如民國二十五年四月一日至五日浙江蘭谿實驗縣調查全縣人口，其統計及分析報告中，謂該縣現住人口爲276,468人，常住人口爲285,928人，計常住人口多9,460人，而歸因於該縣他住人口較多，臨時寄居者較少之所致，城市人口則反是，尤以新興及繁榮之都市爲然，蓋彼絀此盈，形勢適相反也。

（註一）以一年中居住一地在六個月以上爲常住之界線，其說創自梅野爾氏（Meyer）雖經華卜理休氏（Fabricius）加以反對，謂其□限失之過長，然各國仍多採用之也。

（3）近年來本市人口之激增　民國元年南京人口爲269,000人，至民國十六年國民政府奠都南京，改置特別市，是年本市人口爲360,500人，至民國二十五年七月四日總複查，統計結果爲945,544人，比元年增加三倍半，比十六年亦增加一倍半以上，雖於民國二十四年三月省市劃界，市區擴大，增加三鄉區，據首都警察廳是月戶口數目統計表，計接收該三鄉區人口100,163人，然歷年人口增加之主要因素，仍在外來人口之不斷移入也。(見表12)

表12　南京市歷年人口數

（自民國元年至二十五年）

年份	人口數	年份	人口數
1年	269,000	14年	395,900
2年	269,000	15年	395,900
3年	277,120	16年	360,500
4年	368,800	17年	497,526
5年	378,200	18年	540,120
6年	377,549	19年	577,093
7年	376,291	20年	653,948
8年	392,100	21年	659,617
9年	392,100	22年	726,131
10年	380,200	23年	795,955
11年	380,900	24年	1 013,320*
12年	401,500	25年7月4日	945,544
13年	395,900		

見南京特別市地方自治推進委員會民國二十六年二月刊印之南京市自治工作概况第131頁。

*民國二十四年三月省市劃界，本市增加三鄉區，故人口驟增。

圖 3. 南京市歷年人口數

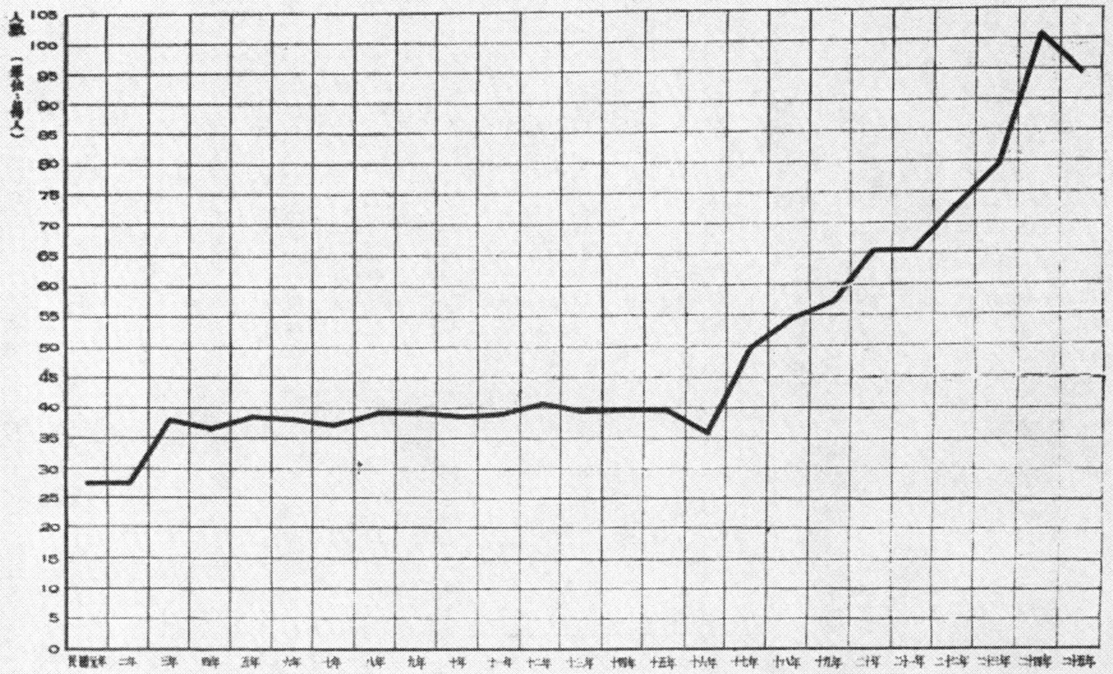
人數 (單位:萬人)
105
100
95
90
85
80
75
70
65
60
55
50
45
40
35
30
25
20
15
10
5
0
民國元年
二年
三年
四年
五年
六年
七年
八年
九年
十年
十一年
十二年
十三年
十四年
十五年
十六年
十七年
十八年
十九年
二十年
二十一年
二十二年
二十三年
二十四年
二十五年

【丙】各類戶數

全市總計有181,476戶，其中最足令人注意者，爲棚戶46,119戶，佔總戶數25.41%，表示全市戶數中有四分之一爲棚戶，即僅就城區而論，亦有24,057棚戶，即城區中約有六分之一爲棚戶。近年以來，政府方面曾努力建築平民住宅，收容貧民，而杯水車薪，究難有濟，此多數之棚戶，其對於公安，消防，衛生，道德各方面，有不良之影響，自不待言，此則政府及社會所宜從速設法救濟改善者也。其次則全市商戶總計有14,172戶，佔9.93%，即城區約有十分之一爲商戶，其中雖包括工廠，製造所，印刷所，作坊，磨坊等工業場所，但仍以商店居多，尤以小商店佔絕大多數。其次則全市公共處所有1916戶，佔1.06%，其中官署588所，佔公共處所之30.69%，學校351所，佔公共處所之18.32%，此則以首都爲政治中樞，亦爲文化中心也。(見表13,14,15.)

表13 南京市城鄉各類戶數

區別	共計	普通戶	棚戶	商戶	船戶	廟宇	公共處所							
							合計	官署	學校	醫院	養濟院	教堂	公所	其他
總計	181,476	116,722	46,119	15,902	409	403	1,916	598	351	178	72	17	87	623
城區共計	142,677	102,228	24,057	14,172	394	253	1,553	507	240	171	71	16	70	478
第一區	24 724	18,512	2,604	3,354	4	16	234	76	29	29	—	2	26	72
第二區	17,166	12,222	3,036	1,586	11	27	284	96	29	13	66	3	9	68
第三區	15,629	13,057	170	2,174	64	31	133	34	22	16	1	3	11	46
第四區	27,092	19,768	5,038	1 942	—	84	260	54	46	89	4	—	6	61
第五區	27,656	19,843	5,213	2,290	2	78	230	70	58	5	—	5	8	84
第六區	14,633	10,448	2,790	1,091	—	33	271	122	40	12	—	2	5	90
第七區	15,777	8,378	5,206	1,735	303	14	141	55	16	7	—	1	5	57
鄉區共計	38,799	14,494	22 062	1,730	25	125	363	81	111	7	1	1	17	145
第八區	7,325	2,774	4 233	251	14	2	51	11	11	1	—	—	1	27
孝陵區	7,558	3,831	3,365	270	—	39	53	12	18	2	—	—	4	17
燕子磯區	13 205	4,942	7,502	546	10	57	148	31	48	—	1	1	6	58
上新河區	9 707	2 243	6,727	621	1	25	90	23	28	4	—	—	6	29
陵園區	1,001	704	233	42	—	2	21	1	6	—	—	—	—	14

表14 南京市各類戶數百分比

區別	共計	普通戶	棚戶	商戶	船戶	廟宇	公共處所
總計	100.00	64.32	25 41	8.76	0.23	0 22	1 06
城區共計	100 00	71.65	16 86	9.93	0 27	0 20	1.09
第一區	100.00	74.87	10.53	13 57	0.02	0.06	0.95
第二區	100.00	71.20	17.69	9.24	0.06	0.16	1.65
第三區	100.00	83.54	1.09	13.91	0.41	0.20	0.85
第四區	100.00	72.97	18.60	7.16	—	0.31	0.96
第五區	100.00	71.75	18.85	8.28	0.01	0.28	0.83
第六區	100.00	71.41	19.07	7.45	—	0.22	1.85
第七區	100.00	53.11	32.99	11.00	1.92	0.09	0.89
鄉區共計	100.00	37.36	56 86	4.46	0.06	0.32	0 94
第八區	100.00	37.87	57.79	3.43	0.19	0.03	0.69
孝陵區	100.00	50.69	44.52	3.57	—	0.52	0.70
燕子磯區	100.00	37.43	56.81	4.13	0.08	0.43	1.12
上新河區	100.00	23.11	69.30	6.39	0.01	0.26	0.93
陵園區	100.00	70.12	23.41	4.18	—	0.20	2.09

圖4. 南京市城鄉各區各類戶數百分比

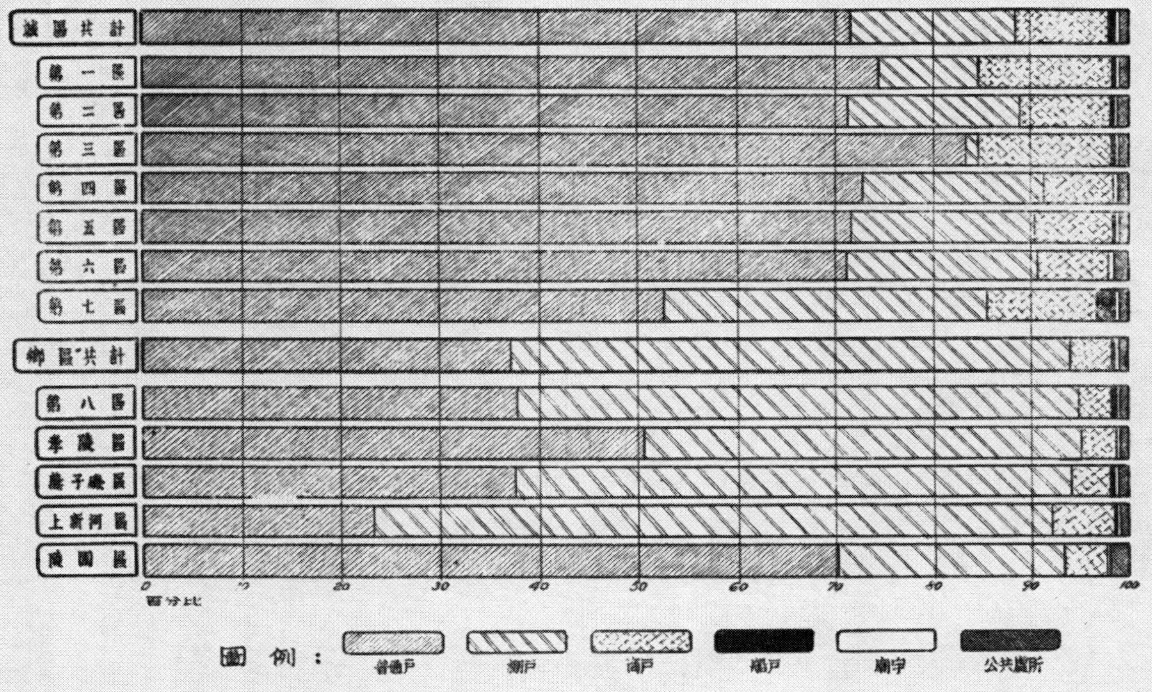

表15　南京市公共處所百分比

區別	公共處所							
	共計	官署	學校	醫院	養濟院	教堂	公所	其他
總計	100.00	30 69	18.32	9 29	3.76	0.89	4.54	32.51
城區共計	100.00	32.65	15.45	11.01	4.57	1.03	4 51	30.78
第一區	100.00	32.48	12.39	12.39	—	0.86	11.11	30.77
第二區	100.00	33.30	10.21	4.58	23.24	1.06	3.17	23.94
第三區	100.00	25.56	16.54	12.03	0.75	2.26	8.27	34.59
第四區	100.00	20.77	17.69	34.23	1.54	—	2.31	23.46
第五區	100.00	30.44	25.22	2.17	—	2.17	3.48	36.52
第六區	100.00	45.02	14.76	4.43	—	0.74	1.84	33.21
第七區	100.00	39.01	11.35	4.96	—	0.71	3.55	40.42
鄉區共計	100.00	22 31	30 58	1.93	0 28	0.28	4.68	39.94
第八區	100.00	21.57	21.57	1.96	—	—	1.96	52.94
孝陵區	100.00	22.64	33.96	3.77	—	—	7.55	32.08
燕子磯區	100.00	22.97	32.43	—	0.68	0.68	4.06	39.18
上新河區	100.00	25.56	31.11	4.44	—	—	6.67	32.22
陵園區	100.00	4.76	28.57	—	—	—	—	66.67

【丁】城市人口與鄉村人口

城市人口與鄉村人口，其性比例，年齡分佈，職業分佈，人口密度，戶量，婚姻狀況，出生率，死亡率，識字程度等各種構成之內容，均不相同，故應分別研究。南京雖屬大城市，但近年市區擴大，除舊有城區外，新加鄉區，故在本市之內顯然分出城鄉人口之別，應就主要各點，分別討論，詳見下邊各章。

按城市人口與鄉村人口之分類標準，各國原不一致，如義大利規定以人口在五千人以下之區域爲鄉村；美國定爲二千五百人以下，德國定爲二千人以下，本市之鄉區，係根據自治區劃分，不以人口數之多寡爲標準，城區人數計 741,667 人，佔總人口數 78.44% 鄉區人口數計 203,877 人，佔總人口數 21.56%。(見表11,16)

表16　南京市城鄉人口百分比

城鄉別	戶數	口數	對總人口數之百分比
全市	181,476	945,544	100.00
城區	142,677	741,667	78.44
鄉區	38,799	203,877	21.56

圖 5. 南京市城鄉之公共處所

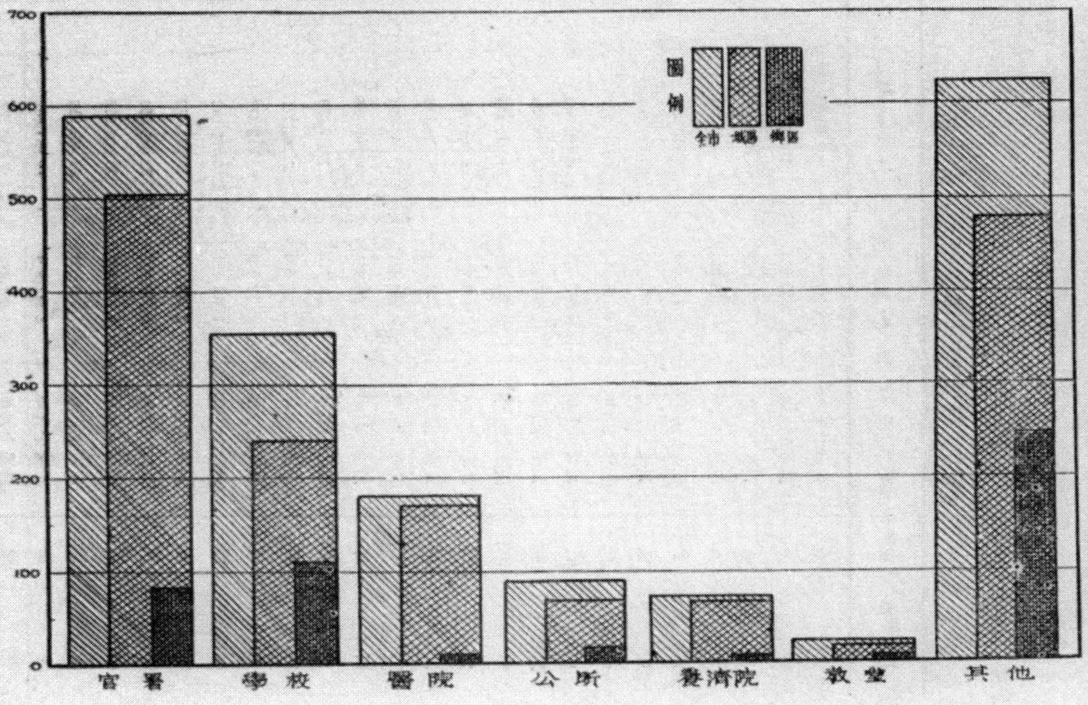

【戊】戶量

人口統計中所稱之戶，乃基於經濟關係之生活集團，故亦稱經濟家庭，戶量即平均每戶之人數，我國各地戶量，大約總在五人左右，劉大鈞氏在國際統計會議報告，亦謂我國各省戶量，大都在五人以上。本市全市平均戶量爲，5.21，城區與各鄉區所差無幾城區爲5.19鄉區爲5.25。(見表17)普通戶之每戶人口分佈，城鄉亦大無差別。(見表18,19)

表17 南京市與各省市之戶量比較

地域別	調查年份	戶數	口數	戶量
南京	民國廿五年	181,476	945,543	5.21
上海	民國二十二年	377,332	1,846,167	4.89
北平	民國二十二年	295,072	1,486,996	5.03
青島	民國二十二年	85,360	437,721	5.12
江蘇	民國二十二年	6,335,071	31,897,255	5.03
安徽	民國二十二年	3,686,282	22,093,000	5.99
浙江	民國二十一年	4,705,456	20,331,737	4.32
福建	民國二十年	1,814,133	9,108,533	5.02
廣西	民國二十二年	1,877,000	10,778,100	5.74
雲南	民國二十一年	2,338,272	11,735,486	5.04
貴州	民國二十二年	1,603,817	6,906,361	4.31
江西	民國二十二年	2,334,175	11,660,160	4.99
湖北	民國二十二年	4,882,631	25,042,654	5.12
四川	民國五年	9,950,246	50,766,336	5.10
青海	民國二十二年	235,711	1,009,038	4.93
新疆	民國十七年	530,910	2,551,741	4.80
寧夏	民國二十二年	73,030	412,477	5.64
陝西	民國二十一年	1,975,379	9,752,015	4.93
山西	民國二十年	2,209,019	11,971,423	5.41
河南	民國二十二年	5,770,687	32,845,585	5.69
山東	民國十九年	6,631,977	36,502,636	5.50
河北	民國十九年	5,018,500	28,463,530	5.67
遼寧	民國十九年	2,311,315	25,253,682	6.60
吉林	民國十八年	1,062,823	7,332,222	6.90
黑龍江	民國十七年	649,072	3,724,738	5.73
熱河	民國十八年	531,438	2,276,633	4.12
察哈爾	民國二十二年	418,976	2,102,783	5.01

表 18 南京市城鄉普通戶每戶人口數

區別	共計	一人	二人	三人	四人	五人	六人	七人	八人	九人	十人	十一—十五人	十六—二〇人	二十一—二十五人	二十六—三十人	三十一—三十五人	三十六—四十人	四十一—四十五人	四十六—五十人	五十一人以上
總計	116,772	6,512	18,035	21,416	19,752	15,446	11,489	7,976	5,236	3,552	2,619	3,534	740	197	94	27	15	12	4	16
城區共計	102,228	5,729	16,138	18,930	17,224	13,364	9.837	6.848	4,542	3,094	2,350	3,155	690	181	88	25	12	12	4	15
第一區	18,512	991	3,080	3,503	3,113	2,368	1,702	1.135	823	625	458	535	116	29	15	5	2	3	1	3
第二區	12.222	540	2,017	2,341	2,009	1,641	1,182	872	517	378	265	352	73	15	10	4	—	2	1	3
第三區	13,057	759	2.003	2,369	2,231	1,605	1,330	851	609	392	300	420	121	36	15	4	5	—	—	2
第四區	19,768	1,126	2 976	3,498	3,403	2,633	1,957	1.364	952	600	416	613	137	51	19	10	2	4	2	5
第五區	19.813	1,103	3,030	3.603	3,346	2 685	1,917	1.328	870	560	453	723	157	32	23	2	2	3	—	1
第六區	10,448	673	1,470	1,854	1,635	1,325	1,001	833	484	365	330	394	55	15	3	—	—	—	—	1
第七區	8'378	537	1,557	1,757	1,467	1.107	748	465	287	174	123	128	21	3	3	—	1	—	—	—
鄉區共計	14,494	783	1.947	2,436	2 528	2.032	1 652	1.128	694	458	269	379	60	16	6	2	3	—	—	1
第八區	2,774	187	479	590	554	367	256	137	85	52	23	28	6	3	3	1	3	—	—	—
孝陵區	3,831	175	506	630	614	580	468	354	202	124	61	102	10	4	1	—	—	—	—	—
燕子磯區	4,942	257	597	790	846	719	590	418	261	177	124	145	24	3	1	—	—	—	—	—
上新河區	2,243	143	280	351	391	317	268	161	105	80	48	84	12	4	1	—	—	—	—	—
陵園區	704	21	95	125	123	99	72	53	41	25	13	20	8	2	—	1	—	—	—	1

表19 南京市普通戶每戶人口數百分比

區別	共計	一人	二人	三人	四人	五人	六人	七人	八人	九人	十人	十一－十五人	十六－二〇人	二十一－二十五人	二十六－三十人	三十一－三十五人	三十六－四十人	四十一－四十五人	四十六－五十人	五十一人以上
總計	100.00	5.58	15.49	18.35	16.92	13.21	9.84	6.83	4.49	3.04	2.24	3.03	0.65	0.17	0.08	0.02	0.01	0.01	0.01	0.01
城區共計	100.00	5.60	15.79	18.52	16.85	13.07	9.61	6.70	4.43	3.03	2.30	3.08	0.66	0.17	0.09	0.02	0.01	0.01	0.04	0.02
第一區	100.00	5.35	16.64	18.95	16.80	12.79	9.19	6.18	4.45	3.38	2.47	2.80	0.68	0.16	0.08	0.03	0.01	0.01	0.01	0.01
第二區	100.00	4.42	16.50	19.15	16.44	13.43	9.67	7.13	4.23	3.09	2.17	2.88	0.60	0.13	0.08	0.03	—	0.02	0.01	0.02
第三區	100.00	5.81	15.38	18.14	17.06	12.29	10.19	6.52	4.66	3.00	2.30	3.22	0.93	0.28	0.11	0.03	0.03	—	—	0.02
第四區	100.00	5.70	15.05	17.70	17.21	13.32	9.90	6.90	4.82	3.04	2.10	3.10	0.69	0.26	0.10	0.05	0.01	0.02	0.01	0.02
第五區	100.00	5.56	15.27	18.16	16.86	13.53	9.66	6.69	4.38	2.82	2.31	3.04	0.79	0.16	0.12	0.01	0.01	0.02	—	0.01
第六區	100.00	6.44	14.07	17.75	15.84	12.68	9.58	7.97	4.63	3.49	3.16	3.68	0.53	0.14	0.03	—	—	—	—	0.01
第七區	100.00	6.41	18.58	20.97	17.51	13.21	8.93	5.54	3.43	2.08	1.47	1.52	0.25	0.04	0.04	—	0.01	—	—	—
鄉區共計	100.00	5.40	13.43	17.16	17.44	14.36	11.40	7.78	4.79	3.16	1.86	2.62	0.41	0.11	0.04	0.01	0.02	—	—	0.01
第八區	100.00	6.74	17.27	21.27	19.97	13.23	9.22	4.94	3.06	1.87	0.83	1.01	0.22	0.11	0.11	0.04	0.11	—	—	—
孝陵區	100.00	4.57	13.21	16.44	16.05	15.14	12.22	9.24	5.27	3.24	1.59	2.66	0.26	0.10	0.03	—	—	—	—	—
燕子磯區	100.00	5.20	11.87	15.99	17.12	14.55	11.94	8.46	5.28	3.58	2.51	2.93	0.49	0.06	0.02	—	—	—	—	—
上新河區	100.00	6.38	12.48	15.64	17.48	14.18	11.86	7.18	4.68	3.57	2.14	3.74	0.54	0.18	0.05	—	—	—	—	—
陵園區	100.00	2.98	13.49	17.77	17.47	14.06	10.23	8.24	5.83	3.55	1.85	2.84	1.18	0.28	—	0.14	—	—	—	0.14

共佔72.1%，卽此亦可見移入人口之衆矣。以上乃就本籍而論，若欲查悉寄籍人數，則可參照表21內住京滿一年以上之人數也。（見表4，20）

【己】人口密度

人口之多寡，不徒以人口之絕對數爲衡，須視其與土地面積之比率而定，卽就其密度而定人口之大小也。本市自奠都以來，人口激增，此次統計結果，全市人口密度爲每方公里2,024人，其中城區之密度爲每方公里17,034人，鄉區則每方公里僅482人。查全市面積4.5.85方公里，鄉區面積佔422.31方公里(註一)城區面積僅43.54方公里，鄉區較城區幾大至十倍，惟鄉區中除第八區外，盡屬農村，人口本遠不及城區之繁庶，而劃入市區，亦爲時未久，尙少受人口移入之影響，故人口密度遠不及城區也。

(註一)鄉區只有總面積其分區面積尙未經實測。

圖6. 南京市城鄉各區之戶量

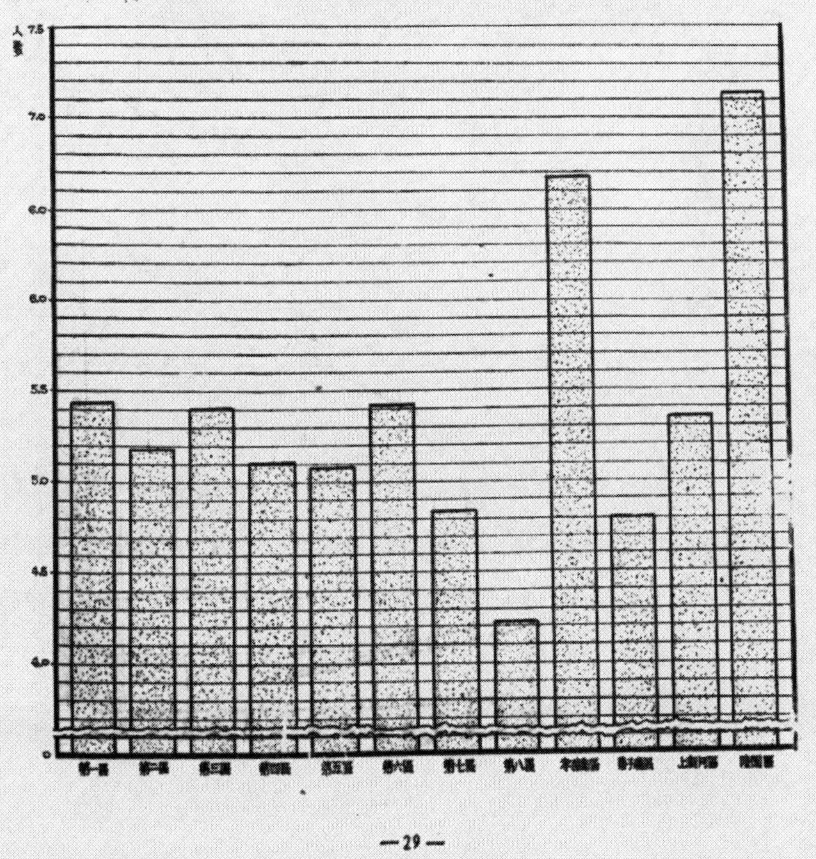

圖 7. 南京市城鄉普通戶每戶人口數百分比

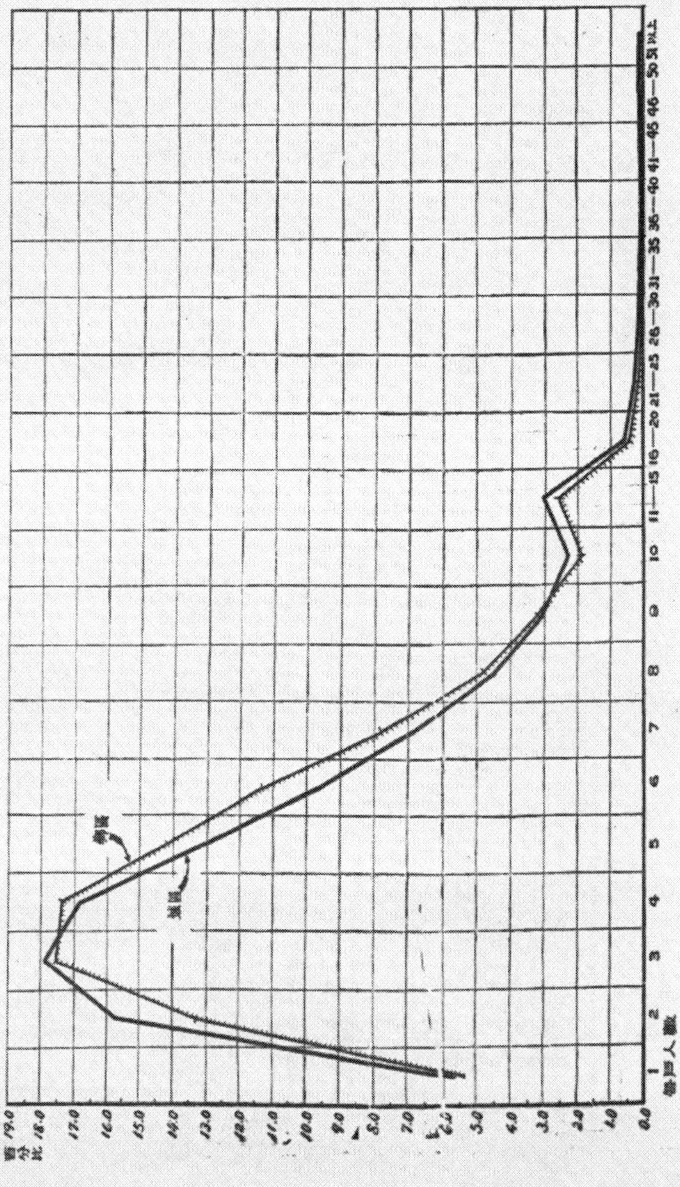

圖8. 南京市人口密度

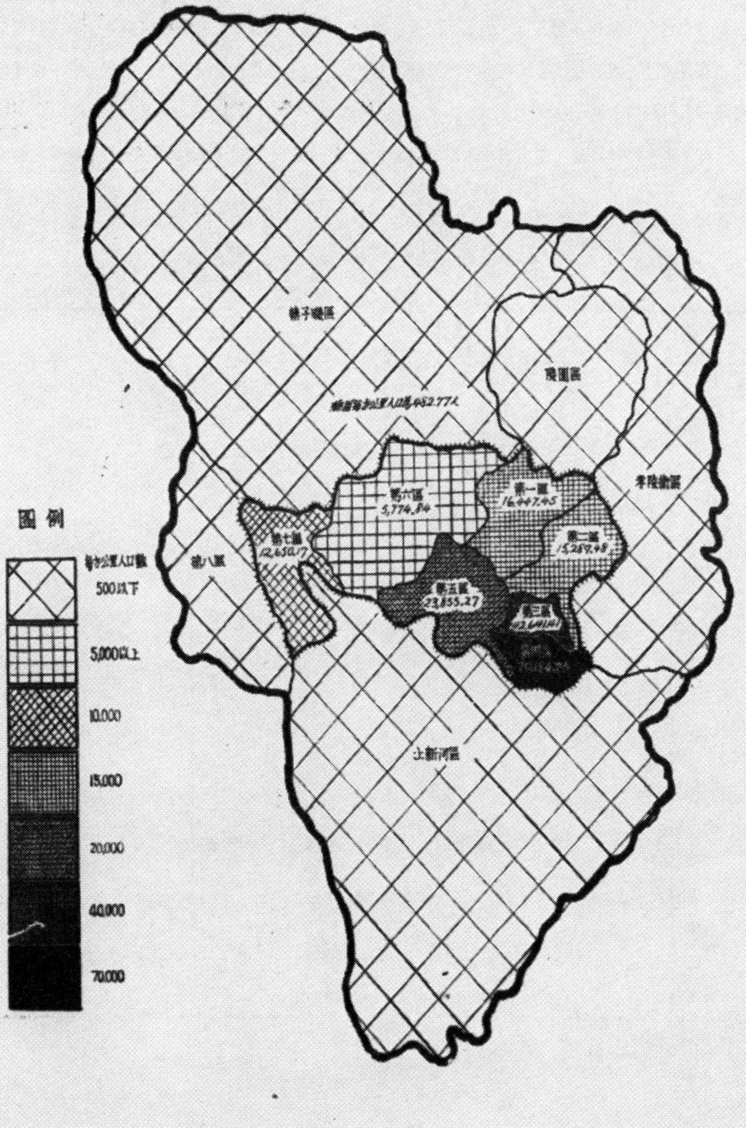
燕子磯區
陵園區
孝陵衛區
第六區
5,774.84
第一區
16,447.45
第二區
15,287.48
第七區
12,650.17
第五區
23,855.27
第三區
上新河區
圖例
每方公里人口數
500以下
5,000以上
10,000
15,000
20,000
40,000
70,000

【庚】籍貫

（1）調查籍貫之功用　人口籍貫之調查統計，本屬困難，故在1863年柏林第五次國際統計會議時，雖曾議決於人口普查時兼查本籍人口，但各國仍鮮有採用者，如瑞典之特別注重調查籍貫，則尤爲僅見，惟籍貫之調查統計，雖屬困難，然果能查得實相，則對於自治，選擧，兵役等行政上之應用，至爲宏大，兼可借知人口移動之狀況也。

（2）本市常住人口之籍貫　本市常住人口之籍貫，包括全國二十八省，六特別市及蒙古西藏兩地方，其中在南京市有本籍者，計251,669人僅佔27.9%，（未詳者除外）其餘非本籍人口。

表20　南京市常住人口籍貫百分比

省市別	百分比
總計	100 000
本市	27,858
江蘇	36.937
浙江	3.699
安徽	15.179
江西	1.079
湖北	2.624
湖南	2.558
四川	.388
西康	.013
河北	1.658
山東	5.263
山西	.163
河南	.853
陝西	.137
甘肅	.021
青海	.015
福建	.611
廣東	1.243
廣西	.092
雲南	.133
貴州	.145
遼寧	.173
吉林	.041
黑龍江	.007
熱河	.014
察哈爾	009
綏遠	.010
寧夏	.001
新疆	.006
上海	.444
北平	.810
天津	.305
青島	.004
西京	.001
蒙古	.008
西藏	.008
哈爾濱	—

圖9. 南京市常住人口之籍貫

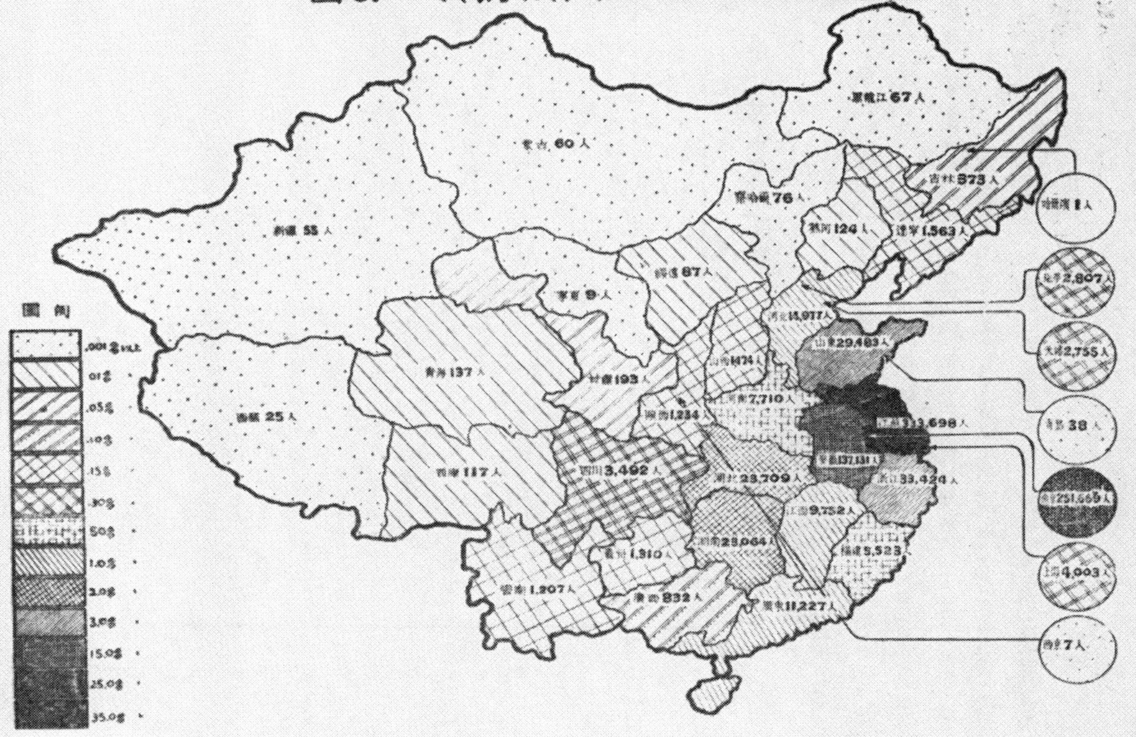

【申】住京年數

本市常住人口住京年數之統計，可藉以粗知歷年移入人口概況，惜漏填即未詳之人數，共有 324,297人之多，約佔總人口三分之一，故難獲正確之統計，茲僅就已經查明者而論，則住京未滿一年者，佔12.60%，未滿二年者，13.28%，未滿三年者10.00%，未滿四年者8.26%，未滿五年者5.53%，共計49.67 %即在前五年間移入本市之常住者，約佔總人口之半數，（未詳者除外），而住京五年至未滿十年者佔 15.90%，即在再前五年間，移入本市常住者，約佔總人口六分之一，藉此亦略可察知近十年來本市移入人口之增加趨勢矣。（見21表）

表21 南京市常住人口住京年數及其百分比

住京年數	人口數			百分比		
	共計	男	女	共計	男	女
總計	945,544	556,567	388,977	100.00	100.00	100.00
未滿一年	78,239	45,811	32,428	12.60	12.80	12.32
1—2	82,501	48,974	33,527	13.28	13.68	12.74
2—3	62,135	37,800	24,335	10.00	10.56	9.24
3—4	51,295	30,744	20,551	8.26	8.59	7.80
4—5	34,352	20,204	14,148	5.53	5.64	5.37
5—9	98,882	56,639	42,193	15.90	15.83	16.03
10—14	50,925	28,354	22,571	8.20	7.92	8.57
15—19	33,072	18,310	14,762	5.32	5.12	5.60
20—24	29,482	16,909	12,573	4.75	4.72	4.78
25—29	18,434	10,421	8,013	2.97	2.91	3.06
30以上	81,933	43,754	38,166	13.19	12.23	14.50
未詳	324,297	198,587	125,710	—	—	—

圖10. 南京市常住人口住京年數百分比

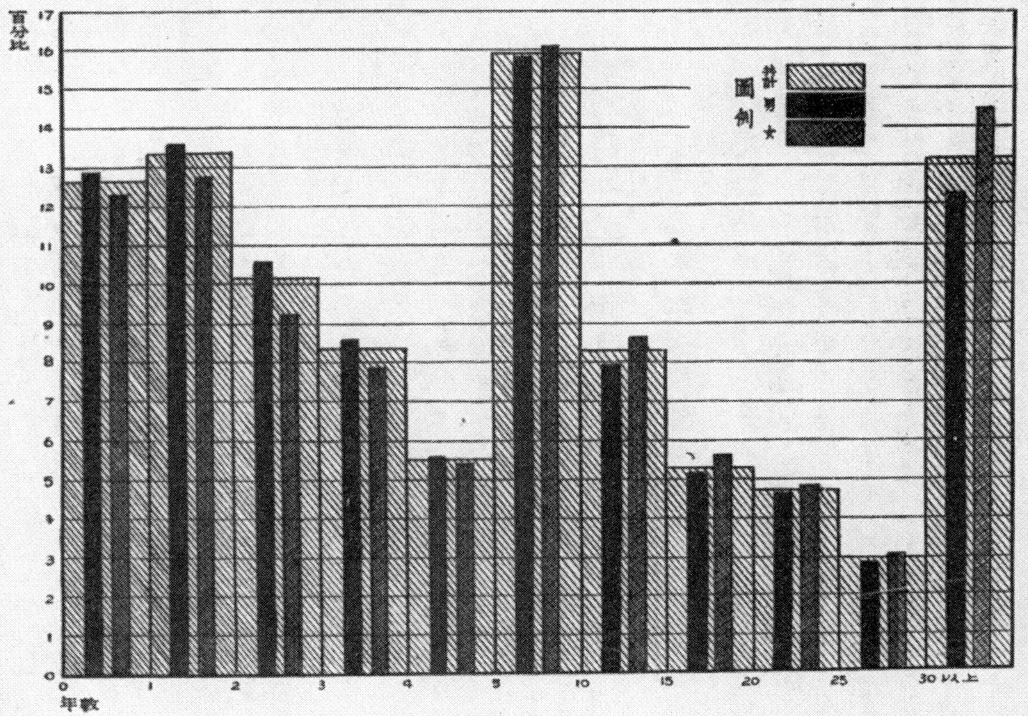

II 性 比 例

【甲】我國人口之性比例

我國人口之性比例，據各方面調查結果，均屬甚高，查國民政府主計處統計局編印之中華民國統計提要二十四年輯所載各省市平均性比例爲每百女子所當男子數122.45，高出世界各國人口性比例之上，又據衛生署統計室編印之民國二十五年四月生命統計參考資料所載各人口專家在各省三十一處抽樣調查結果之平均性比例爲113.4，；又各省二十五處鄉村人口抽樣調查結果之平均性比例爲110.4，復查國內十五大城市二十五年六月之平均性比例則爲144.42，較全國或鄉村之性比例爲尤高，此則各國共同之現象，惟我國大都市之性比例高出更多耳。（見表11，22，23，24，）

表22南京市與各國之性比例比較

地域別	調查年份	性比例	地域別	調查年份	性比例
南京	1933	143.08	比利時	1930	98.1
中華民國		122.45(1) 113.4 (2)	瑞典	1930	97.0
南非聯邦	1921	114.0	捷克斯拉夫	1920	96 0
坎拿大	1921	106.0	丹麥	1930	95.7
印度	1932	105.8	意大利	1931	95.7
朝鮮	1926	105.0	匈牙利	1930	95.7
台灣	1926	105.0	墨西哥	1921	95.0
澳洲	1921	103.0	西班牙	1920	94.2
美國	1930	102.5	德國	1925	93.7
巴西	1920	102.0	挪威	1920	93.7
羅馬尼亞	1920	101.5	土耳其	1927	93.0
日本	1932	101.1	俄國	1526	93.0
埃及	1921	101.0	奧國	1923	92.9
保加利亞	1926	100.3	瑞士	1920	92.9
暹羅	1919 20	100.0	蘇格蘭	1931	92.4
秘魯	1920	99.0	法國	1926	92.3
芬蘭	1521	99.0	英格蘭及威爾斯	1531	92.0
荷蘭	1930	98.8	葡萄牙	1920	90.0

說明：（1）見國民政府主計處統計局編印二十四年輯中華民國統計提要第二二七頁。

（2）係根據近年各人口專家三十一處抽樣調查之結果。

表23 南京市等十五大城市之性比例

（民國二十五年六月）

城市別	男	女	性比例
南京	556,567	388,977	143.08*
西安	84,382	48,161	175.21
長沙	283,706	167,718	169.15
北平	971,767	601,437	161.60
濟南	266,173	168,963	157.53
青島	281,212	184,700	152.30
杭州	338,581	229,587	147.50
漢口	468,653	327,690	143.02
南昌	165,073	115,019	143.51
鎮江	113,980	80,270	142.01
天津	623,126	439,511	141.80
上海	1,160,601	855,365	135.70
武昌	254,191	190,652	133.32
廣州	575,542	438,340	131.31
福州	198,932	158,798	125.30

說明：* 民國二十五年七月四日調查結果。

除南京市外其餘各城市之男女數見統計季報第八號參考資料第一表

表24 南京市與各省市之性比例比較

省市別	調查年份	男	女	性比例
南京	民國二十五年	556,567	388,977	143.08
上海	民國二十二年	1,056,617	779,934	135.46
北平	民國二十三年	413,458	573,538	159.27
青島	民國二十三年	266,056	171,665	154.99
西京	民國二十三年	76,553	45,030	168.35
江蘇	民國二十三年	……	……	……
安徽	民國二十三年	12,197,056	9,895,944	123.25
浙江	民國二十一年	11,195,393	9,136,345	122.54
福建	民國二十年	5,251,922	3,856,611	136.18
廣東	民國二十一年	……	……	……
廣西	民國二十二年	6,028,300	4,751,800	126.82
雲南	民國二十一年	6,095,549	5,699,937	106.94
貴州	民國二十二年	3,491,250	3,415,111	102.23
湖南	民國二十一年	……	……	……
江西	民國二十二年	……	……	……
湖北	民國二十二年	13,596,190	11,446,464	118.78
四川	民國五年	28,751,057	22,015,279	130.60
西康	民國二十三年	……	……	……
青海	民國二十三年	……	……	……
新疆	民國十七年	1,414,228	1,137,513	124.33
甘肅	民國二十二年	……	……	……
寧夏	民國二十三年	230,834	181,643	127.08
陝西	民國二十一年	5,475,996	4,276,019	128.06
山西	民國二十年	6,852,982	5,118,441	133.89
河南	民國二十二年	17,665,452	15,180,133	116.37
山東	民國十九年	19,627,948	16,874,688	116.32
河北	民國十九年	15,274,152	13,192,378	115.78
遼寧	民國十九年	8,457,165	6,795,521	124.43
吉林	民國十八年	4,140,919	3,196,403	129.55
黑龍江	民國十七年	2,124,964	1,599,774	132.83
熱河	民國十八年	1,267,352	1,009,283	125.57
察哈爾	民國二十二年	1,184,196	918,592	128.91
綏遠	民國二十二年	1,165,548	734,274	158.73
蒙古	民國十七年	……	……	……
西藏	民國十七年	……	……	……

見國民政府主計處統計局中華民國統計提要第227頁

【乙】 本市人口之性比例

此次統計結果，全市人口之性比例為143.08，，與國內十五大城市之平均性比例 144.42 相近，但與各國及國內各省或鄉村之性比例比較，則嶄然高出，考其原因，並非本市之男子出生特多於女子，故不能在生理上求答案，至社會上之關係，如重男輕女等習慣，足使兩性之養育不平等，固亦為性比例增高之一因，但此乃東亞各國之城市與鄉村所共同之現象，毋寧謂鄉村方面更甚於城市，且影響亦不至如此之大，實由近年以來本市移入人口激增，而移入人口中，多屬來京就業或謀事之男性，故形成高度之性比例也。據南京市生命統計聯合辦事處統計報告，在二十三年七月至二十四年六月之一年間，本市男女嬰兒出生性比例為111，雖較各省227醫院平均接生男女嬰兒之性比例108.5為高，但尚不及本市人口性比例遠甚，足見影響不大，而查本市之本籍與非本籍人口，則其性比例大不相同，（籍貫未詳者不計）本籍人口之性比例為114.48，與上述各省抽樣調查性比例113.4相近，非本籍人口之性比例為 143.68，與國內十五大城市之平均性比例相近，足資證明。又本章第四節所述本市人口年齡分組之性比例中，以十六歲至五十歲各組之性比例為特高亦其一證也，（見表11，25.）

表 25 南京市本籍與非本籍之人口性比例

籍貫別	男	女	性比例
總計	556,567	398,977	143.08
本籍	134,335	117,334	114.49
非本籍	384,285	267,459	143.68
未詳	37,947	4,184	900.70

【丙】 本市人口與鄉村人口之性比例

通常城市人口性比例概視鄉村為高，尤以大都市為然，查本市之全市人口性比例為143.08，其中城區為141.12，而鄉區則為150.52，反高出城區之上，一見似乎頗不合理，實因鄉區中之孝陵衛駐紮軍隊多人，陵園公務男性佔絕大多數，有以致之，此乃特別情形，非可一概而論，而鄉區中之其他三區，則性比例均低於城區也。（見表11）

圖11. 南京市城鄉人口之性比例

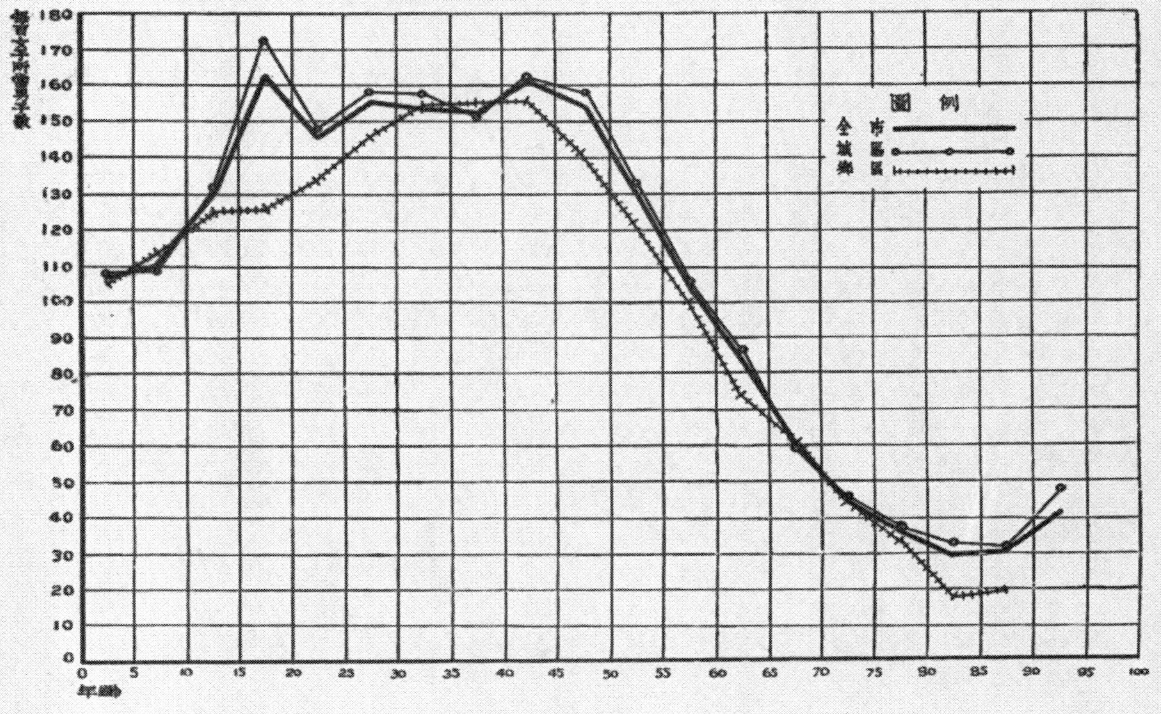

【丁】 年齡分組之之性比例

研究人口性比例，就各年齡組分別比較，更爲精確，查南京全市及城區人口各年齡分組之性比例，在未滿一歲至六十歲，均男高於女，六十一歲以上，則女高於男，（城區中 6—100 一組稍異）鄉區自未滿一歲至五十五歲，男高於女，五十六歲以上，女高於男，此亦各地普通之現象，惟全市及城鄉區，均以十六歲至五十歲之壯年層性比例特高，則充分表現本市人口之都市性，蓋以壯年男性移入較多故也。（見表26）

表26 南京市城鄉人口年齡分組之性比例

區別	項別	共計	年齡組 0—5	6—10	11—15	16—20	21—25	26—30	31—35	36—40	41—45	46—50
全市	男	517.222	60 820	40,036	44,819	58 493	55,118	56,162	51.882	40 192	37,078	27,839
	女	382.292	56,831	36,503	34,207	35.919	37,830	33,157	33,513	26,429	22,911	17,982
	性比例	*100*	*107.01*	*109.70*	*131.02*	*162.84*	*145.62*	*155.32*	*154.81*	*152.10*	*161.41*	*154.81*
城區	男	416.657	46,252	20,016	35,072	49,314	36,025	46,742	42,573	32,356	19,889	22,551
	女	374 708	43,169	27,728	26 396	28,570	31 054	29,661	27 111	21 377	18,353	14,256
	性比例	*100*	*107.14*	*108.25*	*132.86*	*172.60*	*148.20*	*157.58*	*157.03*	*151.49*	*162.85*	*158.18*
鄉區	男	100 565	14,563	10 020	9,747	9,176	9,093	9,420	9 309	7,806	7,189	5,288
	女	80,584	13,662	8,772	7,811	7,449	6,796	6,496	6,402	5,012	4,618	3,726
	性比例	*100*	*106.63*	*114.22*	*124.78*	*124.86*	*133.79*	*145.01*	*145.40*	*154.51*	*155.67*	*141.92*

表26 南京市城鄉人口年齡分組之性比例(續)

區別	項別	共計	年齡組 51—55	56—60	61—65	66—70	71—75	76—80	81—85	86—90	91—95	96-100
全市	男	157.222	18,462	12,370	8,053	3,661	1,409	456	121	39	8	7
	女	285,232	14,101	11,842	9,684	6,403	3,086	1 250	406	130	19	7
	性比例	*100*	*130.92*	*104.45*	*83.15*	*60.25*	*45.65*	*36.48*	*29.80*	*30.00*	*42.11*	*100*
城區	男	416 657	14,748	9,859	6,463	3,062	1,175	379	103	34	8	7
	女	304,708	11,053	9,319	7,512	5,113	2 572	1,021	316	104	17	6
	性比例	*100*	*131.42*	*105.76*	*86.03*	*59.88*	*45.68*	*37.12*	*33.22*	*32.69*	*47.05*	*116.70*
鄉區	男	100,565	3,714	2,514	1,590	799	234	77	16	5	—	—
	女	80,584	3,043	2,523	2,172	1,295	514	229	90	26	2	1
	性比例	*100*	*121.85*	*99.64*	*73.20*	*61.70*	*54.52*	*33.62*	*17.78*	*19.23*	—	—

III 年齡分配

【甲】 人口年齡之調查及計算方法

（1）人口年齡之調查方法　人口年齡之調查方法，分爲調查出生年月日，及調查歲數兩種，而歲數之計算法，又分最近生日之歲數，調查日之歲數，及我國習慣歲數三種。西歷1832年聖彼得堡國際統計會議，會議決在調查人口年齡時，凡屬文化發達之地方，應查塡出生年月日，嗣後遂有多數國家採用此法，但美國，埃及，坎拿大，迄今仍調查最近生日之歲數，英，俄，希臘三國，仍查塡調查日之歲數，此則不必由於文化較遲，蓋各有其歷史及習慣之關係也。

（2）人口年齡之計算方法　人口年齡之計算方法，在調查統計上，共有四種，第一種爲上次生日計算法，卽算至上一次生日止，經過若干週年，卽爲若干歲；第二種爲下次生日計算法，卽算至下次生日止，當有若干週年，卽爲若干歲，第三種爲最近生日計算法，卽按調查日與何次生日相近，（上次生日或下次生日）卽以該次生日所經過之週年數爲其歲數　第四種爲中國習慣年齡計算法，（國內大部份通行）卽經過若干年份，便爲若干歲。在調查統計上觀之，第一種計算法平均少算半歲，第二種平均多算半歲，第三種所增所減均不及半歲，第四種則多算一歲至二歲，四者之中，自以第三種爲最近實情，但各國以習慣關係，仍多用第一種計算法。

（3）本篇統計所用之年齡計算法　此次本市戶口總複查時，因調查表內，列有歲數及出生年月日兩項，查塡之際，有任塡一項者，有兼塡兩項者，參差不齊，故整理統計，決擬採用第三種最近生日之計算法，惟有在製表時，按照習慣年齡，普減一歲，（未滿一歲者不減）使與第二種計算法相近，但遇有將各年齡組與外國同年齡組比較研究時，則再減一歲，（未滿一歲者仍不減）使與第一種計算法相近，俾便參考。查民國二十二年二月參謀本部國防設計委員會試辦江蘇，句容縣人口農業總調查，及民國二十五年四月浙江蘭谿縣政府調查該縣戶口，皆屬成績可觀　其在編製人口年齡統計時，均照習慣年齡普減二歲，亦爲便利比較起見也。惟上述兩縣之調查時期，一爲二月杪，一爲四月初，均在歲首，亦卽農曆正二月間，照習慣年齡，更易多估歲數，故不妨普減二歲，反之，若在十一，十二月間調查，則宜普減一歲，此次本市戶口總複查，係在民國二十五年七月四日舉行，時期居一年之中，故採取此種折衷辦法，以求各適其用也。

【乙】 本市人口之年齡分配

人口之年齡分配若在常態，則按每五歲分組，應自人數比率最大年齡最低之（0－5）組起，人數按組逐漸減少。查歐洲十一國之平均人口年齡分配百分比，其年齡最低之（0－4）組，與本市之（0－5）組相當佔12％，按組逐漸減少，而減少之程度，逐組不及1％，如畫爲圖案，以年齡最低之一組爲底層，按組疊叠而上，構成一金字塔形，惟本市人口之年齡分配，則因近年移入人口激增，青年層比率特高，與從前美國，澳洲及巴西等處移入人口極旺時之情形相同，故青年層突出，不能湧現正規之塔形圖，祇宜用直線圖表現各年齡組比率之高下也。查全市人口年齡分組之百分比中，（0－5）組爲13.04％，表現生產率不低，但（6－10）組爲8.48％，較前組驟減5.56％，表現幼童死亡率甚高，（11－15）組無大出入，（16－35）四組比率反大，每組均在10％左右，表現青年層之移入人口甚衆，自（36－40）組以後，則按組遞減較速矣。城區之人口年齡分配，大致與全市同其傾向，鄉區較爲正常，且（0－5）組爲15.58％，表現生產率尤高，但（6－10）組又驟減10.37％，較前組減少5.21％，足見幼童死亡率亦高也。（見表27，28。）

表 27 南京市城鄉人口年齡分配

	年齡組																					
	共計	0—5	6—10	11—15	16—20	21—25	26—30	31—35	36—40	41—45	46—50	51—55	56—60	61—65	66—70	71—75	76—80	81—85	86—90	91—95	96-100
全市總計	902,514	117,651	76,536	79,026	94,409	92,968	92,319	85,395	66,621	60,049	45,821	32,563	24,212	17,737	10,269	4,495	1,706	527	169	27	14
男	517,222	60,820	40,036	44,819	58,490	55,118	56,162	51,882	40,192	37,078	27,839	18,432	12,370	8,053	3,831	1,409	456	121	39	8	7
女	385,292	56,831	36,600	34,207	35,919	37,850	36,157	33,513	26,429	22,971	17,982	14,101	11,842	9,684	6,408	3,086	1,250	406	130	19	7
城區共計	721,365	89,421	57,744	61,468	77,884	77,079	76,403	69,684	53,763	48,242	36,807	25,801	19,175	13,975	8,175	3,747	1,400	421	138	25	13
男	416,657	45,252	30,018	35,072	49,314	46,025	46,742	42,573	32,385	29,889	22,551	14,748	9,855	6,463	3,062	1,175	379	105	34	8	7
女	304,708	43,169	27,726	26,396	28,570	31,054	29,661	27,111	21,377	18,353	14,256	11,053	9,319	7,512	5,113	2,572	1,021	316	104	17	6
鄉區共計	181,149	28,230	18,792	17,558	16,525	15,889	15,916	15,711	12,858	11,507	9,014	6,762	5,037	3,762	2,094	748	306	106	31	2	1
男	100,565	14,568	10,020	9,747	9,176	9,093	9,420	9,309	7,806	7,189	5,288	3,714	2,514	1,590	799	234	77	16	5	—	—
女	80,584	13,662	8,777	7,811	7,349	6,795	6,496	6,402	5,052	4,618	3,726	3,048	2,523	2,172	1,295	514	229	90	26	2	1

圖12. 南京市城鄉人口年齡分配

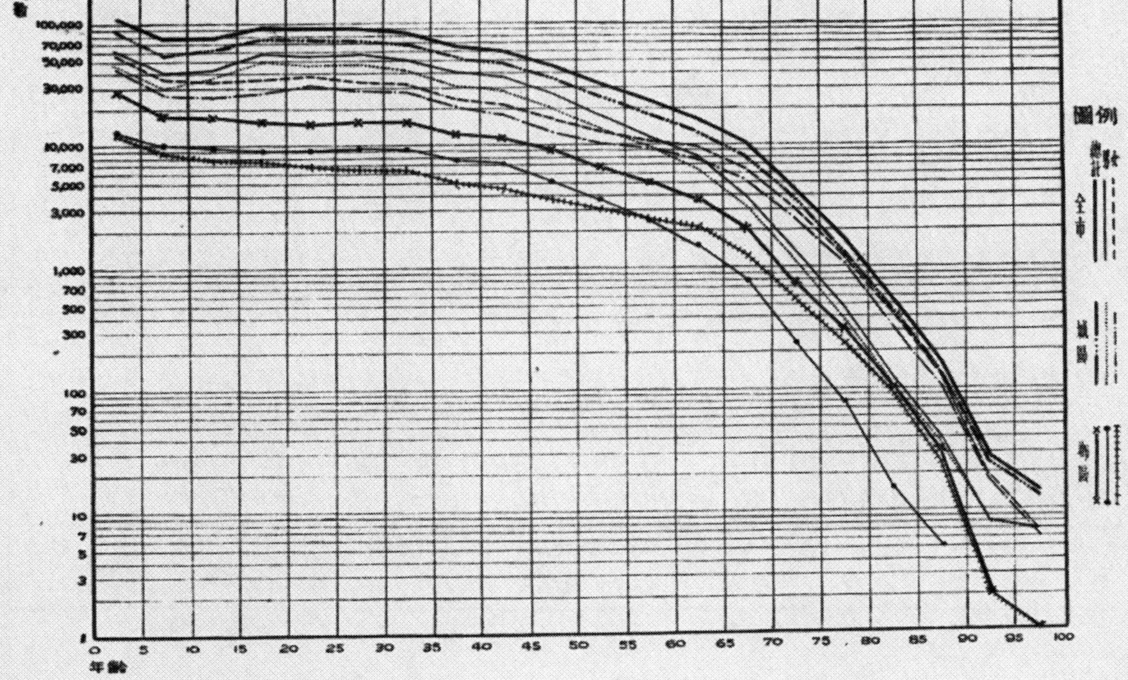

表28 南京市城鄉人口年齡分配百分比

	年									齡						組					
	共計	0-5	6-10	11-15	16-20	21-25	26-30	31-35	36-40	41-45	46-50	51-55	56-60	61-65	66-70	71-75	76-80	81-85	86-90	91-95	96-100
全市總計	100	13.04	8.48	8.756	10.46	10.30	10.23	9.46	7.38	6.65	5.08	3.61	2.68	1.97	1.137	0.498	0.189	0.058	0.018	0.003	0.001
男	100	11.76	7.74	8.67	11.31	10.66	10.86	10.03	7.77	7.17	5.38	3.57	2.39	1.53	0.75	0.27	0.088	0.028	0.007	0.001	0.001
女	100	14.75	9.47	8.88	9.32	9.82	9.38	8.70	6.85	5.96	4.66	3.65	3.07	2.51	1.66	0.801	0.32	0.10	0.03	0.005	0.002
城區共計	100	12.40	8.00	8.52	10.80	10.684	10.59	9.66	7.45	6.69	5.10	3.58	2.66	1.94	1.13	0.519	0.194	0.058	0.019	0.004	0.002
男	100	11.10	7.20	8.42	11.84	11.05	11.22	10.22	7.77	7.17	5.41	3.54	2.37	1.55	0.73	0.28	0.09	0.02	0.008	0.001	0.001
女	100	14.17	9.10	8.663	9.38	10.19	9.734	8.90	7.01	6.023	4.68	3.62	3.06	2.46	1.67	0.84	0.33	0.10	0.034	0.006	0.002
鄉區共計	100	15.58	10.37	9.69	9.12	8.77	8.79	8.67	7.10	6.52	4.98	3.73	2.78	2.08	1.16	0.41	0.17	0.06	0.02	—	—
男	100	14.49	9.69	9.69	9.12	9.04	9.37	9.26	7.76	7.15	5.26	3.70	2.50	1.58	0.79	0.23	0.08	0.015	0.005	—	—
女	100	16.95	10.89	9.69	9.12	8.433	8.06	7.944	6.27	5.73	4.623	3.781	3.13	2.70	1.61	0.64	0.284	0.11	0.032	0.002	0.001

圖13. 南京市人口年齡分配百分比

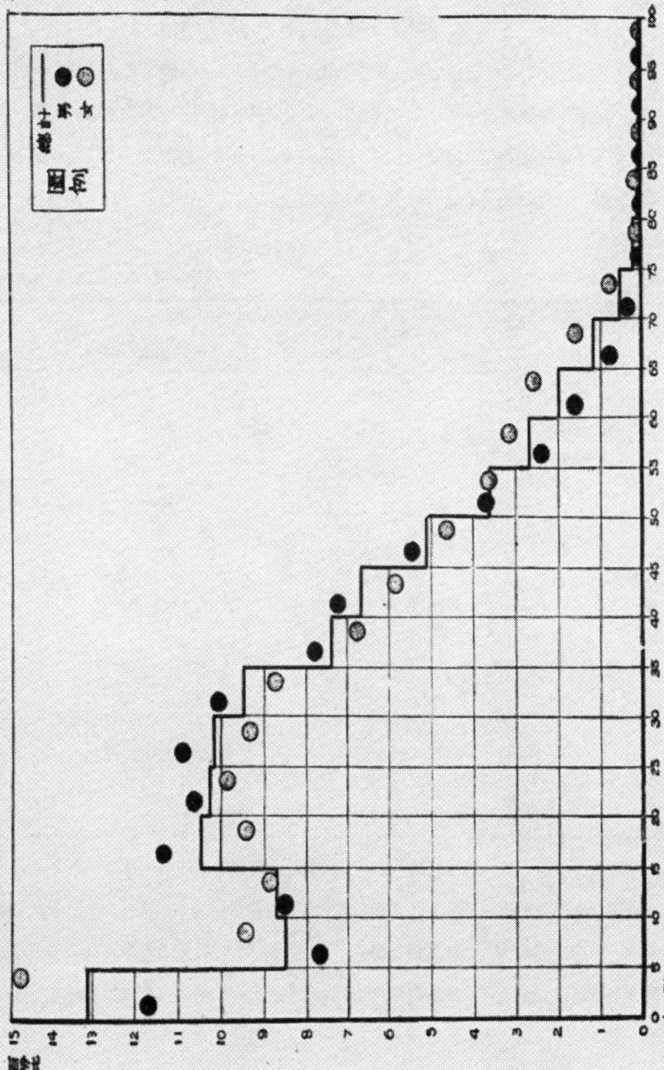

【丙】 年齡分配與人口增減之傾向

（1）本市人口年齡分配與孫巴格之人口增減標準 孫巴格（Sundharg）曾將人口之年理分配，分爲三組，自未滿一歲至十四歲爲少年層，十五歲至四十九歲爲壯年層，五十歲以上爲老年層，視各層所佔人口百分比之高下，而決定其人口屬於增進式，穩定式，或減退式。茲將本市人口之年齡分配與孫巴格所定標準列表比較，以資研究。（見表29）

表 29 南京市人口年齡分配與孫巴格標準之比較

人口性別		性別	百分比	年齡組 0—14	年齡組 15—49	年齡組 50以上
孫巴格標準	增進人口		100.00	40.0	50.0	10.0
	穩定人口		100.00	33.0	50.0	17.0
	減退人口		100.00	20.0	50.0	30.0
南京全市人口		共計	100.00	30.3	59.6	10.1
		男	100.00	28.2	63.1	8.7
		女	100.00	33.1	54.7	12.2
南京市城區人口		共計	100.00	28.9	61.0	10.1
		男	100.00	26.7	64.7	8.6
		女	100.00	31.9	55.9	12.2
南京市鄉區人口		共計	100.00	35.7	53.9	10.4
		男	100.00	34.1	57.0	8.9
		女	100.00	37.6	50.2	12.2

孫巴格標準中，三種人口之壯年層均佔50%，故對於人口之增減傾向，乃視少年層與老層之比率高下爲轉移，查南京全市及城區之少年層，近於穩定，老年層屬於增進，鄉區之少年層近於增進，老年層屬於增進，綜合觀察，則本市人口係近於增進式，惟孫巴格所定之標準，乃以人口之自然增加爲根據，非所論於移入式或移出式之人口，而本市則近年移入人數甚衆，故研究其增減傾向時，不宜單獨依據孫巴格之標準，驟作結論，更須加入人口移入之主要因素，方爲合理也。

（2）本市人口年齡分配與惠普爾之移入人口標準 惠普爾（Whipple）曾謂如自十五歲至五十歲之壯年層佔人口百分之五十以上，即表示該地有人口移入，是謂之移入式之人口。查南京全市及城鄉區之壯年層均超過 50% 尤以城區爲更高，足見近年本市人口之激增，皆由於人口移入盛旺之所致，至於移入式之人口是否將繼續增加，則全視該地之政治，經濟，實業，建設等，是否能繼續發達繁榮而定，南京爲新興都市，百廢俱舉，一切建設，方興未艾，將來人口之繼長增高，固毫無疑義也。

（3）本市人口各年齡層之比例　查全市及城鄉區之壯年層中　男女各佔百分之性比例均屬男高於女，此即移入人口中男多於女之徵，城區壯年層佔 1%，表示移入人口最多，故該層性比例爲男64.7%，女55.9%計男性高出 8.8%，鄉區壯年層佔53.9%，表示移入人口較少，故男佔57%女佔50.2%，男性僅高出 6.8%也。少年層之性比例，均屬女高於男，表示人口自然增加率，將有向上之趨勢，至於老年層性比例之女高於男，則通常之現象耳。（見表29）

（4）本市人口年齡分配與瑞典標準年齡分配之比較　瑞典國1890年之人口統計，對於年齡分配最爲均勻，故統計專家均認作標準年齡分配，而該國人民在世界中又有最長壽之稱，茲特將本市人口年齡分配與瑞典之標準人口年齡分配列表比較，以資研究。（見表30）

表30　南京市人口年齡分配與瑞典標準年齡分配之比較

人口別	性別	百分比	年齡組				
			未滿1歲	1—19	20—39	40—59	60—以上
瑞典標準人口		100.00	2.55	39.80	26.96	19.23	11.46
南京全市人口	共計	100.00	4.45	36.29	37.37	18.02	3.87
	男	100.00	4.01	35.46	39.32	18.51	2.70
	女	100.00	5.04	37.39	34.77	17.36	5.44

查未滿一歲之一組，本市比率幾高於瑞典一倍，表示本市嬰兒出生率甚大，（1—19）組較低，足見死亡率亦高，（20—39）組則本市高出瑞典遠甚，表示青年層人口移入甚衆，（40—59）組相去不遠，惟（60以上）組則瑞典爲11.46%，本市爲3.87%，相差 7.59%，僅佔其三分之一，充分表示本市人口遠不及瑞典人口之長壽，雖以青年層人口移入甚衆，故對於老年層之比率，不無冲淡作用，然相差不致如此之甚，要當認爲本市人口年齡分配之本質上一種重要缺點也。（見表30）

IV　婚　姻　狀　況

【甲】　本市人口之婚姻狀況

依我國民法所定之結婚年齡爲男滿十八歲女滿十六歲，但社會上實際之婚姻，則多有較此爲早者，此次統計結果：在十一歲至十五歲之年齡組內，有已婚及鰥寡人數 1,106 人，足見本市亦有早婚之習慣，查歐美各國之人口統計中，均以自十五歲以上，（與本編所稱十六歲相當）作爲可婚年齡，而我國情形則稍異於是，衛生署試辦江蘇句容縣生命統計，係自十歲起登記人口婚姻狀況，浙江蘭谿實驗縣辦理該縣戶口調查統計，規定男滿十四歲女滿十二歲始查填婚姻狀況，但在此年齡以下之已婚者，則仍須照填，此皆由於顧及事實，有不得不然者也。本編之婚姻狀況統計，亦依照事實自十一歲起算，除年齡未詳及婚姻狀況未詳者不計外，共計630,861人，其中未婚者185,429人，佔29,39，已婚者414,765人佔65.75%，鰥寡30,523人佔2.62%，離異144人僅佔0.03%耳，故已婚者之比率較未婚者高出甚多，若以兩性比較，則此種現象在女性方面尤為顯著，鰥寡所佔比率與他地無甚懸殊，離異比率特低，此在新興之大都市，尤屬僅見也。(見表5,31)

表 31 南京市十一歲以上人口婚姻狀況百分比

婚姻狀況	人口數			百分比		
	共計	男	女	共計	男	女
總計	630,861	360,627	270,234	100.00	100.00	100.00
未婚	185,429	129,576	55,853	29.39	35.93	20.67
已婚	414,765	221,492	193,273	65.75	61.42	71.52
鰥寡	30,523	9,461	21,062	4.84	2.62	7.79
離異	144	98	46	0.02	0.03	0.02

【乙】 可婚人口之婚姻狀況

歐美各國皆以十五歲以上（與本儘所稱十六歲相當）為可婚年齡，我國近來辦理人口統計，亦多有採用之者，查本市可婚人口共計551,761人，（未詳者不計）其中男315,921人，女235,840人，男佔57.26% 女佔42.74%，相差14.52%，在男女合計之百分比中，未婚男性佔79.02%，女性僅佔20.98%，相差58.04%，表示女嫁易而男婚難。已婚男性53.52%，女性 46.48% 但因性比例特高，故在男女分計之百分比中，仍顯出女高於男。鰥夫佔30.99%，寡婦佔69.01%，女高於男遠甚，歐美各國雖亦寡婦多於鰥夫，但兩數相懸不致如此之甚，此即我國固有舊禮教之關係也。離異實數極微，比率爲萬分之二或三，應屬婚姻狀況中之好現象。又在男女分計之百分比中，各項婚姻狀況亦與上述略同。(見表32)

表 32 南京市可婚人口婚姻狀況百分比

婚姻狀況	人口數				男女合計之百分比				男女分計之百分比			
	共計	男	女	相差	共計	男	女	相差	共計	男	女	相差
總計	551,761	315,921	235,840	+80,081	100.00	57.26	42.74	+1.452	100.00	100.00	100.00	
未婚	107,705	85,107	22,598	+62,509	100.00	79.02	20.98	+58.04	19.52	26.94	5.98	+20.96
已婚	413,395	221,256	192,139	+29,117	100.00	53.52	46.48	+7.04	74.92	70.04	81.47	−11.43
鰥寡	30,517	9,460	21,057	−11,597	100.00	30.99	69.01	−38.02	5.53	2.99	8.93	−5.94
離異	144	98	46	+52	100.00	68.06	31.94	+36.12	0.03	0.03	0.02	+0.01

圖14. 南京市可婚人口之婚姻狀況及其百分比

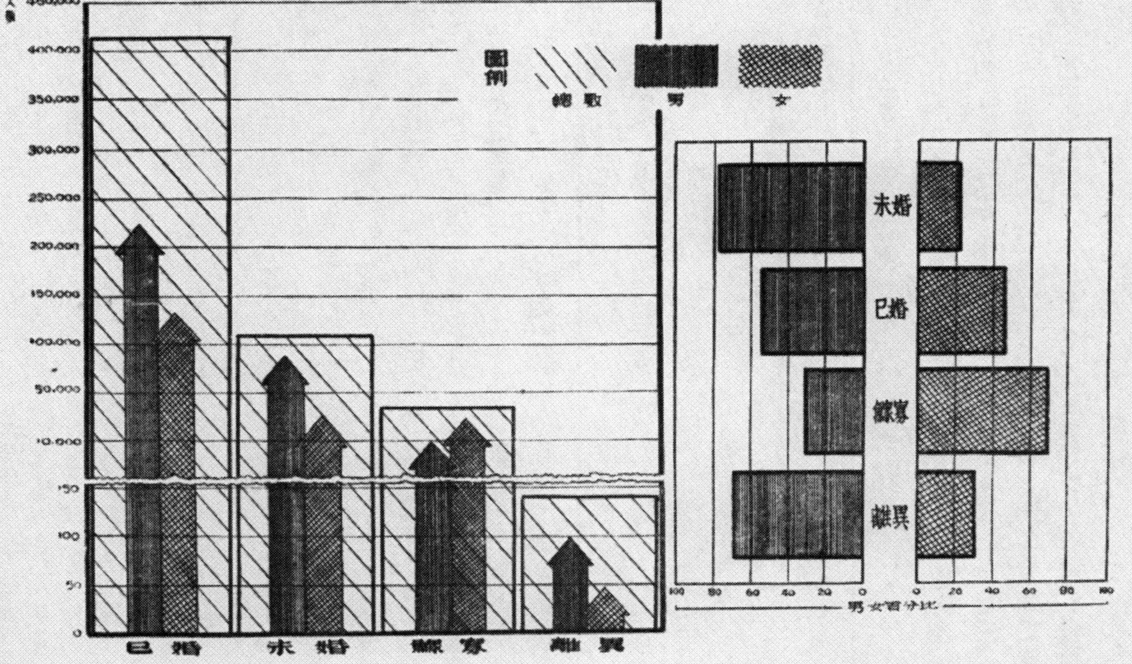

【丙】 適婚人口之婚姻狀況

生理家以十五歲至四十四歲（與本編所稱十六歲至四十五歲相當）爲婦女最適於生育之年齡，故稱爲生育期，又稱爲適婚年齡。本市適婚年齡之人口爲431,630人，（未詳者不計）男253,201人，女178,429人，其婚姻狀況之百分比中，兩性比較，未婚者男高於女，已婚及鰥寡，女高於男，離異男高於女，各項狀況，與可婚人口大致相同，惟比率略有高下耳。(見表33)

表 33 南京市適婚人口婚姻狀況百分比

婚姻狀況	人口數			百分比		
	共計	男	女	共計	男	女
總計	431,630	253,201	178,429	100.00	100.00	100.00
未婚	104,009	82,207	21,802	24.10	32.47	12.22
已婚	320,898	167,940	152,958	74.34	66.33	85.72
鰥寡	6,608	2,970	3,638	1.53	1.17	2.04
離異	115	84	31	0.03	0.03	0.02

【丁】 本市適婚人口婚姻狀況與外國之比較

本市適婚人口中，兩性皆已婚高於未婚，尤以女性爲然，此與宗族觀念有至大之關係，在歐美各國，則未婚者之百分比甚高，如瑞典及義國，則兩性皆未婚高於已婚，德美兩國，則男性以未婚者爲較高，女性之未婚已婚約略相等，惟美法兩國則兩性皆已婚高於未婚，但比率相差遠不及本市之甚，鰥夫比率，本市與瑞典義英爲近，與其餘四國相去亦不太遠，寡婦比率，則本市與瑞典德國爲近，離異一項，在千分比中本市比率爲零，世界中當以美法兩國之離異比率爲最高也。(見表34)

表 34 南京市適婚人口婚姻狀況百分比與外國之比較

地域別	男				女			
	未婚	已婚	鰥	離異	未婚	已婚	寡	離異
南京市	32.5	66.3	1.2	—	12.2	85.7	2.1	—
瑞典	62.3	36.5	1.0	0.2	56.8	41.2	1.7	0.3
義國	56.6	42.2	1.1	0.1	47.9	48.4	3.6	0.1
德國	53.7	45.4	0.5	0.4	48.2	48.4	2.7	0.7
英國	50.4	48.6	0.9	0.1	48.4	48.5	3.0	0.1
美國	46.5	51.3	0.5	0.5	35.2	60.0	3.4	0.8
法國	43.7	54.0	1.7	0.6	36.8	55.6	6.8	0.8

V 職業分配

【甲】職業分類

職業人口之調查統計，本屬極爲繁複，試觀歐美各先進國家之業別職別分類，若就其大分類而言，雖屬彼此相差無幾，但若研究其小分類，則歧異立見，蓋以各國之各項產業（通稱行業）與職業，本不能盡同，尤以對於分類之標準，各國之觀點不能盡同，穆勒 J. S. Mill 曾謂各國對於新聞一業，有列爲工業者，有列爲商業者 亦有爲自由職業者，可見並無一定之準繩，可資依據 惟各國對於業別與職別，則至1920年後，區分頗爲嚴密，不似從前之淆混 我國行政院於民國二十二年六月二十四日所公布之職業分類，亦將業別與職別析而爲二，各分農業，鑛業，工業，商業，交通運輸業，公務，自由職業，人事服務及無業九大類，與各國之大分類，大致相同。查各國之業別人口，係指各類中所容納之一切人數，職別人口，係指實際担任各類該職務之人數，一人所屬之行業，與所担任之職務，有同屬一類者，亦有分屬兩類者：故各國職業分類中，分列業別職別兩表，其總人口雖屬相同，而兩表內各類之人數，則各不相同，例如有在商業中担任運輸之職務者，如商店所僱用之運貨車夫，則其人之業別屬商，而職別屬交通運輸，若照其任填工友而列入工業，則更無意義矣。我國各地之人口調查統計，對於業別與職別多未能明定界限，此次本市戶口總複查之調查表內，雖列明業別職別，但填表人狃於舊時習慣，仍多填載業別，而漏填職別，故在整理統計時，不能彙列兩表，若不按照業別與職別區分，混列一表，則結果漫無標準，反致兩無所可，不如就原始資料中較爲完全之業別人口，按九大類區分製表，猶能獲得較爲精確之業別人口數目，此本編之所以獨列業別統計也。

【乙】就業年齡

各國人口統計中之就業年齡，多自十五歲以上起算，（與本編所稱十六歲相當）我國人民實際上就業年齡業極早，各業中在十六歲以下之幼年僱用人，所在多有，此次統計係就實際填報之業別及年齡列表，惟年齡組距，則以十六歲以下爲一組，其中包括各業所僱用之幼年傭工及學徒等類，自十六歲以上，仍按每五歲分組，以資區別。

【丙】本市之業別人口

本市之業別人口，共計916,775人，（未詳者不計）男545,488人，女 371,287人，其中有業人口佔65.24%無業人口34.76%，有業人口中，男性以商業爲多，佔男性中28.86%公務次之，爲14.17%，工業又次之，爲 10.10%因首都爲全國政治中心，而商業及工業亦相當發達故也。（其中以小商業及手工業居多）農業佔5.88%，因本市鄉區仍以農業爲主，交通運輸業佔5.17%，則以城區交通較爲發達，自由職業及人事服務皆不過百分之三左右，鑛業則因市內無鑛區，惟城區中有極少數服務於他處鑛業之本市常住人口耳。有業之女性中則以人事服務爲最大多數，佔女性中52.14%此因主婦及家庭僱用之女傭皆歸入此類，所以人數甚衆，若照德奥等國之最近趨向，以貨幣收入爲有業之標準，則主婦又應歸入無業一類，惟家庭使用人乃能稱爲人事服務矣。次爲農業佔1.96%，商業佔1.53%，其餘皆不及百分之一也。（見表7，35）

表35 南京市業別人口百分比

業別	人口數			百分數		
	共計	男	女	共計	男	女
總計	916,775	545,488	371,287	100.00	100.00	100.900
農業	39,323	32,068	7,230	4.29	5.88	1.960
礦業	217	215	2	0.02	0.04	0.001
工業	57,862	55,136	2,726	6.31	10.10	0.730
商業	163,092	157,418	5,674	17.79	28.86	1.530
交通運輸業	28,529	28,210	319	3.11	5.17	0.086
公務	80,215	78,942	1,273	5.75	14.47	0.340
自由職業	20,255	16,591	3,664	2.21	3.04	0.990
人事服務	203,651	15,065	193,585	22.76	2.76	52.140
無業	318,626	151,843	155,783	34.76	29.67	42.223

【丁】 本市城鄉之業別人口

本市城區之業別人口爲715,562人，鄉區201,213人，約爲78與22之比，農業自以鄉區佔多數，鑛業則鄉區無之，工業城區佔76.64%鄉區23.36%略與城鄉業別人口之比率相同，商業則城區佔大多數，交通運輸業亦城區爲多，公務，人事服務及無業之比率，皆與城鄉業別人口之比率相近，惟自由職業則又自以城區爲多也。（見表36，37）

表36 南京市城鄉業別人口

區別	共計	農業	鑛業	工業	商業	交通運輸業	公務	自由職業	人事服務	無業
總計	916,775	39,328	217	57 862	163,092	28,529	80,215	20 255	203 651	318,626
城區共計	715,562	8 214	217	44,346	146,985	23.033	59 753	18,005	165.330	249,679
第一區	128,133	931	46	6,996	30,388	3,003	15,141	3,372	26,635	41,615
第二區	64,383	906	13	4.002	15,718	1.781	8,311	3,439	19,786	29,428
第三區	81,520	347	14	3.798	21,178	1,551	4,890	2,375	17,964	29,413
第四區	133,037	2.993	44	10.138	26,058	2,882	7,936	2,974	30,290	43,652
第五區	134,410	835	18	11,282	26,571	4,586	7,517	3,206	30,993	49,405
第六區	78,648	1,860	4	3,335	9,042	2,005	12,832	2,315	21,496	25,759
第七區	75,426	343	72	4,795	18,030	5,219	3,056	1,325	18,163	24 407
鄉區共計	201,213	31,114	—	13,516	16,107	5,496	20,462	2,250	43,321	68,947
第八區	30,246	285	—	3.376	3,936	3,277	535	234	7,897	10,678
孝陵區	50,074	7,750	—	7,704	2.514	233	14.059	255	9 031	14,423
燕子磯	62,828	10,887	—	4.333	4.947	1,573	1.737	839	14 828	23,674
上新河區	52,991	10,930	—	3.012	4,382	399	3.690	323	10,169	18,085
陵園區	7,074	1,262	—	1,091	188	14	471	563	1,396	2,083

表37 南京市城鄉業別人口百分比

項別	共計	農業	鑛業	工業	商業	交通運輸業	公務	自由職業	人事服務	無業
百分比	100.00	100.00	100.00	100.00	100.00	100.00	100.00	100.00	100.00	100.00
城區	78.05	20.89	100.00	76.64	90.12	80.74	74.49	88.89	79.24	78.36
鄉區	21.95	79.11	—	23.36	9.88	19.26	25.51	11.11	20.76	21.64

圖15. 南京市城鄉人口業別百分比

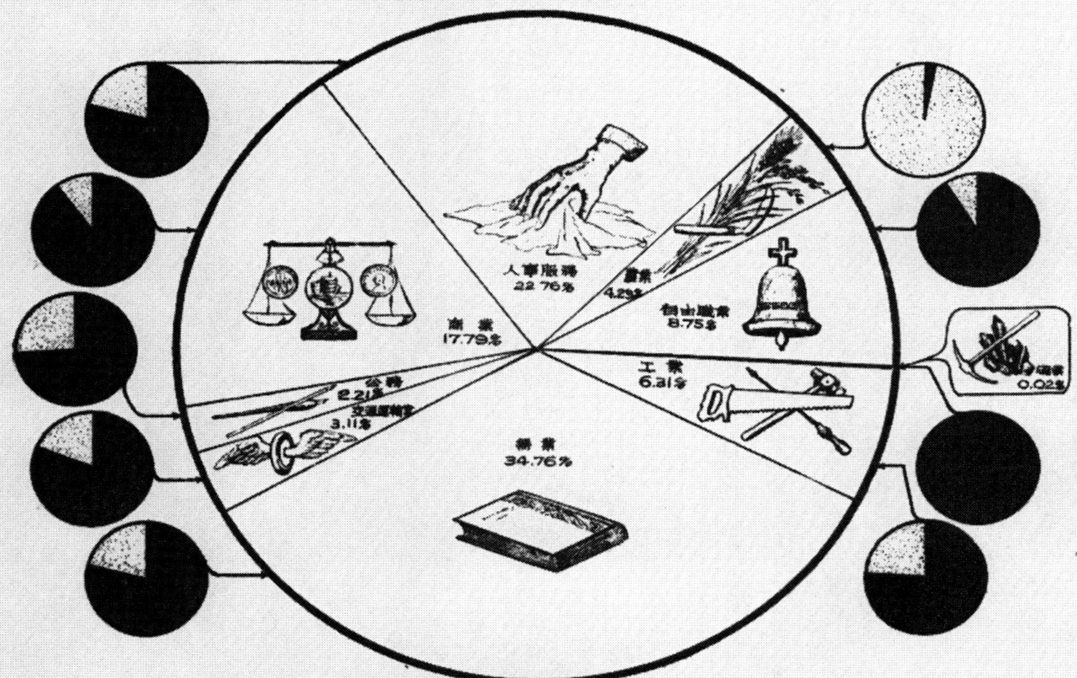

圖例： 城區 鄉區

VI 教育程度

【甲】 教育程度之分類

各國人口調查統計中，關於人口之教育程度，祇分識字與文盲兩類，分類極爲簡單，惟識字之標準則頗成問題，究以能識若干字，或能讀能寫至如何程度，（法國美國兼查能寫程度）始認爲屬於識字，殊難決定，各國人口普查所定識字之標準，亦各有高下不同也。查我國各地人口調查統計，對於人口教育程度有分爲識字與不識字兩類者，有分爲大學，中學，小學及不識字四類者，亦有於小學之外，更加私塾或識字一類，以容納未曾入新式學校而能識字之人者，此類之中，當然程度不齊，非謂其必在小學之下，不過順次排列，便於分類而已。此次本市統計人口之教育程度，亦分爲大學，中學，小學，識字及不識字五類，概據填表人自行填報，分別列表。

【乙】 識字與年齡

民國十七年內政部調查全國人口，規定凡六歲至十二歲者，稱爲學童，蓋自六歲入小學，經過六年，至十二歲而畢業也。在六歲以下之人口，既未達入學年齡，則應概在不識字之列。歐美各國之人口普查，對於十歲以下人口，（與本編所稱十一歲以下相當）概作不識字論，惟德國則提早四歲，以六歲爲分界，（與本編所稱七歲相當）此次統計結果，本市之六歲以下人口而填報已入小學者，有2,266人，填識字者有1,018人，皆經如數列表，惟至計算教育程度百分比時，則仍截自六歲起算，因六歲以下之小學生及識字者中，除極少數之早慧者外，皆不過略識之無，程度本極幼稚，且人口統計之識字年齡，亦不能因此而更爲提早也。

【丙】 本市人口之教育程度

本市常住人口中，教育程度除未詳及六歲以下者不計外，在701,802人中，有大學程度者23,567人，佔3.36%，中學54,660人，佔7.79%，小學95,620人，佔13.62%，識字153,450人，佔21.87%，不識字374,485人，佔53.36%，世人多謂我國文盲人數約佔人口百分之八十以上，照此次統計，則本市文盲人數比率，可謂較一般估計爲低，且係自六歲起算之結果，若改照各國通例自十一歲起算，則比率自當更減，足覘近年本市教育狀況較爲進步也。（見表8,38）

表38 南京市人口教育程度百分比

項別	人口數			人口數之百分比			男女百分比		
	共計	男	女	共計	男	女	共計	男	女
總計	701,802	427,739	274,063	100.00	100 00	100.00	100.00	60.95	39.05
大學程度	23,567	21,403	2,164	3.36	5.00	0.79	100.00	90.82	9.18
中學程度	54,680	40,896	13,784	7.79	9.56	5.03	100.00	74.79	25.21
小學程度	95,620	65,106	30,514	13.62	15.22	11.13	100.00	68.09	31.91
識字	153,450	130,367	23,083	21.87	30.48	8.42	100.00	84.96	15.04
不識字	374,485	169,967	2[illegible]4,518	53.36	39.74	74.63	100.00	45.39	54.61

圖16. 南京市常住人口之教育程度及其百分比

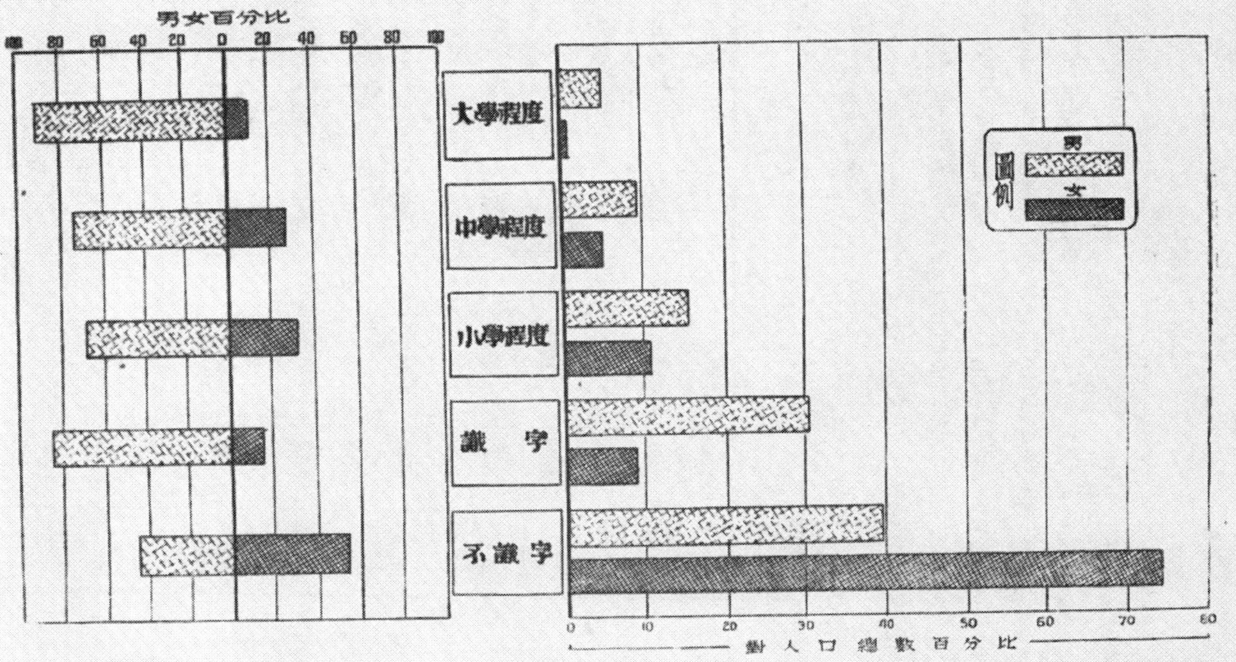

【丁】 本市男女學童

本市男女學齡兒童共計106,060人，男55,585人，女50,475人，性比例約爲52對48之比，此項性比例，在全市之各區中均極爲相近，足見關於（6—12）一年齡組之調查，頗爲精確。查調查表內雖未查填學童就學或失學之狀況，但凡在學童年齡組內填報小學程度者，自可認爲在學，填識字者，即不妨認爲係在私塾，填不識字者則當然屬於失學，共計本市學童106,060人中在小學者34,487人佔32.52%，在私塾者11,150人佔10.51%，失學者50,936人佔48.03%，未詳者9,487人佔8.94%，可見本市學齡兒童中失學者約佔半數，目下本市當局正在籌畫增設小學，故特列學童統計，以資參考。（見表39,40）

表 39 南京市男女學童數按性別及對於人口數之百分比

區別	學童數			按學童性別之百分比			人口數	學童對於人口數之百分比
	共計	男	女	共計	男	女		
總計	106,060	55,585	50,475	100.00	52.41	47.59	902,514	11.75
城區共計	80,024	41,733	38,291	100.00	52.15	47.85	721,365	11.09
第一區	12,579	6,566	6,013	100.00	52.19	47.81	129,195	9.74
第二區	9,653	5,040	4,613	100.00	52.21	47.79	87,280	11.06
第三區	9,107	4,590	4,517	100.00	50.40	49.50	83,838	10.85
第四區	16,478	8,715	7,763	100.00	52.89	47.11	133,278	12.36
第五區	16,154	8,436	7,718	100.00	52.22	47.78	135,982	11.88
第六區	7,835	4,109	3,726	100.00	52.44	47.56	76,326	10.27
第七區	8,128	4,277	3,941	100.00	52.04	47.96	75,405	10.90
鄉區共計	26,036	13,852	12,184	100.00	53.21	46.97	181,149	14.37
第八區	3,683	1,923	1,755	100.00	52.41	47.59	30,768	11.99
孝陵區	5,324	2,768	2,556	100.00	51.99	48.01	35,470	15.01
燕子磯區	8,724	4,392	4,032	100.00	53.78	46.22	60,443	14.43
上新河區	7,533	4,037	3,496	100.00	53.59	46.41	48,080	15.67
陵園區	767	422	345	100.00	55.02	44.98	6,388	12.01

圖17. 南京市各區學童數

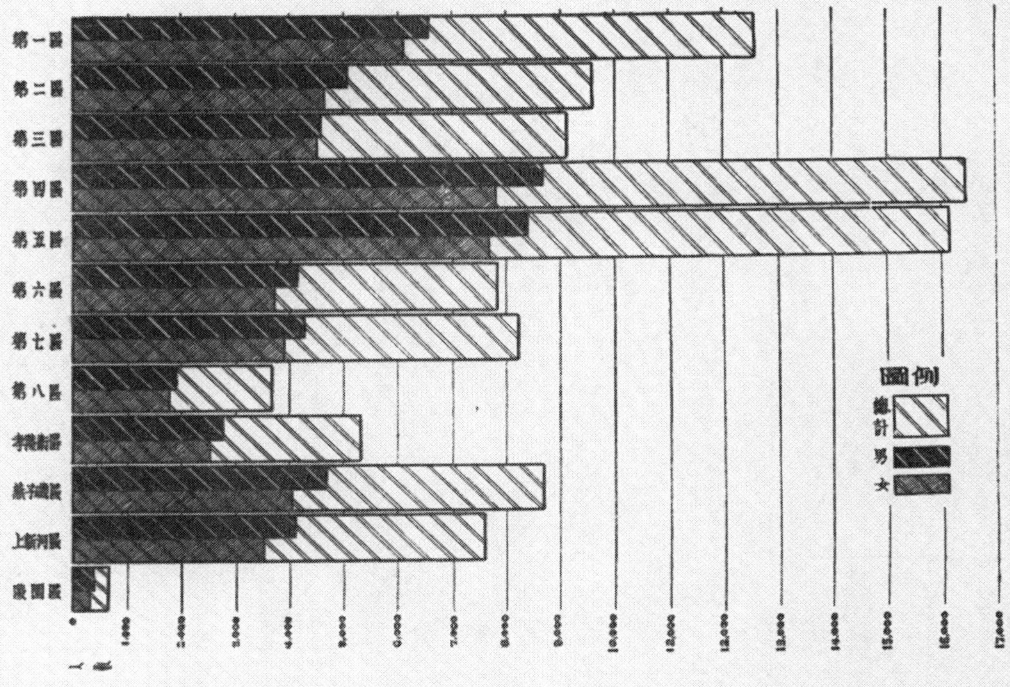

表40 南京市學齡兒童之就學及失學百分比

項別	共計	小學	識字	不識字	未詳
學童數	106,060	34,487	11,150	50,936	9,487
百分比	100.00	32.52	10.51	48.03	8.94

圖18. 南京市學齡兒童之就學及失學百分比

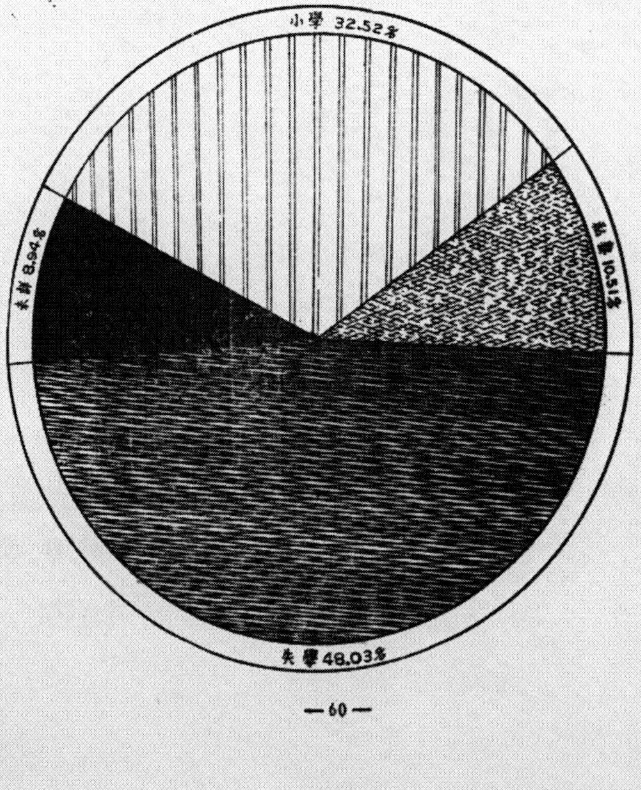

VII 壯　丁

【甲】 壯丁年齡

內政部於民國十七年調查全國戶口時曾經規定凡二十歲至四十歲之男子稱為壯丁，而近年各省市保甲規程中關於壯丁之年齡，又略有出入，未盡一致，惟查民國二十五年九月十八日立法院通過之保甲條例中第二十三條規定，保甲內滿二十歲至四十五歲之男子，均應編入壯丁隊，可見保甲內壯丁年齡之限度，係包括此二十五個整歲，在人口年齡統計，本來多按每五歲分組，故如為逢0逢5起組之年齡統計，則應包括由（20—24）組起至（40—44）組止之五組，本篇年齡統計，係逢6逢11起組，則應包括由(21—25)組起至(40—45)組止之五組也。

【乙】 本市壯丁數

本市壯丁數共計240,432人，（年齡未詳者不計）對於男子總數517,222人，佔46.49%，城區197,615人，對男子數16,457人，佔47.43%，鄉區42,817人，對男子數100,565人，佔42.57%，查浙江蘭谿實驗縣於民國二十五年曾統計壯丁人數，計對於男子總數佔42.6%，與本市之鄉區比率相同，且該縣統計壯丁年齡，係依照浙江保甲章程，自十八歲起至四十五歲，包括二十七個整歲，較本篇所計，多佔二歲，而本市人口之年齡未詳者又經除外，足見本市鄉區之壯丁比率，實較一般縣分為高，至於全市及城區，則猶有甚焉，顯示本市壯丁中多含移入人口也。（見表41）

表41 南京市壯丁數及分區與對於男子數之百分比

區別	壯丁數	壯丁數分區百分比	男子數	壯丁數對男子數之百分比
總計	240,432	100.00	517,222	46.49
城區共計	197,615	82.19	416,657	47.43
第一區	33,873	16.58	78,543	50.77
第二區	24,016	10.40	50,675	49.37
第三區	21,838	9.09	48,399	45.16
第四區	31,312	13.02	73,546	42.57
第五區	34,192	14.22	76,796	44.52
第六區	23,907	9.95	44,174	54.16
第七區	21,437	8.91	44,524	48.15
鄉區共計	42,817	17.81	100,565	42.57
第八區	8,452	3.51	17,616	47.98
孝陵區	7,679	3.19	19,022	40.37
燕子磯區	14,172	5.89	33,510	42.29
上新河區	10,199	4.24	26,306	38.77
陵園區	2,315	0.62	4,111	56.31

圖19. 南京市各區壯丁數及其百分比

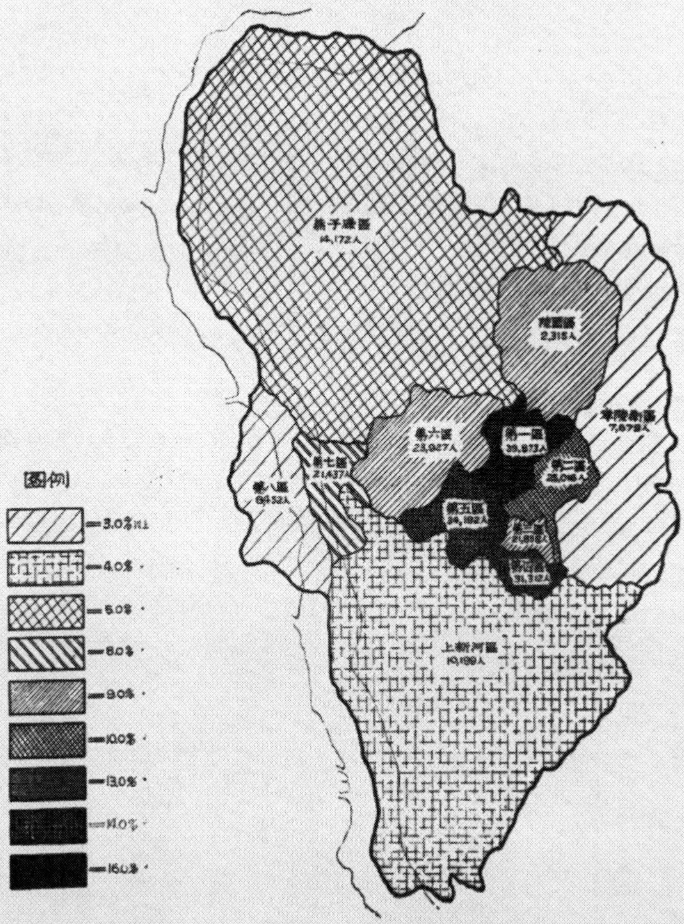

【丙】 本市壯丁之婚姻狀況

全市壯丁中其婚姻狀況業經查明者，共有196,960人，未婚者32,627人佔16.56%，已婚者161,318人佔81.90%，約爲未婚者之五倍，鰥夫2,935人佔1.49%，離異者則僅80人，佔萬分之四耳，城鄉壯丁婚姻狀況，大致相同，皆已婚高出未婚遠甚，惟鄉區則高至六倍，更屬顯著也。（見表42）

表 42 南京市壯丁婚姻狀況及其百分比

區別	共計	人口數				共計	百分比			
		未婚	已婚	鰥	離異		未婚	已婚	鰥	離異
總計	196,960	32,627	161,318	2 935	80	100.00	16.565	81.904	1.490	0.041
城區共計	161,286	27,862	131,120	2,227	77	100.00	17.27	81.302	1.38	0.048
第一區	31,214	5,335	25,540	326	13	100.00	17.902	81.822	1.044	0.042
第二區	19,562	2,891	16,455	209	7	100.00	14.779	84.117	1.068	0.036
第三區	18,635	3,502	14,888	285	20	100.00	18.732	79.636	1.525	0.107
第四區	27.337	5,359	21,413	550	15	100.00	19.603	78.330	2.012	0.055
第五區	27,510	4,858	22,206	437	9	100.00	17.659	80.720	1.588	0.033
第六區	18,141	3,039	14,941	125	6	100.00	16.917	82.361	0.689	0.033
第七區	18,827	2,848	15,677	295	7	100.00	15.127	83.269	1.567	0.037
鄉區共計	35,674	4 765	30,198	703	3	100.00	13.36	84.65	1.98	0.01
第八區	7,091	1,086	5,908	96	1	100.00	15.315	83.317	1.354	0.014
孝陵區	6,197	464	5,670	63	—	100.00	7.487	91.496	1.017	—
燕子磯區	12,142	1,842	10,031	268	1	100.00	15.170	82.615	2.207	0.008
上新河區	8,235	781	7.224	230	—	100.00	9.484	87.723	2.793	—
陵園區	2,003	592	1,365	51	1	100.00	29.468	67.944	2.588	0.050

【丁】 本市壯丁之業別

全市業別壯丁共計235,736人，（業別未詳者不計）以商業之83,726人爲最多，佔38.06%，公務1,062人次之，佔17.42% 其中以軍警居多，工業34,419人，佔14.60%，交通運輸業1,164人，佔8.98%，農業佔17,733人佔7.52%，多在鄉區，餘如自由職業，人事服務 及無業者，均各佔4.44%左右，鑛業則僅佔萬分之六，以市內無鑛區，祇係住人口中有極少數服務於他處之壯丁耳。（見表43；44；45）

表 43 南京市壯丁業別

區別	共計	農業	鑛業	工業	商業	交通運輸	公務	自由職業	人事服務	無業
總計	235,736	17,738	132	34,419	89,726	21,164	41 062	11 218	9,857	10,420
城區共計	193,560	4,029	132	25,228	80 571	17.127	38,203	9,997	8,896	9,377
第一區	38,990	450	21	4,073	16,721	2,294	9 350	1,953	2,139	1,989
第二區	24,349	426	11	2,317	8,875	2,730	6,150	1,408	1,288	1,134
第三區	21,385	169	7	1,971	11,419	1,086	3 736	1,160	554	1,283
第四區	30,558	1,358	28	5,687	13,563	2,177	3 539	1,561	922	1,713
第五區	33,233	412	11	5,766	14,118	3,403	4,880	1,763	1,336	1,539
第六區	23,782	1,028	2	2,246	5,457	1,617	8,735	1,398	2,127	1,172
第七區	21,263	136	52	3,168	10,418	3,815	1,813	754	530	547
鄉區共計	42,176	13,709	—	9,191	9,155	4,037	2,859	1,221	961	1,043
第八區	8,284	151	—	2,472	2,345	2,403	445	153	125	190
孝陵區	7,552	3,595	—	1,132	1,447	163	812	105	182	116
燕子磯區	14,015	4,981	—	2,734	2,834	1,210	1,010	458	357	431
上新河區	10,025	4,392	—	1,995	2,434	250	293	169	199	293
陵園區	2,330	590	—	853	95	11	299	336	98	13

表44 南京市壯丁業別百分比

區別	共計	農業	礦業	工業	商業	交通運輸	公務	自由職業	人事服務	無業
總計	100.90	7.52	0.06	14.60	38.06	8.98	17.42	4.76	4.18	4.43
城區共計	100.00	2.08	0.068	13.03	41.63	8.85	19.74	4.60	4.56	4 842
第一區	100.00	1.15	0.05	10.45	42.89	5.88	23.98	5.01	5.49	5.10
第二區	100.00	1.79	0.05	9.52	36.45	11.21	25.25	5.78	5.29	4.66
第三區	100.00	0.79	0.03	9.21	52.40	5.08	17.47	5.42	2.59	6.01
第四區	100.00	4.48	0.09	18.61	44.38	7.12	11.58	5.11	3.02	5.61
第五區	100.00	1.24	0.03	17.35	42.48	10.25	14.69	5.31	4.02	4.63
第六區	100.00	4.32	0.008	9.44	22.95	6.80	36.73	5.88	8.94	4.932
第七區	100.00	0.78	0.25	14.90	48.99	17.94	8.53	3.55	2.49	2.57
鄉區共計	100.90	32.50	—	21.79	21.71	9.57	6.78	2.90	2.28	2.47
第八區	100.00	1.82	—	29.84	28.31	29 01	5.37	1.85	1.51	2.29
孝陵區	100.00	47.60	—	14.99	19.16	2.16	10. 5	1.39	2.41	1.54
燕子磯區	100.00	35.54	—	19.50	20.22	8.63	7.21	3.27	2.55	3.08
上新河區	100.00	43.81	—	19.90	24.38	2.49	2.92	1.68	2.00	2.92
陵園區	100.90	25.65	—	30.30	4.13	0.48	13.00	14.61	4.26	0.57

表45 南京市壯丁業別之分區百分比

區別	農業	礦業	工業	商業	交通運輸	公務	自由職業	人事服務	無業
總計	100.00	100.00	100.00	100.00	100.00	100.00	100.00	100.00	100.00
城區共計	22.71	100.00	73.30	89.80	80.93	93.04	89.12	90.25	89.99
第一區	2.54	15.91	11.83	18.64	10.48	22.77	17.41	21.70	19.09
第二區	2.46	8.33	6.73	9.89	12.90	14.98	12 55	13.07	10.88
第三區	0.95	5.31	5.73	12.73	5.13	9.10	10.34	5.62	12.81
第四區	7.71	21.21	16.52	15.12	10.29	8.62	13.92	9.35	16.44
第五區	2.32	8.33	16.75	15.73	16.10	11.88	15.72	13.55	14.77
第六區	5.08	1.51	6.53	6.08	7.64	21.27	12.46	21.58	11.25
第七區	0.93	39.40	9.21	11.61	18.03	4.42	6.72	5.38	5.25
鄉區共計	77.29	—	26.70	12.20	19.07	6.96	10.88	9.75	10.01
第八區	0.85	—	7.18	2.61	11.45	1.08	1.36	1.27	1.82
孝陵區	20.27	—	4.29	1.61	0.77	1.98	0.94	1.85	1.11
燕子磯區	28.08	—	7.94	3.16	5.72	2.46	4.08	3.62	4.14
上新河區	24.76	—	5.80	2.71	1.18	0.71	1.51	2.03	2.81
陵園區	3.33	—	2.49	0.11	0.05	0.74	2.99	0.09	0.13

【戊】 本市壯丁之教育程度

全市壯丁中業經查明其教育程度者，共218,233人，大學程度者17,114人，佔 7.84%，此因本市爲政治及文化中心，故其壯年層人口中，包括多數大學生及曾受高等教育者，中學26,496人，佔 12.14%，小學23,453人，佔10.75%，而識字一類，則有65,757人，佔30.13% 可見壯年層人口中，曾受舊式私塾教育者，爲數不少，不識字者85,413人，佔39.14%，雖較自六歲起算之本市文盲比率53.36%爲低，但在壯年層則猶爲高率也。城區情形，與全市大致相同，惟文盲比率爲 32.19%，較低於全市，而鄉區之文盲比率，則高至 69.05%，顯示城鄉教育程度大相懸殊，亦反映本市城區人口之教育程度近年大爲提高也。(見表46,47,48.)

表46 南京市壯丁教育程度

區別	共計	大學程度	中學程度	小學程度	識字	不識字
總計	213,233	17,114	26,496	23,453	65,757	85,413
城區共計	177,102	16,534	45,109	22,035	56,410	57,014
第一區	34,124	4,681	5,961	4,839	10,335	8,308
第二區	22.015	2,514	3,438	3,031	6,101	6,931
第三區	19,715	1,531	3,431	3,193	7,793	3,767
第四區	28,560	1,043	3,362	3,300	10,658	10,220
第五區	29,656	2,128	3,437	2,639	9,741	11,711
第六區	22,418	4,075	3,326	3,377	4,291	7,349
第七區	20,614	565	2,154	1,656	7,511	8,728
鄉區共計	41,131	580	1,387	1,418	9,347	28,399
第八區	8,304	96	493	664	1,795	5,256
孝陵區	7,098	163	224	195	1,489	5,011
燕子磯區	13,889	168	445	323	3,336	9,647
上新河區	9,826	46	134	137	7,182	7,327
陵園區	2,024	101	91	99	575	1,158

表47 南京市壯丁教育程度百分比

區別	共計	大學程度	中學程度	小學程度	識字	不識字
總計	100.00	7.84	12.14	10.75	30.13	39.14
城區共計	100.00	9.34	14.18	12.44	31.85	32.19
第一區	100.00	13.72	17.47	14.18	30.29	24.34
第二區	100.00	11.42	15.62	13.77	27.71	31.48
第三區	100.00	7.77	17.40	16.20	39.53	19.10
第四區	100.00	3.64	11.77	11.55	37.25	35.79
第五區	100.00	7.18	11.59	8.89	32.85	39.49
第六區	100.00	18.16	14.83	15.06	19.18	32.76
第七區	100.00	2.74	10.45	8.03	36.44	42.34
鄉區共計	100.00	1.41	3.37	3.45	22.72	69.05
第八區	100.00	1.16	5.94	8.00	21.62	63.29
孝陵衛區	100.00	23.8	3.16	2.75	21.01	70.70
燕子磯區	100.00	1.21	3.20	2.33	23.80	69.46
上新河區	100.00	0.47	1.36	1.40	22.27	74.56
陵園區	100.00	4.99	4.50	4.89	28.41	57.21

表48 南京市壯丁教育程度之分區百分比

區別	大學程度	中學程度	小學程度	識字	不識字
總計	100.00	100.00	100.90	100.00	100.00
城區共計	96.61	94.76	93.95	85.79	66.75
第一區	27.35	22.50	20.63	15.72	9.73
第二區	14.69	12.98	12.92	9.27	8.11
第三區	8.95	12.95	13.62	11.86	4.41
第四區	6.08	12.69	14.07	16.18	11.97
第五區	12.44	12.97	11.25	14.81	13.70
第六區	23.81	12.55	14.40	6.52	8.61
第七區	3.29	8.12	7.06	11.43	10.22
鄉區共計	3.39	5.24	6.05	14.21	33.25
第八區	0.56	1.86	2.83	2.73	6.15
孝陵區	0.99	0.85	0.83	2.26	5.87
燕子磯區	0.98	1.68	1.38	5.03	11.29
上新河區	0.27	0.51	0.59	3.32	8.58
陵園區	0.59	0.34	0.42	0.88	1.36

圖20. 南京市各區壯丁之教育程度百分比

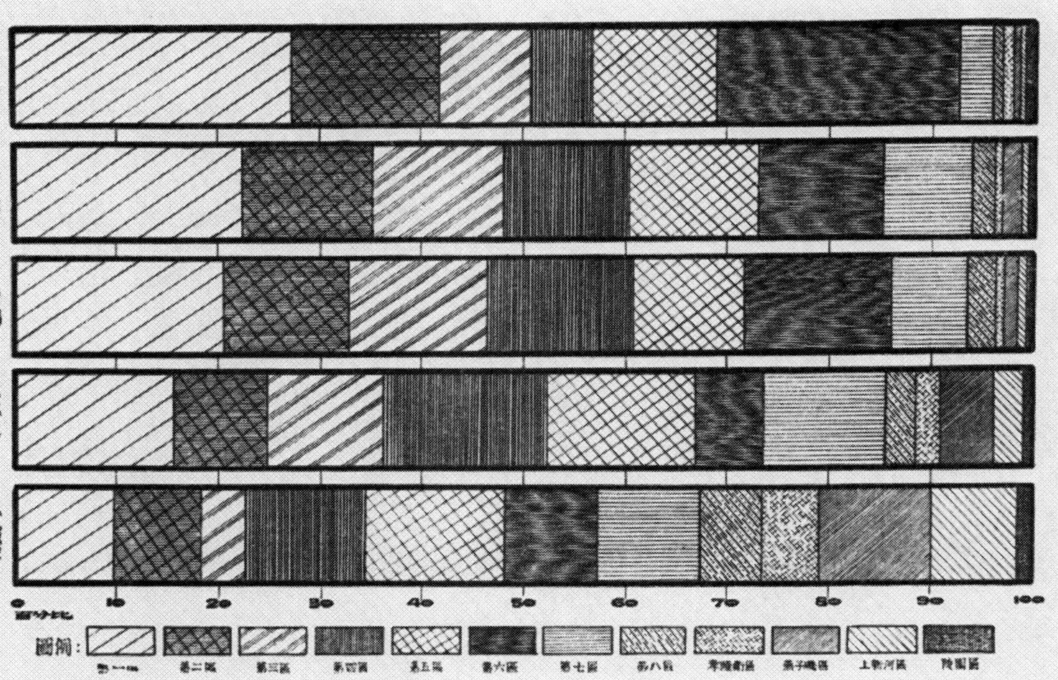

第 五 篇

各區戶口統計

自第69頁至第130頁

第五篇 各區戶口統計

表49 第一區戶口總數

分駐所別	戶數	人口數		
		共計	男	女
總計	24,724	134,456	83,072	51,384
第一分駐所	1,612	9,561	6,237	3,324
第二分駐所	1,717	8,569	4,916	3,653
第三分駐所	3,595	18,787	11,049	7,738
第四分駐所	2,325	13,235	8,216	5,019
第五分駐所	3,434	17,430	10,248	7,182
第六分駐所	2,080	12,092	7,644	4,448
第七分駐所	1,494	10,023	6,639	3,384
第八分駐所	2,034	13,250	9,103	4,147
第九分駐所	2,430	11,724	6,815	4,909
第十分駐所	4,023	19,785	12,205	7,580

表50 第二區戶口總數

分駐所別	戶數	人口數		
		共計	男	女
總計	17,166	88,679	51,827	36,852
第一分駐所	1,783	8,543	4,693	3,850
第二分駐所	2.110	10,934	6,243	4,691
第三分駐所	1,845	8,860	4,736	4,124
第四分駐所	1,225	8,271	5,379	2,892
第五分駐所	2,432	13,680	8,753	4,927
第六分駐所	2,172	11,506	6,293	5,213
第七分駐所	877	4,917	3,090	1,827
第八分駐所	568	3,307	2,084	1,223
第九分駐所	2,296	10,037	5,375	4,662
第十分駐所	1,858	8,624	5,181	3,443

表51 第三區戶口總數

分駐所別	戶數	人口數		
		共計	男	女
總計	15,629	84,430	48,706	35,724
第一分駐所	1,220	7,582	5,386	2,196
第二分駐所	1,850	9,374	5,240	4,134
第三分駐所	2,719	16,158	9,203	6,955
第四分駐所	3,140	18,665	12,082	6,583
第五分駐所	488	3,161	1,857	1,304
第六分駐所	3,283	15,279	7,645	7,634
第七分駐所	2,929	14,211	7,293	6,918

表52 第四區戶口總數

分駐所別	戶數	人口數		
		共計	男	女
總計	27,092	138,263	77,770	60,493
第一分駐所	4,262	18,960	10,660	8,300
第二分駐所	2 226	11,938	7,495	4,443
第三分駐所	3,726	20,289	11,544	8,745
第四分駐所	3,194	16,870	8,725	8,145
第五分駐所	2,938	14,889	7,845	7,044
第六分駐所	4,024	19,006	10,386	8,620
第七分駐所	3,204	17,327	9,189	8,138
第八分駐所	3,518	18,984	11,926	7,058

表53 第五區戶口總數

分駐所別	戶數	人口數		
		共計	男	女
總計	27,656	140,269	80,348	59,921
第一分駐所	4,135	21,525	12,148	9,377
第二分駐所	3,575	18,471	10,483	7,988
第三分法所	2,819	15,027	8,639	6,388
第四分駐所	2,824	15,475	8,399	7,076
第五分駐所	1,905	10,348	6,643	3,705
第六分駐所	906	4,617	2,481	2,136
第七分駐所	3,484	16,956	9,683	7,276
第八分駐所	3,046	15,475	9,102	6,643
第九分駐所	2,298	10,259	5,945	4,314
第十分駐所	2,664	11,846	6,828	5,018

表54 第六區戶口總數

分駐所別	戶數	人口數		
		共計	男	女
總計	14,633	79,163	46,902	32,261
第一分駐所	1,843	10,265	6,081	4,184
第二分駐所	605	3,382	1,913	1,469
第三分駐所	572	4,026	2,451	1,575
第四分駐所	1,648	8,836	4,951	3,885
第五分駐所	2,424	11,991	6,862	5,129
第六分駐所	1,537	9,458	5,926	3,532
第七分駐所	1,163	6,902	4,312	2,593
第八分駐所	1,474	6,831	3,821	3,010
第九分駐所	398	1,834	1,081	753
第十分駐所	2,967	15,638	9,504	6,134

表55 第七區戶口總數

分駐所別	戶數	人口數		
		共計	男	女
總計	15,777	76,407	45,446	30,961
第一分駐所	1,406	8,067	5,138	2,929
第二分駐所	3,290	14,891	8,253	6,638
第三分駐所	987	6,388	3,671	2,717
第四分駐所	2,103	9,952	6,082	3,870
第五分駐所	1,390	8,517	5,974	2,543
第六分駐所	1,756	8,793	5,417	3,376
第七分駐所	1,103	4,559	2,486	2,073
第八分駐所	1,353	6,345	3,506	2,839
第九分駐所	2,389	8,895	4,919	3,976

表56 第八區戶口總數

分駐所別	戶數	人口數		
		共計	男	女
總計	7,325	30,916	17,701	13,212
第一分駐所	2.808	12,253	7,161	5,092
第二分駐所	2,753	11,357	6,620	4,747
第三分駐所	1,764	7,296	3,923	3,373

表57 孝陵區戶口總數

鄉鎮別	戶數	人口數		
		共計	男	女
總計	7,558	50,518	33,745	16,773
孝陵鎮	2,132	11,136	6,644	4,492
馬羣鎮	1,484	7,738	3.992	3,746
滄新鄉	1,202	6,964	4,328	2.636
仙鶴鄉	740	3.730	2,003	1,730
毓秀鄉	2,000	20,950	16,781	4,169

表58 燕子磯區戶口總數

鄉鎮別	戶數	人口數		
		共計	男	女
總計	13,205	63,472	35,272	27,200
燕子磯鎮	976	4,455	2,558	1,898
幡欄鄉	3,423	13,506	7,458	6,048
笆斗鄉	657	4,582	3,041	1,541
七里鄉	679	3,463	1,861	1,602
八卦鄉	1,503	8,721	5,051	3,670
太平鄉	1,185	5,750	3,146	2,604
烏龍鄉	645	3,119	1,724	1,395
馬山鄉	1,337	7,050	4,137	2,913
和平鄉	1,466	7,537	4,417	3,120
金岡鄉	1,329	5,288	2,879	2,409

表59 上新河區戶口總數

鄉鎮別	戶數	人口數		
		共計	男	女
總計	9,707	51,805	29,926	21,879
上新河鎮	3,662	19,603	12,344	7,259
善德鎮	358	1,824	1,021	803
南圩鄉	1,522	8,627	4,541	4,086
南灘鄉	752	3,604	1,981	1,623
北灘鄉	1,332	6,231	3,584	2,647
江靜鄉	972	5,670	3,182	2,488
北圩鄉	1,109	6,246	3,273	2,973

表60 陵園區戶口總數

鄉鎮別	戶數	人口數		
		共計	男	女
陵園	1,004	7,166	4,849	2,317

表61 第一區各類戶數

分駐所別	普通戶	棚戶	商戶	船戶	廟宇	公共處所						
						官署	学校	醫院	養濟院	教堂	公所	其他
總計	18,512	2,604	3,354	4	16	76	29	29	—	2	26	72
第一分駐所	1,256	33	310	1	—	5	2	—	—	--	3	2
第二分駐所	1,306	226	159	—	2	4	5	9	—	—	—	6
第三分駐所	2,899	72	597	—	2	8	4	4	—	2	4	3
第四分駐所	1,779	70	457	—	—	6	5	2	—	—	4	2
第五分駐所	2,881	144	381	—	6	9	6	2	—	—	2	3
第六分駐所	1,532	180	311	—	2	9	3	10	—	—	—	13
第七分駐所	1,107	4	358	—	—	11	1	1	—	—	—	12
第八分駐所	1,429	92	495	—	1	7	—	1	—	—	—	9
第九分駐所	1,764	555	93	1	—	2	1	—	—	—	9	5
第十分駐所	2,559	1,228	193	2	3	15	2	—	—	—	4	17

表62 第二區各類戶數

分駐所別	普通戶	棚戶	商戶	船戶	廟宇	公共處所						
						官署	学校	醫院	養濟院	教堂	公所	其他
總計	12,222	3,036	1,586	11	27	96	29	13	66	3	9	68
第一分駐所	1,367	348	49	—	4	14	—	—	—	—	1	—
第二分駐所	1,281	612	171	2	4	11	10	1	—	1	3	14
第三分駐所	1,505	148	183	—	1	4	2	1	—	—	1	—
第四分駐所	817	67	304	—	1	9	3	6	1	1	2	14
第五分駐所	1,428	477	432	—	3	10	3	2	65	1	1	10
第六分駐所	1,926	82	129	2	3	20	2	1	—	—	—	7
第七分駐所	729	30	94	3	4	5	5	—	—	—	—	7
第八分駐所	438	111	6	—	—	9	1	1	—	—	—	2
第九分駐所	2,074	174	39	—	—	6	—	—	—	—	1	2
第十分駐所	657	987	179	4	7	8	3	1	—	—	—	12

表63　第三區各類戶數

分駐所別	普通戶	棚戶	商戶	船戶	廟宇	公共處所						
						官署	學校	醫院	養濟院	教堂	公所	其他
總計	13,057	170	2,174	64	31	34	22	16	1	3	11	46
第一分駐所	615	16	511	47	1	8	2	8	—	—	2	10
第二分駐所	1,548	5	279	—	3	7	3	—	—	—	4	1
第三分駐所	2,261	7	429	—	2	—	6	2	1	—	—	11
第四分駐所	2,379	59	667	—	6	10	6	2	—	—	1	10
第五分駐所	374	1	85	17	—	3	—	3	—	1	—	4
第六分駐所	3,119	37	105	—	8	3	2	1	-	—	1	7
第七分駐所	2,761	45	98	—	11	3	3	—	—	2	3	3

表64　第四區各類戶數

分駐所別	普通戶	棚戶	商戶	船戶	廟宇	公共處所						
						官署	學校	醫院	養濟院	教堂	公所	其他
總計	19,768	5,038	1,942	—	84	54	46	89	4	—	6	61
第一分駐所	2,120	1,786	329	—	13	2	3	—	—	—	1	8
第二分駐所	1,525	442	245	—	5	2	5	—	—	—	—	2
第三分駐所	3,169	14	516	—	5	3	5	1	—	—	2	11
第四分駐所	2,928	12	237	—	5	4	4	—	—	—	—	4
第五分駐所	2,581	194	127	—	11	3	9	—	—	—	—	13
第六分駐所	3,617	199	160	—	20	13	6	1	—	—	—	8
第七分駐所	2,826	22	247	—	6	5	4	87	3	—	1	3
第八分駐所	1,032	2,369	81	—	19	22	10	—	1	—	2	12

表65 第五區各類戸數

分駐所別	普通戸	舖戸	商戸	船戸	廟宇	公共處所						
						官署	學校	醫院	救濟院	教堂	公所	其他
總計	19,843	5,213	2,290	2	78	70	58	5	—	5	8	84
第一分駐所	3,351	490	244	—	8	11	5	1	—	1	2	22
第二分駐所	2,657	549	319	—	14	13	10	—	—	—	1	12
第三分駐所	2,451	20	330	—	5	5	1	—	—	1	1	5
第四分駐所	2,501	15	281	—	3	1	7	1	—	2	—	13
第五分駐所	1,272	491	97	—	14	12	10	—	—	—	—	9
第六分駐所	702	169	24	—	1	2	3	—	—	—	—	5
第七分駐所	2,520	743	184	—	12	12	8	3	—	—	—	2
第八分駐所	2,413	236	366	—	7	9	8	—	—	—	1	6
第九分駐所	741	1,410	128	1	8	3	3	—	—	—	—	4
第十分駐所	1,235	1,090	317	1	6	2	3	—	—	1	3	6

表66 第六區各類戸數

分駐所別	普通戸	舖戸	商戸	船戸	廟宇	公共處所						
						官署	學校	醫院	救濟院	教堂	公所	其他
總計	10,448	2,790	1,091	—	33	122	40	12	—	2	5	90
第一分駐所	1,345	258	196	—	3	21	2	—	—	—	2	16
第二分駐所	535	37	16	—	1	7	4	1	—	1	1	2
第三分駐所	420	125	11	—	2	3	1	2	—	—	1	7
第四分駐所	1,116	420	79	—	2	12	4	1	—	—	—	14
第五分駐所	1,646	590	157	—	5	12	4	1	—	—	1	8
第六分駐所	971	388	134	—	4	22	2	1	—	1	—	14
第七分駐所	581	74	77	—	3	18	4	—	—	—	—	8
第八分駐所	866	562	26	—	8	5	5	—	—	—	—	2
第九分駐所	294	80	14	—	—	6	1	—	—	—	—	3
第十分駐所	2,274	256	381	—	5	15	13	6	—	—	—	16

表67 第七區各類戶數

分駐所別	普通戶	棚戶	商戶	船戶	廟宇	公共處所						
						官署	學校	醫院	養濟院	教堂	公所	其他
總計	8,373	5,206	1,735	303	14	55	16	7	—	1	5	57
第一分駐所	1,038	1	334	—	1	14	4	3	—	—	3	8
第二分駐所	1,738	1,228	308	—	4	1	4	1	—	—	—	6
第三分駐所	839	60	80	3	1	1	1	—	—	—	—	2
第四分駐所	1,092	494	192	299	—	12	2	2	—	1	1	8
第五分駐所	940	14	397	—	1	14	2	1	—	—	1	20
第六分駐所	933	457	349	1	2	2	1	—	—	—	—	11
第七分駐所	196	874	26	—	1	4	—	—	—	—	—	2
第八分駐所	958	338	45	—	2	7	2	—	—	—	—	—
第九分駐所	644	1,740	3	—	2	—	—	—	—	—	—	—

表68 第八區各類戶數

分駐所別	普通戶	棚戶	商戶	船戶	廟宇	公共處所						
						官署	學校	醫院	養濟院	教堂	公所	其他
總計	2,774	4,233	251	14	2	11	11	1	—	—	1	27
第一分駐所	1,478	1,137	165	—	1	3	4	—	—	—	—	19
第二分駐所	479	2,240	18	5	—	3	3	—	—	—	—	5
第三分駐所	817	853	67	9	1	5	4	1	—	—	1	3

表69 孝陵區各類戶數

鄉鎮別	普通戶	棚戶	商戶	船戶	廟宇	公共處所						
						官署	學校	醫院	養濟院	教堂	公所	其他
總計	3,331	3,365	270	—	39	12	18	2	—	—	4	17
孝陵鎮	1,013	887	197	—	13	3	5	2	—	—	3	9
馬羣鎮	1,312	153	11	—	5	2	1	—	—	—	—	—
[illegible]新鄉	514	663	14	—	4	1	4	—	—	—	1	1
仙鶴鄉	351	370	9	—	7	—	2	—	—	—	—	1
[illegible]秀鄉	641	1,292	39	—	10	6	6	—	—	—	—	6

表70　燕子磯區各類戶數

鄉鎮別	普通戶	棚戶	商戶	船戶	廟宇	公共處所						
						官署	學校	醫院	養濟院	教堂	公所	其他
總計	4,942	7,502	546	10	57	34	48	—	1	1	6	58
燕子磯鎮	257	557	118	—	12	11	3	—	—	—	2	6
樽櫚鄉	1,118	2,225	65	—	8	1	5	—	—	—	—	1
笆斗鄉	289	321	33	—	4	2	3	—	—	—	1	4
七里鄉	590	62	20	—	1	—	2	—	—	—	1	3
八卦鄉	997	429	62	10	—	6	—	—	—	—	1	3
太平鄉	259	790	66	—	6	5	14	—	—	—	—	5
烏龍鄉	298	304	24	—	6	3	5	—	—	—	—	5
萬山鄉	380	883	44	—	7	1	9	—	—	—	1	12
和平鄉	473	850	99	—	11	5	7	—	1	1	—	19
金岡鄉	241	1,071	15	—	2	—	—	—	—	—	—	—

表71　上新河區各類戶數

鄉鎮別	普通戶	棚戶	商戶	船戶	廟宇	公共處所						
						官署	學校	醫院	養濟院	教堂	公所	其他
總計	2,243	65727	621	1	25	23	28	4	—	—	6	29
上新河鎮	1,030	2,073	497	—	7	10	16	3	—	—	3	23
善德鎮	339	—	15	—	—	1	1	—	—	—	—	2
南圩鄉	461	1,045	8	1	4	3	—	—	—	—	—	—
南濱鄉	77	670	—	—	4	—	—	—	—	—	—	1
北濱鄉	199	1,029	86	—	6	5	5	1	—	—	1	—
江勝鄉	114	833	15	—	—	2	5	—	—	—	—	3
北圩鄉	23	1,077	—	—	4	2	1	—	—	—	2	—

表72　陵園區各類戶數

鄉鎮別	普通戶	棚戶	商戶	船戶	廟宇	公共處所						
						官署	學校	醫院	養濟院	教堂	公所	其他
陵園	704	235	42	—	2	1	6	—	—	—	—	14

表 73　第一區普通戶每戶人口數

分駐所別	一人	二人	三人	四人	五人	六人	七人	八人	九人	十人	十一—十五人	十六—二十人	二一—二五人	二六—三十人	三一—三五人	三六—四十人	四一—四五人	四六—五十人	五十一人以上
總計	991	3,080	3,508	3,113	2,368	1,702	1,135	828	625	458	535	116	29	5	5	2	3	1	3
第一分駐所	56	232	245	225	160	125	62	42	35	30	26	10	3	3	—	—	1	—	—
第二分駐所	87	247	235	207	167	104	83	64	37	32	32	8	2	—	1	—	—	—	—
第三分駐所	177	449	566	473	344	283	185	116	95	86	96	23	6	—	—	—	—	—	—
第四分駐所	118	257	320	274	224	154	124	105	79	41	67	10	2	2	1	—	—	—	—
第五分駐所	209	507	518	445	318	289	190	119	99	65	80	11	6	—	1	1	1	—	2
第六分駐所	45	212	258	258	198	148	93	88	70	61	63	15	5	1	1	—	—	1	—
第七分駐所	57	151	180	180	159	104	85	50	47	30	42	12	2	4	1	1	1	—	—
第八分駐所	65	242	275	241	205	120	88	63	48	31	33	9	2	2	—	—	—	—	—
第九分駐所	56	304	359	343	235	144	87	83	54	41	45	9	1	2	—	—	—	—	—
第十分駐所	121	479	552	457	337	231	132	92	60	41	46	9	—	1	—	—	—	—	1

表 74　第二區普通戶每戶人口數

分駐所別	一人	二人	三人	四人	五人	六人	七人	八人	九人	十人	十一—十五人	十六—二十人	二一—二五人	二六—三十人	三一—三五人	三六—四十人	四一—四五人	四六—五十人	五十一人以上
總計	540	2,017	2,341	2,009	1,641	1,182	872	517	378	265	352	73	15	10	4		2	1	3
第一分駐所	64	209	269	215	168	135	91	25	53	36	50	7	2	—	—	—	—	—	—
第二分駐所	59	199	222	200	174	134	108	65	37	22	45	10	2	2	1	—	1	—	—
第三分駐所	55	285	315	251	212	139	94	54	38	28	23	6	—	2	—	—	—	—	—
第四分駐所	19	111	134	125	114	105	82	37	32	19	28	8	2	1	1	—	—	—	1
第五分駐所	36	229	230	237	191	151	114	60	48	44	61	14	6	2	2	—	—	1	2
第六分駐所	56	279	353	314	256	183	149	109	78	43	80	13	1	1	—	—	1	—	—
第七分駐所	51	133	163	111	80	59	48	25	23	16	15	3	1	1	—	—	—	—	—
第八分駐所	11	78	101	75	64	31	32	16	11	8	7	1	—	—	—	—	—	—	—
第九分駐所	158	356	425	357	304	178	110	65	45	39	28	9	1	1	—	—	—	—	—
第十分駐所	31	138	127	124	78	63	41	21	13	5	14	2	—	—	—	—	—	—	—

表 75　第三區普通戶每戶人口數

分駐所別	一人	二人	三人	四人	五人	六人	七人	八人	九人	十人	十一—十五人	十六—二十人	二一—二五人	二六—三十人	三一—三五人	三六—四〇人	四一—四五人	四六—五十人	九十一人以上
總計	759	2,008	2,369	2,231	1,605	1,330	851	609	392	300	420	121	36	15	4	5	—	—	2
第一分駐所	35	81	113	110	78	54	46	2[illegible]	19	14	25	7	5	1	1	—	—	—	—
第二分駐所	111	294	293	249	131	147	96	65	35	39	39	10	4	2	—	2	—	—	1
第三分駐所	104	319	352	376	301	224	162	110	62	63	114	35	8	6	—	2	—	—	1
第四分駐所	131	353	439	400	294	244	153	117	73	6[illegible]	73	26	4	2	1	1	—	—	—
第五分駐所	14	49	79	69	29	36	32	21	15	11	13	3	2	1	—	—	—	—	—
第六分駐所	174	538	633	527	391	318	182	143	83	53	76	22	6	2	1	—	—	—	—
第七分駐所	193	374	490	438	351	307	180	127	85	60	74	16	7	1	1	—	—	—	—

表 76　第四區普通戶每戶人口數

分駐所別	一人	二人	三人	四人	五人	六人	七人	八人	九人	十人	十一—十五人	十六—二十人	二一—二五人	二六—三十人	三一—三五人	三六—四十人	四一—四五人	四六—五十人	五十一人以上
總計	1,126	2,976	3,498	3,403	2,633	1,957	1,364	952	600	416	613	137	51	19	11	2	4	2	5
第一分駐所	155	25	395	385	294	181	119	73	64	38	15	8	1	2	—	—	—	—	—
第二分駐所	90	256	265	261	221	148	101	66	45	29	28	5	2	—	—	—	—	—	—
第三分駐所	181	478	575	545	403	300	216	157	87	72	107	28	7	6	4	—	1	1	1
第四分駐所	130	297	497	504	398	313	214	150	97	83	105	19	1	3	2	—	—	—	2
第五分駐所	130	285	450	437	333	251	176	138	75	63	95	28	6	4	1	1	—	1	2
第六分駐所	288	550	634	612	476	374	242	157	110	57	91	16	7	—	1	1	1	—	—
第七分駐所	119	40	511	482	363	283	208	149	90	55	95	24	14	4	2	—	2	—	—
第八分駐所	32	152	171	177	125	109	83	62	32	14	31	9	—	—	—	—	—	—	—

表77 第五區普通戶每戶人口數

分駐所別	一人	二人	三人	四人	五人	六人	七人	八人	九人	十人	十一—十五人	十六—二十人	二一—二五人	二六—三十人	三一—三五人	三六—四十人	四一—四五人	四六—五十人	五十一人以上
總計	1,103	3,030	3,603	3,346	2,68[illegible]	1,917	1,328	870	560	458	723	157	32	23	2	2	3	—	1
第一分駐所	173	472	616	547	441	333	240	163	103	74	153	27	7	2	—	—	—	—	—
第二分駐所	133	392	482	490	361	256	187	120	69	66	76	16	6	2	1	2	1	—	—
第三分駐所	149	374	403	385	328	221	155	124	96	63	116	28	2	4	—	—	—	—	—
第四分駐所	124	368	407	371	340	270	195	125	63	72	108	29	6	4	1	—	—	—	—
第五分駐所	82	217	229	226	155	119	80	56	36	22	39	7	1	3	—	—	—	—	—
第六分駐所	38	100	123	112	98	53	47	42	24	29	25	9	2	—	—	—	—	—	—
第七分駐所	130	409	501	439	358	262	123	88	47	49	82	16	3	2	—	—	—	—	1
第八分駐所	130	359	441	402	353	239	169	94	57	55	81	21	5	6	—	—	1	—	—
第九分駐所	51	131	146	136	101	63	44	19	18	8	20	3	—	—	—	—	1	—	—
第十分駐所	96	208	252	238	150	101	78	39	27	20	25	1	—	—	—	—	—	—	—

表78 第六區普通戶每戶人口數

分駐所別	一人	二人	三人	四人	五人	六人	七人	八人	九人	十人	十一—十五人	十六—二十人	二一—二五人	二六—三十人	三一—三五人	三六—四十人	四一—四五人	四六—五十人	五十一人以上
總計	673	1,470	1,854	1,655	1,325	1,001	833	484	365	330	384	55	15	3	—	—	—	—	1
第一分駐所	82	165	259	201	162	129	104	80	60	43	46	11	1	—	—	—	—	—	—
第二分駐所	33	86	87	83	62	59	41	15	15	24	19	1	—	—	—	—	—	—	—
第三分駐所	10	48	41	50	35	4	42	30	23	28	50	9	2	1	—	—	—	—	—
第四分駐所	47	128	161	191	181	100	122	58	47	44	51	5	1	—	—	—	—	—	—
第五分駐所	82	223	318	277	222	131	147	70	48	48	57	10	5	1	—	—	—	—	—
第六分駐所	29	117	197	147	138	91	76	43	45	34	44	7	—	—	—	—	—	—	—
第七分駐所	67	130	166	166	124	121	70	52	21	23	26	2	3	—	—	—	—	—	—
第八分駐所	46	146	173	140	112	81	58	36	24	20	28	1	1	—	—	—	—	—	—
第九分駐所	47	41	4	41	32	33	23	14	15	4	2	—	—	1	—	—	—	—	—
第十分駐所	230	366	406	353	267	220	14[illegible]	86	67	62	59	9	2	—	—	—	—	—	1

表79 第七區普通戶每戶人口數

分駐所別	一人	二人	三人	四人	五人	六人	七人	八人	九人	十人	十一—十五人	十六—二十人	二一—二五人	二六—三十人	三一—三五人	三六—四十人	四一—四五人	四六—五十人	五十一人以上
總計	537	1,557	1,757	1,467	1,107	748	465	287	174	123	128	21	3	3	—	1	—	—	—
第一分駐所	61	177	207	172	130	98	74	46	18	16	26	2	1	—	—	—	—	—	—
第二分駐所	84	302	344	321	229	165	111	81	38	27	30	4	—	2	—	—	—	—	—
第三分駐所	62	137	206	147	112	77	41	24	14	9	9	1	—	—	—	—	—	—	—
第四分駐所	88	267	199	179	133	91	53	29	26	9	12	1	—	1	—	1	—	—	—
第五分駐所	60	214	207	152	115	76	51	27	15	8	13	1	1	—	—	—	—	—	—
第六分駐所	64	171	202	158	122	85	48	34	17	13	15	4	—	—	—	—	—	—	—
第七分駐所	23	33	42	27	27	18	7	8	4	5	1	1	—	—	—	—	—	—	—
第八分駐所	43	140	201	163	143	85	60	35	21	31	20	7	1	—	—	—	—	—	—
第九分駐所	52	116	149	148	93	53	20	3	3	5	2	1	—	—	—	—	—	—	—

表80 第八區普通戶每戶人口數

分駐所別	一人	二人	三人	四人	五人	六人	七人	八人	九人	十人	十一—十五人	十六—二十人	二一—二五人	二六—三十人	三一—三五人	三六—四十人	四一—四五人	四六—五十人	五十一人以上
總計	187	479	590	554	367	256	137	85	52	23	28	6	3	3	1	3	—	—	—
第一分駐所	117	241	317	294	196	129	81	40	29	12	15	4	2	1	—	—	—	—	—
第二分駐所	25	84	107	102	58	51	14	11	10	4	4	2	1	2	1	3	—	—	—
第三分駐所	45	154	166	158	113	76	42	34	13	7	9	—	—	—	—	—	—	—	—

表81 孝陵區普通戶每戶人口數

鄉鎮別	一人	二人	三人	四人	五人	六人	七人	八人	九人	十人	十一—十五人	十六—二十人	二一—二五人	二六—三十人	三一—三五人	三六—四十人	四一—四五人	四六—五十人	五十一人以上
總計	177	506	630	614	580	468	354	202	124	61	102	10	4	1	—	—	—	—	—
孝陵鎮	43	183	203	168	134	114	83	33	22	11	16	3	—	—	—	—	—	—	—
馬羣鎮	73	137	172	192	210	187	128	74	60	27	45	3	3	1	—	—	—	—	—
海新鄉	25	62	81	90	84	67	47	32	12	8	6	—	—	—	—	—	—	—	—
仙鶴鄉	11	29	50	62	60	42	39	29	6	4	17	2	—	—	—	—	—	—	—
毓秀鄉	23	95	124	102	92	58	57	34	24	11	18	2	1	—	—	—	—	—	—

表82 燕子磯區普通戶每戶人口數

鄉鎮別	一人	二人	三人	四人	五人	六人	七人	八人	九人	十人	十一—十五人	十六—二十人	二一—二五人	二六—三十人	三一—三五人	三六—四十人	四一—四五人	四六—五十人	五十一人以上
總計	257	587	790	840	719	590	418	261	177	124	145	24	3	1	—	—	—	—	—
燕子磯鎮	20	38	52	49	35	25	15	5	4	5	7	1	1	—	—	—	—	—	—
楊柳鄉	80	198	226	219	143	108	65	29	16	13	18	3	—	—	—	—	—	—	—
巴斗鄉	22	34	39	51	41	34	28	14	11	6	8	1	—	—	—	—	—	—	—
七里鄉	35	56	58	83	104	83	56	38	21	13	13	2	1	—	—	—	—	—	—
八卦鄉	22	55	118	139	133	143	120	83	72	55	51	6	—	—	—	—	—	—	—
太平鄉	14	36	45	51	56	33	17	17	10	6	12	2	—	—	—	—	—	—	—
烏龍鄉	13	44	39	54	51	29	33	15	8	5	7	—	—	—	—	—	—	—	—
萬山鄉	20	36	54	74	42	53	25	28	18	12	15	3	1	1	—	—	—	—	—
和平鄉	21	50	79	84	71	57	44	30	13	6	12	6	—	—	—	—	—	—	—
金岡鄉	10	40	53	42	43	25	15	4	4	3	2	—	—	—	—	—	—	—	—

表83 上新河區普通戶每戶人口數

鄉鎮別	一人	二人	三人	四人	五人	六人	七人	八人	九人	十人	十一—十五人	十六—二十人	二一—二五人	二六—三十人	三一—三五人	三六—四十人	四一—四五人	四六—五十人	五十一人以上
總計	143	280	35	391	317	266	161	105	80	48	84	12	4	1	—	—	—	—	—
上新河鎮	62	161	194	208	143	106	54	36	31	15	15	4	1	—	—	—	—	—	—
善德鎮	39	41	38	52	40	45	29	15	9	7	22	1	1	—	—	—	—	—	—
南圩鄉	15	27	51	60	67	64	60	35	28	19	29	4	1	1	—	—	—	—	—
南濱鄉	7	7	13	17	11	7	1	2	2	3	6	1	—	—	—	—	—	—	—
北濱鄉	13	30	46	30	32	25	3	6	5	—	7	1	1	—	—	—	—	—	—
江靜鄉	6	13	5	20	21	16	12	9	5	2	4	1	—	—	—	—	—	—	—
北圩鄉	1	1	4	4	3	3	2	2	—	2	1	—	—	—	—	—	—	—	—

表84 陵園區普通戶每戶人口數

鄉鎮別	一人	二人	三人	四人	五人	六人	七人	八人	九人	十人	十一—十五人	十六—二十人	二一—二五人	二六—三十人	三一—三五人	三六—四十人	四一—四五人	四六—五十人	五十一人以上
陵園	21	95	125	123	99	72	58	41	25	13	20	8	2	—	—	—	—	—	1

表85 第一區常住人口籍貫

省市別	人口數		
	共計	男	女
總計	134,456	83,072	51,384
本市	16,602	9,394	7.208
江蘇	54,386	34 608	19,778
浙江	9,863	6,439	3,424
安徽	17,941	9,737	8,204
江西	2,415	1,403	1,006
湖北	3,437	2.018	1,419
湖南	7,071	4,268	2,803
四川	1,125	743	382
西康	15	14	1
河北	3,368	2,180	1,186
山東	3,385	2,191	1,194
山西	369	241	128
河南	1,570	975	595
陝西	177	122	55
甘肅	64	49	15
青海	7	3	4
福建	1,008	580	428
廣東	3,109	1,960	1,149
廣西	255	138	117
雲南	283	168	121
貴州	447	275	172
遼寧	354	194	160
吉林	46	30	16
黑龍江	32	17	15
熱河	3	2	1
察哈爾	19	13	6
綏遠	11	8	3
寧夏	—	—	—
新疆	4	4	—
上海	733	487	246
北平	540	322	218
天津	181	120	16
青島	7	4	3
西京	1	1	—
蒙古	4	2	2
西藏	—	—	—
哈爾濱	—	—	—
未詳	5,620	4,356	1,264

表86 第二區常住人口籍貫

省市別	人口數		
	共計	男	女
總計	88,679	51,827	36,852
本市	11,467	6,090	5 397
江蘇	42,808	25,112	17,696
浙江	4,936	2,826	1,810
安徽	10,934	6,270	4,664
江西	1,118	634	484
湖北	2,316	1,350	966
湖南	3,155	1,891	1,264
四川	507	313	194
西康	15	8	7
河北	2,250	1,401	849
山東	2,322	1,465	857
山西	239	170	69
河南	945	598	347
陝西	500	293	207
甘肅	56	35	21
青海	7	4	3
福建	512	317	195
廣東	1,451	881	570
廣西	100	69	31
雲南	218	115	103
貴州	165	95	70
遼寧	229	132	67
吉林	72	51	21
黑龍江	8	7	1
熱河	5	5	—
察哈爾	10	7	3
綏遠	32	21	11
寧夏	9	9	—
新疆	8	6	2
上海	488	329	159
北平	407	206	201
天津	196	105	91
青島	9	6	3
西京	6	2	4
蒙古	25	17	8
西藏	14	8	6
哈爾濱	—	—	—
未詳	1,420	979	441

表87 第三區常住人口籍貫

省市別	人口數 共計	男	女
總計	84,430	48,706	35 724
本市	24,865	13,531	11,334
江蘇	37,680	22,324	15,356
浙江	3,159	2,067	1,092
安徽	8,252	4,559	3,693
江西	962	619	343
湖北	1,532	867	665
湖南	1,784	977	807
四川	215	130	85
西康	19	18	1
河北	1,239	811	428
山東	980	641	339
山西	201	154	47
河南	438	293	145
陝西	68	46	22
甘肅	8	7	1
青海	—	—	—
福建	297	181	116
廣東	914	583	331
廣西	91	47	44
雲南	95	67	28
貴州	92	57	35
遼寧	85	43	42
吉林	52	26	36
黑龍江	4	3	1
熱河	2	2	—
察哈爾	2	2	—
綏遠	2	2	—
寧夏	—	—	—
新疆	—	—	—
上海	248	139	109
北平	267	155	112
天津	135	74	16
青島	—	—	—
西京	—	—	—
蒙古	—	—	—
西藏	7	6	1
哈爾濱	—	—	—
未詳	735	275	460

表88 第四區常住人口籍貫

省市別	人口數 共計	男	女
總計	138,263	77,770	60,493
本市	60,071	31,645	28,426
江蘇	43.577	24,813	18,764
浙江	1,467	904	563
安徽	18,937	10 902	8.035
江西	700	396	304
湖北	1,841	1,054	787
湖南	1,910	1,112	798
四川	128	80	48
西康	9	5	4
河北	1,040	623	417
山東	1,850	966	884
山西	93	68	25
河南	580	352	228
陝西	44	27	17
甘肅	5	4	1
青海	3	2	1
福建	190	104	86
廣東	331	211	150
廣西	78	41	37
雲南	117	62	55
貴州	49	24	25
遼寧	43	28	15
吉林	25	19	6
黑龍江	—	—	—
熱河	1	1	—
察哈爾	—	—	—
綏遠	4	3	1
寧夏	—	—	—
新疆	—	—	—
上海	112	66	46
北平	137	80	57
天津	160	89	71
青島	—	—	—
西京	—	—	—
蒙古	—	—	—
西藏	—	—	—
哈爾濱	—	—	—
未詳	4,934	4,092	842

表89　第五區常住人口籍貫

省市別	人口數		
	共計	男	女
總計	140,269	80,348	59,921
本市	39,845	21,195	18,650
江蘇	46,868	27,371	19,497
浙江	4,085	2,413	1,672
安徽	24,599	13,804	1,795
江西	1,360	738	622
湖北	5,262	31072	2,210
湖南	2,713	1,606	1,107
四川	411	235	176
西康	4	1	3
河北	1,546	949	597
山東	5,073	2,965	2,107
山西	193	139	54
河南	1,041	639	402
陝西	161	107	54
甘肅	21	16	5
青海	4	4	—
福建	802	450	352
廣東	1,098	638	460
廣西	105	56	49
雲南	155	86	69
貴州	277	119	108
遼寧	119	63	56
吉林	10	3	7
黑龍江	—	—	—
熱河	7	4	3
察哈爾	2	2	—
綏遠	4	3	1
寧夏	—	—	—
新疆	6	6	—
上海	341	192	149
北平	239	113	126
天津	158	92	66
青島	1	1	—
西京	—	—	—
蒙古	17	11	6
西藏	—	—	—
哈爾濱	—	—	—
未詳	3,772	3,254	518

表90　第六區常住人口籍貫

省市別	人口數		
	共計	男	女
總計	79,163	46,902	32,261
本市	12,827	6,911	5,916
江蘇	22,918	13,813	9,105
浙江	5,417	3,301	2,116
安徽	13,848	7,178	6,670
江西	1,229	697	532
湖北	2,444	1,467	977
湖南	2,852	1,702	1,150
四川	913	571	342
西康	3	3	—
河北	1,936	1,303	633
山東	2,658	1,760	898
山西	281	218	63
河南	1,107	741	366
陝西	244	135	109
甘肅	32	24	8
青海	2	2	—
福建	1,319	705	614
廣東	2,998	1,678	1,430
廣西	157	92	65
雲南	266	160	105
貴州	219	133	86
遼寧	350	185	165
吉林	129	71	58
黑龍江	22	16	6
熱河	66	37	29
察哈爾	23	13	10
綏遠	14	10	4
寧夏	—	—	—
新疆	—	—	—
上海	1,030	638	392
北平	827	505	322
天津	416	247	169
青島	11	7	4
西京	—	—	—
蒙古	3	2	1
西藏	—	—	—
哈爾濱	1	1	—
未詳	2,601	2,576	25

表91　第七區常住人口籍貫

省市別	人口數 共計	男	女
總計	76,407	45,446	30,961
本市	9,767	5,744	4,023
江蘇	40,288	23,871	16,417
浙江	3,021	1,854	1,157
安徽	9,673	5,662	4,011
江西	535	312	223
湖北	3,059	1,689	1,370
湖南	1,312	754	558
四川	52	31	21
西康	—	—	—
河北	858	552	306
山東	3,457	2,108	1,349
山西	60	48	12
河南	518	331	187
陝西	20	10	10
甘肅	—	—	—
青海	—	—	—
福建	831	431	400
廣東	778	460	318
廣西	9	7	2
雲南	14	8	6
貴州	26	14	12
遼寧	241	131	110
吉林	33	18	18
黑龍江	—	—	—
熱河	9	6	3
察哈爾	—	—	—
綏遠	—	—	—
寧夏	—	—	—
新疆	—	—	—
上海	509	281	228
北平	137	75	62
天津	319	196	123
青島	10	5	—
西京	—	—	—
蒙古	—	—	—
西藏	—	—	—
哈爾濱	—	—	—
未詳	868	838	30

表92　第八區常住人口籍貫

省市別	人口數 共計	男	女
總計	30,916	17,704	13,212
本京	821	488	333
江蘇	14,207	7,909	6,298
浙江	438	276	162
安徽	4,603	2,695	1,908
江西	71	49	22
湖北	1,110	620	490
湖南	192	116	76
四川	18	13	5
西康	—	—	—
河北	1,957	1,113	844
山東	5,802	3,442	2,360
山西	4	3	1
河南	385	249	136
陝西	4	3	1
甘肅	—	—	—
青海	3	1	2
福建	30	19	11
廣東	141	80	61
廣西	—	—	—
雲南	8	5	3
貴州	12	4	8
遼寧	8	8	—
吉林	—	—	—
黑龍江	—	—	—
熱河	—	—	—
察哈爾	—	—	—
綏遠	—	—	—
寧夏	—	—	—
新疆	—	—	—
上海	37	23	14
北平	122	70	52
天津	910	502	403
青島	—	—	—
西京	—	—	—
蒙古	—	—	—
西藏	—	—	—
哈爾濱	—	—	—
未詳	33	16	17

表93 孝陵區常住人口籍貫

省市別	人口數		
	共計	男	女
總計	50,518	33,745	16,773
本市	25,400	13,194	12,206
江蘇	3,995	2,308	1,687
浙江	398	221	177
安徽	3,083	1,819	1,264
江西	78	39	39
湖北	254	144	110
湖南	318	180	138
四川	38	17	21
西康	—	—	—
河北	258	146	112
山東	1,011	588	423
山西	17	11	6
河南	407	256	151
陝西	11	6	5
甘肅	6	5	1
青海	—	—	—
福建	32	14	18
廣東	96	52	44

省市別	人口數		
	共計	男	女
廣西	3	2	1
雲南	14	11	3
貴州	49	28	21
遼寧	27	11	16
吉林	—	—	—
黑龍江	—	—	—
熱河	9	6	3
察哈爾	—	—	—
綏遠	—	—	—
寧夏	—	—	—
新疆	—	—	—
上海	137	85	52
北平	45	25	20
天津	53	41	12
青島	—	—	—
西京	—	—	—
蒙古	—	—	—
西藏	—	—	—
哈爾濱	—	—	—
未詳	14,779	14,536	243

表94 燕子磯區常住人口籍貫

省市別	人口數		
	共計	男	女
總計	63,472	36,272	27,200
本市	24,842	12,973	11,853
江蘇	15,086	8,382	6.704
浙江	506	300	206
安徽	13,657	7,946	5.711
江西	126	71	55
湖北	1,252	632	560
湖南	741	418	323
四川	62	41	21
西康	52	44	8
河北	359	210	159
山東	2,107	1,373	734
山西	12	8	4
河南	452	287	165
陝西	4	3	1
甘肅	1	1	—
青海	111	106	5
福建	448	250	198
廣東	88	56	30

省市別	人口數		
	共計	男	女
廣西	15	11	4
雲南	14	8	6
貴州	17	12	5
遼寧	76	41	35
吉林	1	1	—
黑龍江	1	1	—
熱河	22	19	3
察哈爾	20	20	—
綏遠	18	17	1
寧夏	—	—	—
新疆	37	37	—
上海	226	113	113
北平	34	24	10
天津	196	112	84
青島	—	—	—
西京	—	—	—
蒙古	11	11	—
西藏	4	4	—
哈爾濱	—	—	—
未詳	2,866	2,674	192

表95 上新河區常住人口籍貫

省市別	人口數		
	共計	男	女
總計	51,805	29,926	21,879
本市	23,923	12,516	11,437
江蘇	9,712	5,493	4,219
浙江	266	122	144
安徽	10,249	5,968	4,291
江西	1,097	579	518
湖北	1,103	595	511
湖南	842	531	311
四川	14	9	5
西康	—	—	—
河北	69	33	36
山東	456	274	182
山西	3	3	—
河南	123	76	47
陝西	—	—	—
甘肅	—	—	—
青海	—	—	—
福建	8	3	5
廣東	23	17	6
廣西	—	—	—
雲南	1	1	—
貴州	2	1	1
遼寧	13	6	7
吉林	2	1	1
黑龍江	—	—	—
熱河	—	—	—
察哈爾	—	—	—
綏遠	—	—	—
寧夏	—	—	—
新疆	—	—	—
上海	85	44	42
北平	14	6	8
天津	16	8	8
青島	—	—	—
西京	—	—	—
蒙古	—	—	—
西藏	—	—	—
哈爾濱	—	—	—
未詳	3,760	3,650	130

表96 陵園區常住人口籍貫

省市別	人口數		
	共計	男	女
總計	7,166	4,849	2,317
本市	1,219	648	571
江蘇	2,173	1,447	726
浙江	168	114	54
安徽	1,355	916	439
江西	61	41	20
湖北	76	47	29
湖南	174	123	51
四川	9	6	3
西康	—	—	—
河北	89	65	24
山東	582	371	211
山西	5	3	2
河南	144	93	45
陝西	1	1	—
甘肅	—	—	—
青海	—	—	—
福建	46	26	20
廣東	172	116	56
廣西	19	17	2
雲南	16	10	6
貴州	5	4	1
遼寧	18	15	3
吉林	—	—	—
黑龍江	—	—	—
熱河	—	—	—
察哈爾	—	—	—
綏遠	2	1	1
寧夏	—	—	—
新疆	—	—	—
上海	56	42	14
北平	38	28	10
天津	15	8	7
青島	—	—	—
西京	—	—	—
蒙古	—	—	—
西藏	—	—	—
哈爾濱	—	—	—
未詳	723	701	22

表97 第一區常住人口住京年數

住京年數	人口數		
	共計	男	女
總計	134,456	83,072	51,384
未滿一年	15,774	9,631	6,143
1—2	11,994	7,674	4,320
2—3	8,857	5,800	3,057
3—4	7,510	4,845	2,665
4—5	4,866	3,077	1,789
5—9	13,373	8,363	5,010
10—14	4,528	2,651	1,877
15—19	2,717	1,586	1,131
20—24	2,625	1,574	1,051
25—29	1,791	1,059	732
30以上	7,372	4,427	2,945
未詳	53,049	32,385	20,664

表98 第二區常住人口住京年數

住京年數	人口數		
	共計	男	女
總計	88,679	51,827	36,852
未滿一年	7,958	4,809	3,149
1—2	6,111	3,777	2,334
2—3	4,734	2,960	1,774
3—4	4,203	2,751	1,452
4—5	2,615	1,596	1,019
5—9	7,274	4,311	2,963
10—14	2,893	1,770	1,193
15—19	1,924	1,084	840
20—24	1,760	1,070	690
25—29	1,076	638	438
30以上	4,535	2,491	2,044
未詳	43,596	24,640	18,956

表99 第三區常住人口住京年數

住京年數	人口數		
	共計	男	女
總計	84,430	48,706	35,724
未滿一年	7,329	4,204	3,125
1—2	6,759	4,133	2,626
2—3	5,491	3,453	2,038
3—4	5,255	3,311	1,944
4—5	3,653	2,196	1,457
5—9	9,497	5,575	3,922
10—14	5,162	3,013	2,149
15—19	3,039	1,738	1,301
20—24	2,616	1,544	1,072
25—29	1,643	893	750
30以上	7,017	3,764	3,253
未詳	26,969	14,882	12,087

表100 第四區常住人口住京年數

住京年數	人口數		
	共計	男	女
總計	138,263	77,770	60,493
未滿一年	10,529	5,986	4,543
1—2	12,681	7,265	5,416
2—3	8,993	5,142	3,851
3—4	7,681	4,468	3,213
4—5	5,530	3,063	2,467
5—9	15,883	8,708	7,175
10—14	9,898	5,435	4,463
15—19	6,356	3,449	2,907
20—24	5,700	3,322	2,378
25—29	3,767	2,181	1,586
30以上	16,816	8,788	8,028
未詳	34,429	19,963	14,466

表101 第五區常住人口住京年數

住京年數	人口數		
	共計	男	女
總計	140,269	80,348	59,921
未滿一年	11,840	6,784	5,055
1—2	11,349	6,643	4,706
2—3	9,317	5,504	3,813
3—4	8,093	4,578	3,515
4—5	5,535	3,091	2,444
5—9	15,674	8,776	6,898
10—14	8,949	4,896	4,053
15—19	5,334	2,963	2,371
20—24	4,974	2,784	2,190
25—29	2,668	1,490	1,188
30以上	11,862	6,105	5,756
未詳	44,674	26,743	17,931

表102 第六區常住人口住京年數

住京年數	人口數		
	共計	男	女
總計	79,163	46,902	32,261
未滿一年	9,798	5,691	4,107
1—2	12,235	7,129	5,106
2—3	8,080	4,737	3,343
3—4	5,436	3,094	2,342
4—5	3,880	2,365	1,515
5—9	6,796	3,751	3,045
10—14	2,622	1,411	1,211
15—19	1,804	981	823
20—24	1,545	864	681
25—29	1,162	687	475
30以上	5,603	3,655	1,947
未詳	20,202	12,536	7,666

表103 第七區常住人口住京年數

住京年數	人口數		
	共計	男	女
總計	76,407	45,446	30,961
未滿一年	5,876	3,388	2,488
1—2	9,013	5,313	3,700
2—3	5,902	3,548	2,354
3—4	5,679	3,509	2,170
4—5	3,384	2,031	1,353
5—9	9,825	5,920	3,905
10—14	5,039	2,909	2,130
15—19	3,021	1,822	1,199
20—24	2,638	1,585	1,053
25—29	864	520	344
30以上	2811	1,604	1,207
未詳	22,295	13,237	9,058

表104 第八區常住人口住京年數

住京年數	人口數		
	共計	男	女
總計	30,916	17,704	13,212
未滿一年	1,435	838	597
1—2	2,152	1,282	870
2—3	1,642	936	655
3—4	1,527	905	622
4—5	1,211	722	489
5—9	3,837	2,183	1,654
10—14	2,022	1,111	911
15—19	1,158	623	535
20—24	1,196	728	468
25—29	275	170	105
30以上	249	146	103
未詳	14,212	8,010	6,202

表105 孝陵區常住人口住京年數

住京年數	人口數		
	共計	男	女
總計	50,518	33,745	16,773
未滿一年	3,143	1,745	1,398
1—2	2,691	1,428	1,286
2—3	2,981	2,150	831
3—4	1,232	647	585
4—5	885	476	409
5—9	3,706	1,906	1,800
10—14	2,809	1,493	1,319
15—19	2,574	1,349	1,225
20—24	1,964	1,027	937
25—29	1,637	856	781
30以上	7,559	3,543	4,016
未詳	19,334	17,128	2,206

表106 燕子磯區常住人口住京年數

住京年數	人口數		
	共計	男	女
總計	63,472	36,272	27,200
未滿一年	3,081	1,857	1,224
1—2	4,418	2,496	1,922
2—3	3,942	2,244	1,698
3—4	2,762	1,501	1,261
4—5	1,592	880	712
5—9	7,600	4,174	3,426
10—14	3,242	1,741	1,504
15—19	2,494	1,303	1,191
20—24	2,110	1,155	955
25—29	1,787	971	816
30以上	9,348	4,761	4,587
未詳	21,093	13,189	7,904

表107 上新河區常住人口住京年數

住京年數	人口數		
	共計	男	女
總計	51,805	29,926	21,879
未滿一年	922	512	410
1—2	2,320	1,340	980
2—3	1,619	877	742
3—4	1,402	778	624
4—5	863	460	403
5—9	4,388	2,351	2,037
10—14	3,155	1,640	1,515
15—19	2,374	1,272	1,102
20—24	2,101	1,109	992
25—29	1,609	875	734
30以上	8,153	4,155	3,998
未詳	22,869	14,557	8,342

表108 陵園區常住人口住京年數

住京年數	人口數		
	共計	男	女
總計	7,166	4,849	2,317
未滿一年	554	366	188
1—2	775	494	281
2—3	577	339	178
3—4	515	357	158
4—5	338	247	91
5—9	1,029	671	358
10—14	543	297	246
15—19	277	140	137
20—24	253	147	106
25—29	155	91	64
30以上	605	323	282
未詳	1,515	1,317	223

表 109　第一區常住人口年齡性別與婚姻狀況

年齡組	共計	男						女					
		共計	未婚	已婚	鰥	離異	未詳	共計	未婚	已婚	寡	離異	未詳
總計	134,456	83,072	34,279	32,901	901	17	14,974	51,384	19,087	25,870	1,895	11	4,521
不滿一歲	1,798	901	901	—	—	—	—	897	897	—	—	—	—
1	3,427	1,744	1,744	—	—	—	—	1,683	1,683	—	—	—	—
2	2,951	1,561	1,561	—	—	—	—	1,390	1,390	—	—	—	—
3	2,747	1,412	1,412	—	—	—	—	1,335	1,335	—	—	—	—
4	2,259	1,168	1,168	—	—	—	—	1,091	1,091	—	—	—	—
5	2,015	1,074	1,074	—	—	—	—	941	941	—	—	—	—
6—10	9,040	4,711	4,711	—	—	—	—	4,329	4,329	—	—	—	—
11—15	10,579	6,465	6,420	45	—	—	—	4,114	4,027	87	—	—	—
16—20	16,001	11,184	9,350	986	3	1	844	4,817	2,129	2,096	12	—	580
21—25	15,578	9,713	3,048	3,874	28	4	2,759	5,865	560	4,621	31	4	649
26—30	15,704	9,932	1,214	6,457	48	3	2,210	5,772	201	4,964	48	—	559
31—35	13,435	8,500	556	6,261	70	1	1,612	4,935	107	4,267	60	1	500
36—40	10,107	6,430	291	4,925	85	4	1,124	3,677	67	3,083	115	1	411
41—45	8,244	5,298	226	4,023	94	1	954	2,946	49	2,353	160	4	380
46—50	5,781	3,663	165	2,658	137	1	702	2,118	45	1,563	187	1	322
51—55	3,698	2,121	97	1,529	137	1	357	1,577	28	1,023	260	—	266
56—60	2,486	1,320	54	953	92	—	221	1,166	25	678	252	—	211
61—65	1,669	772	26	529	94	—	123	897	14	433	297	—	153
66—70	971	354	13	238	58	—	45	617	21	258	249	—	89
71—75	447	137	6	76	30	—	25	310	7	119	135	—	49
76—80	177	51	1	31	10	—	9	126	1	52	55	—	18
81—85	48	14	1	9	3	—	1	34	—	11	14	—	9
86—90	19	9	—	4	2	—	3	10	—	5	4	—	1
91—95	9	5	—	1	3	—	1	4	—	3	1	—	—
96—100	5	4	—	4	—	—	—	1	—	1	—	—	—
未詳	5,261	4,529	240	298	6	1	3,984	732	140	253	15	—	324

表 110　第二區常住人口年齡性別與婚姻狀況

年齡組	共計	男						女					
		共計	未婚	已婚	鰥	離異	未詳	共計	未婚	已婚	寡	離異	未詳
總計	88,679	51,827	21,456	21,995	646	9	7,721	36,852	14,005	18,523	1,292	4	3,028
不滿一歲	1,460	793	793	—	—	—	—	667	667	—	—	—	—
1	2,278	1,140	1,140	—	—	—	—	1,138	1,138	—	—	—	—
2	2,056	1,103	1,103	—	—	—	—	953	953	—	—	—	—
3	1,882	1,001	1,001	—	—	—	—	881	881	—	—	—	—
4	1,537	782	782	—	—	—	—	755	755	—	—	—	—
5	1,459	753	753	—	—	—	—	706	706	—	—	—	—
6—10	6,994	3,649	3,649	—	—	—	—	3,345	3,345	—	—	—	—
11—15	7,396	4,132	4,111	21	—	—	—	3,264	3,179	85	—	—	—
16—20	9,342	5,693	4,940	590	1	—	162	3,649	1,664	1,601	4	—	380
21—25	9,449	5,657	1,573	2,428	14	1	1,641	3,792	380	2,989	18	1	404
26—30	9,787	6,018	660	3,925	29	3	1,401	3,769	115	3,239	29	1	385
31—35	8,892	5,460	349	4,055	29	1	1,026	3,432	68	2,989	54	1	322
36—40	6,750	4,190	166	3,247	55	1	721	2,560	26	2,180	48	1	305
41—45	5,851	3,691	143	2,800	82	1	665	2,160	30	1,752	93	—	285
46—50	4,193	2,590	89	1,955	68	1	437	1,613	15	1,235	145	—	218
51—55	2,984	1,744	65	1,265	85	—	329	1,240	16	878	140	—	206
56—60	2,068	1,092	32	807	85	—	168	976	18	617	173	—	168
61—65	1,481	685	15	447	108	1	114	796	11	451	227	—	107
66—70	860	329	5	225	47	—	52	531	6	243	192	—	90
71—75	370	126	3	78	31	—	14	244	2	104	97	—	4
76—80	138	43	—	32	8	—	3	95	—	39	47	—	1
81—85	35	7	—	4	3	—	—	28	1	8	15	—	4
86—90	14	5	—	3	1	—	1	9	—	3	5	—	1
91—95	1	—	—	—	—	—	—	1	—	—	—	—	1
96—100	3	2	—	—	—	—	2	1	—	—	1	—	—
未詳	1,399	1,152	84	113	—	—	955	247	31	110	4	—	102

表 111　第三區常住人口年齡性別與婚姻狀況

年齡組	共計	男						女					
		共計	未婚	已婚	鰥	離異	未詳	共計	未婚	已婚	寡	離異	未詳
總計	84,430	48,706	21,817	21,519	976	21	4,373	35,724	13,918	17,192	2,213	5	2,396
不滿一歲	956	494	494	—	—	—	—	462	462	—	—	—	—
1	1,975	1,033	1,033	—	—	—	—	942	942	—	—	—	—
2	1,889	952	952	—	—	—	—	937	937	—	—	—	—
3	1,779	920	920	—	—	—	—	859	859	—	—	—	—
4	1,535	771	771	—	—	—	—	764	764	—	—	—	—
5	1,379	651	651	—	—	—	—	728	728	—	—	—	—
6—10	6,580	3,269	3,269	—	—	—	—	3,311	3,311	—	—	—	—
11—15	7,284	4,136	4,121	15	—	—	—	3,148	3,109	39	—	—	—
16—20	9,678	6,394	5,720	546	1	—	127	3,284	1,843	1,166	5	—	270
21—25	8,819	5,348	2,065	2,322	15	3	943	3,471	510	2,667	20	1	273
26—30	8,199	5,066	748	3,515	36	4	763	3,133	125	2,728	54	—	226
31—35	7,484	4,522	339	3,538	60	6	579	2,962	70	2,609	72	—	211
36—40	5,905	3,433	173	2,753	58	3	446	2,472	50	2,063	118	—	221
41—45	5,698	3,489	177	2,760	116	4	432	2,207	32	1,799	171	—	205
46—50	4,810	2,979	127	2,361	125	1	365	1,831	31	1,364	215	2	219
51—55	3,391	1,986	77	1,498	156	—	255	1,435	22	975	240	2	166
56—60	2,665	1,364	52	1,022	130	—	160	1,301	19	754	338	—	190
61—65	1,961	930	22	673	140	—	95	1,031	31	509	360	—	131
66—70	1,082	410	14	272	70	—	54	672	13	261	290	—	105
71—75	533	181	6	110	48	—	17	352	6	104	190	—	52
76—80	201	53	5	31	11	—	6	148	1	44	90	—	13
81—85	68	15	—	8	6	—	1	53	—	20	25	—	8
86—90	25	3	—	2	—	—	1	22	2	3	12	—	5
91—95	3	—	—	—	—	—	—	3	—	1	1	—	1
96—100	1	—	—	—	—	—	—	1	—	—	1	—	—
未詳	532	307	81	93	4	—	129	225	51	63	11	—	100

表 112　第四區常住人口年齡性別與婚姻狀況

年齡組	共計	男						女					
		共計	未婚	已婚	鰥	離異	未詳	共計	未婚	已婚	寡	離異	未詳
總計	138,263	77,770	34,634	31,704	1,851	22	9,559	60,493	22,966	29,542	4,359	11	3,615
不滿一歲	1,715	875	875	—	—	—	—	840	840	—	—	—	—
1	3,585	1,831	1,831	—	—	—	—	1,754	1,754	—	—	—	—
2	3,394	1,769	1,769	—	—	—	—	1,625	1,625	—	—	—	—
3	3,168	1,611	1,611	—	—	—	—	1,575	1,575	—	—	—	—
4	2,623	1,318	1,318	—	—	—	—	1,305	1,305	—	—	—	—
5	2,413	1,245	1,245	—	—	—	—	1,168	1,168	—	—	—	—
6—10	11,895	6,247	6,247	—	—	—	—	5,648	5,648	—	—	—	—
11—15	12,112	6,747	6,719	28	—	—	—	5,365	5,219	146	—	—	—
16—20	13,337	7,963	6,877	868	7	—	211	5,374	2,650	2,245	11	2	465
21—25	12,690	7,300	2,785	3,209	21	1	1,284	5,390	601	4,410	28	3	348
26—30	11,829	6,996	1,175	4,870	71	5	875	4,833	184	4,381	63	—	205
31—35	11,160	9,542	649	5,034	104	5	750	4,618	96	4,204	119	3	196
36—40	9,220	5,219	378	4,180	141	3	517	4,001	54	3,561	173	1	212
41—45	9,012	5,255	372	4,120	213	1	549	3,757	50	3,124	330	—	253
46—50	7,357	4,314	256	3,318	272	3	465	3,043	33	2,355	404	—	251
51—55	5,693	3,076	170	2,310	244	2	350	2,617	34	1,797	517	1	268
56—60	4,609	2,267	127	1,680	248	1	211	2,342	21	1,339	711	1	270
61—65	3,615	1,704	69	1,197	250	1	187	1,911	23	924	710	—	254
66—70	2,213	805	24	538	160	—	83	1,408	13	559	652	—	184
71—75	1,056	322	16	192	78	—	36	734	11	256	373	—	94
76—80	393	107	3	57	31	—	16	286	1	85	163	—	37
81—85	121	22	—	15	4	—	3	99	2	21	64	—	12
86—90	38	8	—	2	3	—	3	30	—	8	22	—	—
91—95	9	2	1	—	1	—	—	7	—	2	5	—	—
96—100	3	1	—	1	—	—	—	2	—	2	—	—	—
未詳	4,985	4,224	117	85	3	—	4,019	761	59	122	14	—	566

表 113　第五區常住人口年齡性別與婚姻狀況

年齡組	共計	男						女					
		共計	未婚	已婚	鰥	離異	未詳	共計	未婚	已婚	寡	離異	未詳
總計	140,269	80,348	35,207	31,657	1,467	11	11,996	59,921	22,503	29,625	,581	9	4,198
不滿一歲	2,246	1,182	1,182	—	—	—	—	1,064	1,064	—	—	—	—
1	3,670	1,953	1,958	—	—	—	—	1,717	1,717	—	—	—	—
2	3,364	1,781	1,781	—	—	—	—	1,583	1,583	—	—	—	—
3	3,332	1,720	1,720	—	—	—	—	1,612	1,612	—	—	—	—
4	2,592	1,353	1,353	—	—	—	—	1,239	1,239	—	—	—	—
5	2,238	1,183	1,183	—	—	—	—	1,055	1,055	—	—	—	—
6 — 10	11,654	6,103	6,103	—	—	—	—	5,551	5,551		—	—	—
11 — 15	12,348	7,056	7,031	,25	—	—	—	5,292	5,127	162	3	—	—
16 — 20	13,963	8,541	7,447	839	2	1	252	5,419	2,431	2,346	10	—	632
21 — 25	13,736	7,881	2,511	3,283	27	—	2,063	5,855	537	4,800	26	—	492
26 — 30	12,982	7,674	1,087	5,036	51	1	1,499	5,308	184	4,729	44	2	343
31 — 35	12,307	7,239	613	5,319	92	3	1,212	5,068	101	4,561	102	1	300
36 — 40	9,939	5,862	348	4,432	102	1	979	4,077	40	3,559	182	2	294
41 — 45	9,125	5,536	299	4,139	165	4	929	3,589	43	2,962	254	—	324
46 — 50	7,197	4,281	186	3,192	197	1	705	2,916	35	2,246	323	1	311
51 — 55	5,182	2,919	136	2,112	188	—	483	2,263	24	1,489	465	1	284
56 — 60	3,982	2,078	76	1,491	217	—	294	1,934	25	1,110	521	—	248
61 — 65	3,041	1,362	31	960	194	—	177	1,679	18	781	644	—	236
66 — 70	1,813	707	20	464	125	—	98	1,106	12	429	493	—	172
71 — 75	836	263	6	155	64	—	38	573	12	182	300	1	78
76 — 80	315	89	4	44	29	—	12	226	1	53	140	1	31
81 — 85	89	26	—	17	7	—	2	63	1	18	38	—	6
86 — 90	33	7	1	1	3	—	2	26	—	5	16	—	5
91 — 95	1	—	—	—	—	—	—	1	—	—	1	—	—
96 —100	—	—	—	—	—	—	—	—	—	—	—	—	—
未詳	4,287	3,562	136	161	4	—	3,251	735	87	193	19	—	436

表 114　第六區常住人口年齡性別與婚姻狀況

年齡組	共計	男						女					
		共計	未婚	已婚	鰥	離異	未詳	共計	未婚	已婚	寡	離異	未詳
總計	79,163	45,902	18,512	18,717	382	6	9,285	32,261	12,168	16,419	1,036	1	2,637
不滿一歲	1,521	802	802	—	—	—	—	719	719	—	—	—	—
1	2,214	1,122	1,122		—	—	—	1,032	1,092	—	—	—	—
2	1,990	1,064	1,064	—	—	—	—	926	926	—	—	—	—
3	1,790	930	930	—	—	—	—	860	860	—	—		—
4	1,480	755	755	—	—	—	—	705	705	—	—	—	—
5	1,228	640	640	—	—	—	—	588	588	—	—	—	—
6 — 10	5,703	2,988	2,988	—	—	—	—	2,715	2,715	—	—	—	—
11 — 15	5,617	3,071	3,048	23	—	—	—	2,546	2,495	51	—	—	—
16 — 20	7,802	4,583	3,799	562	2	—	225	3,214	1,372	1,442	5	1	394
21 — 25	9,367	5,545	1,565	2,174	4	—	1,802	3,822	320	3,052	13	—	437
26 — 30	10,370	6,391	778	3,976	17	4	1,616	3,979	121	3,434	14	—	410
31 — 35	8,638	5,583	384	4,002	25	2	1,176	3,249	90	2,785	20	—	354
36 — 40	5,944	3,665	205	2,760	33	—	667	2,279	38	1,913	44	—	284
41 — 45	4,410	2,737	137	2,029	46	—	525	1,673	34	1,357	65	—	217
46 — 50	3,077	1,854	96	1,384	48	—	336	1,213	31	901	106	—	175
51 — 55	1,872	1,098	60	822	54	—	162	774	11	526	119	—	118
56 — 60	1,358	668	33	488	52	—	95	700	9	429	181	—	81
61 — 65	876	381	25	270	45	—	41	495	3	245	188	—	58
66 — 70	560	189	11	125	30	—	23	371	7	160	155	—	49
71 — 75	213	59	2	34	18	—	5	154	1	59	79	—	15
76 — 80	77	19	1	11	5	—	2	58	—	19	32	—	7
81 — 85	24	7	—	4	3	—	—	17	—	5	12	—	—
86 — 90	4	2	—	1	—	—	1	2	—	2	—	—	—
91 — 95	—	—	—	—	—	—	—	—	—	—	—	—	—
96 —100	1	—	—	—	—	—	—	1	—	—	1	—	—
未詳	2,837	2,728	67	52	—	—	2,609	109	31	38	2	—	38

表 115 第七區常住人口年齡性別與婚姻狀況

年齡組	共計	男						女					
		共計	未婚	已婚	鰥	離異	未詳	共計	未婚	已婚	寡	離異	未詳
總計	76,407	45,446	18,777	21,537	885	10	4,237	30,961	11,726	16,535	1,752	—	948
不滿一歲	1,304	683	688	—	—	—	—	616	616	—	—	—	—
1	2,051	1,060	1,060	—	—	—	—	991	991	—	—	—	—
2	1,878	965	966	—	—	—	—	912	912	—	—	—	—
3	1,721	877	877	—	—	—	—	844	844	—	—	—	—
4	1,298	661	634	—	—	—	—	634	634	—	—	—	—
5	1,226	610	610	—	—	—	—	616	616	—	—	—	—
6 — 10	5,878	3,049	3,049	—	—	—	—	2,829	2,829	—	—	—	—
11 — 15	6,132	3,465	3,452	13	—	—	—	2,667	2,617	49	1	—	—
16 — 20	7,764	4,951	4,249	598	5	2	97	2,813	1,283	1,367	2	—	161
21 — 25	7,440	4,581	1,514	2,299	30	1	737	2,859	180	2,547	20	—	112
26 — 30	7,532	4,665	590	3,423	41	2	609	2,867	45	2,712	30	—	80
31 — 35	7,568	4,721	337	3,787	52	2	543	2,847	33	2,679	52	—	83
36 — 40	5,898	3,587	192	3,012	55	1	327	2,311	24	2,145	76	—	66
41 — 45	5,904	3,883	215	3,156	117	1	394	2,021	15	1,790	137	—	79
46 — 50	4,392	2,870	145	2,321	121	1	281	1,522	14	1,246	176	—	86
51 — 55	2,981	1,804	72	1,417	135	—	180	1,177	16	839	242	—	80
56 — 60	1,997	1,067	40	782	123	—	122	930	7	593	270	—	63
61 — 65	1,332	629	14	440	110	—	65	703	11	293	327	—	72
66 — 70	676	268	4	177	50	—	37	408	4	162	207	—	35
71 — 75	292	87	2	47	30	—	8	205	5	47	136	—	17
76 — 80	99	17	1	6	7	—	3	82	1	22	55	—	4
81 — 85	36	14	—	7	6	—	1	22	—	9	13	—	—
86 — 90	5	—	—	—	—	—	—	5	—	1	4	—	—
91 — 95	2	1	1	—	—	—	—	1	—	—	1	—	—
96 — 100	—	—	—	—	—	—	—	—	—	—	—	—	—
未詳	1001	922	34	52	3	—	833	79	29	37	3	—	10

表 116 第八區常住人口年齡性別與婚姻狀況

年齡組	共計	男						女					
		共計	未婚	已婚	鰥	離異	未詳	共計	未婚	已婚	寡	離異	未詳
總計	30,916	17,704	7,469	8,195	293	1	1,746	13,212	4,957	7,316	602	1	336
不滿一歲	603	311	311	—	—	—	—	292	292	—	—	—	—
1	1,016	542	542	—	—	—	—	474	474	—	—	—	—
2	885	456	456	—	—	—	—	429	429	—	—	—	—
3	855	455	455	—	—	—	—	400	400	—	—	—	—
4	599	327	327	—	—	—	—	272	272	—	—	—	—
5	575	283	283	—	—	—	—	292	292	—	—	—	—
6 — 10	2,633	1,387	1,387	—	—	—	—	1,246	1,246	—	—	—	—
11 — 15	2,516	1,364	1,353	11	—	—	—	1,152	1,091	60	1	—	—
16 — 20	2,641	1,500	1,146	304	2	—	48	1,141	376	702	1	—	26
21 — 25	2,922	1,667	445	859	5	—	378	1,235	39	1,155	6	—	35
26 — 30	2,934	1,825	272	1,227	10	—	316	1,139	9	1,100	13	—	17
31 — 35	3,177	1,900	172	1,429	25	—	274	1,277	6	1,229	17	1	24
36 — 40	2,484	1,572	117	1,237	20	1	197	912	3	865	22	—	21
41 — 45	2,322	1,468	80	1,156	36	—	195	854	5	783	37	—	23
45 — 50	1,760	1,086	46	871	40	—	129	674	—	576	66	—	32
51 — 55	1,161	696	26	542	37	—	91	465	3	353	80	—	29
56 — 60	751	397	10	301	37	—	49	354	2	213	113	—	26
61 — 65	440	190	6	134	35	—	15	250	2	129	92	—	27
66 — 70	271	108	2	61	28	—	17	163	2	63	82	—	16
71 — 75	138	44	1	27	13	—	3	94	—	34	51	—	9
76 — 80	42	14	—	7	4	—	3	28	—	11	13	—	4
81 — 85	9	4	1	1	1	—	1	5	—	—	3	—	2
86 — 90	3	—	—	—	—	—	—	3	—	2	1	—	—
91 — 95	—	—	—	—	—	—	—	—	—	—	—	—	—
96 — 100	1	—	—	—	—	—	—	1	—	—	1	—	—
未詳	148	86	31	28	—	—	29	60	14	34	3	—	9

表 117　孝陵區常住人口年齡與性別婚姻狀況

年齡組	共計	男						女					
		共計	未婚	已婚	鰥	離異	未詳	共計	未婚	已婚	寡	離異	未詳
總計	50,518	33,745	8,943	7,949	258	—	16,595	61,773	7,044	8,171	817	—	741
不滿一歲	1,115	567	567	—	—	—	—	548	548	—	—	—	—
1	1,193	605	605	—	—	—	—	594	594	—	—	—	—
2	1,121	582	582	—	—	—	—	539	539	—	—	—	—
3	992	517	517	—	—	—	—	475	475	—	—	—	—
4	775	398	398	—	—	—	—	377	377	—	—	—	—
5	782	400	400	—	—	—	—	382	382	—	—	—	—
6—10	3,888	2,003	2,003	—	—	—	—	1,885	1,885	—	—	—	—
11—15	3,515	1,931	1,922	9	—	—	—	1,584	1,519	65	—	—	—
16—20	3,408	1,762	1,405	274	—	—	83	1,646	627	921	3	—	95
21—25	3,157	1,659	242	987	3	—	427	1,498	27	1,419	3	—	49
26—30	3,028	1,730	91	1,306	7	—	326	1,298	29	1,238	6	—	25
31—35	2,768	1,623	59	1,293	10	—	261	1,145	4	1,105	17	—	19
36—40	2,271	1,352	36	1,075	16	—	225	919	1	873	22	—	23
41—45	2,177	1,315	36	1,009	27	—	243	862	2	786	39	—	25
46—50	1,526	892	22	669	20	—	161	634	—	522	58	—	54
51—55	1,265	654	6	516	35	—	97	611	2	453	106	—	50
56—60	1,001	478	10	358	47	—	63	523	3	345	120	—	55
61—65	790	320	3	245	36	—	36	470	3	227	199	—	41
66—70	474	179	2	120	35	—	22	295	3	126	131	—	35
71—75	137	42	—	23	14	—	5	95	—	30	57	—	8
76—80	55	12	1	6	3	—	2	44	—	8	31	—	5
81—85	22	1	—	—	1	—	—	21	—	5	13	—	3
86—90	3	—	—	—	—	—	—	3	—	—	3	—	—
91—95	—	—	—	—	—	—	—	—	—	—	—	—	—
96—100	—	—	—	—	—	—	—	—	—	—	—	—	—
未詳	15,048	14,723	36	39	4	—	14,644	325	24	48	9	—	244

表 118　燕子磯區常住人口年齡性別與婚姻狀況

年齡組	共計	男						女					
		共計	未婚	已婚	鰥	離異	未詳	共計	未婚	已婚	寡	離異	未詳
總計	63 472	36,272	15,954	14,100	953	1	5,264	27,200	11,139	13,295	2,010	4	752
不滿一歲	1,332	663	663	—	—	—	—	669	669	—	—	—	—
1	2,071	1,092	1,092	—	—	—	—	979	979	—	—	—	—
2	1,618	957	957	—	—	—	—	861	861	—	—	—	—
3	1,708	884	884	—	—	—	—	824	824	—	—	—	—
4	1,290	658	658	—	—	—	—	632	632	—	—	—	—
5	1,167	609	609	—	—	—	—	558	558	—	—	—	—
6—10	6,315	3,399	3,399	—	—	—	—	2,916	2,916	—	—	—	—
11—15	5,932	3,337	3,317	20	—	—	—	2,595	2,538	57	—	—	—
16—20	5,359	2,972	2,319	574	1	—	78	2,387	964	1,332	4	—	87
21—25	5,132	2,931	863	1,550	12	1	552	2,151	88	2,008	9	—	46
26—30	5,286	3,077	416	2,177	19	—	465	2,209	25	2,126	24	—	34
31—35	5,279	3,118	282	2,387	39	—	410	2,161	13	2,070	86	—	32
36—40	4,398	2,665	163	2,097	93	—	312	1,733	9	1,634	71	—	49
41—45	3,918	2,331	115	1,820	105	—	291	1,587	3	1,389	146	—	49
46—50	3,074	1,783	78	1,377	152	—	176	1,251	2	1,054	179	—	56
51—55	2,294	1,254	45	934	130	—	145	1,040	7	695	280	—	58
56—60	1,726	835	20	611	131	—	73	891	6	473	347	—	65
61—65	1,299	548	15	347	135	—	51	751	6	298	401	—	45
66—70	647	238	7	128	76	—	27	409	7	104	265	1	32
71—75	228	68	3	23	36	—	6	160	—	28	128	2	2
76—80	118	32	1	10	18	—	3	86	—	11	69	1	5
81—85	37	6	—	2	4	—	—	31	1	3	26	—	1
86—90	15	3	—	—	2	—	1	12	—	2	9	—	1
91—95	—	—	—	—	—	—	—	—	—	—	—	—	—
96—100	—	—	—	—	—	—	—	—	—	—	—	—	—
未詳	3,029	2,762	45	43	—	—	2,674	267	31	41	6	—	189

表 119 上新河區常住人口年齡性別與婚姻狀況

年齡組	共計	男						女					
		共計	未婚	已婚	鰥	離異	未詳	共計	未婚	已婚	寡	離異	未詳
總計	51,805	29,926	12,524	10,426	753	—	6,223	21,879	9,346	10,330	1,414	—	789
不滿一歲	799	421	421	—	—	—	—	378	378	—	—	—	—
1	1,572	817	817	—	—	—	—	755	753	—	—	—	—
2	1,621	806	806	—	—	—	—	815	815	—	—	—	—
3	1,526	777	777	—	—	—	—	749	749	—	—	—	—
4	1,065	549	549	—	—	—	—	516	516	—	—	—	—
5	953	492	492	—	—	—	—	461	461	—	—	—	—
6—10	5,386	2,911	2,911	—	—	—	—	2,475	2,475	—	—		—
11—15	5,143	2,880	2,862	17	1	—	—	2,263	2,221	42	—	—	—
16—20	4,523	2,564	2,032	406	11	—	115	1,959	658	973	18	—	110
21—25	3,917	2,206	434	1,177	15	—	580	1,711	48	1,594	8	—	61
26—30	3,773	2,140	166	1,520	29	—	425	1,633	11	1,555	19	—	47
31—35	3,816	2,168	99	1,673	40	—	356	1,648	11	1,576	21	—	40
36—40	3,231	1,872	45	1,463	64	—	300	1,359	7	1,264	46	—	42
41—45	3,016	1,813	37	1,391	82	—	303	1,203	2	1,080	73	—	48
46—50	2,357	1,341	24	1,009	97	—	211	1,016	7	832	115	—	62
51—55	1,851	984	16	730	99	—	139	867	3	579	205	—	80
56—60	1,408	729	10	527	93	—	99	679	2	388	218	—	71
61—65	1,122	486	4	312	111	—	59	636	5	255	289	—	87
66—70	641	253	3	145	74	—	30	388	3	125	220	—	40
71—75	230	73	1	32	30	—	10	157	2	40	100	—	15
76—80	81	18	—	9	4	—	5	63	—	11	40	—	12
81—85	37	4	—	1	3	—	—	33	1	3	24	—	5
86—90	10	2	—	—	—	—	2	8	—	—	8	—	—
91—95	2	—	—	—	—	—	—	2	—	—	2	—	—
96—100	—	—	—	—	—	—	—	—	—	—	—	—	—
未詳	3,725	3,620	18	13	—	—	3,589	105	16	12	8	—	69

表 120 陵園區常住人口年齡性別與婚姻狀況

年齡組	共計	男						女					
		共計	未婚	已婚	鰥	離異	未詳	共計	未婚	已婚	寡	離異	未詳
總計	7,166	4,849	1,872	1,787	121	1	1,068	2,317	919	1,149	187	—	62
不滿一歲	90	41	41	—	—	—	—	49	49	—	—	—	—
1	180	83	83	—	—	—	—	97	97	—	—	—	—
2	157	88	88	—	—	—	—	69	69	—	—	—	—
3	151	80	80	—	—	—	—	71	71	—	—	—	—
4	100	52	52	—	—	—	—	48	48	—	—	—	—
5	113	56	56	—	—	—	—	57	57	—	—	—	—
6—10	570	320	320	—	—	—	—	250	250	—	—	—	—
11—15	452	235	226	9	—	—	—	217	196	21	—	—	—
16—20	594	378	296	75	—	—	7	216	60	151	—	—	5
21—25	761	560	246	235	1	—	78	201	11	185	—	—	4
26—30	865	648	163	390	2	1	92	217	—	208	2	—	7
31—35	671	500	92	340	12	—	56	171	2	163	4	—	2
36—40	474	345	58	230	15	—	42	129	2	118	6	—	3
41—55	374	292	33	170	21	—	38	112	1	85	23	—	3
46—50	297	186	14	133	14	—	25	111	1	86	21	—	3
51—55	191	126	7	88	16	—	15	65	—	41	20	—	4
56—60	151	75	4	50	13	—	8	76	—	38	35	—	3
61—65	111	46	3	24	13	—	6	65	2	26	33	—	4
65—70	61	21	—	12	8	—	1	40	—	9	29	—	2
71—75	15	7	—	2	4	—	1	8	—	2	6	—	—
76—80	9	1	—	1	—	—	—	8	—	2	6	—	—
81—85	1	1	—	—	1	—	—	—	—	—	—	—	—
86—90	—	—	—	—	—	—	—	—	—	—	—	—	—
91—94	—	—	—	—	—	—	—	—	—	—	—	—	—
96—100	—	—	—	—	—	—	—	—	—	—	—	—	—
未詳	778	738	10	28	1	—	699	40	3	13	2	—	22

表 121　第一區常住人口年齡業別與性別

年齡組	共計		農業		礦業		工業		商業		交通運輸		公務		自由職業		人事服務		無業		未詳	
	男	女	男	女	男	女	男	女	男	女	男	女	男	女	男	女	男	女	男	女	男	女
總計	83,072	51,324	777	154	45	1	6,639	357	29,346	1,042	2,959	50	14,822	318	2,664	708	3,097	23,538	30,633	20,982	2,039	4,234
0——15	19,036	15,780	27	9	4	—	401	33	2,169	53	22	6	26	3	78	49	163	568	15,871	14,803	275	244
16——20	11,184	4,817	57	25	15	—	1,311	28	6,334	117	226	6	615	32	232	108	310	2,358	1,703	1,586	381	537
21——25	9,713	5,865	76	15	9	—	1,006	43	4,665	158	456	12	1,693	83	442	164	426	3,788	681	925	259	677
26——30	9,932	5,772	64	17	2	—	948	42	3,945	126	573	18	2,678	86	487	134	538	4,142	456	680	221	537
31——35	8,500	4,935	103	13	4	—	911	45	3,259	112	524	3	2,257	51	440	76	480	3,575	342	555	180	555
36——40	6,430	3,677	90	13	2	—	664	31	2,477	112	404	5	1,654	33	352	28	403	2,649	267	416	117	383
41——45	5,298	2,946	97	18	4	1	544	33	2,375	101	337	3	1,068	11	232	36	292	2,154	243	319	106	270
46——50	3,663	2,118	87	11	5	—	340	17	1,726	83	196	1	678	7	129	30	197	1,457	228	276	82	236
51——55	2,121	1,577	62	11	—	—	207	30	947	72	105	1	375	6	79	19	99	977	186	281	61	177
56——60	1,320	1,165	36	8	—	—	131	16	602	42	42	4	153	3	62	10	58	617	175	273	61	198
61——65	772	897	38	6	—	—	51	11	257	29	20	1	50	1	34	9	40	417	136	294	46	123
66——70	354	617	12	2	—	—	22	7	143	17	1	1	13	—	21	13	18	269	93	208	31	101
71——75	137	310	2	3	—	—	6	5	47	6	2	—	3	—	9	6	11	109	47	124	10	57
76——80	51	126	—	—	—	—	4	—	17	4	2	—	1	—	2	2	4	46	17	50	4	24
81——85	14	34	—	—	—	—	—	—	6	1	1	—	1	—	—	—	1	7	4	16	1	10
86——90	9	10	—	—	—	—	2	—	4	—	—	—	1	1	—	—	—	2	1	6	1	1
91——95	5	4	—	—	—	—	—	—	4	—	—	—	—	—	1	—	—	1	—	2	—	1
95——100	4	1	—	—	—	—	1	—	2	—	—	—	—	—	—	—	—	—	1	1	—	—
未詳	4,529	732	11	5	—	—	90	9	267	9	48	—	3,557	4	64	15	57	382	182	161	253	147

表 122　第二區常住人口年齡業別與性別

年齡組	共計		農業		鑛業		工業		商業		交通運輸		公務		自由職業		人事服務		無業		未詳	
	男	女	男	女	男	女	男	女	男	女	男	女	男	女	男	女	男	女	男	女	男	女
總計	51,827	36,852	771	134	19	—	3,829	173	15,110	608	3,754	27	8,108	203	1,941	497	1,943	17,843	14,949	14,479	1,403	2,888
0—15	13,353	11,709	19	18	1	—	143	6	856	33	26	1	29	4	30	26	62	429	12,020	10,998	167	194
16—20	5,693	3,649	51	14	3	—	693	31	2,604	88	298	7	415	36	145	152	189	1,833	1,008	1,039	287	449
21—25	5,657	3,792	84	11	3	—	593	22	2,114	74	478	6	1,151	53	364	133	269	2,694	367	393	231	406
26—30	6,016	3,769	81	14	2	—	160	23	2,101	58	610	—	1,638	47	326	61	296	2,879	216	377	158	310
31—35	5,460	3,432	93	14	5	—	500	22	1,791	70	664	4	1,469	37	339	58	289	2,626	206	284	103	317
36—40	4,190	2,560	78	11	—	—	355	8	1,473	64	499	2	1,068	12	221	14	232	2,003	181	211	83	235
41—45	3,691	2,163	98	15	1	—	306	20	1,393	59	479	2	795	7	158	13	202	1,644	164	179	92	221
46—50	2,580	1,613	67	11	3	—	198	7	1,047	38	341	2	423	2	107	4	148	1,260	163	143	63	146
51—55	1,744	1,240	65	13	1	—	137	12	700	38	200	1	245	1	81	4	98	889	159	145	57	137
56—60	1,092	976	53	6	—	—	85	12	463	35	98	2	101	1	63	10	60	608	129	162	40	140
61—65	685	796	35	1	—	—	37	5	296	28	32	—	38	—	42	9	42	419	129	196	24	131
66—70	329	531	17	1	—	—	22	2	118	13	11	—	15	—	15	7	21	278	86	155	24	75
71—75	126	244	7	4	—	—	10	3	30	5	3	—	6	—	8	1	7	97	42	99	13	35
76—80	43	95	1	—	—	—	—	—	10	1	—	—	1	—	4	1	2	36	23	44	2	13
81—85	7	28	—	—	—	—	—	—	2	—	—	—	—	—	—	—	—	11	5	12	—	5
86—90	5	9	—	—	—	—	1	—	—	1	—	—	—	—	—	—	—	3	4	3	—	2
91—95	—	1	—	—	—	—	—	—	—	—	—	—	—	—	—	—	—	—	—	1	—	—
96—100	2	1	—	—	—	—	—	—	—	—	—	—	—	—	2	—	—	—	—	1	—	—
未詳	1,152	247	—	1	—	—	186	—	109	3	15	—	684	3	36	4	26	134	47	37	49	65

—100—

表 123　第三區常住人口年齡業別與性別

年齡組	共計		農業		礦業		工業		商業		交通運輸		公務		自由職業		人事服務		無業		未詳	
	男	女	男	女	男	女	男	女	男	女	男	女	男	女	男	女	男	女	男	女	男	女
總計	48,706	35,724	280	67	14	—	3,583	215	20,501	677	1,513	28	4,770	120	1,855	520	1,031	16,933	14,117	15,296	1,042	1,868
0—15	12,226	11,151	6	4	—	—	233	11	1,050	49	11	1	9	3	28	45	54	344	10,707	10,579	128	115
16—20	6,394	3,284	18	6	2	—	718	33	3,815	103	92	6	263	12	159	99	115	1,457	1,033	1,313	149	255
21—25	5,348	3,471	30	9	1	—	488	15	2,950	75	197	2	754	37	246	106	127	2,356	397	603	158	268
26—30	5,063	3,133	23	8	2	—	438	22	2,537	58	262	3	1,019	31	260	73	142	2,355	268	394	115	189
31—35	4,522	2,932	45	6	2	—	415	22	2,308	73	223	6	847	16	265	46	121	2,263	216	352	80	178
36—40	3,433	2,472	29	2	1	—	311	12	1,709	62	216	3	650	9	199	37	73	1,901	186	203	59	143
41—45	3,489	2,207	42	11	1	—	319	23	1,915	55	188	—	466	6	190	17	91	1,730	216	241	61	123
46—50	2,979	1,831	29	4	—	—	275	20	1,638	44	158	1	343	1	163	16	97	1,384	215	254	61	107
51—55	1,986	1,405	19	5	3	—	158	25	1,022	36	92	3	205	1	120	20	75	985	229	245	63	85
56—60	1,364	1,301	11	5	1	—	119	11	728	53	43	—	92	2	94	10	42	862	195	251	39	107
61—65	933	1,031	18	5	1	—	63	17	440	33	18	—	49	1	77	17	43	595	190	272	31	91
66—70	410	672	6	1	—	—	21	1	163	18	6	2	16	—	26	13	20	345	130	210	17	82
71—75	181	352	4	1	—	—	5	3	73	11	—	—	7	—	15	10	6	159	63	135	8	34
76—80	53	148	—	—	—	—	1	—	15	3	—	—	1	—	3	5	8	76	20	50	5	14
81—85	15	53	—	—	—	—	—	—	8	—	—	—	—	—	2	1	1	19	3	15	1	8
86—90	3	22	—	—	—	—	—	—	1	1	—	—	—	—	—	1	1	8	1	11	—	1
91—95	—	3	—	—	—	—	—	—	—	—	—	—	—	—	—	—	—	1	—	2	—	—
96—100	—	1	—	—	—	—	—	—	—	—	—	—	—	—	—	—	—	1	—	—	—	—
未詳	307	225	—	—	—	—	19	—	94	2	7	1	49	1	8	4	15	93	48	56	67	68

表 124　第四區常住人口年齡業別與性別

年齡組	共計		農業		礦業		工業		商業		交通運輸		公務		自由職業		人事服務		無業		未詳	
	男	女	男	女	男	女	男	女	男	女	男	女	男	女	男	女	男	女	男	女	男	女
總計	77,770	60,493	2,337	656	44	—	9,381	757	24,878	1,180	2,864	28	7,878	118	2,420	554	1,578	23,712	24,548	25,104	1,842	3,384
0—15	21,643	19,280	78	46	—	—	384	65	1,239	71	22	1	15	4	53	15	93	617	19,478	18,147	281	314
16—20	7,963	5,374	169	73	8	—	1,367	103	4,063	134	174	8	274	21	133	88	178	2,622	1,241	1,697	352	628
21—25	7,330	5,390	274	73	5	—	1,271	69	3,285	100	408	7	740	25	377	164	211	3,851	476	612	257	442
26—30	6,996	4,833	333	61	6	—	1,398	51	2,690	116	493	2	1,016	19	374	76	190	3,765	385	456	162	287
31—35	6,542	4,618	283	66	6	—	1,200	64	2,735	109	522	2	802	21	355	61	210	3,633	293	410	134	232
36—40	5,219	4,001	241	72	4	—	939	78	2,345	116	334	1	549	16	237	41	148	3,128	283	325	93	224
41—45	5,255	3,757	267	58	7	—	880	85	2,508	128	370	3	432	2	218	14	163	2,888	294	371	116	208
46—50	4,314	3,043	260	70	5	—	713	68	2,094	100	227	1	283	2	192	20	133	2,277	315	295	87	210
51—55	3,078	2,617	165	34	1	—	475	50	1,490	91	128	1	173	1	157	16	89	1,867	319	362	79	175
56—60	2,267	2,342	130	51	1	—	338	51	1,085	76	65	1	84	2	106	15	63	1,534	313	412	82	200
61—65	1,704	1,911	95	24	1	—	208	25	760	72	31	—	55	1	91	19	41	1,138	359	484	62	148
66—70	805	1,408	42	19	—	—	118	30	330	40	13	1	14	2	43	14	24	745	167	431	34	126
71—75	322	734	15	6	—	—	35	7	124	15	2	—	5	—	10	4	20	334	98	297	13	71
76—80	107	286	4	4	—	—	10	6	24	6	—	—	—	1	11	1	1	125	39	120	8	23
81—85	22	93	1	—	—	—	1	—	9	1	—	—	—	—	—	1	2	34	7	55	2	8
86—90	8	30	1	—	—	—	1	—	—	—	1	—	—	—	—	—	—	8	5	20	—	2
91—95	2	7	—	—	—	—	—	—	2	—	—	—	—	—	—	—	—	1	—	4	—	2
96—100	1	2	—	—	—	—	—	—	1	—	—	—	—	—	—	—	—	1	—	1	—	—
未詳	4,224	761	9	2	—	—	44	5	78	5	26	—	3,431	1	63	5	12	124	474	555	87	64

表 125　第五區常住人口年齡業別與性別

年齡組	共計		農業		礦業		工業		商業		交通運輸		公務		自由職業		人事服務		無業		未詳	
	男	女	男	女	男	女	男	女	男	女	男	女	男	女	男	女	男	女	男	女	男	女
總計	80,348	59,921	732	103	17	1	10,593	639	25,510	1,061	4,530	56	7,343	174	2,634	572	2,140	28,850	24,537	24,868	2,312	3,547
0—15	22,331	19,113	17	10	1	—	182	62	1,384	53	29	3	21	5	25	17	100	608	19,749	17,912	423	443
16—20	8,541	5,419	39	11	1	—	1,502	103	3,895	91	260	12	357	24	178	60	202	2,789	1,603	1,676	501	653
21—25	7,881	5,855	63	4	2	—	1,398	83	3,298	103	614	8	926	50	411	146	256	4,249	544	792	369	420
26—30	7,674	5,308	71	5	4	—	1,285	57	2,914	89	763	5	1,348	40	435	89	340	4,183	295	561	239	279
31—35	7,239	5,068	85	6	2	—	1,205	77	2,854	118	798	9	1,153	17	398	73	307	3,996	273	469	164	283
36—40	5,862	4,077	86	11	2	—	999	78	2,483	108	603	3	876	12	287	31	223	3,212	215	402	88	220
41—45	5,536	3,589	107	16	1	—	899	68	2,569	174	630	4	577	6	232	28	210	2,746	212	352	99	235
46—50	4,281	2,916	87	10	3	1	641	41	2,168	96	381	1	350	1	178	23	165	2,217	220	330	88	198
51—55	2,919	2,283	77	13	1	—	389	39	1,477	103	244	1	189	4	128	18	120	1,633	227	293	67	159
56—60	2,078	1,904	43	6	—	—	268	23	1,085	72	112	7	92	—	126	17	75	1,234	208	387	69	158
61—65	1,362	1,679	40	7	—	—	140	26	693	53	42	3	45	—	65	20	45	882	216	510	56	178
66—70	707	1,106	10	3	—	—	89	15	341	22	9	—	17	—	58	17	23	515	136	415	24	119
71—75	263	573	4	1	—	—	19	6	106	4	5	—	2	—	18	10	11	239	79	262	19	51
76—80	89	226	1	—	—	—	10	3	26	6	—	—	1	—	3	1	2	86	39	109	7	21
81—85	26	63	1	—	—	—	2	2	9	2	1	—	—	—	—	2	—	17	10	29	3	11
86—90	7	26	—	—	—	—	—	—	2	—	—	—	—	—	—	—	1	7	3	17	1	2
91—95	—	1	—	—	—	—	—	—	—	—	—	—	—	—	—	—	—	—	—	1	—	—
96—100	—	—	—	—	—	—	—	—	—	—	—	—	—	—	—	—	—	—	—	—	—	—
未詳	3,552	735	1	—	—	—	1,185	6	206	7	39	—	1,389	15	72	20	60	237	509	331	95	119

表 126　第六區常住人口年齡業別與性別

年齡組	共計		農業		鑛業		工業		商業		交通運輸		公務		自由職業		人事服務		無業		未詳	
	男	女	男	女	男	女	男	女	男	女	男	女	男	女	男	女	男	女	男	女	男	女
總計	46,902	32,261	1,728	132	4	—	3,203	132	8,860	182	1,977	28	12,549	283	1,959	356	2,839	18,652	13,451	12,303	332	183
0—15	11,372	10,151	59	31	—	—	107	16	531	19	15	6	19	1	18	3	79	541	10,519	9,511	25	23
16—20	4,588	3,214	116	28	1	—	438	19	1,663	31	103	7	592	33	107	78	246	2,033	1,177	942	80	43
21—25	5,545	3,822	159	13	1	—	513	20	1,442	23	342	7	1,802	86	283	141	445	3,108	516	409	42	15
26—30	6,391	3,979	181	8	—	—	563	12	1,330	18	396	2	2,634	79	423	63	592	3,542	242	240	30	15
31—35	5,599	3,249	244	8	—	—	507	23	1,176	18	411	3	2,236	49	318	30	479	2,919	187	189	31	10
36—40	3,665	2,279	212	9	—	—	361	18	789	18	265	1	1,314	19	220	13	330	2,043	118	150	26	8
40—45	2,737	1,673	232	8	1	—	302	6	720	20	203	1	749	4	154	10	251	1,519	103	99	16	6
46—50	1,864	1,213	153	6	—	—	160	7	523	9	112	—	520	4	94	5	182	1,064	106	109	14	9
51—55	1,038	774	145	5	1	—	80	3	312	16	70	1	220	—	54	4	65	627	111	111	20	7
55—60	668	700	107	6	—	—	57	2	201	4	21	—	83	—	41	4	30	546	116	133	12	5
61—65	331	495	73	8	—	—	30	4	92	—	6	—	19	1	20	3	25	316	105	152	11	11
(6—70	169	371	33	1	—	—	9	2	45	3	6	—	8	—	18	1	8	223	59	134	4	4
71—75	59	154	9	1	—	—	5	—	15	1	—	—	2	—	—	—	2	84	26	64	—	4
76—80	19	58	—	—	—	—	—	—	7	—	—	—	2	—	1	—	1	30	8	23	—	—
81—85	7	17	1	—	—	—	—	—	—	—	1	—	—	—	1	—	1	8	3	9	—	—
86—90	2	2	—	—	—	—	—	—	2	—	—	—	—	—	—	—	—	2	—	—	—	—
91—95	—	—	—	—	—	—	—	—	—	—	—	—	—	—	—	—	—	—	—	—	—	—
96—100	—	1	—	—	—	—	—	—	—	—	—	—	—	—	—	—	—	—	—	1	—	—
未詳	2,728	109	4	—	—	—	11	—	12	2	21	—	2,349	7	207	1	53	43	50	27	21	23

表 127　第七區常住人口年齡業別與性別

年齡組	共計		農業		礦業		工業		商業		交通運輸		公務		自由職業		人事服務		無業		未詳	
	男	女	男	女	男	女	男	女	男	女	男	女	男	女	男	女	男	女	男	女	男	女
總計	45,446	30,961	337	36	72	—	4,670	25	17,576	454	5,154	65	3,046	20	1,101	224	844	17,325	12,215	12,192	461	520
0——15	11,379	10,109	16	12	—	—	126	8	761	22	32	3	7	2	17	14	51	387	10,278	9,555	91	96
16——20	4,951	2,813	34	8	6	—	616	16	2,775	40	362	12	146	1	77	48	91	1,758	733	806	111	124
21——25	4,581	2,859	28	1	9	—	613	15	2,332	37	665	13	409	7	173	63	105	2,403	179	273	68	50
26——30	4,665	2,867	39	2	19	—	701	5	2,114	37	843	11	506	5	165	25	124	2,559	112	185	42	38
31——35	4,721	2,847	33	1	9	—	751	12	2,172	45	917	8	412	2	193	25	103	2,560	91	167	40	27
36——40	3,587	2,311	35	3	10	—	530	8	1,782	55	663	3	266	—	115	9	93	2,035	81	139	9	29
41——45	3,863	2,021	31	3	5	—	573	17	2,018	53	724	5	223	—	108	7	105	1,757	84	151	15	28
46——50	2,870	1,522	30	1	9	—	348	12	1,629	42	445	2	142	—	85	7	58	1,318	106	124	18	16
51——55	1,834	1,177	26	3	4	—	216	16	953	41	280	4	65	1	58	7	54	978	125	106	13	21
56——60	1,067	930	19	1	—	—	108	7	518	25	133	1	44	1	50	6	32	703	116	157	17	29
61——65	629	703	10	—	—	—	56	4	231	28	57	2	9	—	26	6	16	427	147	211	17	27
66——70	268	408	2	—	1	—	21	5	115	8	16	1	3	—	17	3	7	222	77	152	9	17
71——75	87	203	—	—	—	—	7	—	24	8	3	—	1	—	3	1	4	96	42	92	3	8
76——80	17	82	1	—	—	—	—	—	5	2	1	—	—	—	2	—	—	44	8	33	—	3
81——85	14	22	—	—	—	—	—	—	3	—	—	—	—	—	—	—	—	11	11	11	—	—
86 — 90	—	5	—	—	—	—	—	—	—	1	—	—	—	—	—	—	—	—	—	4	—	—
91——95	1	1	—	—	—	—	—	—	—	—	—	—	—	—	—	—	—	—	1	1	—	—
96 — 100	—	—	—	—	—	—	—	—	—	—	—	—	—	—	—	—	—	—	—	—	—	—
未詳	922	79	3	1	—	—	4	—	44	2	10	—	816	1	12	3	1	40	24	25	8	7

表 128 第八區常住人口年齡業別與性別

年齡組	共計		農業		礦業		工業		商業		交通運輸		公務		自由職業		人事服務		無業		未詳	
	男	女	男	女	男	女	男	女	男	女	男	女	男	女	男	女	男	女	男	女	男	女
總計	17,704	13,212	269	16	—	—	3,316	60	3,848	118	3,256	21	532	3	212	22	217	7,680	5,610	5,036	414	256
0—15	5,125	4,557	19	1	—	—	23	—	125	5	7	4	—	—	1	—	20	162	4,866	4,320	64	65
16—20	1,500	1,141	42	1	—	—	203	5	484	8	189	2	44	2	9	1	24	825	398	246	105	51
21—25	1,667	1,235	32	—	—	—	424	2	436	5	456	3	118	1	41	10	31	1,121	78	58	71	35
26—30	1,825	1,139	33	1	—	—	546	5	460	10	504	4	133	—	44	8	24	1,067	39	25	42	19
31—35	1,900	1,277	40	1	—	—	619	8	500	17	558	3	91	—	25	—	22	1,190	28	38	27	20
36—40	1,572	912	26	3	—	—	486	8	450	19	463	—	58	—	28	—	23	833	22	32	16	17
41—45	1,468	654	20	—	—	—	407	6	493	14	422	1	45	—	15	1	25	783	23	42	12	7
46—50	1,036	674	20	4	—	—	310	6	339	14	321	3	18	—	19	1	12	604	27	34	20	8
51—55	696	465	16	2	—	—	155	8	272	12	184	1	6	—	13	—	13	406	28	30	9	6
56—60	397	354	10	2	—	—	84	6	145	9	94	—	5	—	8	1	10	282	26	49	15	5
61—65	190	250	8	—	—	—	31	5	66	2	28	—	3	—	5	—	5	181	31	56	13	6
66—70	108	163	2	—	—	—	17	1	23	—	19	—	2	—	2	—	2	117	30	39	5	6
71—75	44	94	1	1	—	—	4	—	13	—	3	—	1	—	1	—	4	61	14	31	3	1
76—80	14	28	—	—	—	—	3	—	1	1	1	—	—	—	1	—	1	14	7	11	—	2
81—85	4	5	—	—	—	—	2	—	—	—	—	—	—	—	—	—	—	3	2	2	—	—
86—90	—	3	—	—	—	—	—	—	—	—	—	—	—	—	—	—	—	1	—	2	—	—
91—95	—	—	—	—	—	—	—	—	—	—	—	—	—	—	—	—	—	—	—	—	—	—
96—100	—	1	—	—	—	—	—	—	—	—	—	—	—	—	—	—	—	—	—	1	—	—
未詳	68	60	—	—	—	—	10	—	29	2	7	—	8	—	—	—	1	30	21	20	12	8

表 129　孝陵區常住人口年齡業別與性別

年齡組	共計		農業		礦業		工業		商業		交通運輸		公務		自由職業		人事服務		無業		未詳	
	男	女	男	女	男	女	男	女	男	女	男	女	男	女	男	女	男	女	男	女	男	女
總計	33,745	16,773	6,485	12,65	—	—	1,664	40	2,564	50	232	1	14,050	9	211	44	277	8,754	7,944	6,484	318	126
0—15	7,033	6,384	541	201	—	—	74	1	202	3	9	—	1	—	8	2	19	534	6,116	5,560	33	33
16—20	1,762	1,646	712	196	—	—	242	10	455	6	33	—	12	1	11	—	33	1,259	155	143	69	31
21—25	1,659	1,496	700	134	—	—	231	2	330	4	31	—	207	4	25	3	31	1,321	35	27	46	3
26—30	1,730	1,298	734	106	—	—	260	8	263	2	40	—	311	—	20	1	42	1,151	22	27	33	3
31—35	1,623	1,145	746	134	—	—	273	4	258	4	28	—	106	1	21	1	48	980	20	21	23	—
36—40	1,352	919	701	98	—	—	184	5	249	3	33	—	50	1	18	—	53	793	27	20	17	2
41—45	1,315	863	714	97	—	—	164	5	312	8	28	—	38	2	21	1	28	727	12	20	8	2
46—50	832	634	553	66	—	—	81	2	154	2	9	—	23	—	11	—	21	546	27	17	13	1
51—55	654	611	414	76	—	—	47	—	124	1	9	—	10	—	16	—	8	502	22	26	4	6
56—60	478	523	319	61	—	—	19	1	80	4	5	—	3	—	13	—	9	376	28	78	2	3
61—65	320	470	203	52	—	—	10	1	46	3	3	—	—	—	3	3	1	260	47	146	4	4
66—70	179	295	104	31	—	—	3	—	18	5	1	—	1	—	6	1	3	143	37	109	6	6
71—75	42	95	16	10	—	—	—	—	5	1	—	1	—	—	3	1	—	36	15	46	3	1
76—80	12	44	6	1	—	—	—	—	—	1	—	—	1	—	—	—	—	22	5	20	—	—
81—85	1	21	—	2	—	—	—	1	—	—	—	—	—	—	—	—	—	5	1	13	—	—
86—90	—	3	—	—	—	—	—	—	—	—	—	—	—	—	—	—	—	1	—	2	—	—
91—95	—	—	—	—	—	—	—	—	—	—	—	—	—	—	—	—	—	—	—	—	—	—
96—100	—	—	—	—	—	—	—	—	—	—	—	—	—	—	—	—	—	—	—	—	—	—
未詳	14,723	325	19	—	—	—	56	—	33	3	—	—	13,147	—	35	31	1	51	1,375	209	57	31

表 130　燕子磯區常住人口年齡業別與性別

年組	共計 男	共計 女	農業 男	農業 女	礦業 男	礦業 女	工業 男	工業 女	商業 男	商業 女	交通運輸 男	交通運輸 女	公務 男	公務 女	自由職業 男	自由職業 女	人事服務 男	人事服務 女	無業 男	無業 女	未詳 男	未詳 女
總計	36,272	27,200	8,996	1,891	—	—	4,219	114	4,839	118	1,565	8	1,696	11	779	90	610	14,218	13,184	10,490	384	260
0—15	11,599	10,034	918	433	—	—	100	16	204	4	14	1	4	—	14	3	64	614	10,197	8,900	84	63
16—20	2,972	2,387	1,032	323	—	—	381	25	631	16	90	1	85	1	45	14	74	1,650	553	312	81	45
21—25	2,931	2,151	936	160	—	—	567	13	593	11	227	—	232	2	102	15	79	1,810	183	124	56	16
26—30	3,077	2,209	1,050	163	—	—	612	13	524	8	292	1	291	2	120	16	77	1,908	63	84	38	13
31—35	3,118	2,161	1,075	174	—	—	655	13	606	9	295	—	204	—	107	8	73	1,875	75	75	28	7
36—40	2,665	1,733	1,007	139	—	—	485	10	559	10	235	—	170	2	75	3	74	1,499	39	65	22	5
41—45	2,331	1,587	913	122	—	—	415	7	543	15	161	3	113	—	54	8	54	1,353	65	73	13	6
46—50	1,783	1,291	743	115	—	—	254	9	452	12	115	—	54	—	53	4	39	1,067	65	70	8	14
51—55	1,254	1,040	507	98	—	—	167	5	317	10	77	1	32	2	30	1	42	840	69	68	13	15
56—60	835	691	388	69	—	—	84	1	215	11	39	1	11	—	25	3	14	675	53	107	6	24
61—65	549	751	254	51	—	—	41	—	112	7	9	—	8	—	18	6	9	530	83	136	14	21
66—70	238	409	123	23	—	—	10	—	39	3	2	—	3	1	8	7	5	226	45	122	3	7
71—75	68	160	21	3	—	—	4	—	9	1	—	—	—	—	4	1	3	70	25	78	2	7
76—80	32	86	10	3	—	—	1	2	5	—	1	—	2	—	1	—	—	35	12	43	—	3
81—85	6	31	3	—	—	—	—	—	—	1	—	—	—	—	—	1	—	10	2	19	—	—
86—90	3	12	—	1	—	—	—	—	—	—	—	—	—	—	1	—	—	4	2	7	—	—
91—95	—	—	—	—	—	—	—	—	—	—	—	—	—	—	—	—	—	—	—	—	—	—
96—100	—	—	—	—	—	—	—	—	—	—	—	—	—	—	—	—	—	—	—	—	—	—
未詳	2,762	217	16	4	—	—	443	—	21	—	8	—	487	—	122	—	3	42	1,646	207	16	14

表 131 上新河區常住人口年齡業別與性別

年齡組	共計		農業		鑛業		工業		商業		交通運輸		公務		自由職業		人事服務		無業		未詳	
	男	女	男	女	男	女	男	女	男	女	男	女	男	女	男	女	男	女	男	女	男	女
總計	29,926	21,879	8,337	2,600	—	—	2,961	51	4,209	173	392	7	3,687	3	279	44	363	9,806	9,265	8,821	440	374
0—15	9,613	8,412	1,090	464	—	—	67	4	177	7	6	—	3	1	1	6	29	438	8,161	7,392	95	80
16—20	2,564	1,959	1,125	430	—	—	299	—	624	17	21	—	26	1	13	1	54	1,073	325	353	77	84
21—25	2,206	1,711	1,021	309	—	—	338	6	523	21	45	1	54	—	45	8	25	1,249	97	97	58	22
26—30	2,140	1,632	893	270	—	—	441	7	464	13	60	—	93	1	36	9	45	1,234	60	77	42	23
31—35	2,168	1,648	942	233	—	—	441	6	493	20	47	1	76	—	32	3	47	1,293	53	77	32	13
36—40	1,872	1,359	824	177	—	—	390	11	454	24	45	2	40	—	26	2	42	1,066	23	75	25	22
41—45	1,813	1,203	706	193	—	—	385	4	495	17	53	—	33	—	30	—	40	912	57	60	17	11
46—50	1,341	1,016	574	148	—	—	242	4	331	14	55	1	13	—	22	3	22	749	50	79	12	18
51—55	984	857	432	121	—	—	162	6	240	17	29	1	12	—	26	2	21	623	39	68	23	26
56—60	729	679	339	97	—	—	94	1	197	5	16	—	3	—	20	3	20	473	30	80	11	20
61—65	49[illegible]	636	219	96	—	—	49	1	113	11	11	—	4	—	13	4	13	371	53	125	11	28
66—70	253	388	116	28	—	—	23	—	46	3	3	1	—	—	11	2	4	206	39	138	11	10
71—75	73	157	22	18	—	—	7	1	17	2	1	—	—	—	3	1	1	71	16	58	6	6
76—80	18	63	5	4	—	—	—	—	6	—	—	—	—	—	1	—	—	18	3	39	3	2
81—85	4	33	1	1	—	—	—	—	1	—	—	—	—	—	—	—	—	8	2	22	—	2
86—90	2	8	—	—	—	—	—	—	—	—	—	—	—	—	—	—	—	2	2	6	—	—
91—95	—	2	—	—	—	—	—	—	—	—	—	—	—	—	—	—	—	—	—	2	—	—
96—100	—	—	—	—	—	—	—	—	—	—	—	—	—	—	—	—	—	—	—	—	—	—
未詳	3,620	105	15	6	—	—	3	—	4	—	—	—	3,333	—	—	—	—	16	252	73	13	10

表 132　陵園區常住人口年齡業別與性別

年齡組	共計		農業		礦業		工業		商業		交通運輸		公務		自由職業		人事服務		無業		未詳	
	男	女	男	女	男	女	男	女	男	女	男	女	男	女	男	女	男	女	男	女	男	女
總計	4,849	2,317	1,056	206	—	—	1,078	13	177	11	14	—	460	11	536	33	126	1,270	1,360	723	42	50
0—15	955	858	91	40	—	—	17	2	13	2	1	—	3	—	3	—	1	144	819	662	7	8
16—20	378	216	96	22	—	—	137	3	26	—	1	—	25	2	53	2	5	161	30	18	5	8
21—25	560	201	112	19	—	—	218	3	18	1	7	—	66	1	111	6	18	159	5	6	6	6
26—30	648	217	132	19	—	—	256	2	24	2	1	—	96	3	108	2	23	186	3	1	5	2
31—35	500	171	131	20	—	—	191	2	14	1	1	—	70	—	59	1	29	143	3	2	3	2
36—40	345	129	116	17	—	—	104	1	17	2	2	—	49	—	40	2	15	103	1	3	1	1
41—45	262	112	59	18	—	—	89	—	24	—	—	—	18	2	18	—	13	89	1	1	—	2
46—50	166	111	92	13	—	—	37	—	19	1	—	—	17	—	9	—	8	94	3	1	1	2
51—55	126	65	71	7	—	—	16	—	10	—	—	—	12	—	8	1	6	51	2	3	1	3
56—60	75	76	53	10	—	—	3	—	9	2	—	—	3	—	2	—	3	56	2	4	—	2
61—65	46	65	27	14	—	—	4	—	5	—	—	—	1	1	5	—	1	38	1	9	2	3
66—70	21	40	19	7	—	—	—	—	—	—	—	—	—	—	1	—	—	24	1	7	—	2
71—75	7	8	6	—	—	—	—	—	—	—	—	—	1	—	—	—	—	5	—	3	—	—
76—80	1	5	1	—	—	—	—	—	—	—	—	—	—	—	—	—	—	6	—	2	—	—
81—85	1	—	1	—	—	—	—	—	—	—	—	—	—	—	—	—	—	—	—	—	—	—
86—90	—	—	—	—	—	—	—	—	—	—	—	—	—	—	—	—	—	—	—	—	—	—
91—95	—	—	—	—	—	—	—	—	—	—	—	—	—	—	—	—	—	—	—	—	—	—
96—100	—	—	—	—	—	—	—	—	—	—	—	—	—	—	—	—	—	—	—	—	—	—
未詳	738	40	9	—	—	—	6	—	—	—	1	—	99	2	119	19	4	9	489	1	11	9

表133 第一區常住人口教育程度

年齡組	共計			大學程度			中學程度			小學程度			識字			不識字			未詳		
	共計	男	女	共計	男	女	共計	男	女	共計	男	女	共計	男	女	共計	男	女	共計	男	女
總計	134,456	83,072	51,384	6,163	5,595	568	12,291	9,022	3,269	18,386	12,732	5,654	21,825	18,498	3,327	49,945	23,058	26,887	25,846	14,167	11,679
0—5	15,197	7,830	7,357	—	—	—	—	—	—	458	278	180	177	114	63	14,552	7,458	7,094	—	—	—
6—12	12,579	6,565	6,013	—	—	—	—	—	—	5,638	3,207	2,431	1,260	778	482	4,205	1,880	2,325	1,476	701	775
13—20	23,041	15,794	7,247	159	109	50	3,296	2,261	1,035	5,291	3,841	1,450	4,924	4,311	613	5,330	2,837	2,523	4,041	2,465	1,576
21—25	15,548	9,713	5,835	793	635	158	2,585	1,761	824	2,086	1,535	551	3,112	2,650	462	4,085	1,691	2,394	2,917	1,441	1,476
26—30	15,704	9,932	5,772	1,465	1,290	175	2,240	1,634	606	1,719	1,297	422	2,879	2,438	411	4,387	1,832	2,555	2,994	1,391	1,603
31—35	13,435	8,500	4,935	1,348	1,252	96	1,502	1,146	356	1,211	943	268	2,408	2,040	368	4,307	1,932	2,375	2,659	1,187	1,472
36—40	10,107	6,430	3,677	929	884	45	1,061	858	203	778	633	145	1,849	1,601	248	3,390	1,505	1,885	2,100	951	1,149
41—45	8,244	5,298	2,946	632	620	12	650	544	103	512	431	81	1,770	1,576	194	2,964	1,348	1,616	1,716	779	937
46—50	5,781	3,663	2,118	387	380	7	401	343	58	268	217	51	1,332	1,178	154	2,147	993	1,151	1,246	549	697
51—55	3,698	2,121	1,577	213	207	6	178	161	17	140	118	22	775	671	104	1,535	630	905	857	334	523
56—60	2,486	1,320	1,166	88	86	2	100	88	12	82	69	13	519	449	70	1,063	387	676	634	241	393
61—65	1,469	772	697	32	31	1	40	36	4	30	24	6	344	294	50	751	229	522	472	158	314
66—70	971	354	617	6	6	—	25	22	3	14	10	4	188	135	53	445	93	347	293	83	210
71—75	447	137	310	5	5	—	8	7	1	6	2	4	74	55	19	207	37	170	147	31	116
76—80	177	51	126	2	1	1	5	3	2	5	4	1	24	15	9	84	20	64	57	8	49
81—85	48	14	34	—	—	—	1	1	—	2	2	—	5	5	—	17	2	15	23	4	19
86—90	19	9	10	2	1	1	—	—	—	—	—	—	2	1	1	7	3	4	8	4	4
91—95	9	5	4	1	—	1	—	—	—	1	1	—	2	2	—	—	—	—	5	2	3
96—100	5	4	1	1	1	—	1	1	—	—	—	—	—	—	—	2	1	1	1	1	—
未詳	5,261	4,529	732	100	87	13	178	138	40	145	120	25	181	155	26	457	192	265	4,200	3,837	363

表 134　第二區常住人口教育程度

年齡組	共計 共計	共計 男	共計 女	大學程度 共計	大學程度 男	大學程度 女	中學程度 共計	中學程度 男	中學程度 女	小學程度 共計	小學程度 男	小學程度 女	識字 共計	識字 男	識字 女	不識字 共計	不識字 男	不識字 女	未詳 共計	未詳 男	未詳 女
總計	88,679	51,827	36,852	3,436	3,136	300	7,014	5,069	1,945	11,113	7,769	3,344	12,910	10,674	2,236	40,480	18,710	21,770	13,726	6,496	7,257
0—5	10,672	5,572	5,100	—	—	—	—	—	—	265	170	95	115	62	53	10,292	5,340	4,952	—	—	—
6—12	9,653	5,040	4,613	—	—	—	—	—	—	3,532	2,106	1,426	877	523	354	4,050	1,830	2,220	1,194	581	613
13—20	14,079	8,434	5,645	106	73	33	1,817	1,199	678	3,004	2,108	896	2,458	1,931	527	4,422	2,000	2,422	2,212	1,123	1,089
21—25	9,449	5,657	3,792	445	364	81	1,418	949	439	1,286	943	323	1,622	1,353	269	3,076	1,292	1,784	1,622	786	836
26—30	9,787	6,018	3,769	717	645	72	1,213	878	335	1,040	819	221	1,798	1,542	256	3,482	1,468	2,014	1,537	666	871
31—35	8,892	5,450	3,432	679	617	62	947	736	211	803	626	171	1,463	1,277	186	3,507	1,593	1,914	1,493	611	882
36—40	6,750	4,190	2,560	549	521	28	624	509	115	452	364	88	1,159	996	163	2,760	1,302	1,458	1,206	498	708
41—45	5,851	3,691	2,160	378	367	11	442	366	76	327	279	48	1,060	933	127	2,581	1,276	1,305	1,063	470	593
46—50	4,193	2,580	1,613	268	260	8	212	180	32	185	163	22	783	688	95	2,015	968	1,047	730	321	409
51—55	2,984	1,744	1,240	151	150	1	111	100	11	92	77	15	585	514	71	1,467	683	784	578	220	358
56—60	2,608	1,632	976	69	67	2	56	55	1	39	28	11	385	337	53	1,070	439	631	449	171	278
61—65	1,481	685	796	23	23	—	34	30	4	32	26	6	279	244	35	800	236	534	313	96	217
66—70	860	329	531	7	7	—	13	11	2	16	15	1	147	124	23	477	124	353	200	48	152
71—75	370	126	244	3	3	—	8	6	2	8	5	3	61	53	8	206	38	168	84	21	63
76—80	138	43	95	1	1	—	2	2	—	1	1	—	19	14	5	84	18	66	31	7	24
81—85	35	7	28	—	—	—	—	—	—	—	—	—	3	2	1	24	4	20	8	1	7
86—90	14	5	9	—	—	—	—	—	—	—	—	—	1	1	—	9	2	7	4	2	2
91—95	1	—	1	—	—	—	—	—	—	—	—	—	—	—	—	—	—	—	1	—	1
96—100	3	2	1	—	—	—	—	—	—	—	—	—	2	2	—	—	—	—	1	—	1
未詳	1,399	1,152	247	40	38	2	57	48	9	51	39	12	93	83	10	158	67	91	1,000	877	123

表 135　第三區常住人口教育程度

年齡組	共計			大學程度			中學程度			小學程度			識字			不識字			未詳		
	共計	男	女	共計	男	女	共計	男	女	共計	男	女	共計	男	女	共計	男	女	共計	男	女
	84,430	48,706	35,724	2,101	1,951	150	6,808	5,278	1,530	13,632	8,935	4,697	18,709	15,108	3,601	32,174	12,939	19,235	11,006	4,495	6,511
0—5	9,513	4,821	4,692	—	—	—	—	—	—	306	179	127	113	64	49	9,094	4,578	4,516	—	—	—
6—12	9,107	4,590	4,517	—	—	—	—	—	—	4,545	2,604	1,941	1,236	698	538	2,489	941	1,548	837	347	490
13—20	14,435	9,309	5,226	50	35	15	1,663	1,134	529	3,780	2,441	1,339	3,659	2,933	726	3,548	1,714	1,834	1,735	952	783
21—25	8,819	5,348	3,471	309	249	60	1,314	941	373	1,400	981	419	2,252	1,839	413	2,326	798	1,528	1,218	540	678
26—30	8,199	5,066	3,133	437	410	27	1,125	844	281	1,138	811	327	2,056	1,671	385	2,253	830	1,423	1,190	500	690
31—35	7,484	4,522	2,962	397	374	23	843	697	146	898	662	236	2,001	1,656	345	2,222	733	1,489	1,123	400	723
36—40	5,905	3,433	2,472	288	271	17	610	523	87	507	389	118	1,554	1,256	298	1,974	637	1,337	972	357	615
41—45	5,696	3,489	2,207	232	227	5	470	426	44	417	350	67	1,615	1,371	244	2,033	769	1,264	929	246	583
46—50	4,810	2,979	1,831	154	153	1	358	331	27	252	221	31	1,410	1,255	155	1,817	683	1,134	819	336	483
51—55	3,391	1,986	1,405	117	117	—	206	189	17	151	122	29	1,025	892	133	1,328	468	860	564	198	366
56—60	2,665	1,364	1,301	65	64	1	93	88	5	103	82	21	757	647	110	1,121	319	802	526	164	362
61—65	1,961	930	1,031	29	29	—	71	64	7	58	47	11	537	444	93	868	234	634	398	112	286
66—70	1,082	410	672	7	7	—	16	12	4	31	19	12	257	201	56	507	103	404	264	68	196
71—75	533	181	352	2	1	1	7	6	1	7	6	1	117	92	25	273	43	230	127	33	94
76—80	201	53	148	—	—	—	5	3	2	1	—	1	35	21	14	108	18	90	52	11	41
81—85	68	15	53	—	—	—	2	—	2	—	—	—	11	5	6	34	3	31	21	7	14
86—90	25	3	22	—	—	—	1	1	—	1	—	1	3	—	3	13	—	13	7	2	5
91—95	3	—	3	—	—	—	—	—	—	—	—	—	—	—	—	3	—	3	—	—	—
99—100	1	—	1	—	—	—	—	—	—	—	—	—	1	—	1	—	—	—	—	—	—
未詳	532	307	225	14	14	—	24	19	5	37	21	16	70	63	7	163	66	95	224	122	102

表 136 第四區常住人口教育程度

年齡組	共計			大學程度			中學程度			小學程度			識字			不識字			未詳		
	共計	男	女	共計	男	女	共計	男	女	共計	男	女	共計	男	女	共計	男	女	共計	男	女
總計	138,263	77,770	60,493	1,459	1,359	100	6,546	5,120	1,426	16,301	10,551	5,750	26,267	20,750	5,517	65,629	29,813	35,816	22,061	10,177	11,884
0—5	16,019	8,649	8,267	—	—	—	—	—	—	329	197	132	201	126	75	16,386	8,326	8,060	—	—	—
6—12	16,478	8,715	7,763	—	—	—	—	—	—	6,191	3,704	2,487	2,322	1,456	866	6,098	2,688	3,410	1,867	867	1,000
13—20	20,866	12,242	8,624	66	47	19	1,683	1,128	555	4,636	2,853	1,783	4,628	3,461	1,167	7,085	3,456	3,629	2,768	1,297	1,471
21—25	12,690	7,300	5,390	242	206	36	1,387	999	388	1,611	1,092	519	3,041	2,398	643	4,569	1,883	2,686	1,840	722	1,118
26—30	11,829	6,996	4,833	311	298	13	1,039	840	199	1,226	912	314	2,679	2,263	616	4,700	2,113	2,587	1,674	570	1,104
31—35	11,160	6,542	4,618	225	213	12	612	486	126	792	602	190	2,795	2,255	540	4,842	2,232	2,610	1,694	554	1,140
36—40	9,220	5,219	4,001	191	180	11	569	491	78	540	382	158	2,227	1,791	436	4,304	1,954	2,350	1,389	421	968
41—45	9,012	5,255	3,757	147	143	4	384	346	38	364	312	52	2,273	1,931	342	4,397	2,038	2,359	1,447	485	932
46—50	7,357	4,314	3,043	130	127	3	236	227	9	230	192	38	1,811	1,586	225	3,697	1,755	1,942	1,253	427	826
51—55	5,693	3,076	2,617	63	62	1	160	149	11	145	121	24	1,375	1,195	180	2,897	1,234	1,663	1,053	315	738
56—60	4,609	2,267	2,342	40	39	1	87	80	7	79	65	14	1,121	982	139	2,405	871	1,535	876	230	646
61—65	3,615	1,704	1,911	24	24	—	79	73	6	76	67	9	805	695	110	1,908	664	1,244	723	181	542
66—70	2,213	805	1,408	6	6	—	23	22	1	31	18	13	413	341	72	1,205	308	897	535	110	425
71—75	1,056	322	734	3	3	—	10	7	3	16	9	7	186	125	61	563	124	439	278	54	224
76—80	393	107	286	1	1	—	3	2	1	5	3	2	63	39	24	219	44	175	102	18	84
81—85	121	22	99	—	—	—	—	—	—	—	—	—	16	11	[illegible]	76	9	67	27	2	25
86—90	38	8	30	—	—	—	—	—	—	—	—	—	5	3	2	25	4	21	8	1	7
91—95	9	2	7	—	—	—	—	—	—	—	—	—	—	—	—	5	2	3	4	—	4
96—100	3	1	2	—	—	—	—	—	—	—	—	—	2	1	1	1	—	1	—	—	—
未詳	4,985	4,224	761	10	10	—	74	70	4	30	22	8	102	91	11	246	108	138	4,523	3,923	600

表 137　第五區常住人口教育程度

年齡組	共計			大學程度			中學程度			小學程度			識字			不識字			未詳		
	共計	男	女	共計	男	女	共計	男	女	共計	男	女	共計	男	女	共計	男	女	共計	男	女
總計	140,269	80,348	59,921	2,926	2,600	326	7,612	5,485	2,127	14,141	8,911	5,230	22,657	18,495	4,162	68,535	32,398	36,137	24,398	12,459	11,939
0—5	17,442	9,172	8,270	—	—	—	—	—	—	390	225	165	169	114	55	16,883	8,833	8,050	—	—	—
6—12	16,154	8,436	7,718	—	—	—	—	—	—	5,878	3,391	2,487	1,840	1,159	681	6,485	2,857	3,588	1,951	989	962
13—20	21,808	13,264	8,544	97	71	26	2,221	1,453	768	3,713	2,283	1,430	4,275	3,452	823	7,759	3,941	3,818	3,743	2,064	1,679
21—25	13,736	7,881	5,855	389	295	94	1,484	973	511	1,291	867	424	2,757	2,242	515	5,189	2,296	2,893	2,626	1,208	1,418
26—30	12,982	7,674	5,308	606	516	90	1,268	886	380	969	707	262	2,526	2,141	385	5,321	2,391	2,930	2,294	1,033	1,261
31—35	12,307	7,239	5,068	608	550	58	519	725	190	673	476	197	2,485	2,051	434	5,507	2,553	2,954	2,119	884	1,235
36—40	9,939	5,862	4,077	492	474	18	582	483	99	469	368	101	1,963	1,638	325	4,751	2,196	2,555	1,682	713	939
41—45	9,125	5,556	3,569	316	303	13	444	370	74	274	221	53	1,909	1,669	240	4,528	2,275	2,253	1,654	698	956
46—50	7,197	4,281	2,916	193	182	8	276	238	38	179	146	33	1,504	1,317	187	3,666	1,805	1,861	1,362	593	769
51—55	5,182	2,919	2,263	114	111	3	144	126	18	99	77	22	1,139	997	142	2,689	1,206	1,483	597	402	593
56—60	3,982	2,078	1,904	55	54	1	102	86	14	68	50	18	836	713	123	2,109	901	1,208	812	272	540
61—65	3,041	1,362	1,679	20	19	1	58	54	4	57	44	13	612	501	111	1,562	528	1,054	712	216	496
66—70	1,813	707	1,106	9	9	—	30	26	4	27	23	4	353	283	70	965	262	703	429	104	325
71—75	836	263	573	2	2	—	7	6	1	11	5	6	130	91	39	459	104	355	227	55	172
76—80	315	89	226	—	—	—	4	4	—	2	1	1	39	27	12	191	35	156	79	22	57
81—85	89	26	63	1	1	—	1	1	—	1	1	—	12	7	5	5	12	42	20	4	1
86—90	33	7	26	—	—	—	1	—	1	—	—	—	2	2	—	18	2	16	12	3	9
91—95	1	—	1	—	—	—	—	—	—	—	—	—	—	—	—	1	—	1	—	—	—
96—100	—	—	—	—	—	—	—	—	—	—	—	—	—	—	—	—	—	—	—	—	—
未詳	4,287	3,552	735	27	23	4	77	52	25	40	26	14	106	91	15	358	161	197	3,679	3,199	480

表 138　第六區常住人口教育程度

年齡組	共計 共計	共計 男	共計 女	大學程度 共計	大學程度 男	大學程度 女	中學程度 共計	中學程度 男	中學程度 女	小學程度 共計	小學程度 男	小學程度 女	識字 共計	識字 男	識字 女	不識字 共計	不識字 男	不識字 女	未詳 共計	未詳 男	未詳 女
總計	79,163	46,902	32,261	5,594	4,974	620	7,134	4,666	2,468	10,515	7,511	3,104	7,415	6,577	838	41,866	18,519	23,347	6,539	4,655	1,884
0—5	10,203	5,313	4,890	—	—	—	—	—	—	00	162	138	48	27	21	9,855	5,124	4,731	—	—	—
6—12	7,835	4,109	3,726	—	—	—	—	—	—	3,434	2,077	1,357	350	210	140	3,711	1,651	2,060	340	171	169
13—20	11,287	6,538	4,749	173	124	49	1,756	1,060	696	2,450	1,664	786	1,105	966	139	5,065	2 335	2,730	738	389	349
21—25	9,367	5,545	3,822	784	587	197	1,691	1,045	646	1,294	1,037	257	1,029	923	106	3,929	1 557	2,372	640	396	244
26—30	10,370	6,391	3,979	1,361	1,186	175	1,475	959	516	1,225	1,005	220	1,247	1,126	121	4,369	1,689	2,680	693	426	267
31—25	8,838	5,589	3,249	1,241	1,133	108	1,034	718	316	887	724	153	1,064	980	84	4,071	1,710	2,361	541	314	227
36—40	5,944	3,665	2,279	786	745	41	543	386	157	450	359	91	751	690	61	3,041	1,261	1,780	373	224	149
41—45	4,410	2,737	1,673	436	424	12	279	218	61	279	242	37	620	572	48	2,504	1,132	1,372	292	149	143
46—50	3,077	1,864	1,213	331	308	23	168	144	44	145	125	20	452	400	52	1,775	785	990	186	102	84
51—55	1,872	1,098	774	154	151	3	72	59	13	68	52	16	278	255	23	1,182	526	656	118	55	63
56—60	1,368	668	700	57	57	—	36	33	3	42	30	12	207	191	16	946	328	618	80	29	51
61—65	876	381	495	16	16	—	11	6	5	17	9	8	121	106	15	639	220	419	72	24	48
66—70	560	189	371	13	11	2	10	8	2	6	5	1	64	59	5	426	100	326	41	6	35
71—75	213	59	154	3	2	1	2	2	—	6	2	4	18	17	1	163	31	132	21	5	16
76—80	77	19	58	1	1	—	—	—	—	1	—	1	12	8	4	57	9	48	6	1	5
81—85	24	7	17	1	1	—	—	—	—	—	—	—	4	2	2	17	4	13	2	—	2
86—90	4	2	2	—	—	—	—	—	—	—	—	—	1	1	—	3	1	2	—	—	—
91—95	—	—	—	—	—	—	—	—	—	—	—	—	—	—	—	—	—	—	—	—	—
96—100	1	—	1	—	—	—	—	—	—	—	—	—	—	—	—	1	—	1	—	—	—
未詳	2,837	2,728	109	237	228	9	37	28	9	11	8	3	44	44	—	112	56	55	2,396	2,364	32

表 139 第七區常住人口教育程度

年齡組	共計			大學程度			中學程度			小學程度			識字			不識字			未詳		
	共計	男	女	共計	男	女	共計	男	女	共計	男	女	共計	男	女	共計	男	女	共計	男	女
總計	76,407	45,446	30,961	776	733	43	3,611	2,942	669	6,677	4,520	2,157	15,883	13,673	2,210	44,659	21,046	23,613	4,801	2,532	2,269
0—5	9,478	4,865	4,613	—	—	—	—	—	—	126	57	51	114	72	42	9,238	4,718	4,520	—	—	—
6—12	8,218	4,277	3,941	—	—	—	—	—	—	2,249	1,314	935	1,305	842	463	4,215	1,911	2,304	449	210	239
13—20	11,556	7,188	4,368	33	28	5	746	507	239	1,863	1,251	612	3,202	2,658	544	4,996	2,403	2,593	716	341	275
21—25	7,440	4,581	2,859	107	90	17	698	529	169	711	530	181	1,915	1,663	252	3,622	1,598	2,024	387	171	216
26—30	7,532	4,665	2,867	150	139	11	660	545	115	566	410	156	1,797	1,573	224	3,920	1,811	2,109	439	187	252
31—35	7,568	4,721	2,847	133	128	5	582	505	77	403	311	92	1,827	1,604	223	4,200	2,000	2,200	423	173	250
36—40	5,898	3,587	2,311	120	120	—	367	334	33	267	209	58	1,432	1,258	174	3,366	1,538	1,828	346	128	218
41—45	5,904	3,883	2,021	91	88	3	251	241	10	232	196	36	1,521	1,413	108	3,461	1,781	1,680	348	164	184
46—50	4,392	2,870	1,522	64	64	—	150	137	13	138	124	14	1,170	1,108	62	2,595	1,316	1,279	275	121	154
51—55	2,981	1,804	1,177	44	43	1	75	72	3	45	40	5	706	672	34	1,890	881	1,009	221	96	125
56—60	1,997	1,067	930	25	24	1	41	35	6	29	26	3	437	398	39	1,313	534	779	152	50	102
61—65	1,332	629	703	6	6	—	13	12	1	23	18	5	259	239	20	934	316	618	97	38	59
65—70	676	268	408	3	3	—	5	5	—	9	5	4	128	114	14	467	124	343	64	17	47
71—75	292	87	205	—	—	—	2	2	—	1	1	—	38	29	9	223	50	173	28	5	23
76—80	99	17	82	—	—	—	1	1	—	—	—	—	7	6	1	79	8	71	12	2	10
81—85	36	14	22	—	—	—	—	—	—	—	—	—	1	1	—	30	11	19	5	2	3
86—90	5	—	5	—	—	—	—	—	—	—	—	—	—	—	—	5	—	5	—	—	—
91—95	2	1	1	—	—	—	—	—	—	—	—	—	—	—	—	2	1	1	—	—	—
96—00	—	—	—	—	—	—	—	—	—	—	—	—	—	—	—	—	—	—	—	—	—
未詳	1,001	922	79	—	—	—	20	17	3	15	10	5	24	23	1	103	45	58	839	827	12

表 140　第入區常住人口教育程度

年齡組	共計			大學程度			中學程度			小學程度			識字			不識字			未詳		
	共計	男	女	共計	男	女	共計	男	女	共計	男	女	共計	男	女	共計	男	女	共計	男	女
總計	30,916	17,704	13,212	118	115	3	712	642	70	2,036	1,603	433	3,464	3,077	387	23,780	11,916	11,864	806	351	455
0—5	4,533	2,374	2,159	—	—	—	—	—	—	33	13	20	24	14	10	4,471	2,342	2,129	—	—	—
6—12	3,638	1,933	1,755	—	—	—	—	—	—	626	412	214	319	213	106	2,621	1,239	1,332	122	69	53
13—20	4,012	2,318	1,784	—	—	—	89	71	18	558	417	141	583	498	91	2,708	1,266	1,442	158	66	92
21—25	2,922	1,687	1,235	15	13	2	134	109	25	306	278	28	388	348	40	1,984	887	1,097	95	52	43
26—30	2,964	1,825	1,139	28	27	1	149	131	18	170	156	14	410	376	34	2,124	1,100	1,024	83	35	48
31—35	3,177	1,900	1,277	30	30	—	100	94	6	109	104	5	424	392	32	2,424	1,247	1,177	90	33	57
36—40	2,484	1,572	912	13	13	—	95	94	1	88	80	8	381	349	32	1,860	1,024	836	47	12	35
41—45	2,322	1,468	854	13	13	—	66	65	1	45	43	—	343	330	13	1,801	998	803	53	16	37
46—50	1,760	1,086	674	7	7	—	33	33	—	38	38	—	244	238	6	1,392	750	642	46	20	26
51—55	1,161	693	415	3	3	—	13	13	—	22	22	—	163	156	7	933	491	442	27	11	16
56—60	751	397	354	1	1	—	15	15	—	15	15	—	92	85	7	596	268	328	32	13	19
61—65	440	190	250	—	—	—	7	7	—	10	9	1	37	34	3	367	131	236	19	9	10
66—70	271	108	163	1	1	—	3	3	—	4	3	1	26	25	1	223	71	152	14	5	9
71—75	138	44	91	—	—	—	2	2	—	1	1	—	10	7	3	116	32	84	9	2	7
76—80	42	14	28	—	—	—	—	—	—	—	—	—	—	—	—	41	13	28	1	1	—
81—85	9	4	5	—	—	—	—	—	—	—	—	—	—	—	—	8	3	5	1	1	—
86—90	3	—	3	—	—	—	—	—	—	—	—	—	—	—	—	3	—	3	—	—	—
91—95	—	—	—	—	—	—	—	—	—	—	—	—	—	—	—	—	—	—	—	—	—
96—100	1	—	1	—	—	—	—	—	—	—	—	—	—	—	—	1	—	1	—	—	—
未詳	148	88	60	7	7	—	6	5	1	5	4	1	14	12	2	107	54	53	9	6	3

表 141　孝陵區常住人口教育程度

年齡組	共計			大學程度			中學程度			小學程度			識字			不識字			未詳		
	共計	男	女	共計	男	女	共計	男	女	共計	男	女	共計	男	女	共計	男	女	共計	男	女
總計	50,518	33,745	16,773	588	579	9	1,723	1,641	82	1,334	1,096	238	13,337	13,109	228	27,463	13,290	14,173	6,073	4,030	2,043
0—5	5,984	3,069	2,915	—	—	—	—	—	—	15	11	4	21	17	4	5,948	3,041	2,907	—	—	—
6—12	5,324	2,768	2,556	—	—	—	—	—	—	659	529	130	469	405	63	3,684	1,601	2,083	513	233	280
3—20	5,487	2,928	2,559	—	—	—	58	30	28	436	352	84	643	578	65	3,672	1,673	1,999	678	295	383
21—25	3,157	1,659	1,498	49	46	3	110	74	36	97	87	10	377	350	27	2,221	973	1,248	303	129	174
26—30	3,028	1,730	1,293	62	60	2	102	91	11	63	56	7	395	365	29	2,125	1,027	1,098	281	130	151
31—35	2,768	1,623	1,145	40	36	4	43	39	4	27	26	1	325	314	11	2,064	1,088	976	269	120	149
36—40	2,271	1,352	919	19	19	—	17	15	2	19	17	2	256	254	4	1,721	924	797	237	123	114
41—45	2,177	1,315	862	8	8	—	6	5	1	9	9	—	212	205	7	1,755	999	756	187	89	98
46—50	1,526	892	634	1	1	—	3	3	—	3	3	—	152	149	3	1,225	668	557	142	68	74
51—55	1,265	654	611	4	4	—	—	—	—	1	1	—	116	111	5	1,002	483	519	142	55	87
56—60	1,001	478	523	—	—	—	2	2	—	—	—	—	73	69	4	805	370	435	121	37	84
61—65	790	320	470	—	—	—	—	—	—	1	1	—	53	52	1	644	236	408	92	31	61
66—70	474	179	295	—	—	—	—	—	—	—	—	—	32	31	1	365	129	236	77	19	58
71—75	137	42	95	—	—	—	—	—	—	—	—	—	11	10	1	106	28	78	20	4	16
76—80	56	12	44	1	1	—	—	—	—	—	—	—	1	1	—	47	10	37	7	—	7
81—85	22	1	21	—	—	—	—	—	—	—	—	—	—	—	—	20	—	20	2	1	1
86—90	3	—	3	—	—	—	—	—	—	—	—	—	—	—	—	3	—	3	—	—	—
91—95	—	—	—	—	—	—	—	—	—	—	—	—	—	—	—	—	—	—	—	—	—
96—100	—	—	—	—	—	—	—	—	—	—	—	—	—	—	—	—	—	—	—	—	—
未詳	15,048	14,723	325	404	401	—	1,282	1,382	—	4	4	—	10,200	10,197	3	56	40	16	3,002	2,696	306

表 142　燕子磯區常住人口教育程度

年齡組	共計			大學程度			中學程度			小學程度			識字			不識字			未詳		
	共計	男	女	共計	男	女	共計	男	女	共計	男	女	共計	男	女	共計	男	女	共計	男	女
總計	63,472	36,272	27,200	210	188	22	821	724	97	1,770	1,412	358	6,611	6,120	491	50,426	24,643	25,783	3,634	3,185	449
0—5	9,386	4,863	4,523	—	—	—	—	—	—	10	6	4	26	17	9	9,350	4,840	4,510	—	—	—
6—12	8,724	4,692	4,032	—	—	—	—	—	—	740	590	150	800	627	173	7,056	3,403	3,653	138	82	53
13—20	8,882	5,016	3,865	4	1	3	279	240	39	622	471	151	1,135	985	150	6,699	3,221	3,478	143	98	45
21—25	5,132	2,981	2,151	34	29	5	235	205	29	155	131	24	708	674	34	3,927	1,888	2,039	73	53	20
26—30	5,285	3,077	2,209	59	52	7	118	101	17	114	98	16	778	736	42	4,130	2,028	2,102	87	62	25
31—35	5,279	3,118	2,161	40	37	3	74	67	7	52	50	2	783	763	20	4,249	2,140	2,109	81	61	20
36—40	4,398	2,665	1,733	38	35	3	50	47	3	30	24	6	620	605	15	3,587	1,901	1,686	73	53	20
41—45	3,918	2,331	1,587	16	15	1	26	24	2	22	20	2	541	528	13	3,242	1,690	1,552	71	54	17
46—50	3,074	1,783	1,291	11	11	—	20	20	—	9	9	—	428	415	13	2,559	1,303	1,256	47	25	22
51—55	2,294	1,254	1,040	5	5	—	8	8	—	7	7	—	310	304	6	1,930	908	1,022	34	22	12
56—60	1,726	895	831	2	2	—	6	6	—	5	5	—	203	198	5	1,492	610	882	18	14	4
61—65	1,299	548	751	—	—	—	1	1	—	5	4	1	155	152	3	1,115	384	731	23	7	16
66—70	647	238	409	—	—	—	1	1	—	2	2	—	71	66	5	564	167	397	9	2	7
71—75	228	68	160	—	—	—	—	—	—	2	1	1	18	18	—	206	47	159	2	2	—
76—80	118	32	86	—	—	—	—	—	—	—	—	—	6	6	—	112	26	86	—	—	—
81—85	37	6	31	—	—	—	—	—	—	—	—	—	1	1	—	34	4	30	2	1	1
86—90	15	3	12	—	—	—	—	—	—	—	—	—	2	2	—	13	1	12	—	—	—
91—95	—	—	—	—	—	—	—	—	—	—	—	—	—	—	—	—	—	—	—	—	—
93—100	—	—	—	—	—	—	—	—	—	—	—	—	—	—	—	—	—	—	—	—	—
未詳	3,029	2,762	267	1	1	—	3	3	—	5	4	1	26	23	3	161	82	79	2,833	2,649	184

表143　上新河區常住人口教育程度

年齡組	共計 共計	共計 男	共計 女	大學程度 共計	大學程度 男	大學程度 女	中學程度 共計	中學程度 男	中學程度 女	小學程度 共計	小學程度 男	小學程度 女	識字 共計	識字 男	識字 女	不識字 共計	不識字 男	不識字 女	未詳 共計	未詳 男	未詳 女
總計	51,805	29,926	21,879	52	50	2	211	179	32	1,358	1,009	349	4,403	4,072	331	39,811	20,205	19,606	5,970	4,411	1,559
0—5	7,536	3,862	3,674	—	—	—	—	—	—	15	10	5	4	2	2	7,517	3,850	3,667	—	—	—
6—12	7,533	4,037	3,493	—	—	—	—	—	—	745	540	205	300	228	62	5,913	2,967	2,946	575	292	283
13—20	7,519	4,318	3,201	1	1	—	35	23	12	384	270	114	679	589	90	5,804	3,114	2,690	616	321	293
21—25	3,917	2,206	1,711	9	9	—	52	42	10	47	38	9	496	466	30	3,085	1,553	1,532	228	98	130
26—30	3,773	2,140	1,633	18	16	2	42	36	6	43	36	7	498	476	22	2,935	1,484	1,451	237	92	145
31—35	3,816	2,168	1,648	7	7	—	30	28	2	19	16	3	503	484	19	3,041	1,559	1,482	216	74	142
36—40	3,231	1,872	1,359	9	9	—	17	15	2	21	21	—	375	363	12	2,644	1,410	1,234	165	54	111
41—45	3,016	1,813	1,203	5	5	—	13	13	—	27	26	1	405	393	12	1,414	1,321	1,093	152	55	97
46—50	2,357	1,341	1,016	1	1	—	5	5	—	19	17	2	265	262	3	1,947	1,022	925	120	34	86
51—55	1,851	984	867	—	—	—	4	4	—	18	18	—	220	214	6	1,503	719	784	106	29	77
56—60	1,408	729	679	—	—	—	7	7	—	10	10	—	162	159	3	1,142	532	610	87	21	66
61—65	1,122	883	635	1	1	—	5	5	—	7	5	2	112	106	6	931	361	570	66	8	58
66—70	641	253	388	1	1	—	1	1	—	2	1	1	46	44	2	552	198	354	39	8	31
71—75	230	73	157	—	—	—	—	—	—	1	1	—	14	12	2	202	58	144	13	2	11
76—80	81	18	63	—	—	—	—	—	—	—	—	—	6	6	—	26	8	54	13	4	9
81—85	37	4	33	—	—	—	—	—	—	—	—	—	—	—	—	32	4	28	5	—	5
86—90	10	2	8	—	—	—	—	—	—	—	—	—	—	—	—	10	2	81	—	—	—
91—95	2	—	2	—	—	—	—	—	—	—	—	—	—	—	—	1	—	1	1	—	1
96—100	—	—	—	—	—	—	—	—	—	—	—	—	—	—	—	—	—	—	—	—	—
未詳	3,725	—	105	—	—	—	—	—	—	—	—	—	318	258	60	76	43	33	3,331	3,319	12

表 144　陵園區常住人口教育程度

年齡組	共計			大學程度			中學程度			小學程度			識字			不識字			未詳		
	共計	男	女	共計	男	女	共計	男	女	共計	男	女	共計	男	女	共計	男	女	共計	男	女
計	7,166	4,849	2,317	144	123	21	197	128	69	523	399	124	937	849	138	4,084	2,273	1,811	1,231	1,077	154
0—5	791	400	391	—	—	—	—	—	—	14	11	3	6	6	—	771	383	388	—	—	—
6—12	767	422	345	—	—	—	—	—	—	260	189	71	73	49	24	403	176	233	23	8	17
15—20	849	511	338	2	2	—	49	25	24	129	93	36	243	120	23	434	235	229	62	36	25
21—25	761	560	201	19	14	5	45	33	21	45	42	3	182	165	16	368	226	142	93	79	14
26—30	865	648	217	41	32	9	28	28	10	27	20	7	197	179	18	459	299	160	103	90	13
31—35	671	500	171	26	24	2	24	20	4	24	23	1	144	109	35	875	259	116	78	65	13
36—40	474	345	129	25	23	2	12	7	5	11	10	1	78	73	5	316	208	108	32	24	8
41—45	374	262	112	8	8	—	4	3	1	5	4	1	55	48	7	257	166	91	45	33	12
46—50	297	186	111	9	8	1	3	1	2	3	3	—	25	34	1	219	118	101	28	22	6
51—55	191	126	65	5	5	—	3	3	—	1	1	—	26	26	—	189	79	60	17	12	5
56—60	151	75	76	1	1	—	1	1	—	—	—	—	17	15	2	125	55	70	7	3	4
61—65	111	46	65	—	—	—	—	—	—	—	—	—	15	13	2	84	29	55	12	4	8
66—70	61	21	40	—	—	—	—	—	—	—	—	—	2	1	1	52	17	35	7	3	4
71—75	15	7	8	—	—	—	—	—	—	—	—	—	—	—	—	13	5	8	2	2	
76—80	9	1	8	—	—	—	—	—	—	—	—	—	1	—	1	8	1	7	—	—	—
81—85	1	1	—	—	—	—	—	—	—	—	—	—	—	—	—	1	1	—	—	—	—
86—90	—	—	—	—	—	—	—	—	—	—	—	—	—	—	—	—	—	—	—	—	—
91—95	—	—	—	—	—	—	—	—	—	—	—	—	—	—	—	—	—	—	—	—	—
96—100	—	—	—	—	—	—	—	—	—	—	—	—	—	—	—	—	—	—	—	—	—
未詳	778	738	40	8	6	2	9	7	2	4	3	1	13	10	3	24	16	8	720	636	24

表 145 第一區男女學童數與人口數百分比

分駐所別	學童數 共計	學童數 男	學童數 女	人口數	百分比
總計	12,579	6,566	6,013	129,195	9.74
第一分駐所	787	400	367	9,392	8.37
第二分駐所	876	459	417	8,505	10.30
第三分駐所	1,843	943	900	18,403	10.03
第四分駐所	1,428	658	590	12,973	9.62
第五分駐所	1,755	904	851	17,224	10.18
第六分駐所	1,066	529	537	11,895	8.96
第七分駐所	802	418	384	9,750	8.22
第八分駐所	1,001	502	499	12,285	8.14
第九分駐所	1,196	646	550	11,173	10.70
第十分駐所	2,002	1,101	898	17,594	11.37

表 146 第二區男女學童數與人口數百分比

分駐所別	學童數 共計	學童數 男	學童數 女	人口數	百分比
總計	9,653	5,040	4,613	87,280	11.06
第一分駐所	902	459	443	8,499	10.61
第二分駐所	1,252	658	594	10,851	11.53
第三分駐所	1,037	518	519	8,837	11.73
第四分駐所	762	411	351	8,137	9.36
第五分駐所	1,261	658	603	13,569	9.29
第六分駐所	1,292	691	601	11,327	11.40
第七分駐所	442	226	216	4,601	9.61
第八分駐所	328	161	167	2,997	10.94
第九分駐所	1,339	708	631	9,907	13.52
第十分駐所	1,038	550	488	8,555	12.13

表 147 第三區男女學童數與人口數百分比

分駐所別	學童數 共計	學童數 男	學童數 女	人口數	百分比
總計	9,107	4,590	4,517	83,898	10.85
第一分駐所	604	320	284	7,529	8.02
第二分駐所	1,059	505	554	9,327	11.34
第三分駐所	1,748	895	853	16,108	10.85
第四分駐所	12.722	913	809	18,485	9.32
第五分駐所	280	131	149	3,149	8.89
第六分駐所	1,896	924	972	15,207	12.47
第七分駐所	1,798	932	896	14,083	12.76

表 148 第四區男女學童數與人口數百分比

分駐所別	學童數			人口數	百分比
	共計	男	女		
總計	16,478	8,715	7,763	133,273	12.36
第一分駐所	2,290	1,205	1,085	18,895	12.12
第二分駐所	1,319	713	606	11,839	11.14
第三分駐所	2,222	1,146	1,076	20,026	11.10
第四分駐所	2,151	1,093	1,058	16,738	12.85
第五分駐所	1,889	977	912	14,835	12.73
第六分駐所	2,335	1,261	1,074	18,886	12.36
第七分駐所	2,026	1,083	943	16,387	12.36
第八分駐所	2,246	1,237	1,009	15,671	14.33

表 149 第五區男女學童數與人口數百分比

分駐所別	學童數			人口數	百分比
	共計	男	女		
總計	16,154	8,436	7,718	135,982	11.88
第一分駐所	2,357	1,243	1,114	21,172	11.13
第二分駐所	2,097	1,076	1,021	17,843	11.75
第三分駐所	1,693	852	841	14,922	11.35
第四分駐所	1,917	975	942	15,420	12.43
第五分駐所	1,031	564	467	8,625	11.95
第六分駐所	558	289	269	4,507	12.38
第七分駐所	1,912	999	913	15,962	11.98
第八分駐所	1,868	970	898	15,570	11.99
第九分駐所	1,234	654	580	10,197	12.10
第十分駐所	1,487	814	673	11,764	12.64

表 150 第六區男女學童數與人口數百分比

分駐所別	學童數			人口數	百分比
	總計	男	女		
總計	7,835	4,109	3,726	76,326	10.27
第一分駐所	944	479	465	10,111	9.33
第二分駐所	328	167	161	3,299	9.94
第三分駐所	407	221	186	3,540	11.49
第四分駐所	865	445	420	8,577	10.09
第五分駐所	1,244	653	591	11,953	10.40
第六分駐所	863	453	410	7,987	10.80
七分駐所	658	359	299	6,882	9.56
第八分駐所	839	454	385	6,818	12.30
九分駐所	199	94	105	1,833	10.86
十分駐所	1,488	784	704	15,324	9.71

表 151　第七區男女學童數與人口數百分比

分駐所別	學童數			人口數	百分比
	總計	男	女		
總計	8,218	4,277	3,941	75,406	10.90
第一分駐所	764	398	366	8,007	9.54
第二分駐所	1,774	915	859	14,847	11.94
第三分駐所	743	404	345	6,380	11.74
第四分駐所	977	510	467	9,923	9.85
第五分駐所	585	286	299	7,887	7.43
第六分駐所	875	457	418	8,774	9.97
第七分駐所	584	281	303	4,552	12.83
第八分駐所	783	407	376	6,164	12.70
第九分駐所	1,127	619	508	8,872	12.70

表 152　第八區男女學童數與人口數百分比

分駐所別	學童數			人口數	百分比
	總計	男	女		
總計	3,688	1,933	1,755	30,768	11.99
第一分駐所	1,457	780	677	12,159	11.98
第二分駐所	1,310	671	639	11,323	11.57
第三分駐所	921	482	439	7,286	12.64

表 153　孝陵區男女學童數與人口數百分比

鄉鎮別	學童數			人口數	百分比
	共計	男	女		
總計	5,324	2,768	2,556	35,470	15.01
孝陵鎮	1,282	670	612	9,620	13.33
馬羣鎮	1,186	581	605	7,404	16.02
海新鄉	895	479	417	5,709	15.70
仙鶴鄉	562	298	264	3,729	15.07
靈秀鄉	1,398	740	658	9,008	15.52

表 154 燕子磯區男女學童數與人數口百分比

鄉鎮別	學童數 共計	男	女	人口數	百分比
總計	8,724	4,692	4,032	60,443	14.43
燕子磯鎮	963	507	476	7,042	13.96
掃欄鄉	7,149	940	809	13,421	13.03
笆斗鄉	462	250	212	3,082	14.99
七里鄉	558	297	261	3,449	16.18
八卦鄉	1,439	828	611	8,622	16.68
太平鄉	855	439	416	5,521	15.49
烏龍鄉	440	230	210	2,985	14.74
萬山鄉	936	534	432	6,848	14.10
和平鄉	554	275	279	4,230	13.10
金固鄉	718	392	326	5,243	13.69

表 155 上新河區男女學童數與人口數百分比

鄉鎮別	學童數 共計	男	女	人口數	百分比
總計	7,533	4,037	3,496	48,030	15.67
上新河鎮	2,284	1,237	1,047	16,318	13.99
善德鎮	278	143	135	1,811	15.35
南圩鄉	1,542	809	733	8,584	17.96
南濱鄉	578	317	261	3,597	16.06
北濱鄉	824	456	378	6,118	13.63
江靜鄉	900	510	390	5,418	16.61
北圩鄉	1,117	565	552	6,234	17.92

表 156 陵園區男女學童數與人口數百分比

陵園	學童數 共計	男	女	人口數	百分比
	767	422	345	6,388	12.01

表 157　第一區壯丁數與男子數百分比

分駐所別	壯丁數	男子數	百分比
總計	39,873	78,543	50.77
第一分駐所	3,241	6,117	54.61
第二分駐所	2,459	4,881	50.38
第三分駐所	5,159	10,836	47.60
第四分駐所	3,759	8,045	46.72
第五分駐所	4,975	10,116	49.17
第六分駐所	4,096	7,537	54.34
第七分駐所	3,302	6,435	51.31
第八分駐所	4,106	8,189	50.14
第九分駐所	3,422	6,319	54.15
第十分駐所	5,254	10,068	52.18

表 158　第二區壯丁數與男子數百分比

分駐所別	壯丁數	男子數	百分比
總計	25,016	50,675	49.37
第一分駐所	2,463	4,667	52.78
第二分駐所	2,943	6,190	47.54
第三分駐所	2,155	4,728	45.58
第四分駐所	2,623	5,283	49.62
第五分駐所	4,463	8,683	51.44
第六分駐所	3,046	6,140	49.61
第七分駐所	1,503	2,738	53.72
第八分駐所	989	1,778	55.62
第九分駐所	2,350	5,284	44.47
第十分駐所	2,475	5,119	48.37

表 159　第三區壯丁數與男子數百分比

分駐所別	壯丁數	男子數	百分比
總計	21,858	48,399	45.16
第一分駐所	2,880	5,343	53.90
第二分駐所	2,313	5,220	44.88
第三分駐所	3,825	9,180	41.67
第四分駐所	5,537	11,971	46.25
第五分駐所	985	1,851	53.21
第六分駐所	3,338	7,612	43.85
第七分駐所	2,950	7,222	40.85

表 160　第四區壯丁數與男子數百分比

分駐所別	壯丁數	男子數	百分比
總計	31,3 2	73,5.6	42.57
第一分駐所	4,513	10,630	42.46
第二分駐所	3,587	7,417	48.36
第三分駐所	4,950	11,331	43.68
第四分駐所	3,451	8,638	39.95
第五分駐所	3,181	7,810	40.73
第六分駐所	4,285	10,313	41.55
第七分駐所	3,634	8,744	42.13
第八分駐所	3,661	8,663	42.26

表 161　第五區壯丁數與男子數百分比

分駐所別	壯丁數	男子數	百分比
總計	34,192	76,796	44.52
第一分駐所	5,721	11,883	48.14
第二分駐所	4,465	9,910	45.06
第二分駐所	3,487	8,589	40.59
第三分駐所	3,325	8,370	39.72
第四分駐所	2,376	4,939	48.10
第五分駐所	1,217	2,419	50.31
第六分駐所	4,262	9,019	47.25
第七分駐所	3,921	8,976	43.68
第八分駐所	2,626	5,912	44.41
第九九駐所	2,792	6,779	41.19

表 162　第六區壯丁數與男子數百分比

分駐所別	壯丁數	男子數	百分比
總計	23,927	44,174	54.16
第一分駐所	3,427	5,948	57.61
第二分駐所	1,056	1,861	56.74
第三分駐所	1,072	1,966	54.52
第四分駐所	2,582	4,704	54.89
第五分駐所	3,662	6,836	53.57
第六分駐所	2,303	4,459	51.65
第七分駐所	2,549	4,302	59.25
第八分駐所	1,984	3,808	52.10
第九分駐所	582	1,080	53.88
第十分駐所	4,710	9,210	51.14

表 163　第七區壯丁數與男子數百分比

分駐所別	壯丁數	男子數	百分比
總計	21,437	44,524	48.15
第一分駐所	2,560	5,090	50.29
第二分駐所	3,740	8,228	45.45
第三分駐所	1,691	3,666	46.13
第四分駐所	3,137	6,066	51.71
第五分駐所	2,855	5,346	53.40
第六分駐所	2,596	5,408	48.00
第七分駐所	1,103	2,482	44.44
第八分駐所	1,502	3,330	45.11
第九分駐所	2,253	4,908	45.90

表 164　第八區壯丁數與男子數百分比

分駐所別	壯丁數	男子數	百分比
總計	8,452	17,616	47.98
第一分駐所	3,329	7,099	46.89
第二分駐所	3,353	6,597	50.83
第三分駐所	1,770	3,920	45.15

表 165　孝陵區壯丁數與男子數百分比

鄉鎮別	壯丁數	男子數	百分比
總計	7,679	19,022	40.37
孝陵鎮	2,325	5,341	43.53
馬羣鎮	1,366	3,765	36.28
[illegible]新鄉	1,190	3,073	38.72
[illegible]鄉	731	2,000	36.55
毓秀鄉	2,087	4,843	42.68

表 166　燕子磯區壯丁數與男子數百分比

鄉鎮別	壯丁數	男子數	百分比
總計	14,172	33,510	42.29
燕子磯鎮	1,722	3,927	43.85
幕府鄉	3,259	7,412	43.97
笆斗鄉	654	1,685	39.41
七里鄉	806	1,853	43.49
八卦鄉	1,956	4,962	39.42
太平鄉	1,211	2,954	40.99
烏龍鄉	623	1,590	39.18
萬山鄉	1,654	2,939	41.99
和平鄉	1,011	2,337	43.26
金圓鄉	1,266	2,851	44.41

表 167　上新河區壯丁數與男子數百分比

鄉鎮別	壯丁數	男子數	百分比
總計	10,199	26,306	38.77
上新河鎮	3,757	9,083	41.38
善寶鎮	399	1,008	39.58
南圩鄉	1,579	4,506	35.04
南濱鄉	761	1,977	38.49
北濱鄉	1,525	3,487	43.70
江靜鄉	1,056	2,984	35.38
北圩鄉	1,121	3,261	34.37

表 168　陵園區壯丁數與男子數百分比

鄉鎮別	壯丁數	男子數	百分比
陵園	2,315	4,111	56.31

附　　録

I 南京全市街道名稱

第一區

第一段（大行宮第一分駐所）

板橋新村 簾子巷 四典里 學堂巷 小隍城巷 西箭道 東箭道 小獅子巷
黃泥巷 閻閣祠 行宮東街 國府東街 大隍城巷 宗老爺巷 國府西街 國府路
中山東路 滋大里

第二段（通賢橋第二分駐所）

通賢橋 梅花巷 荷花巷 觀音閣 如意橋 如意里 網巾市 紫陽里
泰山坊 慈慈里 石婆婆庵 國府路 楊將軍巷 鳳儀村 一枝園 碑亭巷

第三段（將軍巷第三分駐所）

天安里 通賢橋 碑亭巷 吉昌里 安樂里 三星里 成進里 北門橋
富興里 長康里 新民坊 新安里 都司巷 衛巷 將軍巷 大紗帽巷
小紗帽巷 周必由巷 唱經樓 雙井巷 沙塘園 嚴家橋 虹板橋 老虎橋
文安里 莫廣里 成賢街 成賢里 居安里 蓁巷 魚市街 珠江路
成賢村

第四段（韓家巷第四分駐所）

北門橋 陸家里 張家菜園 中山路 薛家巷 廊後街 國府路 珠江路
麗文里 花家巷 韓家巷 唱經樓西 同仁街 吉兆營 估衣廊 存厚里
吉兆里 焦狀元巷

第五段（國府路第五分駐所）

竟成里 興樂里 燕慶坊 相府營 泰平里 白井廊 同慶里 上乘庵
肚帶營 田吉營 青石街 海山村 青村 青雲里 興業里 鄧府巷
鄧府巷後 香鋪營 永貞里 榮安里 國府路 安將軍巷 中山路 退思里
廊東街 紅廟 糖坊橋 鷄鵝巷 德鄰村

第六段（羊皮巷第六分駐所）

劉軍師橋 忠林坊 壽康里 鐵湯池 抄紙巷 中山東路 三益里 決醒里
羊皮巷 淮海路 中正路 同賢里 破布營 增鑒里 正洪街 正洪里

景賢里 天印庵 洪武坊 忠厚里 廖家巷 韜 園 鐘樂坊 洪武路
倫德村 明德新村 中央商場

第七段（戶部街第七分駐所）

廣 園 雨花巷 延壽里 銅井巷 王家巷 小松濤巷 玉池里 雙塘巷
祠堂巷 吉祥里 裕祿里 金湯里 黨公巷 蔡家花園 二郎廟 浮石村
建福里 太平路 楊公井 集賢里 游府西街 延齡巷 戶部街 二和里
淮海路 樹德坊 中山東路 松濤里 游府新村 興喜里 開瑞村

第八段（壽星橋第八分駐所）

太平路 文華里 松蔭里 鷹坊巷 科 巷 壽星橋 利濟巷 文昌巷
瑞麟里 桃源村 白菜園 磨盤路 大楊村 水 巷 五老橋 文壽里
達德里 三十四標 耕心里 紅花地 壽星里 普慶新村 和平里 樂安村

第九段（大悲巷第九分駐所）

太平里 雍 園 太平橋南 鼎新里 中山門後街 塔裕里 黃家塘 竺 橋
半山園 西華巷 玉珠坊 水晶宮 北儀門 後宰門 黃浦路 梅園新村
寧濟村 大高里 桃園新村 漢府街 又一村 鍾嵐里 竺橋新村 大悲巷

第十段（珠江路第十分駐所）

太平橋 皇城腳 九華村 文德里 半山園 楊家胡同 九華山 顧家巷
武廟閘 富貴山 磨坊巷 荷包套 打靶場 軍校和平里 御史廊 文昌橋
大影壁 珠江路 文昌村 太平村 洲城根 蘭 園 蓋家莊 太平門
演武廳 佛心橋 曬布廠 花紅園 頤和里 德興里 崗子村

第 二 區

第一段（申家巷第一分駐所）

糯粘營 復成新村 太平巷 福安里 金谷村 三錢里 友益村 槐蔭里
馬路街 細柳巷 九連塘 五福巷 申家巷 繡花巷 城佐營 上理村
松竹里 馬府街 忠義坊 三山里 敦厚里 益元坊 沙塘灣 新晉里

第二段（白下路第二分駐所）

鍋底塘 葛家菜園 八府塘 邀貴井 琥珀巷 福星里 東井巷 西八府塘
手帕巷 斛斗巷 祥瑞里 仁昌里 復興巷 立法院街 侯潤里 東昇里

西井巷　傅家菜園　文正橋　白下路

第三段（東釣魚巷第三分駐所）

建康路　致和街　東釣魚巷　九兒園　東文思巷　建康北四巷　釣魚巷　岩　巷
東玉壺坊　西文思巷　建康北五巷　西釣魚巷　察院巷　西玉壺坊　建康北三巷　文正橋

第四段（廣藝街第四分駐所）

白下路　洪武路　太平路　朱雀路　五馬街　閻莊營　廣藝街　廣藝巷
建鄴路　馬　號　曾公祠　廟後街　街缺巷　晒　廠　寧中里　牙　巷
中正巷　中正路　穆家巷　昇平橋　昇平巷　中華路　李家實巷　南首巷
北首巷

第五段（龍王廟第五分駐所）

武學園　洪武新村　西方菴　洪武路　太平路　火瓦巷　金鑾巷　養濟院
小火瓦巷　程閣老巷　龍王廟後　宰牛巷　娃娃橋　八條巷　中正路　濟生里
紫金坊　長治里　和會村　壽甯郵　李家巷　平安里　麟和里

第六段（二條卷第六分駐所）

頭條巷　二條巷　三條巷　四條巷　常府街　仁孝里　南　園　破瓦巷
林　園　仁義坊　仁義里　光明里　復成倉　慶雲坊　良安里　松　園
三益里　文昌宮　文昌里　桐蔭里　靜思里　春和里　永安里　樹德里
仁壽里　安康里　六合里　光裕里　復興里　小楊村　瑜　園　燕　園
非　園　四維里　四海里

第七段（東廠街第七分駐所）

英威街　西華門　東廠街　二門崗　西華苑　天津橋灣　中山東路　將軍署
順德郵

第八段（中山東路第八分駐所）

午朝門　東安門　迴龍橋　二門崗　李府街　中山門前街　中山東路　御道街
九板橋

第九段（大光路第九分駐所）

八寶前街　通德里　大禹郵　市民住宅　八寶後街　光華東街　大光路　大光里
利業郵　尚書里　生計處　大陽溝　尚書巷　菜市巷　標　營　小柵口
菜市口　纛旗街　御道街　五馬橋　白虎橋　都統巷　光華門　體育里

第十段（通濟門第十分駐所）

裘家灣　公園路　公園里　公園坊　東關閘　七里街　吸水閘　一道巷
通濟門外街　廣嚴里　三道城圈　西城根　通濟門街　濟水巷　米行街　白下路
雙橋門　四方城　九龍橋　新民村　復成橋　塘子巷　東城根　水巷子
二道城圈　武定門外街

第十一段（第九警察局響水橋分駐所）

石門檻

第三區

第一段（貢院街第一分駐所）

貢院街　貢院西街　市府路　建康路　龍門街　龍門西街　仁元里　夫子廟
秦淮河

第二段（大全福巷第二分駐所）

大四福巷　自新巷　教敷營　教敷巷　瞻園路　中華路　何關居　綽巷
小全福巷　小黨家巷　大黨家巷　大全福巷　小四福巷　義興巷　井子巷　盧家苑
宋牌樓　補釘巷　狀元境　接福巷

第三段（鐵作坊第三分駐所）

中正路　秦狀元巷　許家巷　金沙井　望鶴崗　望鶴樓　伏魔巷　水倉巷
黑廊巷　黑簪巷　集慶路　牛市　上浮橋　顏料坊　玉帶巷　渡船口
大彩霞街　小彩霞街　弓箭坊　崔妃巷　洋珠巷　釣宅巷　銀作坊　四聖堂
李府巷　友安里

第四段（王府園第四分駐所）

王府園　朱雀路　中華東巷　慧園街　潤德里　李家苑　劉公祠　大砂珠巷
承恩寺　府西街　胡家巷　建康北一巷　城隍廟後　內橋灣　小砂珠巷　錦繡坊
建康北二巷　建康南一巷　建康路　中華路　小王府園　西王府園　裱畫廊　朱雀西一巷
東王府園　舊王府　慧園里

第五段（前爲第五分駐所，現歸併第一分駐所）

姚家巷　貢院街　銅神宮　桃葉渡　利涉橋　姚平巷　平江府　劉家塘
針巷　益仁巷　小姚家巷　新姚家巷　平江府北　平江府南　建康路　秦淮河

第六段（鷲峯寺第六分駐所）

東花園	大石壩街	小石壩街	東石壩街	西石壩街	東關頭	利涉橋	丁官營
啞叭巷	烏衣巷	泰安里	蓮子營	駕鶯橋	武定門	興隆巷	金陵閘
小白塔巷	白塔巷	管家巷	寶塔巷	高家巷	鈔庫街	糟坊巷	琵琶巷
長生祠	仁和巷	文德橋	生林里	全福里	秦淮河	泰康里	

第七段（新路口第七分駐所）

新路口	半邊營	蔡家苑	桑板橋	心腹橋	小膺府	陶家巷	大樹城
倉門口	長樂路	小心橋	小心橋東	水佐營	康樂里	木匠營	箍桶巷
磊功巷	千佛庵	飲虹園	染坊巷	正覺寺	石觀音	仁厚里	庫　上
八間房	雙塘園	轉龍車	轉龍巷	高安里			

第四區

第一段（珍珠巷第一分駐所）

西　街	東河沿	下碼頭	五貴村	悅來巷	小思古巷	西河沿	紅梅巷
桑樹園	雨花台	大思古巷	方家巷	小市口	循相里	珍珠巷	窰　灣
蘆席巷	上碼頭	義倉巷	中華門	京蕪路			

第二段（養虎巷第二分駐所）

干長巷	南山門	馬家山	製造局前	雙橋門	養虎巷	北山門	燕翅口
掃帚巷	雨花路	正學路	金工里	羊　巷	寶塔山	寶塔根	製造局後
黃泥塘	雨花台	中華門					

第三段（中華門第三分駐所）

中華門	中華西巷	中華路	牌坊廊	過街橋	大百花巷	小百花巷	長樂街
九兒巷	瓦匠巷	老王府巷	璇子巷	鞍轡坊	寶輝巷	張都堂巷	牽牛巷
長樂路	黃狀元巷	信府河	信府苑	軍師巷	廚子營	白酒坊	下江考棚
謝輝嶺	煤灰堆						

第四段（釣魚台第四分駐所）

集慶路	同鄉共井	桃源巷	庫司坊	磨盤街	殷高巷	水齋庵	王府里
侍其巷	桃棋巷	荷花塘	孝順里	孝子坊	謝公祠	五福橫首	小門口
高岡里	綠竹園	陳家牌坊	沙　灣	飲馬巷	避駕營	六角井	響鈴巷

釣魚台 甘露巷 歐陽巷 中華西門

第五段（小膠巷第五分駐所）

六度庵 梟册庫 秦平橋 太平街 太平苑 太平井 小仙鶴街 小府巷
朱家苑 仁義橋 玉振巷 玉振街 雙　塘 銅芳苑 篙子巷 五間廳
小膠巷 大膠巷 鴨池塘 吉祥街 嚴家井 王府巷 寶家園 胭脂巷
小船板巷 柳葉街 船板巷 地藏庵 雙樂園

第六段（五福街第六分駐所）

下浮橋 菱角市 陸府巷 崇恩街 迴龍街 西關頭 土　橋 井家苑
施家巷 老府橋 五福街 毛家苑 來鳳街 撮箕巷 金粟庵 絲所巷
柏家苑 倉　坡 倉　頂 營門口 太平圍 仙鶴街 集慶路 高家苑
崒乃巷 欄漏街 花露崗 鳴羊街 鳳遊寺 杏花村 鋪魚市 大沙井
小沙井 蕭公廟 瓦棺寺 十間房 豆腐坊 萬竹園 黃土山

第七段（張家衙第七分駐所）

大油坊巷 小油巷坊 宰豬巷 堆草巷 長樂路 小西湖 小西湖畔 油坊巷後
邊　營 中　營 膺福街 大荷花巷 小荷花巷 大井巷 小井巷 豆腐巷
中華門 積善里 三條營 上江考棚 亂石堆 三條營外口 馬芳苑 貴人坊
張家衙 五板橋 剪子巷 馬道街 鵬泉巷

第八段

鷄鵝所

第五區

第一段（石鼓路東口第一分駐所）

石鼓路 明瓦廊 華安里 螺絲轉灣 勤德里 壽松里 耀華里 小銅銀巷
陸家巷 新街口 漢中路 瑞福里 大豐富巷 高家酒館 鐵管巷 俞家巷
淳德里 安樂里 四達里 南台巷 管家橋 豆菜橋 永洪里 雙石鼓
長庚里 麻家巷 雙石里 體仁里 乾河沿 永慶巷 蓋頭巷 永樂村
華僑路 上海路 慈悲社 三新里 孝　園 五台山村 沈舉人巷 普安里
豐富路 豆菜園 同仁里 銅銀巷

第二段（豐富路第二分駐所）

會文里　小板巷　大香爐　跑馬巷　進香河　小王府巷　富春里　曹都巷
木料市　三元巷　秣陵路　王府巷後　石榴園　洪公祠　笪橋市　張府園
富民坊　文佩里　豐富路　明瓦廊　建鄴路　郭府園　大王府巷　正大里

第三段（馬巷第三分駐所）

中正路　老坊巷　評事街　白衣菴　南捕廳　昇州路　綾莊巷　踹布坊
內橋灣　觀音菴　大板巷　平章巷　泥馬巷　古鉢營　定盤巷　絨莊街
走馬巷　竹竿里　甘露營

第四段（程善坊第四分駐所）

評事街　光華路　昇州路　千章巷　泰倉巷　程善坊　嘉兆巷　南市樓
安品街　廁所巷　糯米巷　車兒巷　雙台地　徐家巷　鄧府苑　平安巷
登隆巷　七家灣　大輝復巷　紅土橋河沿　小禮拜寺巷　大常巷　醬棚營　狗皮山
富德巷　打釘橋　襪子巷　鼎新橋　牛首巷　竹架山　小輝復坊

第五段（石鼓路西口分駐所）

石鼓路　上海路　金家苑　虎距關　永慶巷　永慶里　百歲坊　草場門
牌樓巷　左所巷　清涼山　韓家橋　石橋街　虎貢倉　吳家巷　漢西門街
五台山　城灣街　峨眉嶺　場門口　蛇　山　棋盤城　龍蟠里　收兵橋
漢中路　校尉營　清涼門　廣州路

第六段（廣州路第六分駐所）

胡家菜園　趙家菜園　潘家菜園　青島新村　陶谷新村　合羣新村　廣州路　漢口路
上海路　小粉橋　紅土橋　徐府巷　平倉巷　門雞閘　東瓜市　福音里
五台山　隨　園　隨家倉　吉兆營　陶谷街

第七段（朝天宮西街第七分駐所）

朝天宮西街　石橋後街　堂子街　漢西門街　天主堂後街　軍械局後街　桃　園　三茅巷
禮拜寺巷　大王府巷　黃鸝巷　陶李王巷　南衡巷　羅廊巷　天妃巷　秣陵路
柏果樹　朝天宮　四根桿子　以德里　張公橋　侯家橋　宮後山　倉巷橋
秣陵村　莫愁路　陵李王巷後　禮拜寺巷後　三茅宮　冶山道院

第八段（水西門第八分駐所）

水西門街　生姜巷　安品街　七家灣　公坊巷　倉　巷　小[illegible]家巷　昇州路
南灣子　牙檯巷　古　巷　北灣子　文津橋　莫愁路　大水巷　下浮橋北

月牙巷 木屐巷 韓家苑 朱狀元巷 止馬村 小水巷 止馬營 牛首巷
黎頭尖 鐵窗櫺 大丁家巷

第九段（鳳凰街第九分駐所）

涵洞口 涵洞口後 鳳凰街 北瓦廠街 漢西門外街 蘆柴廠 紅土山 二埂道子

第十段（瓦廠街第十分駐所）

水西門外街 外閘頭 北傘巷 蘇碼頭 瓦廠後街 瓦廠街 鹽碼頭 金安里
牌坊街 白骨堵 下河街 南傘巷後街 小莊子 西街頭 閘頭巷 南傘巷
上河街

第六區

第一段

忠信里 廣東新村 最高法院住宅 挹華里 福壽崗 維慶里 山西路 勷園
湖南路 雲南路 鼓樓新村 樂業村 興泉巷 人和街 華園村 湖北路
鼓樓三條巷 中山北路 迎桂村 鼓樓五條巷 淵聲巷 江蘇路 無量庵 公明里
合興里 水井巷 甯海路 甯靜里 傅佐路 獅子橋 陳家巷 聚槐村
鼓樓四條巷 忠實里 西橋 新福里 鼓樓二條巷 大方巷 新泉里 傅佐園

第二段

上海路 培德里 華新巷 中山路 鼓樓頭條巷 鼓樓公園 百步坡 三省里
漢口路 鼓樓南 北秀村 保泰街 天津路 曉園 北平里 金銀街
陰陽營

第三段

北平路 靈隱路 篤義里 甯海路 西倉 老菜市 莫干路 水佐崗
江蘇路 人和街 下午所 草場門 頤和路 黃瓜園 甯夏路 虎距關
馬鞍山 牯嶺路 普陀路 劉家崗 珞珈路 吉祥寺 赤壁路 西康路
天竺路 琅琊路 四衛頭

第四段

青雲巷 裕明里 洞庭路 裴家橋 西家大塘 大鐘亭 民蔭里 傅厚崗
天山路 北極山村 志誠里 峨嵋路 仁愛里 門樓上 百子亭 北極閣
高樓門 峨嵋路 承厚里 富厚里 松花里 中央路 立誠里 和平新村

斐西村　高門樓　龍園　玄武門　百子里　玄武里　明志里　衛山路
鼓樓車站　厚載巷　湖南路

第五段

黨部後　虹橋　永樂里　堂子巷　西流灣　永甯里　永新里　永新巷
修德里　民雲新村　天福里　模範新村　許家巷　懿德里　謙豐坊　黎教新村
中和里　觀音巷　新菜市　馬家街　三牌樓　湖南路　大樹根　斜橋
將軍廟　盧席營　龍倉巷　馬台街　丁家橋　湖北路　模範馬路　童家巷
中央路　司背後　唐灣

第六段

歸雲堂　迴龍橋　戴家巷　和會街　三步兩橋　老虎洞　定淮門　俞家巷
人和街　古松里　中和街　華嚴崗　妙耳山　老菜市　建新里　後所
古平崗　水佑崗　十字街　萬家山　宏業村　中山北路　東門街　校門口
明德里　鄒家橋　吉如里　晚市　清涼古道　建業邨　狗耳巷　水佐崗

第七段

妙峯庵　綠楊橋　龍池庵　妙鄉　中山北路　祥雲里　新生里　三益村
紫金里　久安里　薩家灣　雙門樓　菊廬　金川門　德潤里　四維新村
樹德里　嘉樂里　和會里　啓和里　霞公府　通海里　南祖師庵　樓子巷

第八段

安徽路　新門口　許家橋　庫倫路　鐘阜門　盧席營　南昌路　柏葉園
中央門　板井　和平門　金川門　小北門　瓜圃橋　許府巷　四川路
江西路　世德里　廖家巷　和平門外　長金里　壽市口　洪廟　蔡家巷
三友里　和平村　和平門車站　紫竹林　青石橋　通裕里　北洲城根　敦睦里

第九段

環洲　梁洲　櫻洲　菱洲　翠洲

第十段

大石橋　雙龍巷　試院路　伴讀巷　中央路　南倉巷　單牌樓　武廟前
成賢街　丹鳳街　中山路　保泰街　鰻魚巷　荷葉巷　雞鳴寺　甯安里
南倉里　三多里　狀元坊　海宅里　黃泥崗　安仁街　保泰後街　尖角營
四牌樓　石婆婆巷　梧村

第七區

第一段（靜海寺分駐所）

鮮魚巷　惠民橋北　京市路旁　德仁里　翠泰里　古后祠　宮調里　利源里

清真寺　熱河路　惠新里　綏遠路　順興里　天賜里　楊家花園　靜海寺

三多路　綉球山　惠陽里　壽昌里

第二段（復興街分駐所）

兆慶里　中山北路　復興街　乙興里　熱河路　文德里　鳳儀里　正豐街

石橋　永盛里　聖公會　十座庵　甲興里　復興街南　永甯街　河壽里

惠民橋南　正豐里　青蓮里

第三段（寶善街分駐所）

寶善街　仁德里　施德里　石櫈柱　張家圩　寶善里　永森里　裕安里

九家圩　三汊河

第四段（天保路分駐所）

天保路　天保里　天保路後　升安里　毓善里　大馬路　利達里　天光里

天安路　龍頭房　慶康里　福陵里　惠民坊　公共路　商埠街　湖北街

第五段（二馬路分駐所）

二馬路　升和里　營盤街　興和里　龍江橋　天壽里　三馬路　大馬路

江邊　華昌里　公慶里　北安里　升順里

第六段（虹門口分駐所）

鄧府巷　虹霽橋　北三多里　石牆外　鄧府巷後　虹霽橋東　名士壩　虹門口

恕明里　恕德里　徐家巷　河街　老江口　龍江橋南　京滬站前　家興里

東炮台　龍江橋　鐵路橋

第七段（寶塔橋分駐所）

董家巷　煤炭港　寶塔橋　和平里

第八段（北祖師庵分駐所）

北祖師庵　鹽倉橋東　鹽倉橋　桃源村　于家巷　新民門　興中門街　中山北路

集成里　興中門南首　花家橋　自強村　驢子巷

第九段（三所橋分駐所）

四所村　五所村

第 八 區

第一段（小河南分駐所）

小河南 忠一巷 孝三巷 仁四巷 愛六巷 合成街 忠二巷 孝四巷
仁五巷 愛七巷 吉慶里 忠三巷 孝五巷 仁六巷 愛八巷 黃泥灘
忠四巷 孝六巷 仁七巷 愛九巷 蘆洲灘 忠五巷 孝七巷 仁八巷
通浦東路 小河南後街 忠六巷 孝八巷 愛一巷 通浦西路 新興街 忠七巷
孝九巷 愛二巷 津浦馬路 新興巷 忠八巷 仁一巷 愛三巷 大馬路
安樂街 孝一巷 仁二巷 愛四巷 泉安里 浦口街 孝二巷 仁三巷
愛五巷 餘慶里 恆升里 元興里 利寶廠 三岔河 九袱洲新圩 明遠里
鴻興里

第二段（下碼頭分駐所）

下碼頭 中興里 大 壩 小河西 老江口 鐵路街 河 壩 小河北
小河西後街 江 邊

第三段（六股道分駐所）

六股道 西一巷 西五巷 西九巷 西十三巷 西後河沿 西二巷 西六巷
西十巷 西十四巷 義善里 西三巷 西七巷 西十一巷 西十五巷 西河沿
西四巷 西八巷 西十二巷 西十六巷 西十七巷 西二十一巷 天橋西街 森和里
進德里 西十八巷 西二十二巷 天橋街 源昌里 繼志里 西十九巷 西二十三巷
東後河沿 永生里 泰吉里 西二十巷 天橋東街 耀華里 長安里

孝 陵 區

孝陵鎮（第九警察局第一分駐所）

孝陵衞街 晏公廟 苜蓿園 童子倉 皂角樹 鍾靈街 羅漢庵 衞 崗
長 巷 豌豆園 新菜場 後 莊 西七街 雙拜崗 龍家莊 羅漢庵街
響水橋分駐所 張家匕 楊家底 前 鎮 牌樓上 吳家坡 右 鎮 小水關派出所 鄭家營 祝家底
王家底 唐家底 小水關 劉 莊 唐家營 王家頭 白甸村 蔣家街
王官營 河沿頭埠 河沿二埠

馬羣鎮（第九警察局馬羣分駐所）

馬羣本鎮	陶家營	府軍衞	應家崗	漆園	桐園	五棵松	牛王廟
吳家墩	馬房山	顧家營	滄波門派出所 滄波門	向上村	花崗村	楊家莊	門西村
五百戶	大石山村	小石山村	餘糧莊	小莊	麒麟門派出所 上麒麟門	草場村	萬家樓
鴨志莊	棗園村	劉家營	白水橋	石壩村	西佘婆	中佘婆	東佘婆
灣營	小水關派出所 楊晏橋	麒麟門派出所 上莊村	獅子壩	陳家壩	老米莊	馬羣分駐所 靑馬	黃馬

穀秀鄉（第九警察局響水橋分駐所）

響水橋	中和橋	象房村	小山頭	紅花村	花園村	敎場口	前江沿
後江沿	小敎場	陳叶圩	草場圩	上方門派出所 湯家壩	翁家營	柴家營	劉家崗

仙鶴鎮（仙鶴門派出所）

仙鶴門	西崗	高家莊	王家莊	邵家莊	朱家莊	湖底村	張家莊
棗園村	大楊莊	金孫馬莊	周邊莊	童家莊	殷家莊	陶家莊	大莊

海新鄉（第九警察局響水橋分駐所）

七橋甕	常萬圩	梅家廊	前方村	中方村	西方村	天堂村	東方村
將軍塘	楊莊	閘門口	上方門派出所 前莊	中莊	上方門	鮑家場	羅家場
趙家崗	史家崗	金家圩	大敎場	後頭街	河家圩	桐橋村	李家圩
鄒家營	前頭街	河灣村	井西村	姚家圩			

穀秀鄉（第四警察局）

東瓜匙	窨子山	石婆廟	香園樹	張板跳	夾崗門	下塢村	梁塘街
路字鋪	中牌樓西	中牌樓東	長塘村	洪家園	第二警察局 九龍橋	七里街	扇骨營
靑水圩							

燕子磯區

燕子磯鎮

仁愛里	信義里	忠孝里	和平里	永安里	永固里	佛靈里	永清里
上元里	金陵鄉	二仙橋	草鞋夾	挹江里	南海里		

太平鄉

門裏村	紫竹園	三元祠	水田	東羊坊	西羊坊	裴家莊	新莊
上伍旗	下伍旗	上三旗	岔路口	王家井	劉家井	蔣王廟	王家灣

龔眈村　甸唐村　板蒼村　崗子村　太平村　洲城根　新莊村　鎖金村
槽後村　環湖村　籬子村　王家莊　黑墨村　太平門車站

烏　龍　鄉

堯化門　楊山頭　張化村　馮家邊　汪家邊　楊名塘　謝崗頭　許家邊
甘家冲　李家院　瓜　冲　窰頭鎮　朱家邊　柳　塘　小崗下　伏家場
樊　甸　沙　地　伏家橋　吳家莊　上方莊

笆　斗　鄉

斗東里　斗西里　斗西村　斗東村　四合村　印陽村　徐家村　許家村
江家村　薛家村　叢林村

萬　山　鄉

太平村　吉祥村　中心村　聯珠村　合班村　曉莊村　象坊村　瓜園村
萬壽村　奮鬥村　誠實村　進取村　親愛村　合作村　興衛村

和　平　鄉

小　市　潘陽村　何家凹　東岳廟　城河村　東井亭　長營村　東門村
冢塘村　張蔡村　高家村　過街蓬　百靈街　黃方村　沈龍村　邁皋橋
管家廟　安懷村　五百村　窰上村　黃家圩　小營村　小市村

柵　欄　鄉

郭家山　孫家凹　大廟村　江沿圩　頭所村　城河村　孫家祠　水關橋
新民村　二所村　河路道　黃土崗　小　街　市路里　三所村　張王廟
毛家園　柵欄門　江沿村　新民門　金川門東村　金川門西村　土埂村

七　里　鄉

南江外灘　上大灘村　下小灘村　接廠西村　下公尾村　小灘洲　裏灘村　接廠東村
五府村　小廟圩　鵝留村　西白沙灘村　三百埠村　五府新圩村　上長灘　魚塘村
東白沙灘村　陳翟莊村　前新圩村　下長灘　上積骨村　下大灘村　吳莊村　後新圩村
泥灘洲　下積骨村　上小灘村

金　圓　鄉

寶塔橋東埂村　寶塔橋東　方家園　水關橋　金陵村

八　卦　鄉

乾　路　大沙灘中份　乾路東三墟　乾路西頭墟　雙　柳　小沙灘西份　大沙灘東份　青龍頭

乾路西壩	復興河	小沙灘中份	外沙包	上三百丈	小腦洲	馬蟻腰	小沙灘東份
乾路東頭壩	下三百丈	大腦洲	青龍尾	大沙灘西份	乾路東二壩	下壩圍洲	
天河口							

上新河區

上新河鎮（上新河警察巡邏隊）

河北大街	河北後街	拖板橋	河南大街	河南後街	新橋街	新橋南街	新河口後街
新橋西街	徽洲灘	仁東橋街	菩提閣	棗市口	荷花池	螺絲橋街	二道橋街
二道橋南街	棉花堤	積餘村	江東門警察分隊 北河口	北河灘	新河口派出班 新河口街	新河口南街	新河口北街
皇木廠	皇木廠後	江灘	江東門分隊 江東門				

北圩鄉（上新河警察巡邏隊）

興龍村	安樂村	積賢村	積善村	江東門分隊 白鷺村	毛官渡派出班 四松村	青石村	橫埂村
雙閘鎮派出班 李盛村	圓通村	蓮花村	上新河巡邏隊 東林村				

江勝鄉（上新河警察巡邏隊大勝關分隊）

大勝關	頭關	金勝村	東宏村	東鳳村	鳳林村	旗杆村	雙閘鎮派出班 壽帶村
東隆村	紅莊村	新河口派出班 東壽村	東官村				

南圩鄉（大勝關分隊）

天后村	中埂村	天保村	西善橋分隊 中河村	平良村	寇家村	新埂村	毛官渡派出班 大勝村
大中河村	雙閘鎮派出班 雙閘	雙龍村	趙家圍村	和平村	中勝村	仁勝村	白馬村

善德鎮（西善橋分隊）

通惠里	劉高村	賈家西村	賈家東村	汪家村

南濱鄉（江東門分隊）

大士茶亭西	大士茶亭東	大士茶亭北	賽虹橋北村	南圩村	下廟圩村	毛官渡派出班 上廟圩村

北濱鄉（江東門分隊）

鳳凰西街	三汊河派出班 三汊河	新河村	北圩村	清江村	鳳凰東街

陵園區

II 南京市戶口總複查整理計劃

【甲】總　綱

二十五年七月四號南京市舉行戶口總複查，其整理計劃，擬按照工作之性質，分審查編號，表格整理，及人員訓練等三種步驟。茲分述如下：

(i) 審查編號

查本次戶口總複查表，係採用由人民自行填報，再由調查員查詢校正之方法。其中應填各項，雖在填表說明中有詳細之規定，祇以該項說明，事先未能普發各戶，復因限期迫切，複查人員不及受精密之訓練，以致填報查詢，多未能按照規則辦理，遺漏重複，在所難免。然原始表中各項目之整理，必須先有一致之標準，庶乎轉錄分類，易於從事。故在轉錄工作開始之前，審查編號，實屬必要。茲將工作進行辦法，臚列於后：

一、審查工作之範圍

整理項目，經戶口統計專門委員會之決議，定為戶數，口數，性別，年齡，籍貫，教育程度，婚姻狀況，職業，居住年數，九項，故審查工作，即以表中所載此九項目為範圍。其工作可分為四種如下：

(一)補充遺漏　凡有欄漏填之處，應參照其他有關係各欄內之材料補充之。例如性別未填者。可執稱謂欄內與戶主之關係決定後補入之。

(二)刪除重複　此次表內包含現在人口及法定人口兩種，而編製統計，均感困難，為便於考核起見，擬從常住人口為標準。凡註明外出或不屬本市之人口，一概刪除之，又有一人而名號兼用，或見於兩處者，在可能範圍內，亦予刪除。

(三)修正錯誤　凡填報數字，一望而知為錯誤者，加以修正。例如按出生年月日，其所填年齡不符，或世居本京而籍貫欄填江寧者，均應予修正。

(四)釐定內容表中年齡職業二項之標準，極不一致，如不先行釐定，而照原始材料轉錄，殊難分類。釐定辦法，另詳審查及編號須知。

二、編號工作之程序

每册審查畢，審查員將該册交編號員，用號碼機編列區號戶號。

(一)區號及戶號　全市分十一區，依次編號。戶號用號碼機編列後於每戶口册上須記明該册起訖號次。

(二)每戶內之口號　每戶內每口除將重複者删去外，各以一號區別之。每戶均自第一號起。

校對員須將各册內容，逐項校閱一過，以免錯誤。

三、審查編號所須之工作人員及經費

工作人員以三十四人爲一組。計審查員三十人，編號員一人，校對員三人，每一審查員每一小時審查二十戶，編號每小時編號六百戶，校對員每小時校對二百戶，每日工作七小時，每組每日平均完成四千二百戶。全市以二十五萬戶計，如用三組人員計一百〇二人，則工作可於三星期內完成。所有人員以具有中學程度爲原則。薪金以平均每人月給三十元。計審查編號工作共需國幣約二千元。

(2)　表格整理

一、表格整理之方法

整理表格之最後目的，乃在統計表册之編製　藉以觀察人口之性質及其組合。採用卡片方法整理，不但結果易期準確，而各項目之相關，尤易求得。採用卡片整理法之主要工作，爲材料之轉錄。如以戶口總復查所得全部材料轉錄，則需時較多，故擬就各項目中較爲重要，并具有顯明意義，足以表示本市人口之組合情形者，着手整理。

二、表格整理之項目

經戶口統計專門委員會之決議，規定整理項目凡九如下：

(一)戶數

(二)口數

(三)男女別

(四)年齡

(五)籍貫

(六)教育程度

(七)婚姻狀況

(八)職業

(九)居住年數

主要項目轉錄卡片之規定式樣，見另紙，轉錄完畢後，將卡片按整理表式逐依次分類，核算總數，即可爲編製戶口總復查統計報告之根據。

各項工作登記表式及製圖辦法另行分別規定。

三、表格整理所須之工作人員及經費

轉錄卡片之工作，約計之，平均每人每日完成四百五十張，計須用轉錄工作人員八十人方足於一月之內，將一百零八萬卡片轉錄完畢。

每轉錄人員五人須校對員一人，共須校對員十六人。

轉錄校對完畢後，以上述九十六員繼續担任按整理表分類之工作，期以十日完成之。

工作人員薪金以每人每月給三十元，計九十六員四十日之轉錄分類工作，約須國幣四千元弱。

(3) 人員訓練

一、訓練內容分以下各項：

(一)表格之審查

(二)表格之編號

(三)表格之轉錄

(四)整理表格之核對

(五)統計表之彙編

(六)各級人員逐日工作登記及統計製圖辦法

上列各項，均依照表格整理組及審查編號組擬定之辦法加以訓練。

二、訓練方法 按照工作性質，依次分別集中訓練。務使各級人員對於其任務職責及各該部分之工作方法均能切實明瞭。

三、訓練程序

(一)審查及編號人員

(二)轉錄及監督人員

(三)校對人員

(四)分類及編製統計表人員

四、訓練時間之分配

(一)訓練審查及編號人員以一日完成之上午說明方法并解答疑難，下午實習，

(二)訓練轉錄人員以一日為限，上午就經審查編號無誤之表格說明轉錄方法，下午實習，實習時，并訓練監督人員以分發表格及各種工作登記統計表之填寫方法。

(三)選擇能力較強之轉錄員，担任下列工作：

(1)校對整理表以四小時訓練完畢。

(2)分類及編製統計表以四小時訓練完畢。

上列各級人員於訓練完成後，即依次開始工作，其未能全般了解者，再另訂時間作個別之訓練。

五、考績　除工作時間，遲到早退，告假等，仍依照公務人員服務規則辦理外，考績辦法分爲四種。

(一)分別擬製審查或轉錄，編製表數登記表，由監督人員逐日登記之，

(二)分別擬製各種表格，由監督人員逐日登記各級人員錯誤或遺漏之次數。

(三)甲，乙，二項均於每星期杪結算一次，幷繪製圖表，

(四)根據工作登記及統計之結果，規定日常工作標準，以爲工作人員去留之根據。

【乙】審查編號須知

(1)清點戶數　先審查册內各戶所佔表格頁數，其一戶填列兩張或兩張以上者，將其次張或第一張以外各張編號處畫一紅道，凡有紅道之表格上不另編號，以免誤爲一戶。

(2)刪除重複　在可能範圍內以紅筆刪除：

一、凡非常住人口而暫居本市或外出在半年以上者。

二、同一人而名號幷見於一戶內者。

三、同一人而見於兩處者。

(3)性別欄　審查有無漏填之處　如有漏填性別者，按下列辦法補充之：

一、凡填明對戶主之稱謂，而漏填性別者，按稱謂欄所填確實所屬男女性別補充之。

二、凡雖填稱謂，而稱謂性別不明：（如陵園郵局職員住所內之人員，於稱謂欄內祇填職員，或寄居之親友，祇填親戚或朋友等。）在可能範圍內，按該人口之職業及服務處所或按其名字推測補充之。

三、性別無從推測補充者，列爲未詳，以×表示之。

(4)年齡欄　年齡按填表須知，應以實足年齡爲標準，但實際上除少數按規定填報外，恐多數仍係填列習慣年齡，似應先按下列辦法釐定補充，然後按照表內所載年齡，轉錄於整理表，製成後每組普減一歲。

一、凡僅填歲數，或僅填歲數及出生年月日者，均指定其爲習慣年齡。

二、凡僅填出生年月日者，按年齡對照表推算，其習慣年齡補充之。

三、其註明所填爲實際年齡，或所填出生年月日證明爲實際年齡，均予增加一歲。

四、凡全未填寫者列爲未詳，以×表示之。

(5)籍貫欄　審查籍貫欄，應照下列原則辦理：

一、凡籍貫欄內填江蘇江甯，而居住年數欄內填世居者，均改爲本市。

二、凡籍貫欄內填江蘇江甯，而居住一年以上者，均改爲本市。

三、 凡填本市以外之籍貫，如祇填縣名，應參照內政部全國行政區域簡表補充省名。

四、 籍貫未填者列入未詳，以×表示之。

(6 職業及服務處所兩欄 此兩欄爲職業分類之根據，所填詳簡不一，除未經填載作爲未詳者外，(以×表示之)其已填者最簡辦法照所填字樣轉錄，但轉錄之字數既多，分類亦極感困難，不如暫定以主計處統計局所定職業分類中小分類爲標準，審查時逐各加以鑑定，然後轉錄，較爲妥當，但應注意下列兩點：

一、 職業未填而年在二十歲以上之女子，按其名謂欄確定其爲直系親屬者，均作爲家務。

二、 凡填賦閒而年在二十歲以上，六十歲以下無殘疾者均爲失業。

(7)教育程度欄 審查本欄之辦法如下：

一、 本欄可分爲大學，中學，小學，識字，不識字五種，以「大」「中」「小」「+」「一」符號代表之，由審查員逐名填入。

二、 凡漏填之處，在可能範圍內，按職業與服務處所欄內所載補充之，例如職業欄內填學生，服務處所欄內填某某小學，則可於教育程度欄內補填「小」字。

(8)婚姻狀況欄 審查本欄辦法如下：

一、 本欄分「已婚」「未婚」「鰥寡」「離異」四欄擬以1 2 3 4代表，之由審查員逐名填入。

二、 凡漏填者在可能範圍內就稱謂及年齡兩欄所載推測補充之。

三、 凡漏填而無從推測補充者，列入未詳，以×代表之。

(9)居住年數欄

一、 凡填世居者其親屬均爲世居。

二、 凡未填居住年數者作爲未詳，以×代表之。

【丙】整理表格

轉錄卡片

第　　區　　　　分駐所

戶別　　家人口　　　　表次編號　　　　(　　　)

性別		年齡	籍貫	職業
男	女			

教育程度					婚姻狀況				住年
大	中	小	識	否	已婚	未婚	鰥寡	離異	

抄寫人　　　　　　　　審核人

表一　人口總數

	戶數	人口數		
		共計	男	女
總計				
第一區				
第二區				
第三區				
第四區				
第五區				
第六區				
第七區				
第八區				
第九區				
第十區				
第十一區				

表二　各類戶數

	普通戶	棚戶	商戶	船戶	公共處所							
					官署	學校	醫院	慈濟院	教堂	公所	廟宇	其他
總計												
第一區												
第二區												
第三區												
第四區												
第五區												
第六區												
第七區												
第八區												
第九區												
第十區												
第十一區												

表三　每家人口

	一人	二人	三人	四人	五人	六人	七人	八人	九人	
第一區										
第二區										
第三區										
第四區										
第五區										
第六區										
第七區										
第八區										
第九區										
第十區										
第十一區										

表四　年齡與婚姻狀況（分區整理）

年齡組	男				女			
	未婚	已婚	鰥	離異	未婚	已婚	寡	離異
總計								
0——4								
5——9								
10——14								
15——19								
20——24								
25——29								
30——34								
35——39								
40——44								
45——49								
50——54								
55——59								
60——64								
65——69								
70——74								
75——79								
80——84								
45——89								
90——94								
95——99								

表五　年齡職業與性別（分區整理）

年齡組	農業		礦業		工業		商業		交通運輸		公務		自由職業		人事服務		無業		未詳	
	男	女	男	女	男	女	男	女	男	女	男	女	男	女	男	女	男	女	男	女
總計																				
10—14																				
15—19																				
20—24																				
25—29																				
30—34																				
35—39																				
40—44																				
45—49																				
50—54																				
55—59																				
60—64																				
65—69																				
70—74																				
75—79																				
80—84																				
85—89																				
90—94																				
95—99																				

表六　職業與婚姻狀況（分區整理）

業別	男				女			
	未婚	已婚	鰥	離異	未婚	已婚	寡	離異
總計								
農業								
礦業								
工業								
商業								
交通運輸								
公務								
自由職業								
人事服務								
無業								
未詳								

表七　籍　貫（分區整理）

省市別	總人口	男	女
江蘇			
浙江			
安徽			
江西			
湖北			
湖南			
四川			
西康			
河北			
山東			
山西			
河南			
陝西			
甘肅			
青海			
福建			
廣東			
廣西			
雲南			
貴州			
遼寧			
吉林			
黑龍江			
熱河			
察哈爾			
綏遠			
寧夏			
新疆			
南京			
上海			
北平			
天津			
青島			
西京			

表入 教育程度（分區整理）

年齡組	大學程度			中學程度			小學程度			未受教育		
	共計	男	女	共計	男	女	共計	男	女	共計	男	女
總計												
5—9												
10—14												
15—19												
20—24												
25—29												
30—34												
35—39												
40—44												
45—49												
50—54												
—59												
60—64												
65—69												
70—74												
75—79												
80—84												
95—89												
90—94												
95—99												

表九 住京年數

住京年數	人口		
	共計	男	女
0—1			
1—2			
2—3			
3—4			
4—5			
5—9			
10—14			
15—19			
20—24			
25—29			
30以上			

【丁】經費概算

第一款　經常門

科	目	說明
第一項　薪給費	$6,720.00	
第一目　俸　薪	6,440.00	
第一節　主任薪俸	280.00	設主任二員月各支洋柒拾元兩個月計合支如上數
第二節　事務員薪	160.00	設事務員二員管理一切事務月各支洋四十元兩個月計合支如上數
三節　抄錄員薪	6,000.00	雇用抄錄員一百員月各支三十元兩個月計合支如上數
第二目　工　資	280.00	
第一節　勤務工資	280.00	雇用勤務十名月各支洋十四元兩個月計各如上數
第二項　辦公費	2,980.00	
第一目　文　具	240.00	
第一節　紙　張	60.00	兩個月計合支如上數
第二節　筆　墨	100.00	抄錄表格需用鋼筆鉛筆及墨水等兩個月計合支如上數
第三節　雜　品	80.00	橡皮別針蠟燭橡皮圈圖釘等雜品兩個月計合支如上數
第二目　消　耗	100.00	
第一節　燈　火	20.00	電燈費兩個月計合支上數
第二節　茶　水	60.00	茶葉飲料水及用水兩個月合支如上數
第三節　薪　炭	20.00	燃料費兩個月合支如上數
第三目　印刷費	2,200.00	
第一節　刊　物	800.00	刊印南京市戶口總報告
第二節　印整理卡片	1,000.00	印卡片一百二十五萬份以八元一萬份估計如上數
第三節　印整理表	400.00	印分類整理表十二萬份以三十元一萬份計三百六十元又油印新聞紙整理表估計四十元合計如上數
第四目　雜支費	100.00	
第一節　雜　費	100.00	購置零星物件及電話費兩個月合支如上數
第五目　租賃費	240.00	

第一節　租賃木器	$ 240.00	租賃辦公用桌椅箱櫃等件兩個月租金估計如上數
第六目　購置費	100.00	
第一節　器　皿	100.00	購置碗盞茶碗等器皿及開會時一切用具兩個月合支如上數
第三項　特別費	480.00	
第一目　特別費	480.00	
第一節　調用指導員車馬費	480.00	調用指導員六人每月各支津四十元兩個月計合支如上數
第四項　預備費	500.00	
第一目　預備費	500.00	
第一節　預備費	500.00	此項預備費凡屬於上列各目開支不敷時或其臨時用費得在預備費內動支之
合　計	10,680.00	

III 南京市戶口總複查新訂整理計劃

民國二十六年一月張延哲擬

二十五年七月四號南京市舉行戶口總複查，其整理計劃，前經南京市戶口統計專門委員會議決通過在案。茲經於籌備期間內，將每種整理工作，分別實驗，並根據目下情形，深覺原計劃實有重新釐訂之必要，爰按照工作之範圍及性質，分別敘述之如下：

【甲】整理步驟

（1）編號審查校對

一、編號——先由編號員在原表上自第一區第一分駐所起，按戶依次編號，編號員應注意各點，另詳編號及審查須知。

二、審查——審查範圍仍依前戶口統計專門委員會之決議，定為戶數，口數，性別，年齡，籍貫，教育程度，婚姻狀況，職業，居住年數等九項，其工作可分為四種如下：

（一）補充遺漏　凡每欄漏填之處，應參照其他有關係各欄內之材料補充之。例如性別未填者，可就稱欄內與戶主之關係決定補入之。

（二）刪除重復　此項表內包含現在人口及法定人口兩種，而編製統計時，殊感困難。為便利參核起見，擬以常住人口為標準，凡註明外出或不屬本市之人口，一概刪除之。又如一人而名號兼用，或見於兩處者，在可能範圍內，亦當刪除一處。

（三）修正錯誤　凡填報數字，一望而知為錯誤者，加以修正。例如按出生年月日，與所填年齡不符，或世居本京，而籍貫欄在江甯者，均應予以修正。

（四）釐定內容　表中年齡職業二項之標準，極不一致，如不先行釐定，任照原始材料轉錄殊難分類。釐定辦法，另詳編號審查須知。

三、校對：

（一）複核原表　校對員應嚴密注意編號有無遺漏重複，審查員所修改各項是否適當。

（二）校對卡片　應注意卡片上所轉錄各項是否與原表上所審定者相符合。

（2）轉　錄

轉錄卡片之項目，包括警區及分駐所號數，戶別，全戶人口數，每戶內之口號，表次編號，「男女」「年齡」「籍貫」「業別」，「大、中、小、識、否」「未婚，已婚，鰥寡，離異」，「住年」等二十一種，其轉錄辦法另訂之。

（3） 分　類

分類之整理表，前經專門委員會訂爲人口總數，各類戶數，每家人口，年齡，與婚姻狀況，年齡職業與性別，職業與婚姻狀況，籍貫，教育程度，住京年數等九種，除職業與婚姻狀況一表，擬予取消外，其他各表，亦經酌予修改，茲將取消原第六表及修改其他表內各點之理由臚陳於次：（分類辦法另訂之）

一、轉錄卡片：

（1）「家」改爲「戶」因民法內「家」之規定與調查戶口時「戶」之規定不同，並將「家人口」改爲「全戶人口」以醒眉目。

（2）表次編號後之（　）符號移前，俾生聯繫，而便轉錄。

（3）將「性別」「教育程度」「婚姻狀況」等字樣删去，以經濟卡片地位，對於轉錄，並無影響。

（4）「職業」改爲「業別」，因整理表內不分職別。

（5）「抄寫人」改爲「轉錄人」，「審核人」改爲「校對人」，俾符工作人員實在名稱，

（6）「未婚」「已婚」兩項對調，以便與各整理表一致。

二、整理表一：

（1）「人口總數」改爲戶口總數，以符合本表內容。

三、整理表二：

（1）「廟宇」另列一欄，因照內政部民國十七年所頒戶口調查統計報告規則戶類辦法辦理。

四、整理表三：

（1）「家」改爲「戶」理由與轉錄卡片說明（1）同。

五、整理四：

（1）年齡組，距五歲以前三組，改爲一歲未滿，1，2，3，4，5等六組，以便兼備研究嬰兒死亡率之用，從六歲以上每五歲爲一組，以昭劃一，並加「未詳」一項，以免遺漏。

（2）直欄內加「總計」「共計」「未詳」三項，以備專查年齡分組之用。

六、整理表五：

（一）表名「職業」改爲「業別」理由與整理轉錄卡片說明（4）同。

(二)年齡分組，加六至十歲一組，以便表現幼年學徒之數，十一歲以上仍以五歲爲一組，以資劃一，行末加「未詳」以免遺漏。

七、整理表六：

「業別與婚姻狀況」一表擬予删除。查婚姻狀況，業別及教育程度三項目此係依照年齡分組，加以分類，而「業別及婚姻狀況」一表，則以婚姻狀況爲經，以業別爲緯，當整理時，必須將各項年齡分組之全部卡片改爲依業別分類或依婚姻狀況分類，所費工作時間，約佔整理其他各表時間總數三分之一以上。查各年齡組之婚姻狀況，及業別人數本有第六第七二表分別整理，足資參考，所以更須整理「業別與婚姻狀況」一表之原意，無非欲察知各職業小分類中之男女婚姻狀況耳，但此項業別祇分九大類，卽使再將各大類之配偶關係，加以分析亦不能顯出各職業，分類之婚姻狀況，於統計實用上仍無多大之裨益，而工作時間則增加不少，故不如將此表删除，好在婚姻狀況及業別兩項目，均須於第六第七兩表中加以整理卽删除此表，與原訂之整理項目仍無出入也。

八、整理表七：

(一)直欄內「總人口」改爲「共計」在「共計」「男」「女」三項之上加「人口數」一總欄以與表一之表頭一致。

(二)「省市別」欄加「總計」理由同本表說明(一)。

(三)「省市別」欄之「南京」改爲「本市」並改列在江蘇之前，因此項戶口總複查，以本市人口爲對象，故將本籍人口列前。

(四)「省市別」欄內行末加「未詳」以免遺漏。

九、整理表八：

(一)年齡組五歲起爲六歲起，因爲就學年齡相符，並依次以五歲爲組，以資劃一，行末加「未詳」以免遺漏。

(二)直欄內「未受教育」改爲「識字」並加「不識字」及未詳兩欄，以與轉錄卡片之關於教育程度各欄，項目符合。

十、整理表九：

(一)「住京年數」欄「〇至一」改爲未滿一年。

(二)加未詳乙項，以免遺漏。

【乙】整理時期

(1)編號——用二人輪流，每天共可編約三千五百戶，期於七十天完成之，其餘時間之工作，隨時另行分配。

（2）審查——用二十二人，每人每天約可審查五百口，共可審查一萬一千口。

（3）校對——用五人校對，每人每天約可校對二千口共可校對一萬口。

（4）轉錄——用二十人，每人每天約可轉錄五百口，共可轉錄一萬口。

（5）分析——用二十人，每人每天約可分類五百口，共可分類一萬口，另用二人加總，一人複核、

茲假定本市人口為一百萬，則審查，校對，轉錄等各部分，各共須工作一百天，每箇月實際工作，以二十六日計（星期日除外）全盤整理工作，需三箇月又二十六天，始能完成。籌備，結束及草擬報告時間尚在外。

【丙】經費概算

第一款　經常門

科	目	說明
第一項　薪給費	$4,589.00	
第一目　薪　俸	4,365.00	
第一節　事務員薪	450.00	除市府調用事務員五人，不能常駐總辦公未列入預算。辦事處第一股另派雇員三人，分別執掌工作效率登記，分發表格，雜送物品登記及辦理接收移交等事宜，月各支薪三十元，以五個月計算，合支如上數。
第二節　抄錄員薪	3,915.00	除市府調用六十八人外，另雇三十四人，內室長四人，月各支三十元，四個半月合支五百四十元。抄錄員三十人，月各支二十五元四個半月合支三，三七五元，共合支如上數。
第二目　工　資	224.00	
第一節　勤務工資	224.00	除市府調用者外，另雇勤務四人管理各室茶水，遞送表格文具等雜務，月各支十四元，四個半月合支如上數。
第二項　辦公費	3,450.00	
第一目　文　具	400.00	
第一節　紙　張	100.00	四個半月計算，合支如上數。

第二節 筆　墨	$200.00	仝　　　前
第三節 什　品	100.00	仝　　　前
第二目 消　耗	450.00	
第一節 燈　火	100.00	以五個月計算。
第二節 茶　水	80.00	仝　　　前
第三節 薪　炭	270.00	以三個月計算。
第三目 印刷費	1,600.00	
第一節 刊　物	500.00	刊印南京戶口統計總報告等刊物。
第二節 整理卡片	800.00	印乙百萬份卡片，估計如上數。
第三節 整理表	300.00	印刷各種整理表冊，合計如上數。
第四目 什支費	2 0.00	
第一節 雜　費	200.00	
第五目 租賃費	650.00	
第一節 租賃木器	250.00	
第二節 房　租	400.00	
第六目 購置費	150.00	
第一節 器　皿	150.00	
第三項 特別費	1,800.00	
第一目 特別費	1,800.00	
第一節 課長補助費	700.00	課長二員，月各支補助費七十元，以五個月計算，合支如上數。
第二節 聘用指導員補助費	1,100.00	聘用指導員五員，月支補助費四十元者四人，月支六十元者一人，還需備，計算，編總報告辦理結束等以五個月計算合支如上數。
第四項 預備費	500.00	
第一目 預備費	500.00	
第一節 預備費	500.00	
合　　計	10,339.00	

附註一、查市府調用抄錄員規定人數爲三十八人，其因調用不足上數或工作效率不到規定標準，則須另雇人員補充，其薪給另行預算，亦候追加。

二、本市預算第一項第一目第三節抄錄員薪給，因爲本市人口整理結果超過一百萬故暫以四個半月計算。

【丁】人員訓練

依照原來計劃工作人員之分配係先以全部担任審查，完畢後再以全部人員轉錄分類，此種辦法，似覺不妥善，理由如下：

（1） 查整理統計之目的，在求得最後之數字；依據原來辦法，苟不幸工作不能於預定時間完成，則最後之數字，無由獲得，危險殊甚。

（2） 工作人員或善於審查，或善於轉錄，或善於分類，例如担任審查者須富有決斷能力，不必善於書算，担任分類者，則須於書算精熟，今欲人人而兼數長，恐不可能。

茲爲分工合作，增加效率并可隨時按區編成報告起見，除第一股外，擬按工作之種類及性質，分爲編號，審查，核對及轉錄與分類三股，仍依照原計劃所定人員訓練之辦法，就各股人員分別加以訓練，

【戊】審查編號須知

（1）編　號

先由編號員審查冊內各戶所佔表格頁數其一戶填列兩張或兩張以上者將其次張或第一張以外各張編號處畫一紅道凡有紅道之表格上不另編號以免誤爲一戶。

（2）審　查

一、 確定各該戶所屬之警區及分駐所號數

二、 劃除重複在可能範圍以紅筆删除

（一）凡非常住人口而暫居本市或外出在半年以上者

（二）同一人而名號并見於一戶內者

（三）同一人而見於兩處者

三、 性別欄　審查有無漏填之處如有漏填性別者按下列辦法補充之

（一）凡填明對戶主之稱謂而漏填性別者按稱謂欄所填確實所屬男女性別補充之。

（二）凡填稱謂而稱謂性別不明（如陵園郵局職員住所內之人員於稱謂欄內祇填職員或寄居之親友祇填親戚或朋友等）在可能範圍內按該人口之職業及服務處所或按其名字推測補充之

（三）性別無從推測補充者列如未詳以×表示之

—162—

四、年齡欄　年齡按填表須知應以實足年齡爲標準但實際上除少數按規定填報外恐多數仍係填列習

慣年齡似應先按下列辦法釐定補充然後按照表內所載年齡於審查時用紅筆改減一歲

(1)凡僅填歲數或僅填歲數及出生年月日者均假定其爲習慣年齡

(2)凡僅填出生年月日者按年齡對照表推算其實足年齡補充之

(3)其註明所填爲實際年齡或填出生年月日證明爲實際年齡均予照舊

(4)凡全未填寫者列爲未詳以×表示之

五、籍貫欄　審查籍貫欄應照下列原則辦理

(1)凡籍貫欄內填江蘇江甯而住京年數欄內填世居民者爲本市

(2)凡籍貫內填江蘇江甯而住京一年以上者改爲本市

(3)凡填本市以外之籍貫如祇填縣名應參照內政部全國行政區域簡表補充省名

(4)籍貫未填者列入未詳以×表示之

六、職業及服務處所兩欄此兩欄爲職業分類之根據所填詳簡不一除未經填載作爲未詳者外(以×表示之)其已填者最簡辦法照所填字樣轉錄但轉錄之字數既多分類亦極感困難不如暫定以主計處統計局所定職業分類九大類爲標準審查時逐各加以釐定然後轉錄較爲妥當但應注意下列兩點

(1)職業未填者均作爲未詳論

(2)凡填賦閒者均作爲無業

七、教育程度欄　審查本欄之辦法如下

(1)本欄可分爲大學中學小學識字五種以「大」「中」「小」「十」「一」符號表示之由審查員逐名填入

(2)凡漏填之處在可能範圍內參考其他各欄內所載補充之其無法補充者作爲未詳

八、婚姻狀況　審查本欄辦法如下

(1)本欄分「未婚」「已婚」「鰥寡」「離異」四欄由審查員逐名填入

(2)凡漏填者在可能範圍內就稱謂及年齡兩欄所載推測補充之

(3)凡漏填而無從推測補充者列入未詳以×代表之

九、住京年數欄

(1)凡填世居者其觀閱均爲世居

(2)凡未住京年數者作爲未詳以×代表之

【己】訂正整理表式

表一　戶口總數

	戶數	人口數		
		共計	男	女
總計				
第一區				
第二區				
第三區				
第四區				
第五區				
第六區				
第七區				
第八區				
第九區				
第十區				
第十一區				

表二　各類戶數

	普通戶	棚戶	商戶	船戶	廟宇	公共處所						
						官署	學校	醫院	養濟院	教堂	公所	其他
總計												
第一區												
第二區												
第三區												
第四區												
第五區												
第六區												
第七區												
第八區												
第九區												
第十區												
第十一區												

表三　每戶人口

區別	一人	二人	三人	四人	五人	六人	七人	八人	九人	……
第一區										
第二區										
第三區										
第四區										
第五區										
第六區										
第七區										
第八區										
第九區										
第十區										
第十一區										

表四　籍貫（分區整理）

省市別	人口數		
	共計	男	女
總計			
本市			
江蘇			
浙江			
安徽			
江西			
湖北			
湖南			
四川			
西康			
河北			
山東			
山西			
河南			
陝西			
甘肅			
青海			
福建			

省市別	人口數		
	共計	男	女
廣東			
廣西			
雲南			
貴州			
遼寧			
吉林			
黑龍江			
熱河			
察哈爾			
綏遠			
寧夏			
新疆			
上海			
北平			
天津			
青島			
西京			
未詳			

表五　住京年數

住京年數	人口數		
	共計	男	女
未滿一年			
1			
2			
3			
4			
5——9			
10——14			
15——19			
20——24			
25——29			
30以上			
未詳			

表六　年齡與婚姻狀況

年齡組	總計	男						女					
		共計	未婚	已婚	鰥	離異	未詳	共計	未婚	已婚	寡	離異	未詳
總計													
未滿一年													
1													
2													
3													
4													
5													
6—10													
11—15													
16—20													
21—25													
26—30													
31—35													
36—40													
41—45													
46—50													
51—55													
56—60													
61—65													
65—70													
71—75													
76—80													
81—85													
86—90													
91—95													
96—100													
未詳													

表七　年齡業別與性別(分區整理)

年齡組	農業		礦業		工業		商業		交通運輸		公務		自由職業		人事服務		無業		未詳	
	男	女	男	女	男	女	男	女	男	女	男	女	男	女	男	女	男	女	男	女
總計																				
6—10																				
11—15																				
16—20																				
21—25																				
26—30																				
31—35																				
36—40																				
41—45																				
46—50																				
51—55																				
56—60																				
61—65																				
66—70																				
71—75																				
76—80																				
81—85																				
86—90																				
91—95																				
96-100																				
未詳																				

表入 教育程度(分區整理)

年齡組	大學程度			中學程度			小學程度			識字			不識字			未詳		
	共計	男	女	共計	男	女	共計	男	女	共計	男	女	共計	男	女	共計	男	女
總計																		
6—10																		
11—15																		
16—20																		
21—25																		
26—30																		
31—35																		
36—40																		
41—45																		
46—50																		
51—55																		
56—60																		
61—65																		
66—70																		
71—75																		
76—80																		
81—85																		
86—90																		
91—95																		
95—100																		
未詳																		

轉錄卡片

第　　區　　　　分駐所＿＿＿＿

戶別　　　全戶人口　　　(　)表次編號

男	女	年齡	籍貫	業別

大	中	小	識	否	未婚	已婚	鰥寡	離異	住年

轉錄人　　　　　校對人

Ⅳ 總複查表式及填表須知

南京市戶口總複查調查表式　　第　　頁

第　　警察局/巡邏隊　　分駐所/派出所　　街/路　　巷/里　　門牌　　戶別　　已繳或補發

稱謂	姓名	別號	性別	年齡	籍貫		職業	現住處所	黨員	宗教	教育程度	已否受軍事訓練	殘疾	婚姻狀況	居住年數	變動日期		附記
				出生年月日	省	縣										來	往	
				年 月 日														
				年 月 日														
				年 月 日														
				年 月 日														
				年 月 日														
				年 月 日														
				年 月 日														
				年 月 日														
				年 月 日														
				年 月 日														
備註																		

中華民國二十五年七月四日

督查員　　　　調查員

南京市戶口總複查填表須知

一、戶別　1.普通住戶，填「住戶」二字，棚戶，填「棚戶」二字，店舖戶口，填明字號。

2.船戶（在陸上無住所，以船爲家者），填「船戶」二字，及其號子。

3.廟寺戶口，填明寺廟名稱。

4.公署、監獄、學校、工廠、醫院及其他公共處所戶口，均應分別填明名稱，祠堂、會館、公所等內有住戶者，以普通戶口論。

5.外僑戶口，填「外僑」二字，並填明國名。

二、戶　1.凡戶，不分正附，一門牌住數戶者，以數戶計

2.父子兄弟已分炊者，以各戶計。

3.親族　外戚或朋友寄居者，以一戶計。

4 店舖，以一招牌爲一戶　同一門內有兩舖基，係一店東者，以一戶計；係兩店東者，以兩戶計；前店後家，如同一戶主者，以一戶計；不同一戶主者，，以兩戶計。

三、口　1.口，包括男女而言，口數連戶主計算。

2.凡口　限以現住該戶者，調查列入；但戶主雖不住該戶，亦須列入，而於備註欄註明其住所；該戶之常住人口暫時他往者，亦須列入，而於備註欄註明其他往處所。

四、已產或租賃　如爲已產，將「或租賃」三字，加一豎直。如爲租賃，將「已產或」三字，加一豎直。

五、稱謂　1.凡一戶內同居人口，應將各人對戶主之身分關係填明，如夫，妻，父，母，子，女，兄，弟，姊，妹，傭工，夥友，職員，朋友等，

2.各人在表上填列之先後，以稱謂爲判；如住家戶口，先登戶主，次戶主之配偶，次戶主之直系尊親族，次直系卑親族及其配偶，次旁系親族及其配偶，次傭工及寄居親友等；如店舖戶口，寺廟戶口及其他公共處所戶口，先登戶主，其餘人口，以職位之大小爲先後

六、戶主　1.住家戶口，以該戶之總理家事者爲戶主，即俗所謂當家人。

2.店舖戶口，以店東爲戶主；如店東不管事另有經理者，以經理爲戶主；合資店舖，以掌店事之店主爲戶主；如各店東均在店內，其權限相等者，以年長者爲戶主。

3.寺廟戶口，以其總管事人爲戶主。

4.公共處所戶口，以其最高長官或總管事人爲戶主。

七、姓名　1.須填寫各人之確實姓名，凡成年男子，不得用綽號及乳名填寫，如「禿子」「老五」「阿大」之類，婦女亦須填明姓名，如無名者，得以某某氏（先夫姓後母姓）代之。未成年之男女小孩尚未定名者，得用乳名。

2.填寫姓名，尤須切實注意音同字不同之字譌。

八、別號　1.凡二十歲以上之男子有別號者，並填其別號。

九、性别

十、年齡及出生年月日　年齡，以從出生年月日週滿計算爲原則，如被調查者記憶不清時，則填生肖年齡。

十一、籍貫　本市人，填「本市」。外省市人，填「某省」「某縣」或「某市」。外僑填其國籍。無國籍人，填「無國籍」。

十二、婚姻狀況及有無子女

1.婚姻狀況分四種，尚未婚嫁者，填「未」字。現有配偶者，填「已」字。已婚而喪偶者，填「鰥」或「寡」字。離婚尚未續配者，填「離」字。

2.有無子女一目，分别填「有」字或「無」字。

—170—

十三、教育程度　分不識字，識字，小學，中學，專門，大學以上，六級；凡識字通文而未受學校教育者，歸入「識字」者一級。

十四、職業及服務處所

1.有職業者，應填明其業務，職位及服務處所名稱，如「某商科員」，「某舖夥友」等，不得僅填「某界」字樣。

2.無業者，填一「無」字。

3.婦女治家事者，不得填作無業，應填「家庭服務」字樣。

4.前有職業現在失業者，不得填作無業，應填明其以前之職業並註某年某月失業。

十五、是否國民黨員　黨員填「是」非黨員及黨員而已除籍者，填「否」字，預備黨員，填「預」字。

十六、宗教　1.分佛，道，回，天主，耶穌，其他六種，分別填註，如猶太教，羅馬教等，併入其他一種。

2.未入教者，填「未」字。

十七、廢疾　指身體或精神有殘疾者，如聾，盲，啞，跛，白癡，瘋顛等。健全之人，欄內填一「無」字。

十八、居住年數　指其人居住本市之年數；居住在三十年以上者，填「世居」二字，餘照寄住年數填明。但應以第一次到京年月計算。

V　辦事處各種應用表格格式

表式 1　每日工作進行概況表

工作種類	已經完竣		正在進行中		備註
	區別	分駐所別	區別	分駐所別	
點收					
編號					
審查					
轉錄					
校對					
分類					

表式2　點收戶口表冊登記表

區別	單表張數 總計	第一分駐所 (張)	第二分駐所 (張)	第三分駐所 (張)	第四分駐所 (張)	第五分駐所 (張)	第六分駐所 (張)	第七分駐所 (張)	第八分駐所 (張)	第九分駐所 (張)	第十分駐所 (張)	編號 總計	人口數量 總計	戶口表冊 (本數)	備考
第一區															
第二區															
第三區															
第四區															
第五區															
第六區															
第七區															
第八區															
孝陵區															
燕子磯區															
上新河區															
陵園區															

表式3　編號員工作登記表

年　　月　　日　編號員

原表册號				頁數	開始時間		完畢時間		共編時間		由幾號	至幾號	共編號數	備註
	警區	分住所	册號		點	分	點	分	點	分				
														總計

表式4　編號員工作報告表

日期		編號組數	共計工作時間		共編號數	每組每小時平均	備註
月	日		點	分			
總計							
							每組二人

年　　月　　日報告人　　主任　　（蓋章）

表式5　審查股收發登記表

姓名	原始表				卡片			分發時間				交還時間				共計時間		備考
	警區	分駐所	册數	戶數	由幾號	至幾號	共計號數	月	日	點	分	月	日	點	分	點	分	

表式6　審查員工作登記表

第　　警局第　　分駐所　　審查人　　　　（簽名）　　年　　月　　日

表次編號	塗改次數										刪除人數	備考
	警局	分駐所	戶別	性別	年齡	籍貫	職業	教育程度	婚姻狀況	遷住年月		

表式7　審查員逐日工作登記表

第　　警局第　　分駐所第　　冊　審查人　　　年　　月　　日　　頁

表次編號	本戶人數	塗改總數	刪除人數	備註	表次編號	本戶人數	塗改總數	刪除人數	備註	表次編號	本戶人數	塗改總數	刪除人數	備註

表式8　轉錄工作交與登記表

轉錄人		時間				交與原表	轉錄人簽名	備註
號數	姓名	月	日	點	分			

表式9 繳還轉錄原表暨卡片憑單

轉錄員(　　　　)＿＿＿＿＿＿＿＿

繳還時間				原表		卡片	
月	日	點	分	冊號	冊數	張數	複核人簽名

表式10 轉錄工作效率個別登記表

轉錄人(　　　　)＿＿＿＿＿＿＿＿

交與						繳還							
時間				原表		時間				原表		卡片張數	卡片累積數
月	日	點	分	冊號	冊數	月	日	點	分	冊號	冊數		

表式11 校對員工作登記表

姓名

日期		共審查卡片數	共計時間		每小時平均	備致
月	日		點	分		
總計						

表式12　轉錄錯誤登記表

校對員　　　　年　　月　　日＿＿＿＿月　　日

表次編號	卡片數	錯誤數	轉錄人	備註

表式13　分類股收發登記表

姓名																									
普查區/分區號																									
表號自號																									
表號至號																									
計共卡片張數																									
管理表張數																									
分發時間	月/日																								
	點																								
	分																								
繳還時間	月/日																								
	點																								
	分																								
分類時間	點																								
	分																								
備註																									

表式14　分類股工作效率登記表

第　　警局第　　分駐所　　表號自　　號至　　號

分　　類　　別	卡片數量	工作開始時間	工作完畢時間	備　　註
(1)複算卡片				
(2)揀戶主卡片填表一之戶數欄				
(3)按戶別分類并填表二				
(4)按每戶人口數分類并填表三				
(5)按男女分開并填表一之人口數欄				
(6)按省市分并填表四				
(7)按住京年數分并填表五				
(8)將男女卡片分別按年齡分組				
(9)依已分之年齡組計算婚姻狀況并填表六				
(0)依已分之年齡組計算各項職業人數并填表七				
(11)依已分之年齡組計算各項教育程度之人數并填表八				

分類員簽名

VI 經　　費

【甲】　經費之來源

本市戶口總複查經費，係由市黨部市政府首都警察廳共同分担。嗣以便利統計整理，設置戶口統計專門委員會及辦事處，自二十五年十二月間開始籌備以及正式工作經過時間凡五個月，其費用照依中央頒佈地方自治推進委員會條例經常費由黨部政府分担，事業費由政府負担之規定，故此次辦處事經費之來源，全由南京市政府担任，初撥付國幣七千四百四十元，旋因不敷，請予追加，復撥付四千六百六十元，故合併經費總額爲一萬二千一百元。

【乙】　經費用途之支配

此次關於戶口整理經費之用途，均視需要之程度決定，即每種經費是否適當，支出是否經濟，均經詳爲考慮，力求節省而得當，至經費之支配情形則以工作人員較多，故薪給一項支出較鉅，約佔經費總額百分之四十五，辦公費約佔百分之三十五，特別費約佔百分之二十。茲將支付預算，附載於後：

南京市戶口統計專門委員會辦事處

支付預算書

中華民國廿五年度

第一款　南京戶口總覆查整理經費		
第一項　薪給費	$　5,010.00	
第一目　俸薪	4,690.00	
第一節　事務員薪	450.00	設事務員三人月各支三十元以五個月計合如上數
第二節　抄錄員薪	4,240.00	僱用抄錄員七十二員內[illegible]四人月各支三十元以兩個月計算計支三百四十元其他六十八人月各支二十五元以兩個月計算者六十人計支三千元以五個月計算者八人計支一千元合如上數
第二目　工資	320.00	
第一節　勤務工資	320.00	僱用公役五名月各支十四元以兩個月半計算者三名計支一百〇五元以五個月計算者二名計支一百四十元僱用公役五名月各支津貼五元以兩個月半計算者三名計支二十五元以五個月計算者二名計支五十元合如上數
第二項　辦公費	4,190.00	
第一目　文具	590.00	以五個月計算

經　費		
第一節　紙張	150.00	
第二節　筆墨	260.00	
第三節　雜品	180.00	
第二目　消耗	340.00	以五個月計算
第一節　燈火	120.00	
第二節　茶水	120.00	
第三節　薪炭	100.00	
第三目　印刷	2,200.00	
第一節　刊物	800.00	
第二節　印整理卡片	1,000.00	
第三節　印整理表	400.00	
第四目　雜支	220.00	以五個月計算
第一節　雜費	220.00	
第五目　租賃	640.00	
第一節　租賃木器	240.00	
第二節　房租	400.00	
第六目　購置	200.00	以五個月計算
第一節　器皿	200.00	
第三項　特別費	2,400.00	
特一目　特別辦公費	2,400.00	
第一節　課長補助費	700.00	課長二員月各支七十元以五個月計合如上數
第二節　調用指導員補助費	1,100.00	調用指導員五人月支六十元者一人月支四十元者四人以五個月計合如上數
第三節　調用總務人員補助費	600.00	調用總務人員五人月各支三十元者三人支二十元者一人支十元者一人以五個月計合如上數
第四項　預備費	500.00	
第一目　預備費	500.00	
第一節　預備費	500.00	
合　計	12,100.00	

中華民國二十六年六月初版

民國二十五年度南京市戶口統計報告一冊

每冊定價 精裝國幣貳元
平裝國幣壹元

外埠酌加郵費匯費

編輯者 南京市戶口統計專門委員會辦事處

審定者 南京市戶口統計專門委員會

出版者 南京特別市地方自治推進委員會

印刷者 南京京華印書館

甘肅省人口統計報告表

甘肅省政府　編

蘭州：甘肅省政府，一九四八年鉛印本

甘肅省
人口統計報告表

甘肅省政府編印

三十七年三月

甘肅省人口統計報告表

目　　次

甘肅省人口統計報告表

說　　明

1.材料時期：三十六年十月

2.材料來源：根據各縣市局辦理戶籍登記後所報人口統計報告表統計（該項材料係用條紙法統計）。

3.統計項目：（1）性別（2）籍別（3）年齡分配（4）教育程度（5）職業分配（6）婚姻狀況（7）宗教（8）廢疾。

4.辦理縣市：計有蘭州市皋蘭等七十一縣市局。

5.未辦縣局：本省合水環縣被共匪佔據，暨張掖卓尼兩縣局所轄之蒙藏民區域，情形特殊，未舉辦戶籍登記。所有各項統計，除性別統計表，係根各該縣局所報保甲戶口統計表所列鄉鎮保甲戶數統計外，其他籍別，年齡分配，教育程度，職業分配，婚姻狀況，宗教，廢疾等表，均付闕如。

甘肅省各縣市局人口性別統計表（一）

區域別	鄉鎮數	保數	甲數
總計	771	7,034	82,062
直轄區	66	526	6,602
蘭州市	9	79	1,555
皋蘭	21	151	1,572
靖遠	12	89	921
永登	9	84	1,102
會寧	9	83	1,012
景泰	5	43	368
湟惠局	1	7	72
第一區	78	653	6,937
岷縣	24	249	2,883
隴西	15	106	1,109
臨潭	9	70	710
漳縣	6	60	594
卓尼	10	85	890
夏河	14	83	751
第二區	82	656	7,851
平涼	16	150	1,626
隆德	9	66	731
崇信	5	36	374
化平	4	27	256
華亭	6	55	670
靜寧	12	106	1,484
莊浪	11	99	1,411
海原	10	54	534
西吉	9	63	765
第三區	100	945	10,573
慶陽	8	82	844
固原	14	110	1,5[illegible]2
寧縣	15	153	1,7[illegible]
涇川	14	129	1,639
正寧	7	61	689

區域別	戶數	人口數
總計	1,278,272	7,090,482
直轄區	123,764	641,828
蘭州市	44,286	182,697
皋蘭	23,569	137,350
靖遠	14,210	79,815
永登	19,103	102,313
會寧	16,285	98,674
景泰	5,231	34,513
湟惠局	1,077	6,466
第一區	109,773	494,199
岷縣	44,917	193,990
隴西	19,001	103,217
臨潭	10,547	54,114
漳縣	10,076	44,346
卓尼	11,019	41,744
夏河	14,213	56,788
第二區	118,121	671,597
平涼	24,820	124,032
隆德	11,263	67,659
崇信	6,173	31,863
化平	3,976	22,394
華亭	9,187	43,882
靜寧	22,123	132,026
莊浪	21,020	126,003
海原	8,429	53,926
西吉	11,125	70,812
第三區	141,444	902,869
慶陽	11,525	74,227
固原	[illegible],304	136,714
寧縣	22,527	155,027
涇川	24,869	136,647
正寧	8,187	52,049

區域別	男子數	女子數
總計	3,696,181	3,394,301
直轄區	335,192	306,636
蘭州市	100,609	82,088
皋蘭	69,070	68,280
靖遠	41,076	38,739
永登	52,198	50,145
會寧	50,963	47,711
景泰	17,881	16,632
湟惠局	3,425	3,041
第一區	251,010	243,189
岷縣	99,680	94,310
隴西	52,474	50,743
臨潭	27,357	26,757
漳縣	23,253	21,093
卓尼	19,862	21,882
夏河	28,384	28,404
第二區	349,873	321,724
平涼	66,826	57,206
隆德	34,687	32,972
崇信	16,614	15,249
化平	11,442	10,952
華亭	22,816	21,066
靜寧	67,879	64,147
莊浪	66,172	59,831
海原	26,852	26,074
西吉	36,585	34,227
第三區	492,540	410,329
慶陽	40,097	34,130
固原	72,576	64,138
寧縣	83,815	71,212
涇川	79,041	57,606
正寧	28,398	23,651

甘肅省各縣市局人口性別統計表（二）

區域別	鄉鎮數	保數	甲數	戶數	人口數	男子數	女子數
靈台	11	114	1,426	19,713	111,850	60,971	50,879
鎮原	16	197	1,749	24,020	154,800	81,972	72,828
合水	5	36	301	3,007	22,972	13,012	9,960
環縣	10	63	661	6,091	58,583	32,658	25,925
第四區	176	1,674	20,280	305,004	1,596,576	824,574	762,002
天水	40	339	4,177	67,818	306,442	161,103	145,339
秦安	19	234	2,948	41,946	226,225	113,280	112,945
通渭	14	173	2,185	32,123	177,021	92,176	84,845
甘谷	17	152	1,890	20,469	160,108	83,445	76,663
禮縣	17	157	2,150	30,722	169,412	86,764	82,648
清水	19	138	1,542	22,458	121,136	62,821	58,315
武山	14	141	1,522	22,869	121,458	65,689	55,769
西和	12	120	1,600	24,749	156,318	81,412	74,906
兩當	6	39	366	5,187	23,039	12,211	10,828
徽縣	18	181	1,900	28,663	125,417	65,683	59,734
第五區	42	397	4,563	79,800	459,914	238,223	221,691
臨夏	20	196	2,160	39,283	219,191	114,759	104,432
和政	6	60	614	12,020	59,209	29,647	29,562
寧定	9	86	924	13,917	89,431	47,177	42,254
永靖	7	55	865	14,080	92,083	46,640	45,443
第六區	62	715	8,090	129,098	824,974	425,537	399,437
武威	14	270	3,415	53,647	319,312	163,913	155,399
古浪	4	35	427	6,164	38,700	19,881	18,819
民勤	11	74	628	13,788	104,446	53,684	50,762
民樂	4	54	668	9,007	47,146	23,520	23,626
山丹	6	48	415	6,260	37,495	19,860	17,635
張掖	12	126	1,480	24,199	176,075	91,788	84,287
臨澤	6	58	544	7,916	52,882	27,505	25,377
永昌	5	50	523	8,117	48,918	25,386	23,532
第七區	37	311	3,658	58,456	331,858	171,558	160,300
酒泉	11	106	1,339	22,256	132,641	69,255	63,386
敦煌	5	32	412	5,960	32,023	16,748	15,275

甘肅省各縣市局人口性別統計表（三）

區域別	鄉鎮數	保數	甲數	戶數	人口數	男子數	女子數
金塔	2	25	861	6,238	34,715	17,295	17,420
鼎新	2	12	134	1,949	13,433	6,932	6,501
安西	5	30	289	4,003	22,035	11,579	10,463
玉門	6	40	376	5,348	29,005	15,313	13,693
高台	5	64	736	12,521	66,969	33,924	33,045
肅北	1	2	11	171	1,035	512	524
第八區	65	624	7,893	113,100	608,510	314,365	294,145
武都	22	195	2,655	28,548	223,942	114,783	109,159
文縣	13	105	1,171	16,262	92,816	48,734	44,082
成縣	12	131	1,735	24,869	116,552	60,253	56,299
康縣	10	123	1,564	22,499	115,393	60,346	55,047
西固	8	60	768	10,922	59,807	30,249	29,558
第九區	63	523	6,125	99,602	558,157	283,309	274,848
臨洮	13	132	1,323	26,625	153,621	79,120	74,501
洮沙	5	29	403	5,268	25,253	12,106	13,147
定西	10	100	1,233	18,723	109,755	56,346	53,409
榆中	12	75	869	13,097	82,082	42,785	40,297
康樂	9	63	821	11,512	63,252	31,474	31,778
渭源	6	47	603	9,823	50,834	25,865	24,969
會川	8	77	963	14,534	72,360	35,613	36,747

甘肅省各縣市局人口籍別統計表（一）

區域別	性別	共計	本籍	非本籍			備考
				本省他縣	外省	外國	
總計	合計	6,996,249	6,739,276	96,134	160,666	173	
	男	3,644,835	3,493,576	57,792	93,364	103	
	女	3,351,414	3,245,700	38,242	67,302	70	
直轄區	男	335,192	273,151	22,591	39,436	14	
	女	306,636	262,631	15,396	28,594	15	
蘭州市	男	100,609	45,948	18,187	36,460	14	
	女	82,088	43,855	11,850	26,371	12	
皋蘭	男	69,070	67,434	794	842	—	
	女	68,280	67,232	545	503	—	
靖遠	男	41,076	39,154	1,285	637	—	
	女	38,739	37,184	1,042	510	3	
永登	男	52,168	50,230	856	1,082	—	
	女	50,145	48,572	685	888	—	
會寧	男	50,963	49,901	1,062	—	—	
	女	47,711	46,756	955	—	—	
景泰	男	17,881	17,378	172	331	—	
	女	16,632	16,229	138	255	—	
湟惠渠	男	3,041	3,106	235	84	—	
	女	3,425	2,793	181	67		
第一區	男	246,763	240,245	4,268	2,244	6	
	女	237,519	232,804	3,526	1,184	5	
岷縣	男	99,680	96,117	2,099	1,461	3	
	女	94,310	91,483	2,029	796	2	
隴西	男	52,474	51,814	369	290	1	
	女	50,743	50,445	192	105	1	
臨潭	男	27,357	26,768	507	82	—	
	女	26,757	26,401	311	45	—	
漳縣	男	23,253	22,827	318	108	—	
	女	21,093	20,779	237	77	—	
卓尼	男	15,615	14,498	865	252	—	
	女	16,212	15,313	746	153	—	
夏河	男	28,384	28,221	110	51	2	
	女	28,404	28,383	11	8	2	

甘肅省各縣市局人口籍別統計表（二）

區域別	性別	共計	本籍	非本籍		
				本省他縣	外省	外國
第二區	男	349,873	324,517	8,108	17,227	11
	女	321,724	304,675	5,311	11,735	3
平涼	男	66,826	49,335	3,707	13,774	10
	女	57,206	45,985	1,982	9,233	3
隆德	男	34,687	34,586	60	41	—
	女	32,972	32,914	48	10	—
崇信	男	16,614	16,253	277	84	—
	女	15,249	14,943	250	56	—
化平	男	11,442	11,254	129	59	—
	女	10,952	10,811	108	23	—
華亭	男	22,816	20,380	1,395	1,040	1
	女	21,066	19,896	580	590	—
靜寧	男	67,879	67,523	53	103	—
	女	64,147	63,920	89	188	—
莊浪	男	66,172	66,045	41	86	—
	女	59,831	59,753	17	61	—
海原	男	26,852	23,208	1,818	1,826	—
	女	26,074	22,657	1,874	1,543	—
西吉	男	36,585	35,933	628	24	—
	女	34,227	33,796	413	12	—
第三區	男	446,870	436,163	3,713	6,991	3
	女	374,444	368,496	1,827	4,118	3
慶陽	男	40,097	36,948	1,060	2,088	1
	女	34,130	32,367	525	1,235	3
固原	男	72,576	68,059	1,977	2,540	—
	女	64,138	61,178	1,081	1,879	—
寧縣	男	82,815	83,333	90	292	—
	女	71,212	70,893	31	288	—
涇川	男	79,041	78,520	111	408	2
	女	57,606	57,367	15	224	—
正寧	男	28,398	27,754	111	533	—
	女	23,651	23,324	23	304	—

甘肅省各縣市局人口籍別統計表（三）

區域別	性別	共計	本籍	非本籍		
				本省他縣	外省	外國
靈台	男	60,971	60,041	197	733	—
	女	50,879	50,773	64	42	—
鎮原	男	81,972	81,508	167	297	—
	女	72,808	72,594	88	146	—
合水	男					
	女					
環縣	男					
	女					
第四區	男	824,574	820,681	2,514	11,345	34
	女	762,002	752,239	1,682	8,055	26
天水	男	161,103	152,296	855	7,923	29
	女	145,339	138,953	677	5,689	20
秦安	男	123,280	122,906	230	144	—
	女	112,945	112,809	44	62	—
通渭	男	92,179	91,978	173	25	—
	女	84,845	84,716	114	15	—
甘谷	男	83,445	83,050	137	257	1
	女	76,653	76,426	60	164	3
禮縣	男	86,794	86,679	35	49	1
	女	82,648	82,581	32	35	—
清水	男	62,821	62,315	192	314	—
	女	58,315	57,958	125	232	—
武山	男	65,689	65,287	160	242	—
	女	55,769	55,559	80	130	—
西和	男	81,412	81,251	79	81	1
	女	74,906	74,791	60	52	3
兩當	男	12,201	11,340	283	578	—
	女	10,838	10,164	229	445	—
徽縣	男	65,683	63,579	370	1,732	2
	女	59,734	58,272	261	1,201	—
第五區	男	238,223	234,169	2,640	1,414	—
	女	221,691	220,128	983	580	—

甘肅省各縣市局人口籍別統計表(四)

區域別	性別	共計	本籍	非本籍		
				本省他縣	外省	外國
臨夏	男	114,759	111,592	2,003	1,164	—
	女	104,482	108,806	665	401	—
和政	男	29,647	29,509	95	43	—
	女	29,562	29,456	81	25	—
寧定	男	47,177	47,051	100	26	—
	女	42,254	42,213	32	9	—
永靖	男	46,640	46,017	442	181	—
	女	45,443	45,153	205	85	—
第六區	男	424,108	410,313	6,777	6,988	30
	女	398,105	385,897	4,992	7,201	15
武威	男	163,913	157,769	1,988	4,147	9
	女	155,399	149,302	1,326	4,763	8
古浪	男	19,881	19,230	475	175	1
	女	18,819	18,206	478	135	—
民勤	男	53,684	53,546	56	82	—
	女	50,762	50,672	37	53	—
民樂	男	23,520	23,175	239	106	—
	女	23,626	23,333	177	116	—
山丹	男	19,860	19,141	414	303	2
	女	17,635	17,270	217	148	—
張掖	男	90,359	85,076	3,314	1,952	17
	女	82,955	78,440	2,626	1,882	7
臨澤	男	27,505	27,370	86	49	—
	女	25,277	25,254	15	8	—
永昌	男	25,386	25,006	205	174	1
	女	23,532	23,320	116	96	—
第七區	男	171,558	163,165	4,406	3,986	1
	女	160,300	154,422	2,793	3,085	—
酒泉	男	69,255	64,656	1,847	2,752	—
	女	63,386	60,155	975	2,256	—
敦煌	男	16,748	15,538	750	460	—
	女	15,245	14,307	573	365	—

甘肅省各縣市局人口籍別統計表（五）

區域別	性別	共計	本籍	非本籍		
				本省他縣	外省	外國
金塔	男	17,295	16,842	288	165	—
	女	17,420	17,105	189	126	—
鼎新	男	6,932	6,875	47	10	—
	女	6,501	6,485	12	4	—
安西	男	11,579	11,252	210	117	—
	女	10,456	10,255	103	98	—
玉門	男	15,313	13,636	1,238	439	—
	女	13,693	12,576	921	196	—
高台	男	33,924	33,854	26	43	1
	女	33,045	32,985	20	40	—
肅北	男	512	512	—	—	—
	女	524	524	—	—	—
第八區	男	314,365	311,322	496	2,545	2
	女	294,145	291,852	309	1,981	3
武都	男	114,783	113,712	179	891	1
	女	109,159	108,275	98	786	—
文縣	男	48,734	48,083	73	578	—
	女	44,082	43,698	34	350	—
成縣	男	60,253	59,961	101	190	1
	女	56,299	56,138	59	99	3
康縣	男	60,346	59,491	51	804	—
	女	55,047	54,318	41	688	—
西固	男	30,249	30,075	92	82	—
	女	29,558	29,423	77	58	—
第九區	男	283,309	279,850	2,279	1,178	2
	女	274,848	272,556	1,523	769	—
臨洮	男	79,120	77,163	1,181	776	—
	女	74,501	73,042	862	597	—
洮沙	男	12,106	11,847	223	36	—
	女	13,147	12,984	141	22	—
定西	男	56,346	56,121	151	73	1
	女	53,409	53,218	132	59	—

甘肅省各縣市局人口籍別統計表（六）

區域別	性別	共計	本籍	非本籍		
				本省他縣	外省	外國
榆中	男	42,785	42,471	114	200	—
	女	40,297	40,185	51	61	—
康樂	男	31,474	31,138	294	42	—
	女	31,778	31,495	266	17	—
渭源	男	25,865	25,523	291	50	1
	女	24,969	24,896	61	12	—
會川	男	35,613	35,587	25	1	—
	女	36,747	36,736	10	1	—

甘肅省各縣市局人口年齡分配統計表（一）

年齡	性別	總計	直轄區	蘭州市	皋蘭	靖遠	永登
共計	合計	6,996,249	64,828	182,697	137,350	79,815	102,313
	男	3,644,835	335,192	100,609	69,070	41,076	52,168
	女	3,351,414	306,636	82,088	68,280	38,739	50,145
未滿一歲	男	89,670	8,184	2,830	1,201	866	1,169
	女	93,814	9,034	2,933	1,676	980	1,339
一歲至未滿五歲	男	339,693	32,660	9,528	5,766	4,193	4,963
	女	336,786	33,522	9,739	6,923	3,938	5,007
五歲至未滿六歲	男	119,574	10,685	2,448	2,186	1,624	1,399
	女	113,237	10,124	2,470	2,226	1,331	1,741
六歲至未滿十歲	男	342,089	33,871	7,922	6,967	4,593	5,242
	女	305,064	31,155	7,516	7,158	3,240	5,185
十歲至未滿十二歲	男	178,943	16,619	4,202	3,638	2,240	2,547
	女	150,196	14,376	3,868	3,254	1,764	2,280
十二歲至未滿十五歲	男	225,158	21,851	6,665	4,578	2,740	2,960
	女	189,279	18,939	5,297	4,298	2,269	2,929
十五歲至未滿十八歲	男	171,485	15,276	5,349	2,981	1,794	1,719
	女	160,562	14,603	4,353	2,849	1,602	2,258
十八歲至未滿二十歲	男	95,747	8,275	3,000	1,944	834	782
	女	97,339	8,245	2,803	1,831	880	990
二十歲至未滿二十五歲	男	229,877	21,762	7,920	4,437	2,217	2,356
	女	229,022	21,968	7,676	4,292	2,363	2,805
二十五歲至未滿三十歲	男	235,904	23,234	9,139	4,469	2,222	2,900
	女	224,485	23,005	7,925	4,680	2,524	3,481
三十歲至未滿三十五歲	男	248,395	23,240	8,223	4,584	2,394	3,723
	女	244,448	22,338	6,647	4,640	2,599	4,058
三十五歲至未滿四十歲	男	246,093	23,566	8,188	4,233	2,397	4,243
	女	250,392	23,509	5,847	5,034	2,974	4,623
四十歲至未滿四十五歲	男	230,749	20,288	5,930	3,506	2,282	4,105
	女	225,575	20,364	4,621	4,657	2,932	3,875
四十五歲至未滿五十歲	男	209,043	23,827	6,221	4,951	3,351	4,500
	女	202,088	17,049	3,297	4,369	2,553	3,093
五十歲至未滿五十五歲	男	202,440	18,462	5,223	4,132	2,726	2,678
	女	150,643	12,075	2,306	3,196	1,920	1,920
五十五歲至未滿六十歲	男	147,248	12,599	3,237	3,176	1,640	2,250
	女	119,021	9,207	1,661	2,632	1,324	1,622
六十歲至未滿六十五歲	男	114,081	9,127	2,197	2,376	1,227	1,628
	女	99,948	7,199	1,252	1,922	1,083	1,325
六十五歲至未滿七十歲	男	85,233	6,585	1,350	1,819	912	1,153
	女	77,401	5,501	992	1,450	809	980
七十歲及以上	男	78,418	5,181	1,039	1,546	824	771
	女	71,714	4,378	785	1,193	694	634

甘肅省各縣市局人口年齡分配統計表（二）

年齡	性別	會寧	景泰	湟惠渠	第一區	岷縣	隴西
	合計	98,674	34,513	6,466	484,282	193,990	103,217
共計	男	50,963	17,881	3,425	246,763	99,680	52,474
	女	47,711	16,532	3,041	237,519	94,310	50,743
未滿一歲	男	1,450	454	114	5,121	2,332	625
	女	1,500	496	110	5,414	2,233	877
一歲至未滿五歲	男	5,745	1,995	449	16,024	6,840	2,948
	女	5,483	2,022	410	14,735	6,495	2,031
五歲至未滿六歲	男	1,819	728	81	9,554	3,739	2,828
	女	1,660	618	78	9,500	3,631	2,844
六歲至未滿十歲	男	6,031	2,124	352	18,105	7,375	3423
	女	5,039	1,933	334	16,539	6,333	3271
十歲至未滿十二歲	男	2,793	971	168	13,343	4,838	3507
	女	2,281	799	130	11,332	4,165	2795
十二歲至未滿十五歲	男	3,596	1,067	245	15,653	5,478	3888
	女	3,035	825	256	14,561	4,802	3445
十五歲至未滿十八歲	男	2,604	679	150	13,297	5,251	2554
	女	2,511	642	188	12,365	4,901	2271
十八歲至未滿二十歲	男	1,217	415	83	9,700	4,045	1684
	女	1,153	501	79	10,337	3,952	2317
二十歲至未滿二十五歲	男	3,658	889	285	15,617	6,500	3145
	女	3,663	947	222	16,167	6,578	3884
二十五歲至未滿三十歲	男	3,203	1,018	280	15,517	7,156	2560
	女	3,032	1,058	245	16,929	7,120	3597
三十歲至未滿三十五歲	男	2,987	1,114	215	17,829	8,337	2941
	女	3,065	1,149	180	18,789	8,204	4250
三十五歲至未滿四十歲	男	3,199	1,083	223	16,401	7,581	2974
	女	3,455	1,329	247	17,099	7468	3463
四十歲至未滿四十五歲	男	2,777	1,089	199	16,176	6496	3076
	女	3,009	1107	163	16,488	6295	3356
四十五歲至未滿五十歲	男	3,206	1,410	188	19,058	6451	4871
	女	2,647	1,017	118	17,093	5990	4232
五十歲至未滿五十五歲	男	2,337	1,052	114	15,284	5314	4432
	女	1,964	688	81	12,439	4748	3001
五十五歲至未滿六十歲	男	1,570	648	98	12,162	4182	3453
	女	1,388	507	73	10,231	3902	2268
六十歲至未滿六十五歲	男	1187	444	68	8498	3257	2019
	女	1075	382	60	7790	3156	1536
六十五歲至未滿七十歲	男	914	386	51	5661	2427	949
	女	896	331	40	5746	2464	951
七十歲及以上	男	634	315	52	3813	2018	487
	女	770	275	27	3965	1865	554

甘肅省各縣市局人口年齡分配統計表（三）

年齡	性別	臨潭	漳縣	夏河	卓尼	第二區	平涼
	合計	54,114	44,245	56,788	31,827	671,597	124,032
共計	男	27,357	23,253	28,384	15,615	349,873	65,326
	女	26,757	21,093	28,404	16,212	321,724	57,206
未滿一歲	男	501	530	765	318	9,243	1,941
	女	592	556	813	333	9,849	2,337
一歲至未滿五歲	男	2,672	1,846	857	861	34,282	3,924
	女	2,756	1,678	829	946	35,901	4,925
五歲至未滿六歲	男	841	652	1,024	470	12,163	1,774
	女	779	653	1,103	507	12,311	2,079
六歲至未滿十歲	男	2,806	1,698	1,666	1,137	35,576	6,002
	女	2,549	1,454	1,739	1,193	32,314	6,197
十歲至未滿十二歲	男	1,361	1,076	1,856	605	18,057	3,077
	女	1,132	848	1,788	604	15,303	2,834
十二歲至未滿十五歲	男	1,921	1,380	2,316	770	21,654	4,105
	女	1,675	1,081	2,704	753	17,544	2,954
十五歲至未滿十八歲	男	1,419	1,118	2,157	785	15,971	3,156
	女	1,533	955	1,903	802	14,040	2,315
十八歲至未滿二十歲	男	687	751	1,964	549	29,472	1,231
	女	719	794	2,017	533	8,653	1,297
二十歲至未滿二十五歲	男	1,719	1,554	1,748	951	21,139	2,947
	女	1,687	1,520	1,448	1,040	21,243	3,205
二十五歲至未滿三十歲	男	1,805	1,501	1,299	1,193	21,118	3,187
	女	1,957	1,459	1,594	1,222	21,773	3,710
三十歲至未滿三十五歲	男	2,158	1,599	1,505	1,289	22,304	3,840
	女	2,015	1,667	1,505	1,348	22,478	4,181
三十五歲至未滿四十歲	男	1,899	1,468	1,158	1,241	21,918	4,077
	女	2,118	1,420	1,248	1,382	23,626	4,951
四十歲至未滿四十五歲	男	1,674	1,563	2,198	1,259	25,103	9,584
	女	1,775	1,388	2,412	1,262	20,672	4,131
四十五歲至未滿五十歲	男	1,867	1,522	3,237	1,110	24,607	6,125
	女	1,646	1,262	2,705	1,158	19,256	4,003
五十歲至未滿五十五歲	男	1,293	1,559	1,706	930	19,651	4,414
	女	1,109	1,175	1,577	829	14,114	2,461
五十五歲至未滿六十歲	男	998	1,238	1,569	722	13,474	3,099
	女	882	1,129	1,322	728	10,416	1,881
六十歲至未滿六十五歲	男	767	1,080	672	603	9,627	1,650
	女	768	963	732	635	8,488	1,202
六十五歲至未滿七十歲	男	532	878	495	580	8,089	1,715
	女	562	774	558	437	7,230	1,396
七十歲及以上	男	487	240	292	329	6,572	1,068
	女	522	227	317	480	6,513	1,047

甘肅省各縣市局人口年齡分配統計表(四)

年齡	性別	隆德	崇信	化平	華亭	靜寧	莊浪
共計	合計	67,659	31,863	22,394	43,882	132,026	126,003
	男	34,687	16,614	11,442	22,816	67,879	66,172
	女	32,972	15,249	10,952	21,066	64,147	59,831
未滿一歲	男	1,811	207	200	555	879	1,738
	女	1,789	265	306	579	858	1,772
一歲至未滿五歲	男	4,739	1,057	1,157	1,717	7,473	6,761
	女	4,807	1 449	1,267	2,055	7,010	6,526
五歲至未滿六歲	男	1,461	415	255	896	2,256	1,992
	女	1,489	476	243	968	1,992	1,926
六歲至未滿十歲	男	3,801	1,560	1,151	1,732	8,319	6,918
	女	3,283	1,565	1,145	1,796	6,620	5,645
十歲至未滿十二歲	男	1,696	790	589	1,142	3,947	3,155
	女	1,482	704	526	996	2,865	2,342
十二歲至未滿十五歲	男	1,916	849	798	1,260	5,106	3,889
	女	1,852	680	652	1,114	3,792	3,058
十五歲至未滿十八歲	男	1,094	663	486	1,146	3,539	2,754
	女	1,209	604	408	962	3,281	2,182
十八歲至未滿二十歲	男	942	560	261	743	1,475	2,282
	女	897	335	229	684	1,529	1,842
二十歲至未滿二十五歲	男	2,200	1,053	721	1,270	4,216	5,372
	女	2,051	939	683	1,165	4,720	4,761
二十五歲至未滿三十歲	男	2,104	1,212	864	1,455	3,982	4,585
	女	2,133	943	852	1,287	4,563	4,272
三十歲至未滿三十五歲	男	2,174	1,228	844	1,421	4,224	4,988
	女	2,156	958	796	1,329	4,802	4,640
三十五歲至未滿四十歲	男	2,152	1,147	795	1,305	4,333	4,724
	女	2,313	995	896	1,299	4,877	4,737
四十歲至未滿四十五歲	男	1,858	916	619	1,216	3,775	4,134
	女	1,894	1,110	675	1,361	4,151	4,088
四十五歲至未滿五十歲	男	2,324	1,033	719	1,652	4,727	4,188
	女	1,850	1,122	486	1,154	4,169	3,569
五十歲至未滿五十五歲	男	1,582	1,465	572	1,610	3,365	3,043
	女	1,136	1,024	373	1,138	2,814	2,573
五十五歲至未滿六十歲	男	1,013	943	377	1,156	2,338	2,043
	女	868	674	206	890	2,002	1,928
六十歲至未滿六十五歲	男	738	608	339	970	1,675	1,489
	女	708	561	301	848	1,712	1,473
六十五歲至未滿七十歲	男	623	437	249	836	1,244	1,149
	女	583	356	246	729	1,283	1,258
七十歲及以上	男	459	462	346	734	976	968
	女	452	489	352	712	1,104	1,289

甘肅省各縣市局人口年齡分配統計表（五）

年齡	性別	海原	西吉	第三區	慶陽	固原	寧縣
共計	合計	52,926	70,812	821,134	74,227	136,714	155,027
	男	26,852	36,585	446,870	40,097	72,576	83,815
	女	26,074	34,227	374,444	34,130	64,138	71,212
未滿一歲	男	600	1,312	15,373	1,550	2,053	3,353
	女	587	1,306	15,027	1,453	2,137	3,154
一歲至未滿五歲	男	3,648	2,806	51,002	4,973	8,215	10,578
	女	3,943	2,819	47,255	4,477	8,076	9,577
五歲至未滿六歲	男	1,095	1,922	14,016	1,222	2,740	2,559
	女	1,284	1,754	11,769	1,086	2,261	2,344
六歲至未滿十歲	男	2,699	3,334	47,382	4,266	7,415	9,247
	女	2,755	3,308	40,560	3,826	6,892	8,251
十歲至未滿十二歲	男	1,331	2,230	21,351	1,945	3,368	4,250
	女	1,364	2,140	16,427	1,583	2,827	3,537
十二歲至未滿十五歲	男	1,555	2,236	28,247	2,846	4,139	5,746
	女	1,502	1,940	21,516	2,254	3,304	4,693
十五歲至未滿十八歲	男	1,150	1,983	20,996	2,149	3,216	4,150
	女	1,278	1,801	17,306	1,796	2,037	3,417
十八歲至未滿二十歲	男	658	1,311	11,319	1,125	1,837	1,839
	女	661	1,169	9,991	826	1,925	1,729
二十歲至未滿二十五歲	男	1,542	1,868	26,902	2,739	4,725	5,244
	女	1,560	2,159	25,516	2,461	4,572	5,201
二十五歲至未滿三十歲	男	1,916	1,813	27,829	2,819	4,944	5,422
	女	2,072	1,948	24,367	2,041	4,487	4,959
三十歲至未滿三十五歲	男	1,727	1,858	28,179	2,462	5,063	5,602
	女	1,706	1,910	23,903	1,951	4,426	4,523
三十五歲至未滿四十歲	男	1,641	1,744	26,978	2,355	4,334	5,247
	女	1,706	1,852	26,324	2,205	4,275	4,700
四十歲至未滿四十五歲	男	1,348	1,653	25,466	2,103	4,080	4,666
	女	1,539	1,723	25,557	2,416	3,924	4,525
四十五歲至未滿五十歲	男	1,794	2,045	31,007	2,498	4,954	5,049
	女	1,297	1,606	19,830	1,623	3,783	2,645
五十歲至未滿五十五歲	男	1,539	2,007	25,414	2,073	4,212	3,959
	女	1,077	1,518	15,220	1,317	2,823	2,140
五十五歲至未滿六十歲	男	936	1,569	15,230	1,090	2,476	2,406
	女	587	1,260	10,183	777	1,831	1,674
六十歲至未滿六十五歲	男	658	1,500	11,967	810	1,686	2,008
	女	445	1,238	9,037	746	1,456	1,477
六十五歲至未滿七十歲	男	502	1,334	9,840	656	1,611	1,517
	女	384	1,015	7,881	680	1,525	1,413
七十歲及以上	男	459	800	8,372	416	1,308	973
	女	347	771	6,705	524	977	1,053

甘肅省各縣市局人口年齡分配統計表（六）

年齡	性別	涇川	正寧	靈台	鎮原	合水	環縣
	合計	136,647	52,049	111,850	154,800		
共計	男	79,041	82,398	60,971	81,972		
	女	57,606	23,651	50,879	72,828		
未滿一歲	男	2,297	1,213	1,813	3,094		
	女	2,059	1,103	1,844	3,267		
一歲至未滿五歲	男	7,113	3,419	5,880	10,824		
	女	6,856	3,029	5,374	9,866		
五歲至未滿六歲	男	2,641	899	1,638	2,317		
	女	1,816	755	1,343	2,164		
六歲至未滿十歲	男	7,534	3,300	6,239	9,351		
	女	6,011	2,800	5,017	7,763		
十歲至未滿十二歲	男	3,574	1,495	2,704	4,015		
	女	2,164	1,170	2,058	3,083		
十二歲至未滿十五歲	男	4,068	1,940	3,773	5,735		
	女	2,618	1,487	2,723	4,137		
十五歲至未滿十八歲	男	3,528	1,453	2,925	3,574		
	女	2,527	1,266	2,095	3,368		
十八歲至未滿二十歲	男	2,428	676	1,474	1,940		
	女	1,543	594	1,452	1,922		
二十歲至未滿二十五歲	男	4,191	1,799	3,316	4,888		
	女	3,422	1,605	3,393	4,762		
二十五歲至未滿三十歲	男	4,462	1,920	3,472	4,790		
	女	3,441	1,709	3,202	4,498		
三十歲至未滿三十五歲	男	4,643	1,950	3,513	4,946		
	女	3,657	1,639	3,336	4,371		
三十五歲至未滿四十歲	男	4,770	1,743	3,627	4,902		
	女	4,584	1,542	3,823	5,195		
四十歲至未滿四十五歲	男	4,800	1,448	3,485	4,884		
	女	4,614	1,420	3,823	4,835		
四十五歲至未滿五十歲	男	5,823	1,579	5,380	5,714		
	女	3,560	853	3,208	4,155		
五十歲至未滿五十五歲	男	5,303	1,330	4,897	3,640		
	女	2,760	749	2,815	2,616		
五十五歲至未滿六十歲	男	3,318	775	2,663	2,497		
	女	1,695	578	1,672	1,956		
六十歲至未滿六十五歲	男	2,860	594	1,902	1,907		
	女	1,586	510	1,483	1,673		
六十五歲至未滿七十歲	男	2,648	525	1,286	1,597		
	女	1,424	446	1,142	1,551		
七十歲及以上	男	3,020	340	948	1,257		
	女	1,269	396	1,070	1,346		

甘肅省各縣市局人口年齡分配統計表(七)

年齡	性別	第四區	天水	秦安	通渭	甘谷	禮縣
共計	合計	1,596,576	306,441	236,225	177,021	160,108	169,412
	男	834,574	161,103	123,280	92,176	83,445	86,764
	女	762,002	145,339	112,945	84,845	76,663	82,648
未滿一歲	男	13,612	1,620	1,108	1,326	2,229	2,556
	女	13,962	1,547	1,183	1,169	2,244	2,361
一歲至未滿五歲	男	67,974	10,118	11,981	8,449	8,600	4,521
	女	65,650	9,224	11,251	7,530	8,239	4,373
五歲至未滿六歲	男	26,011	4,248	3,176	3,675	2,428	4,829
	女	24,253	4,113	2,970	3,185	2,069	4,623
六歲至未滿十歲	男	69,785	11,380	12,434	8,864	8,221	6,077
	女	60,099	10,206	10,583	7,064	7,040	5,467
十歲至未滿十二歲	男	42,403	8,032	6,552	5,282	4,279	6,419
	女	34,948	7,293	5,239	3,804	3,515	5,623
十二歲至未滿十五歲	男	55,009	9,749	9,177	6,755	6,235	6,681
	女	43,859	8,613	6,687	5,109	5,123	5,946
十五歲至未滿十八歲	男	46,283	9,121	7,155	5,329	4,552	6,036
	女	42,175	8,665	6,307	4,679	1,254	6,206
十八歲至未滿二十歲	男	20,677	3,223	2,463	2,672	2,017	2,425
	女	21,126	3,301	2,493	6,780	1,944	2,393
二十歲至未滿二十五歲	男	58,736	11,601	9,146	4,924	6,533	3,620
	女	57,299	11,082	8,796	6,099	5,989	4,112
二十五歲至未滿三十歲	男	57,887	11,755	8,881	4,923	5,718	4,703
	女	55,372	11,011	7,997	5,722	5,478	5,002
三十歲至未滿三十五歲	男	59,818	11,541	8,559	4,715	6,232	5,595
	女	26,384	10,922	7,909	5,431	6,028	5,366
三十五歲至未滿四十歲	男	52,443	10,198	7,512	4,619	5,182	6,250
	女	54,579	9,756	8,732	5,477	5,264	6,234
四十歲至未滿四十五歲	男	51,611	10,243	6,597	4,795	5,135	5,985
	女	54,623	9,818	8,387	6,007	5,153	6,130
四十五歲至未滿五十歲	男	68,582	12,085	10,754	2,927	4,827	10,800
	女	52,407	10,100	7,542	5,964	3,968	8,230
五十歲至未滿五十五歲	男	48,649	10,851	6,354	6,093	3,618	4,522
	女	38,893	9,539	5,132	4,452	2,960	3,438
五十五歲至未滿六十歲	男	35,420	9,277	4,031	4,524	2,619	2,574
	女	29,988	7,757	3,479	3,663	2,413	2,386
六十歲至未滿六十五歲	男	27,586	7,685	3,086	3,292	2,254	1,358
	女	25,369	6,713	3,163	2,977	2,112	1,656
六十五歲至未滿七十歲	男	19,253	5,686	2,471	2,151	1,438	995
	女	17,299	3,579	2,667	1,938	1,543	1,267
七十歲及以上	男	12,845	2,490	1,843	1,761	1,018	758
	女	13,702	1,699	2,323	1,795	1,827	865

甘肅省各縣市局人口年齡分配統計表（八）

年齡	性別	清水	武山	西和	兩當	徽縣	第五區
共計	合計	121,129	121,458	156,318	23,039	125,417	459,914
	男	62,821	65,689	81,412	12,201	65,683	238,223
	女	58,315	55,769	74,906	10,838	59,734	221,691
未滿一歲	男	968	1,211	1,528	94	772	5,730
	女	1,146	1,120	1,791	137	964	5,908
一歲至未滿五歲	男	6,053	5,269	7,166	647	4,970	15,567
	女	6,063	4,690	7,365	752	5,553	14,807
五歲至未滿六歲	男	1,541	2,243	1,966	277	1,618	7,518
	女	1,644	1,987	1,780	316	1,561	7,196
六歲至未滿十歲	男	4,901	5,703	6,611	710	4,884	15,946
	女	4,415	4,559	5,889	697	4,174	14,792
十歲至未滿十二歲	男	2,765	3,380	2,963	403	2,327	9,316
	女	2,131	2,590	2,361	349	1,943	8,640
十二歲至未滿十五歲	男	3,475	4,362	4,671	589	3,215	11,348
	女	2,623	3,219	5,576	460	2,500	10,727
十五歲至未滿十八歲	男	3,218	3,677	3,935	475	2,725	9,760
	女	2,774	2,970	3,409	351	2,469	9,119
十八歲至未滿二十歲	男	1,454	2,000	2,397	272	1,754	8,294
	女	1,494	1,814	2,360	304	1,743	8,375
二十歲至未滿二十五歲	男	4,770	5,374	7,193	756	4,819	14,825
	女	4,701	4,572	6,705	743	4,500	12,681
二十五歲至未滿三十歲	男	4,712	4,728	6,719	821	4,927	16,032
	女	4,387	4,444	5,829	753	4,749	13,944
三十歲至未滿三十五歲	男	4,872	5,492	6,789	928	5,095	15,617
	女	4,848	4,514	5,824	762	4,780	14,544
三十五歲至未滿四十歲	男	3,925	3,795	5,183	1,042	4,727	15,966
	女	4,390	3,744	5,255	974	4,753	13,106
四十歲至未滿四十五歲	男	3,947	4,503	5,232	820	4,354	14,305
	女	4,537	4,156	5,249	879	4,317	12,607
四十五歲至未滿五十歲	男	5,406	4,264	5,614	1,164	5,741	13,214
	女	3,507	3,298	4,664	852	4,122	12,249
五十歲至未滿五十五歲	男	3,680	3,300	4,283	1,123	4,825	12,049
	女	2,667	2,573	3,646	804	3,682	11,478
五十五歲至未滿六十歲	男	2,623	2,730	3,291	775	3,336	11,753
	女	1,997	1,995	3,033	545	2,720	11,052
六十歲至未滿六十五歲	男	1,984	2,061	2,455	525	2,786	10,876
	女	1,813	1,788	2,417	408	2,322	10,879
六十五歲至未滿七十歲	男	1,418	1,221	1,834	427	1,612	10,936
	女	1,254	994	1,885	366	1,506	10,687
七十歲及以上	男	1,108	736	1,582	353	1,196	19,171
	女	1,321	742	1,868	386	1,376	18,900

甘肅省各縣市局人口年齡分配統計表（九）

年齡	性別	臨夏	和政	永靖	寧定	第六區	武威
共計	合計	219,191	59,209	92,083	89,431	822,213	319,312
	男	114,759	29,647	46,640	47,177	424,108	163,913
	女	104,432	29,562	45,443	42,254	398,105	155,399
未滿一歲	男	1,283	595	2,891	861	11,576	5,044
	女	1,302	619	3,073	914	12,401	5,482
一歲至未滿五歲	男	5,494	1,754	3,254	5,065	47,147	21,428
	女	4,819	1,752	2,813	5,423	47,399	21,322
五歲至未滿六歲	男	1,650	1,457	2,909	1,502	15,897	6,793
	女	1,625	1,466	2,614	1,491	15,269	6,380
六歲至未滿十歲	男	5,295	2,155	3,278	5,218	48,401	21,636
	女	4,911	2,112	2,769	5,000	42,201	18,051
十歲至未滿十二歲	男	2,763	1,782	2,450	2,375	21,716	9,027
	女	2,531	1,734	2,269	2,106	18,338	7,532
十二歲至未滿十五歲	男	3,926	1,791	2,637	2,994	24,758	10,396
	女	3,643	1,735	2,603	2,719	23,009	9,768
十五歲至未滿十八歲	男	3,807	1,744	2,161	2,048	14,762	4,803
	女	3,427	1,723	2,018	1,951	16,573	5,823
十八歲至未滿二十歲	男	3,075	1,509	2,132	1,578	7,609	2,345
	女	2,701	1,548	2,064	2,062	8,925	3,101
二十歲至未滿二十五歲	男	6,673	1,936	2,032	4,184	18,347	5,004
	女	5,737	1,879	2,349	2,716	20,912	7,315
二十五歲至未滿三十歲	男	7,321	2,241	2,252	4,218	21,653	7,129
	女	6,162	2,315	2,596	2,871	25,789	10,151
三十歲至未滿三十五歲	男	7,360	2,289	2,288	3,680	25,198	9,191
	女	6,270	2,252	2,942	3,074	30,409	11,957
三十五歲至未滿四十歲	男	7,424	2,080	2,166	4,296	35,107	12,824
	女	6,340	2,091	2,069	2,606	36,967	13,763
四十歲至未滿四十五歲	男	7,176	1,911	2,253	2,965	29,884	11,268
	女	6,094	2,013	2,239	2,231	27,599	9,262
四十五歲至未滿五十歲	男	7,505	1,680	2,004	2,025	37,068	14,208
	女	6,477	1,652	1,989	2,131	23,368	7,593
五十歲至未滿五十五歲	男	7,129	1,398	2,340	1,182	22,814	8,209
	女	6,593	1,430	2,186	1,269	15,176	5,095
五十五歲至未滿六十歲	男	6,959	1,306	2,493	995	17,142	5,805
	女	6,572	1,311	2,042	1,127	13,212	4,401
六十歲至未滿六十五歲	男	6,798	1,020	2,381	677	12,228	4,216
	女	6,608	940	2,359	972	9,764	3,564
六十五歲至未滿七十歲	男	7,410	671	2,364	491	8,074	2,828
	女	7,146	619	2,263	659	6,855	2,649
七十歲及以上	男	15,611	382	2,355	823	4,768	1,759
	女	15,474	335	2,156	935	3,849	1,488

甘肅省各縣市局人口年齡分配統計表（一）

年齡	性別	古浪	民勤	民樂	山丹	張掖	臨澤
	合計	38,700	104,446	47,146	37,495	173,314	52,882
共計	男	19,881	53,684	23,520	19,860	90,359	27,575
	女	18,819	50,762	23,626	17,635	82,955	25,377
未滿一歲	男	248	766	698	757	3,445	384
	女	320	739	761	703	3,648	476
一歲至未滿五歲	男	1,913	4,818	2,422	1,943	9,456	2,792
	女	2,145	4,760	2,515	1,813	9,468	2,985
五歲至未滿六歲	男	738	1,471	768	478	4,181	780
	女	714	1,475	743	448	4,032	771
六歲至未滿十歲	男	2,736	5,501	2,335	2,183	8,712	2,706
	女	2,235	4,711	2,341	1,928	8,115	2,364
十歲至未滿十二歲	男	1,195	2,716	903	871	4,527	1,283
	女	1,009	2,578	909	670	3,756	979
十二歲至未滿十五歲	男	1,248	2,883	821	1,132	5,461	1,595
	女	1,074	2,627	1,079	975	5,041	1,267
十五歲至未滿十八歲	男	771	1,599	450	845	4,114	1,333
	女	950	1,828	701	888	4,216	1,244
十八歲至未滿二十歲	男	260	736	285	423	2,152	626
	女	396	945	437	405	2,508	636
二十歲至未滿二十五歲	男	887	2,284	906	1,209	5,113	1,586
	女	819	2,494	1,009	1,069	5,305	1,586
二十五歲至未滿三十歲	男	839	2,801	1,056	1,215	5,197	1,581
	女	1,010	3,365	1,257	1,288	5,255	1,742
三十歲至未滿三十五歲	男	973	2,889	1,210	1,528	6,024	1,623
	女	1,325	4,180	1,415	1,503	6,106	1,848
三十五歲至未滿四十歲	男	1,819	5,738	1,754	1,830	6,512	2,051
	女	1,761	5,793	2,336	1,753	6,543	2,574
四十歲至未滿四十五歲	男	1,528	4,547	1,684	1,518	5,780	1,723
	女	1,431	4,447	1,929	1,182	4,896	1,939
四十五歲至未滿五十歲	男	1,665	5,476	2,913	1,426	6,441	2,750
	女	1,215	3,609	2,028	951	4,552	1,866
五十歲至未滿五十五歲	男	1,067	3,280	1,731	903	4,192	1,829
	女	772	2,651	1,218	648	2,887	992
五十五歲至未滿六十歲	男	702	2,519	1,419	650	3,741	1,213
	女	531	1,960	1,189	569	2,958	777
六十歲至未滿六十五歲	男	621	1,782	1,044	499	2,596	685
	女	552	1,292	833	415	1,832	553
六十五歲至未滿七十歲	男	402	1,176	665	292	1,503	611
	女	326	874	585	261	1,136	511
七十歲及以上	男	629	662	446	158	912	351
	女	214	534	341	146	701	267

甘肅省各縣市局人口年齡分配統計表（一一）

年齡	性別	永昌	第七區	酒泉	敦煌	金塔	鼎新
共計	合計	48,918	331,858	132,641	32,023	34,715	13,433
	男	25,386	171,558	69,255	16,748	17,295	6,922
	女	23,532	160,300	63,386	15,275	17,420	6,501
未滿一歲	男	234	5,932	3,071	351	653	216
	女	272	6,209	3,219	400	823	201
一歲至未滿五歲	男	2,375	20,075	8,564	1,936	1,916	915
	女	2,391	20,763	8,631	2,050	2,262	848
五歲至未滿六歲	男	688	5,303	2,120	529	438	214
	女	706	5,279	2,050	570	536	211
六歲至未滿十歲	男	2,601	18,001	7,433	1,898	1,724	729
	女	2,556	16,474	6,643	1,703	1,833	691
十歲至未滿十二歲	男	1,194	8,138	3,414	818	716	328
	女	1,105	6,998	2,931	690	725	285
十二歲至未滿十五歲	男	1,222	10,126	4,459	1,022	706	409
	女	1,178	8,682	3,689	882	831	352
十五歲至未滿十八歲	男	867	6,944	3,007	806	458	279
	女	913	7,015	3,135	655	546	305
十八歲至未滿二十歲	男	482	3,666	1,601	373	292	173
	女	497	4,668	1,947	446	363	240
二十歲至未滿二十五歲	男	1,358	9,305	4,222	863	992	460
	女	1,315	11,437	4,784	1,134	1,148	548
二十五歲至未滿三十歲	男	1,835	10,351	4,373	954	1,105	509
	女	1,719	12,152	4,721	1,027	1,325	500
三十歲至未滿三十五歲	男	1,760	10,634	4,465	851	1,218	396
	女	2,065	12,060	4,620	1,055	1,336	354
三十五歲至未滿四十歲	男	2,489	13,153	5,225	930	1,531	408
	女	2,434	13,827	4,903	1,179	1,640	514
四十歲至未滿四十五歲	男	1,833	10,854	4,366	852	1,386	340
	女	1,813	10,230	3,714	984	1,171	399
四十五歲至未滿五十歲	男	2,189	14,154	4,809	1,388	1,615	532
	女	1,554	8,752	2,946	904	997	403
五十歲至未滿五十五歲	男	1,603	9,276	2,980	1,161	904	349
	女	913	5,167	1,757	554	646	194
五十五歲至未滿六十歲	男	1,093	6,513	2,169	750	685	240
	女	827	4,226	1,461	336	447	164
六十歲至未滿六十五歲	男	795	4,507	1,479	567	394	124
	女	623	2,958	1,109	264	368	113
六十五歲至未滿七十歲	男	557	2,955	972	431	235	102
	女	493	2,120	683	262	251	109
七十歲及以上	男	211	1,825	571	258	227	99
	女	158	1,283	440	164	168	70

甘肅省各縣市局人口年齡分配統計表（一二）

年齡	性別	安西	玉門	高台	肅北	第八區	武都
共計	合計	22,035	29,006	65,969	1,036	608,510	223,942
	男	11,579	15,313	33,924	512	314,365	114,783
	女	10,456	13,693	33,045	524	294,145	109,159
未滿一歲	男	276	332	1,024	—	8,770	4,841
	女	214	371	976	—	9,549	5,235
一歲至未滿五歲	男	1,412	1,885	3,398	49	27,303	11,886
	女	1,372	2,044	3,508	42	28,280	12,091
五歲至未滿六歲	男	332	647	984	29	8,281	3,432
	女	344	580	970	18	8,080	3,319
六歲至未滿十歲	男	1,225	1,579	3,355	58	23,875	9,487
	女	1,264	1,359	2,915	66	21,929	8,621
十歲至未滿十二歲	男	578	792	1,510	27	12,101	4,476
	女	528	608	1,179	52	10,162	3,814
十二歲至未滿十五歲	男	814	955	1,714	37	16,181	5,871
	女	688	771	1,439	30	13,071	4,907
十五歲至未滿十八歲	男	590	623	1,050	31	13,072	4,714
	女	487	608	1,254	25	12,659	4,861
十八歲至未滿二十歲	男	245	320	640	22	9,204	3,096
	女	304	383	961	24	9,213	3,485
二十歲至未滿二十五歲	男	456	798	1,467	47	24,647	8,365
	女	644	959	2,165	55	23,652	8,529
二十五歲至未滿三十歲	男	465	844	2,060	41	23,479	9,114
	女	713	1,024	2,794	48	22,332	8,560
三十歲至未滿三十五歲	男	448	952	2,263	41	26,202	9,777
	女	775	1,140	2,735	35	24,238	9,178
三十五歲至未滿四十歲	男	672	1,151	3,210	26	23,199	7,930
	女	941	1,234	3,290	26	22,132	7,394
四十歲至未滿四十五歲	男	463	995	2,443	18	21,978	7,619
	女	712	817	2,402	31	20,423	6,955
四十五歲至未滿五十歲	男	1,257	1,485	3,036	32	20,041	6,236
	女	572	705	2,202	20	16,596	5,264
五十歲至未滿五十五歲	男	1,201	766	1,900	15	17,818	5,601
	女	837	372	1,295	13	14,870	4,874
五十五歲至未滿六十歲	男	457	515	1,682	15	13,184	4,143
	女	211	297	1,294	16	11,539	3,730
六十歲至未滿六十五歲	男	347	323	1,049	14	11,433	3,857
	女	159	209	727	9	10,552	8,796
六十五歲至未滿七十歲	男	228	233	634	5	7,099	2,093
	女	121	139	545	10	7,324	2,268
七十歲及以上	男	113	107	445	5	6,498	1,735
	女	70	73	294	4	7,544	2,183

甘肅省各縣市局人口年齡分配統計表(一三)

年齡	性別	文縣	武縣	康縣	西固	第九區	臨洮
共計	合計	92,816	116,552	115,393	59,807	553,157	153,621
	男	48,734	60,253	60,346	30,249	283,309	79,120
	女	44,082	56,299	55,047	29,558	274,848	74,501
未滿一歲	男	732	1,579	875	746	6,138	2,070
	女	772	1,817	811	814	6,461	2,015
一歲至未滿五歲	男	3,239	5,128	4,083	2,867	27,659	8,670
	女	3,287	5,169	4,533	3,200	28474	8,620
五歲至未滿六歲	男	1,091	1,269	1,632	857	10,243	2,526
	女	1,055	1,247	1,478	971	9,451	2,240
六歲至未滿十歲	男	3,754	4,463	3,784	2,387	31,138	9,648
	女	3,316	4,061	3,631	2,300	28,901	8,686
十歲至未滿十二歲	男	1,875	2,235	2,213	1,302	15,854	4,470
	女	1,476	1,911	1,785	1,176	13,672	3,703
十二歲至未滿十五歲	男	2,307	3,238	3,047	1,718	20,331	5,903
	女	1,911	2,548	2,231	1,474	17,371	4,969
十五歲至未滿十八歲	男	1,921	2,489	2,656	1,292	15,094	4,311
	女	1,845	2,388	2,331	1,234	15,007	4,371
十八歲至未滿二十歲	男	1,461	1,590	2,016	1,041	7,531	1,839
	女	1,281	1,605	1,845	988	7,806	1,868
二十歲至未滿二十五歲	男	4,426	4,325	4,854	2,477	18,547	5,604
	女	3,859	4,202	4,494	2,468	18,147	5,319
二十五歲至未滿三十歲	男	3,603	4,455	3,824	2,483	18,804	5,721
	女	3,402	4,342	3,617	2,411	18,852	5,320
三十歲至未滿三十五歲	男	4 381	4,547	5,123	2,374	19,374	5,442
	女	3,864	4,318	4,613	2,265	19,305	5,343
三十五歲至未滿四十歲	男	3,693	4,538	4,841	2,167	17,462	4,971
	女	3,441	4,457	4,950	2,190	19,233	5,259
四十歲至未滿四十五歲	男	3,947	4,052	4,464	1,896	15,074	3,914
	女	3,585	3,841	4,202	1,840	17,002	4,133
四十五歲至未滿五十歲	男	3,079	4,398	4,646	1,682	17,485	4 273
	女	2,687	3,413	3,812	1,420	15,443	3,618
五十歲至未滿五十五歲	男	3,043	4,108	3,560	1,506	13,073	2,835
	女	2,575	3,170	2,934	1,317	11,211	2,383
五十五歲至未滿六十歲	男	2,216	2,906	2,815	1,104	9,766	2,123
	女	1,673	2,454	2,448	1,034	8,967	2,008
六十歲至未滿六十五歲	男	1,943	2,291	2,343	1,019	8,422	2,063
	女	1,727	1,963	2,053	1,013	7,912	1,917
六十五歲至未滿七十歲	男	1,090	1,435	1,741	740	6,741	1,563
	女	1,010	1,627	1,735	689	6,758	1,566
七十歲及以上	男	1 133	1,210	1,829	591	4,573	974
	女	1,106	1,666	1,835	754	4,875	1,163

甘肅省各縣市局人口年齡分配統計表(一四)

年齡	性別	洮沙	定西	榆中	康樂	渭源	會川
共計	合計	25,253	109,755	83,082	63,252	50,834	72,360
	男	12,106	56,346	42,785	31,474	25,865	35,613
	女	13,147	53,409	40,297	31,778	24,969	36,747
未滿一歲	男	472	627	618	904	833	614
	女	520	705	633	905	907	769
一歲至未滿五歲	男	716	5,751	3,192	3,812	1,611	3,707
	女	760	5,931	3,475	3,968	1,632	4,058
五歲至未滿六歲	男	757	1,816	1,294	1,193	1,524	1,033
	女	758	1,708	1,277	1,177	1,257	1,034
六歲至未滿十歲	男	790	6,149	4,616	4,118	1,738	4,079
	女	713	5,529	4,530	3,843	1,629	3,971
十歲至未滿十二歲	男	713	3,346	2,446	1,770	1,483	1,626
	女	765	2,709	1,982	1,543	1,400	1,570
十二歲至未滿十五歲	男	857	4,234	3,095	2,295	1,600	2,347
	女	1,020	3,416	2,504	1,992	1,323	2,147
十五歲至未滿十八歲	男	656	3,314	2,283	1,519	1,254	1,757
	女	714	3,003	2,086	1,567	1,406	1,860
十八歲至未滿二十歲	男	405	1,764	1,184	552	1,192	595
	女	403	1,675	1,117	642	1,444	657
二十歲至未滿二十五歲	男	415	4,335	2,836	1,905	1,336	2,116
	女	416	4,072	2,666	2,093	1,731	2,244
二十五歲至未滿三十歲	男	675	3,798	2,993	1,854	1,315	2,447
	女	693	3,798	2,891	2,318	1,316	2,516
三十歲至未滿三十五歲	男	761	4,155	2,827	2,124	1,428	2,637
	女	763	3,882	2,783	2,357	1,564	2,783
三十五歲至未滿四十歲	男	830	3,411	2,557	2,082	1,298	2,313
	女	893	3,754	2,742	2,358	1,515	2,712
四十歲至未滿四十五歲	男	757	3,364	2,215	1,649	1,374	1,801
	女	861	3,610	2,655	1,832	1,442	2,469
四十五歲至未滿五十歲	男	960	3,186	2,690	1,724	1,665	2,987
	女	1,002	2,988	2,329	1,577	1,471	2,458
五十歲至未滿五十五歲	男	862	2,319	2,538	1,235	1,458	1,826
	女	888	2,057	1,991	1,017	1,406	1,469
五十五歲至未滿六十歲	男	599	1,710	1,752	914	1,485	1,183
	女	735	1,495	1,467	839	1,241	1,182
六十歲至未滿六十五歲	男	439	1,306	1,383	795	1,347	1,089
	女	574	1,190	1,222	735	1,173	1,101
六十五歲至未滿七十歲	男	288	1,057	1,197	556	1,331	769
	女	480	1,091	1,036	568	1,118	899
七十歲及以上	男	135	724	969	473	593	687
	女	159	795	905	441	564	848

甘肅省各縣市局人口教育程度統計表(一)

教育程度			性別	總計	直轄區	蘭州市	皋蘭	靖遠	永登
共計			合計	5,903,475	537,719	152,249	117,252	66,883	86,395
			男	3,095,898	283,763	85,803	59,797	34,393	44,337
			女	2,807,577	253,956	66,946	57,455	32,490	42,058
受高等教育者		畢業	男	5,478	2,855	2,682	55	34	32
			女	460	290	287	—	3	—
		肄業	男	1,983	448	315	30	40	17
			女	248	92	88	—	2	2
受中等教育者	高中	畢業	男	10,764	3,577	3,074	160	107	136
			女	1,122	457	452	1	1	1
		肄業	男	7,205	1,165	713	148	122	68
			女	867	179	172	1	2	1
	初中	畢業	男	29,672	6,829	5,241	311	492	291
			女	3,504	1,558	1,520	9	7	5
		肄業	男	24,659	3,914	2,140	340	573	271
			女	3,132	999	956	13	12	1
受初等教育者	高小	畢業	男	60,437	6,723	3,323	713	862	671
			女	4,590	893	819	10	21	17
		肄業	男	56,172	5,033	2,051	827	681	726
			女	6,815	937	777	42	38	38
	初小	畢業	男	47,040	5,235	3,511	412	441	196
			女	6,902	949	803	10	25	15
		肄業	男	202,091	25,612	10,277	4,184	2,502	4,722
			女	25,385	5,751	4,603	318	206	222
私塾			男	235,023	32,212	13,879	5,268	2,404	6,358
			女	5,861	1,456	1,259	5	83	48
不識字者			男	2,415,419	190,160	38,597	47,349	26,135	30,849
			女	2,748,691	240,395	55,207	57,046	32,085	41,710

甘肅省各縣市局人口教育程度統計表(二)

教育程度			性別	會寧	景泰	湟惠局	第一區	岷縣	隴西
共計			合計	81,016	28,200	5,224	423,934	168,662	91,064
			男	41,948	14,704	2,781	216,064	86,719	46,073
			女	39,068	13,496	2,443	207,870	81,943	44,991
受高等教育者		畢業	男	31	18	3	182	53	39
			女	—	—	—	15	12	2
		肄業	男	23	21	2	133	35	59
			女	—	—	—	18	16	1
受中等教育者	高中	畢業	男	61	36	3	598	286	160
			女	2	—	—	177	172	1
		肄業	男	77	37	—	667	351	224
			女	—	3	—	202	195	5
	初中	畢業	男	280	167	47	1,396	657	330
			女	8	7	2	263	229	12
		肄業	男	375	188	27	1,396	741	318
			女	11	6	—	318	279	31
受初等教育者	高小	畢業	男	719	411	24	3,494	1,263	819
			女	11	17	—	439	328	56
		肄業	男	368	322	58	5,005	1,360	1,374
			女	15	26	1	732	499	141
	初小	畢業	男	322	343	10	3,129	1,168	1,435
			女	58	38	—	706	592	86
		肄業	男	1,895	1,623	409	8,341	3,581	1,997
			女	208	166	25	1,000	495	392
私塾			男	2,384	1,435	484	10,260	3,809	3,539
			女	4	44	8	176	102	41
不識字者			男	35,418	10,103	1,714	181,463	73,415	25,778
			女	38,751	13,189	2,407	203,824	79,014	44,223

甘肅省各縣市局人口教育程度統計表（三）

教育程度			性別	臨潭	漳縣	卓尼	夏河	第二區	平涼
共計			合計	45,973	38,451	28,387	51,397	557,845	107,002
			男	23,343	20,225	13,966	25,738	294,182	59,187
			女	22,630	18,226	14,421	25,659	263,663	47,815
受高等教育者		畢業	男	11	17	9	53	335	236
			女	1	—	—	—	16	14
		肄業	男	9	30	—	—	114	66
			女	1	—	—	—	13	12
受中等教育者	高中	畢業	男	60	60	19	13	701	389
			女	1	2	1	—	37	31
		肄業	男	29	56	2	5	360	116
			女	2	—	—	—	25	21
	初中	畢業	男	153	149	69	38	2,302	971
			女	9	1	2	—	224	169
		肄業	男	76	210	29	22	1,766	583
			女	4	1	3	—	147	122
受初等教育者	高小	畢業	男	761	509	45	97	6,099	1,462
			女	25	17	1	12	255	181
		肄業	男	926	889	280	176	3,541	787
			女	58	16	12	6	248	161
	初小	畢業	男	49	331	17	128	5,485	1,130
			女	3	11	2	12	1,286	469
		肄業	男	1,117	1,026	176	444	17,690	6,313
			女	10	75	12	16	2,289	1,648
私塾			男	1,563	1,100	249	—	15,922	5,353
			女	28	1	4	—	487	342
不識字者			男	18,589	15,848	13,071	24,762	239,917	41,797
			女	22,488	18,102	14,384	25,613	258,635	44,645

甘肅省各縣市局人口教育程度統計表(四)

教育程度	性別	隆德	崇信	化平	華亭	靜寧	莊浪
共計	合計	51,563	27,994	18,663	37,112	111,558	105,238
	男	26,676	14,935	9,730	19,548	57,271	55,631
	女	24,887	13,059	8,336	17,464	54,287	49,607
受高等教育者 畢業	男	5	6	2	28	39	12
	女	—	—	—	1	1	—
受高等教育者 肄業	男	7	3	2	10	9	11
	女	—	—	1	—	—	—
受中等教育者 高中 畢業	男	15	8	8	65	54	68
	女	—	—	—	3	2	1
受中等教育者 高中 肄業	男	39	16	6	43	52	57
	女	—	—	—	—	2	1
受中等教育者 初中 畢業	男	121	97	36	301	308	276
	女	9	—	—	24	15	1
受中等教育者 初中 肄業	男	182	80	37	128	207	328
	女	5	1	1	5	10	1
受初等教育者 高小 畢業	男	647	712	52	432	1,010	1,140
	女	7	19	—	20	15	7
受初等教育者 高小 肄業	男	298	358	68	249	565	635
	女	7	13	—	19	14	16
受初等教育者 初小 畢業	男	216	818	30	1,606	352	489
	女	8	728	—	30	35	7
受初等教育者 初小 肄業	男	1,782	1,611	700	1,067	1,794	1,749
	女	63	192	24	65	106	40
私塾	男	865	997	38	998	2,955	3,089
	女	31	8	—	8	68	21
不識字者	男	22,499	10,229	8,751	14,701	49,885	47,827
	女	24,757	12,098	8,900	17,280	54,019	49,512

甘肅省各縣市局人口教育程度統計表（五）

教育程度			性别	海原	西吉	第三區	慶陽	固原	寧縣
共計			合計	41,769	56,893	666,872	59,456	111,232	123,462
			男	21,509	29,545	366,479	32,352	59,568	67,325
			女	20,260	27,348	300,393	27,104	51,664	56,137
受高等教育者		畢業	男	—	4	223	58	30	37
			女	—	—	3	1	—	—
		肄業	男	6	—	124	20	11	34
			女	—	—	3	1	1	—
受中等教育者	高中	畢業	男	54	40	534	85	119	62
			女	—	—	15	7	4	1
		肄業	男	18	13	532	50	73	90
			女	—	1	9	1	4	—
	初中	畢業	男	126	66	2,943	409	431	490
			女	5	1	95	18	25	10
		肄業	男	93	98	2,725	480	380	476
			女	2	—	92	20	32	5
受初等教育者	高小	畢業	男	212	431	11,577	1,213	746	1,794
			女	6	—	235	33	69	10
		肄業	男	168	413	4,498	540	1,070	485
			女	2	16	381	35	204	15
	初小	畢業	男	476	318	1,914	113	746	125
			女	5	4	177	81	21	12
		肄業	男	1,117	1,537	27,762	3,746	2,294	5,363
			女	28	113	1,402	439	57	135
私塾			男	1,090	547	30,269	5,258	5,374	5,827
			女	5	4	397	142	99	51
不識字者			男	18,149	26,078	283,378	20,380	48,294	52,542
			女	20,207	27,209	297,584	26,326	51,148	55,898

甘肅省各縣市局人口教育程度統計表(六)

教育程度			性別	涇川	正寧	靈台	鎮原	合水	環縣
共計			合計	113,865	41,631	93,958	123,268		
			男	66,990	22,867	51,640	65,737		
			女	46,875	18,764	42,318	57,531		
受高等教育者		畢業	男	40	9	14	35		
			女	1	—	1	—		
		肄業	男	18	6	5	30		
			女	1	—	—	—		
受中等教育者	高中	畢業	男	81	26	55	106		
			女	1	—	2	—		
		肄業	男	113	40	63	103		
			女	2	—	2	—		
	初中	畢業	男	389	203	403	618		
			女	17	3	14	8		
		肄業	男	326	204	473	386		
			女	19	5	6	5		
受初等教育者	高小	畢業	男	2,055	830	2,013	2,926		
			女	72	7	28	16		
		肄業	男	552	553	688	610		
			女	27	80	17	3		
	初小	畢業	男	151	19	82	678		
			女	13	1	3	46		
		肄業	男	4,317	1,615	5,812	4,615		
			女	213	107	370	81		
私塾			男	3,331	1,057	2,699	5,723		
			女	62	9	20	14		
不識字者			男	55,617	18,305	38,333	49,907		
			女	46,447	18,552	41,855	57,358		

甘肅省各縣市局人口教育程度統計表(七)

教育程度			性別	第四區	天水	秦安	通渭	甘谷	禮縣
共計			合計	1,385,109	275,372	204,546	151,687	134,089	145,839
			男	726,977	144,917	107,015	78,726	69,978	74,858
			女	658,132	130,455	97,531	72,961	64,111	70,981
受高等教育者		畢業	男	769	341	87	46	146	7
			女	98	91	—	—	4	—
		肄業	男	594	280	68	51	105	13
			女	90	79	2	2	3	1
受中等教育者	高中	畢業	男	2,103	1,146	171	125	272	44
			女	269	250	2	2	11	—
		肄業	男	1,933	1,002	164	141	270	86
			女	255	223	—	1	18	—
	初中	畢業	男	6,214	2,466	784	445	807	222
			女	739	604	15	9	26	7
		肄業	男	5,612	2,014	706	399	701	291
			女	860	687	12	11	37	18
受初等教育者	高小	畢業	男	12,358	4,093	902	1,012	1,297	1,611
			女	1,531	1,194	29	24	64	64
		肄業	男	13,220	4,022	1,492	862	1,417	1,871
			女	2,583	1,759	96	39	140	140
	初小	畢業	男	12,490	6,001	405	477	254	3,375
			女	2,294	1,850	22	45	9	95
		肄業	男	30,653	6,205	4,605	2,462	3,172	3,589
			女	3,997	2,313	195	118	101	157
私塾			男	51,395	11,157	9,146	4,883	5,601	8,735
			女	921	581	65	21	105	—
不識字者			男	589,636	106,199	88,485	67,823	55,926	55,014
			女	644,495	120,824	97,093	72,689	63,593	70,499

甘肅省各縣市局人口教育程度統計表(八)

教育程度			性別	清水	武山	西和	兩當	徽縣	第五區
共計			合計	103,121	104,938	134,722	20,816	109,979	313,188
			男	54,259	56,966	70,752	11,183	58,323	209,408
			女	48,862	47,972	63,970	9,633	51,656	193,780
受高等教育者		畢業	男	20	69	3	4	46	50
			女	1	2	—	—	—	2
		肄業	男	13	44	8	2	10	46
			女	1	1	—	—	1	7
受中等教育者	高中	畢業	男	75	157	29	15	59	316
			女	—	3	—	—	1	21
		肄業	男	56	120	42	5	47	473
			女	7	3	—	—	3	53
	初中	畢業	男	323	441	235	61	429	1,166
			女	18	24	6	1	29	79
		肄業	男	248	486	201	71	395	1,517
			女	12	25	7	6	45	140
受初等教育者	高小	畢業	男	803	1,192	513	200	745	4,553
			女	13	71	23	6	43	343
		肄業	男	482	1,369	259	142	1,304	8,611
			女	27	146	9	19	208	452
	初小	畢業	男	588	631	294	98	367	7,687
			女	14	121	3	23	118	257
		肄業	男	2,920	2,765	2,558	560	1,816	14,813
			女	112	360	129	152	360	761
私塾			男	2,494	3,465	2,714	505	2,695	8,058
			女	3	88	18	17	23	14
不識字者			男	46,137	46,227	62,885	9,520	50,410	162,118
			女	48,654	47,128	63,775	9,409	50,831	191,651

甘肅省各縣市局人口教育程度統計表(九)

教育程度			性別	臨夏	和政	寧定	永靖	第六區	武威
共計			合計	202,918	51,566	74,175	74,529	762,524	252,863
			男	106,232	25,841	39,749	37,586	349,488	130,648
			女	96,686	25,725	34,426	36,943	323,036	122,215
受高等教育者	畢業		男	9	2	11	28	385	173
			女	1	—	—	1	9	2
	肄業		男	10	6	4	26	134	53
			女	3	—	—	4	8	4
受中等教育者	高中	畢業	男	190	14	21	91	1,138	476
			女	18	—	—	3	41	28
		肄業	男	265	19	7	182	573	152
			女	45	—	—	8	27	18
	初中	畢業	男	807	65	98	196	2,985	883
			女	70	—	3	6	169	61
		肄業	男	1,071	81	36	229	1,912	450
			女	121	—	—	19	147	54
受初等教育者	高小	畢業	男	3,091	217	136	1,109	3,909	488
			女	266	2	1	74	223	24
		肄業	男	3,700	364	255	4,292	3,862	459
			女	323	3	4	112	270	41
	初小	畢業	男	5,202	503	86	1,869	2,848	1,123
			女	256	1	—	—	332	71
		肄業	男	7,063	905	531	6,314	32,405	13,783
			女	612	7	2	140	3,904	1,167
私塾			男	5,469	308	171	2,110	44,082	15 694
			女	—	—	—	14	1,832	130
不識字者			男	79,355	23,857	38,393	21,013	255,255	96,914
			女	94,961	25,712	34,416	36.562	316,074	120,615

甘肅省各縣市局人口教育程度統計表(一〇)

教育程度			性別	古浪	民勤	民樂	山丹	張掖	臨澤
共計			合計	32,622	90,734	39,239	31,353	139,098	44,694
			男	16,982	46,629	19,632	16,682	73,277	23,549
			女	15,640	43,788	19,607	14,671	6[illegible]807	21,145
受高等教育者	畢業		男	23	39	10	15	73	25
			女	—	—	—	1	4	2
	肄業		男	7	23	7	3	22	6
			女	—	—	1	—	2	1
受中等教育者	高中	畢業	男	47	157	71	86	202	46
			女	1	1	—	—	3	—
		肄業	男	21	107	37	34	118	51
			女	—	—	—	—	9	—
	初中	畢業	男	173	590	246	204	459	203
			女	5	1	1	3	85	4
		肄業	男	92	337	122	191	382	223
			女	3	2	6	21	43	7
受初等教育者	高小	畢業	男	406	629	806	551	420	175
			女	9	12	3	12	36	7
		肄業	男	544	772	209	610	375	291
			女	31	12	7	82	61	17
	初小	畢業	男	91	399	138	42	457	71
			女	2	32	42	—	171	10
		肄業	男	1,067	4,042	1,954	1,398	7,490	1,025
			女	120	174	587	73	1,486	137
私塾			男	2,011	9,486	1,849	1,542	8,274	2,121
			女	16	8	16	8	517	1,014
不識字者			男	12,500	50,039	14,183	12,056	54,905	19,312
			女	15,453	42,546	18,944	14,471	63,390	19,946

甘肅省各縣市局人口教育程度統計表(一一)

教育程度			性別	永昌	第七區	酒泉	敦煌	金塔	鼎新
共計			合計	42,393	268,306	104,986	26,171	28,082	10,828
			男	22,089	140,257	55,500	13,922	14,288	5,587
			女	20,163	128,049	49,486	12,249	13,794	5,241
受高等教育者		畢業	男	27	200	154	21	4	2
			女	—	13	11	—	—	—
		肄業	男	13	56	33	2	3	—
			女	—	3	2	—	—	—
受中等教育者	高中	畢業	男	103	444	279	47	24	6
			女	8	36	30	5	—	—
		肄業	男	53	199	96	40	19	7
			女	—	8	6	1	1	—
	初中	畢業	男	218	1,468	791	178	111	42
			女	9	103	95	5	2	—
		肄業	男	115	839	425	83	57	27
			女	11	45	31	4	1	—
受初等教育者	高小	畢業	男	434	2,299	651	217	407	102
			女	120	136	71	23	3	3
		肄業	男	602	1,531	262	162	58	53
			女	19	257	40	22	2	—
	初小	畢業	男	527	1,489	740	156	77	83
			女	4	230	119	26	11	18
		肄業	男	1,646	14,267	6,398	845	779	1,158
			女	160	3,187	1,133	161	114	1,077
私塾			男	3,005	12,358	4,793	729	1,294	348
			女	123	108	58	4	31	—
不識字者			男	15,346	105,107	40,673	11,442	11,455	3,759
			女	19,709	123,918	47,887	11,998	13,629	4,143

甘肅省各縣市局人口教育程度統計表(一二)

教育程度			性別	安西	玉門	高台	肅北	第八區	武都
共計			合計	18,085	23,147	16,104	898	518,675	183,038
共計			男	9,559	12,449	28,518	434	270,011	94,624
共計			女	8,526	10,689	27,591	464	248,236	88,414
受高等教育者		畢業	男	13	2	4	—	92	40
受高等教育者		畢業	女	2	—	—	—	4	2
受高等教育者		肄業	男	3	1	9	—	68	35
受高等教育者		肄業	女	1	—	—	—	2	2
受中等教育者	高中	畢業	男	29	12	47	—	252	126
受中等教育者	高中	畢業	女	—	—	1	—	8	7
受中等教育者	高中	肄業	男	8	5	24	—	253	123
受中等教育者	高中	肄業	女	—	—	—	—	13	9
受中等教育者	初中	畢業	男	81	108	157	—	1,167	336
受中等教育者	初中	畢業	女	2	2	2	—	60	23
受中等教育者	初中	肄業	男	69	59	119	—	1,519	558
受中等教育者	初中	肄業	女	2	2	2	—	59	14
受初等教育者	高小	畢業	男	258	318	346	—	2,977	635
受初等教育者	高小	畢業	女	23	6	7	—	110	29
受初等教育者	高小	肄業	男	471	159	366	—	3,296	754
受初等教育者	高小	肄業	女	99	11	83	—	225	33
受初等教育者	初小	畢業	男	2	100	331	—	1,373	256
受初等教育者	初小	畢業	女	—	4	52	—	84	33
受初等教育者	初小	肄業	男	355	862	3,609	61	16,085	5,863
受初等教育者	初小	肄業	女	116	110	476	—	1,403	398
私塾			男	636	897	3,568	93	14,923	4,437
私塾			女	2	13	—	—	344	64
不識字者			男	7,634	9,925	19,938	280	228,006	81,321
不識字者			女	8,279	10,550	26,968	464	245,924	87,800

甘肅省各縣市局人口教育程度統計表(一三)

教育程度			性別	文縣	成縣	康縣	西固	第九區	臨洮
共計			合計	82,530	100,774	10,981	50,352	469,731	127,490
			男	43,572	52,280	53,756	25,779	239,269	65,654
			女	38,958	48,066	48,225	24,573	230,462	61,626
受高等教育者		畢業	男	7	32	3	10	387	168
			女	—	2	—	—	10	—
		肄業	男	8	20	2	3	266	103
			女	—	—	—	—	12	4
受中等教育者	高中	畢業	男	21	67	14	24	1,101	421
			女	—	1	—	—	61	27
		肄業	男	28	76	14	12	1,050	373
			女	—	3	1	—	96	54
	初中	畢業	男	192	445	122	72	3,202	1,380
			女	13	24	—	—	209	129
		肄業	男	268	522	118	53	3,459	1,278
			女	19	25	1	—	325	219
受初等教育者	高小	畢業	男	764	596	561	421	6,448	1,687
			女	31	38	5	7	425	169
		肄業	男	587	1,290	410	255	7,430	2,715
			女	43	127	17	5	730	436
	初小	畢業	男	330	136	405	106	5,440	784
			女	13	17	11	10	587	153
		肄業	男	2,601	2,392	2,434	2,595	14,463	4,7[illegible]
			女	414	202	113	276	1,691	925
私塾			男	3,819	4,053	1,696	918	15,544	4,563
			女	186	46	9	39	126	62
不識字者			男	34,747	42,651	47,977	21,310	180,379	47,449
			女	38,239	47,581	48,068	24,236	226,190	59,448

甘肅省各縣市局人口教育程度統計表(一四)

教育程度			性別	洮沙	定西	榆中	康樂	渭源	會川
共計			合計	21,270	93,216	72,487	51,298	43,100	61,145
			男	10,161	48,152	37,581	25,570	21,897	30,259
			女	11,109	45,064	34,906	25,728	21,143	30,886
受高等教育者		畢業	男	29	75	72	9	16	18
			女	1	4	5	—	—	—
		肄業	男	27	65	33	9	17	12
			女	—	3	3	—	2	—
受中等教育者	高中	畢業	男	76	186	234	44	134	56
			女	21	3	4	1	4	1
		肄業	男	66	208	202	50	103	48
			女	15	18	7	—	2	—
	初中	畢業	男	193	275	564	240	304	246
			女	42	11	7	4	10	6
		肄業	男	362	463	534	258	360	224
			女	20	35	29	6	9	7
受初等教育者	高小	畢業	男	1,132	650	1,423	285	896	375
			女	117	22	29	7	77	4
		肄業	男	1,087	763	1,356	286	932	391
			女	94	60	46	7	77	10
	初小	畢業	男	1,091	1,020	829	324	1,148	234
			女	144	56	113	4	116	1
		肄業	男	936	2,026	2,728	1,105	1,478	1,457
			女	118	123	185	18	285	37
私塾			男	481	2,904	4,511	559	1,839	687
			女	3	12	10	2	29	8
不識字者			男	4,681	39,567	25,095	22,406	14,670	26,511
			女	10,534	44,717	34,468	25,679	20,532	30,812

甘肅省各縣市局人口職業分配統計表（一）

職業	性別	總計	直轄區	蘭州市	皋蘭	靖遠	永登
共計	合計	4,927,183	441,698	129,241	96,175	54,346	70,541
	男	2,574,866	233,273	73,679	49,132	27,560	35,948
	女	2,352,317	208,425	55,562	47,043	26,786	34,593
農業	男	1,995,871	136,592	6,897	40,282	21,591	26,599
	女	1,359,103	77,054	2,727	36,285	20	9,229
礦業	男	3,977	1,809	242	739	139	363
	女	151	5	2	—	—	1
工業	男	78,595	16,778	13,110	1,429	1,121	784
	女	251,400	4,755	557	2,908	1,146	116
商業	男	135,767	27,079	21,201	1,017	1,687	1,943
	女	23,962	932	484	122	6	109
交通運輸業	男	10,034	4,881	4,453	164	224	9
	女	229	71	71	—	—	—
公務	男	65,268	12,062	10,590	621	488	759
	女	1,455	289	234	21	4	4
自由職業	男	18,280	2,993	1,765	154	327	375
	女	2,549	375	343	1	17	2
人事服務	男	23,867	5,042	3,599	388	249	722
	女	12,833	5,666	559	4,269	28	245
其他	男	22,770	324	267	2	31	17
	女	30,128	51	38	—	—	—
無業	男	220,357	24,703	11,555	4,336	1,703	4,377
	女	670,507	119,227	50,597	3,437	25,565	24,887

甘肅省各縣市局人口職業分配統計表(三)

職業	性別	會寧	景泰	湟惠局	第一區	岷縣	隴西
共計	合計	64,792	22,373	4,230	364,615	145,951	77,968
	男	33,094	11,609	2,251	184,616	74,506	39,043
	女	31,698	10,764	1,979	179,999	71,445	38,925
農業	男	29,255	10,157	1,811	144,362	66,100	24,536
	女	17,387	9,843	1,563	120,292	66,708	13,944
礦業	男	8	317	1	31	29	—
	女	1	—	1	—	—	—
工業	男	129	150	55	3,659	1,210	1,202
	女	13	3	12	811	324	283
商業	男	895	271	65	8,889	3,522	1,499
	女	130	107	24	3,396	1,799	119
交通運輸業	男	9	14	8	210	183	4
	女	—	—	—	17	17	—
公務	男	304	232	68	3,321	977	738
	女	6	20	—	24	18	2
自由職業	男	222	129	21	992	269	91
	女	1	11	—	56	32	23
人事服務	男	28	43	13	566	345	10
	女	89	476	—	180	93	1
其他	男	13	4	—	4,786	55	—
	女	—	13	—	21	7	—
無業	男	2,231	292	209	17,800	1,816	10,963
	女	14,071	291	379	55,193	2,447	24,553

甘肅省各縣市局人口職業分配統計表(三)

職業	性別	臨潭	漳縣	卓尼	夏河	第二區	平涼
共計	合計	38,125	33,375	24,848	44,348	456,595	88,842
	男	19,176	17,451	12,224	22,216	240,549	50,108
	女	18,949	15,924	12,624	22,132	216,046	33,734
農業	男	15,590	14,151	9,342	14,543	183,563	20,791
	女	—	9,266	9,776	20,598	162,469	8,817
礦業	男	2	—	—	—	250	18
	女	—	—	—	—	21	—
工業	男	694	30	229	285	8,247	5,933
	女	17	—	187	—	4,312	2,514
商業	男	1,312	617	184	1,755	13,333	7,357
	女	17	221	20	1,220	3,777	403
交通運輸業	男	17	1	5	—	871	719
	女	—	—	—	—	2	2
公務	男	374	583	162	487	4,854	1,549
	女	—	2	2	—	93	54
自由職業	男	37	36	295	264	1,831	1,021
	女	1	—	—	—	133	63
人事服務	男	29	5	177	—	2,792	772
	女	—	—	95	—	1,068	12
其他	男	24	25	—	4,682	3,504	445
	女	11	3	—	—	393	135
無業	男	997	1,904	1,830	200	21,204	11,403
	女	18,903	6,432	2,544	314	43,778	26,734

甘肅省各縣市局人口職業分配統計表(四)

職業	性別	隆德	崇信	化平	華亭	靜寧	莊浪
共計	合計	41,301	23,375	15,255	33,446	89,777	87,228
	男	21,179	12,585	7,990	16,774	44,975	45,608
	女	20,122	10,790	7,265	14,672	44,802	41,620
農業	男	19,618	7,841	6,812	12,612	40,588	42,547
	女	19,317	8,944	2,260	11,763	39,742	40,834
礦業	男	1	1	—	157	6	63
	女	—	1	—	16	—	4
工業	男	61	83	21	897	686	255
	女	16	26	—	281	1,083	173
商業	男	421	344	165	1,228	1,580	746
	女	257	227	18	1,108	502	190
交通運輸業	男	36	1	4	6	32	10
	女	—	—	—	—	—	—
公務	男	410	169	119	288	504	732
	女	4	5	3	3	3	—
自由職業	男	184	88	3	118	175	170
	女	35	2	2	10	12	2
人事服務	男	366	6	19	290	25	173
	女	268	1	—	316	1	110
其他	男	8	2,550	—	479	5	9
	女	57	—	—	175	—	23
無業	男	74	1,499	847	699	1,374	903
	女	168	1,584	4,982	1,000	3,459	284

甘肅省各縣市局人口職業分配統計表（五）

職業	性別	海原	西吉	第三區	慶陽	固原	寧縣
共計	合計	33,620	25,751	541,152	47,831	90,730	98,177
	男	17,479	23,851	297,746	26,141	48,785	53,828
	女	16,141	21,900	243,406	21,690	41,945	44,349
農業	男	12,010	20,841	241,230	19,127	35,876	45,487
	女	10,442	20,350	173,288	403	25,447	37,457
礦業	男	4	—	166	3	136	24
	女	—	—	9	—	9	—
工業	男	163	148	4,940	1,226	1,589	692
	女	47	172	2,204	36	385	1,420
商業	男	568	924	10,202	1,440	3,623	1,356
	女	270	802	1,141	2	620	171
交通運輸業	男	48	15	265	40	150	19
	女	—	—	14	—	13	1
公務	男	603	380	4,732	639	766	744
	女	14	7	28	7	9	1
自由職業	男	30	42	2,089	255	597	385
	女	6	1	56	5	16	1
人事服務	男	261	880	924	219	377	115
	女	46	314	283	1	237	18
其他	男	—	8	145	38	5	18
	女	—	3	44	2	7	—
蠶業	男	3,792	613	33,053	3,154	5,666	4,988
	女	5,316	251	66,339	21,234	15,262	5,280

甘肅省各縣市局人口職業分配統計表（六）

職業	性別	涇川	正寧	靈台	鎮原	合水	環縣
共計	合計	94,582	32,866	77,910	99,016		
	男	55,882	18,072	42,667	52,371		
	女	38,700	14,794	35,243	46,685		
農業	男	46,966	14,448	34,882	44,444		
	女	32,334	8,363	29,533	39,751		
礦業	男	—	1	2	—		
	女	—	—	—	—		
工業	男	509	208	190	526		
	女	156	36	11	160		
商業	男	1,426	447	908	1,002		
	女	123	55	123	47		
交通運輸業	男	36	4	13	3		
	女	—	—	—	—		
公務	男	691	404	362	1,126		
	女	9	1	—	1		
自由職業	男	277	162	179	234		
	女	22	2	8	2		
人事服務	男	135	26	44	8		
	女	—	8	19	—		
其他	男	—	6	67	11		
	女	—	—	35	—		
無業	男	5,842	2,366	6,020	5,017		
	女	6,056	6,329	5,514	6,724		

甘肅省各縣市局人口職業分配統計表（七）

職業	性別	第四區	天水	秦安	通渭	甘谷	禮縣
共計	合計	1,177,874	238,361	169,733	126,673	111,034	122,253
	男	614,789	125,505	88,029	64,580	57,478	62,362
	女	563,085	112,856	81,704	62,093	53,556	59,891
農業	男	493,719	91,556	75,551	56,891	47,419	41,358
	女	254,309	57,048	5,200	51,062	12,121	16,865
礦業	男	733	131	3	7	2	549
	女	49	23	—	1	—	25
工業	男	15,913	5,439	2,165	534	1,909	1,746
	女	166,365	16,422	74,510	4,315	38,479	3,398
商業	男	28,127	8,118	3,960	1,541	3,895	1,856
	女	7,476	3,566	88	182	18	577
交通運輸業	男	1,408	1,086	16	105	64	6
	女	100	91	—	—	—	—
公務	男	11,173	2,819	1,293	902	1,123	834
	女	711	527	1	49	1	6
自由職業	男	4,787	1,783	415	396	547	315
	女	1,373	1,177	9	2	19	12
人事服務	男	3,573	2,079	330	128	151	248
	女	2,334	1,345	2	9	12	82
其他	男	9,754	8,399	40	805	49	227
	女	23,730	21,567	2	1,981	12	106
無業	男	45,602	4,095	4,256	3,181	2,319	15,223
	女	106,638	11,090	1,852	4,492	2,894	38,820

甘肅省各縣市局人口職業分配統計表（八）

職業	性別	清水	武山	西和	兩當	徽縣	第五區
共計	合計	88,908	88,706	116,898	18,657	96,651	354,494
	男	46,592	47,883	61,178	10,070	51,112	184,146
	女	42,316	40,823	55,720	8,587	45,539	170,348
農業	男	39,705	39,072	52,508	7,699	41,870	135,399
	女	36,674	35,306	18,986	3,359	17,688	137,520
礦業	男	—	8	—	—	33	189
	女	—	—	—	—	—	19
工業	男	1,573	458	924	291	856	5,116
	女	1,820	118	23,718	3,383	202	853
商業	男	1,557	1,911	2,234	388	2,667	8,533
	女	886	1,562	96	165	326	742
交通運輸業	男	8	33	4	14	72	354
	女	1	3	—	—	5	—
公務	男	579	1,897	695	278	753	2,830
	女	1	55	2	60	9	87
自由職業	男	341	166	289	166	369	1,186
	女	18	57	12	52	15	148
人事服務	男	69	40	162	139	227	1,418
	女	57	19	12	39	757	1,154
其他	男	10	77	37	15	95	1,760
	女	5	10	4	31	12	1,109
無業	男	2,750	4,221	4,307	1,080	4,170	27,358
	女	2,854	3,693	12,890	1,498	26,515	28,716

甘肅省各縣市局人口職業分配統計表(九)

職業	性別	臨夏	和政	寧定	永靖	第六區	武威
共計	合計	187,418	43,837	19,476	63,763	541,759	196,617
	男	98,174	21,958	32,153	31,858	279,362	99,985
	女	89,244	21,879	27,320	31,905	262,337	96,632
農業	男	61,945	19,658	29,384	24,412	219,297	75,149
	女	64,177	20,769	26,016	26,558	128,277	82,197
礦業	男	—	—	1	188	315	67
	女	—	—	—	19	25	15
工業	男	3,756	297	50	1,013	11,164	5,172
	女	300	7	3	543	40,141	638
商業	男	6,525	852	325	834	17,973	7,786
	女	322	26	59	335	1,365	866
交通運輸業	男	—	85	2	267	611	179
	女	—	—	—	—	3	3
公務	男	1,295	144	806	585	13,865	5,472
	女	77	2	4	4	59	25
自由職業	男	553	40	218	375	1,269	453
	女	21	10	1	116	138	72
人事服務	男	537	21	317	543	3,398	1,356
	女	380	46	141	587	542	278
其他	男	1,159	140	20	441	624	525
	女	471	26	5	607	111	87
無業	男	22,404	721	1,033	3,200	10,846	2,826
	女	23,496	993	1,091	3,136	91,433	12,456

甘肅省各縣市局人口職業分配統計表(十)

職業	性別	古浪	民勤	民樂	山丹	張掖	臨澤
共計	合計	25,447	75,111	32,751	25,701	113,974	37,352
	男	13,051	38,412	16,394	13,628	60,038	19,560
	女	12,396	36,699	16,357	12,073	53,936	17,802
農業	男	10,890	34,044	13,836	11,670	45,433	12,967
	女	10,446	—	68	--	17,068	17,498
礦業	男	5	2	53	23	108	30
	女	—	—	—	—	6	2
工業	男	647	850	295	414	2,535	132
	女	267	35,623	—	—	197	33
商業	男	787	1,043	454	586	5,995	274
	女	339	86	3	—	130	233
交通運輸業	男	4	2	41	14	101	23
	女	—	—	—	—	—	—
公務	男	245	1,098	436	202	790	5,318
	女	11	1	1	—	12	9
自由職業	男	74	69	58	91	389	27
	女	27	—	4	—	20	4
人事服務	男	7	20	218	14	1,507	6
	女	2	—	3	—	236	1
其他	男	—	16	11	—	54	16
	女	—	2	—	—	22	—
無業	男	392	1,268	992	614	3,125	767
	女	1,304	987	16,278	12,073	36,245	22

甘肅省各縣市局人口職業分配統計表（一）

職業	性別	永昌	第七區	酒泉	敦煌	金塔	鼎新
共計	合計	34,796	218,650	84,565	21,062	23,084	8,795
	男	18,294	114,073	44,653	11,206	11,848	4,530
	女	16,502	104,577	39,912	9,856	11,[illegible]	4,265
農業	男	14,308	82,634	29,876	8,156	8,255	3,804
	女	10,000	36,924	24,360	313	58	3,849
礦業	男	27	273	106	—	12	8
	女	2	5	3	—	—	—
工業	男	1,119	6,101	2,029	573	487	25
	女	3,386	2,815	133	45	1,965	10
商業	男	1,047	7,488	4,426	600	487	44
	女	8	615	182	11	38	10
交通運輸業	男	247	887	786	11	15	6
	女	—	14	12	—	—	—
公務	男	304	5,293	2,292	466	1,005	181
	女	—	43	10	3	17	4
自由職業	男	108	871	569	103	54	11
	女	11	62	42	3	4	—
人事服務	男	270	2,469	1,673	23	71	14
	女	27	297	131	—	7	1
其他	男	2	559	226	—	116	6
	女	—	222	9	—	150	—
無業	男	862	7,498	2,670	1,274	1,346	431
	女	12,068	63,580	15,030	9,481	8,997	391

甘肅省各縣市局人口職業分配統計表（一二）

職業	性別	安西	玉門	高台	肅北	第八區	武都
共計	合計	14,490	18,809	47,150	695	450,180	156,640
	男	7,756	10,078	23,653	349	234,035	80,661
	女	6,734	8,731	23,497	346	216,145	75,979
農業	男	5,296	6,975	19,946	326	201,675	70,427
	女	2,779	5,226	—	339	160,656	65,182
礦業	男	—	83	64	—	24	—
	女	—	2	—	—	4	—
工業	男	255	2,109	623	—	2,595	834
	女	24	635	3	—	28,301	197
商業	男	450	492	183	6	4,789	1,286
	女	111	261	2	—	2,351	416
交通運輸業	男	19	25	8	17	70	21
	女	—	2	—	—	6	—
公務	男	350	183	816	—	2,217	527
	女	9	—	—	—	35	2
自由職業	男	44	66	24	—	934	213
	女	—	13	—	—	85	35
人事服務	男	625	49	14	—	3,828	967
	女	136	22	—	—	1,261	372
其他	男	—	24	187	—	1,207	500
	女	7	46	10	—	4,426	4,274
失業	男	717	72	988	—	17,296	5,886
	女	3,068	2,524	23,482	7	19,611	5,501

甘肅省各縣市局人口職業分配統計表（一三）

職業	性別	文縣	成縣	康縣	西固	第九區	臨洮
共計	合計	72,109	87,676	90,568	43,187	380,166	100,773
	男	37,943	45,582	47 759	22,090	192,277	51,536
	女	34,166	42,094	42,809	21,097	187,889	49,237
農業	男	33,712	36,979	42,347	18,110	157,400	37,371
	女	31,233	6,837	38,341	18,463	108,914	24,175
礦業	男	—	19	1	4	187	2
	女	—	—	—	4	14	—
工業	男	298	1,254	132	77	4,082	2,253
	女	136	27,837	120	11	840	432
商業	男	1,504	1,157	693	149	9,351	3,367
	女	1,276	81	521	57	1,867	267
交通運輸業	男	11	37	—	1	477	112
	女	5	—	—	1	2	—
公務	男	603	298	483	356	4,021	1,235
	女	20	2	4	7	86	13
自由職業	男	86	391	95	149	1,328	709
	女	7	32	5	6	123	67
人事服務	男	912	993	142	314	357	98
	女	465	255	36	133	39	7
其他	男	27	524	7	149	97	13
	女	7	19	119	7	21	—
無業	男	790	3,930	3,909	2,781	14,977	5,776
	女	1,017	7,031	4,659	2,408	75,983	24,276

甘肅省各縣市局人口職業分配統計表（一四）

職業	性別	洮沙	定西	榆中	康樂	渭源	會川
共計	合計	18,289	71,483	58,913	40,019	36,790	49,899
	男	8,658	38,657	30,519	19,677	18,676	24,551
	女	9,631	36,826	28,394	20,342	18,114	25,345
農業	男	6,345	33,889	24,045	17,277	16,200	21,673
	女	8,757	54	17,785	18,605	16,851	22,687
礦業	男	159	5	18	1	—	2
	女	13	1	—	—	—	—
工業	男	271	595	458	130	262	103
	女	14	73	237	41	24	19
商業	男	497	1,764	1,607	393	786	957
	女	107	80	158	306	265	684
交通運輸業	男	110	43	193	—	11	8
	女	—	1	1	—	—	—
公務	男	356	751	854	186	432	207
	女	41	14	7	1	6	4
自由職業	男	192	149	96	140	9	33
	女	19	10	14	5	—	8
人事服務	男	66	98	60	30	4	1
	女	15	14	3	—	—	—
其他	男	71	2	8	—	3	—
	女	11	—	8	—	2	—
無業	男	591	1,261	3,170	1,520	969	1,590
	女	654	36,579	10,181	1,384	966	1,943

甘肅省各縣市局人口婚姻狀況統計表(一)

區域別	性別	共計	未婚	有配偶	喪偶	離婚
總計	合計	4,512,746	476,898	3,580,177	450,352	5,319
	男	2,349,708	327,337	1,812,714	206,396	3,261
	女	2,163,038	149,561	1,767,463	243,956	2,058
直轄區	男	211,422	34,526	160,061	16,786	49
	女	189,486	13,323	153,193	22,953	17
蘭州市	男	67,014	15,771	46,630	4,580	33
	女	50,265	4,589	39,810	5,854	12
皋蘭	男	44,554	6,372	34,150	4,030	2
	女	42,745	2,724	34,314	5,706	1
靖遠	男	24,820	4,033	19,294	1,493	—
	女	24,517	2,085	19,355	3,077	—
永登	男	32,988	4,018	25,929	3,037	4
	女	31,664	2,216	25,565	3,883	—
會寧	男	29,498	2,889	24,104	2,495	10
	女	28,633	1,147	24,275	3,210	1
景泰	男	10,542	1,029	8,517	996	—
	女	9,939	485	8,441	1,010	3
湟惠渠	男	2,006	414	1,437	155	—
	女	1,723	77	1,433	213	—
第一區	男	168,963	22,887	133,706	11,565	775
	女	165,438	18,578	132,727	13,406	727
岷縣	男	69,028	5,116	57,048	6,357	507
	女	66,643	3,379	56,297	6,514	453
隴西	男	35,155	7,286	26,458	1,405	6
	女	35,480	7,718	26,458	1,298	6
臨洮	男	17,255	1,059	14,725	1,331	140
	女	17,273	838	14,309	2,040	86
漳縣	男	16,071	3,039	11,810	1,222	—
	女	14,843	1,628	11,785	1,430	—
卓尼	男	11,454	2,192	8,067	1,129	66
	女	11,861	1,442	8,358	1,938	123

甘肅省各縣市局人口婚姻狀況統計表(二)

區域別	性別	共計	未婚	有偶	喪偶	離婚
夏河	男	20,000	4,195	15,598	25,001	1,502
	女	19,338	3,573	15,520	183	59
第二區	男	218,895	28,012	173,421	17,409	53
	女	198,502	10,576	166,520	21,389	17
平涼	男	46,093	8,230	34,300	3,563	—
	女	35,780	2,459	29,231	4,090	—
隆德	男	19,263	2,157	15,500	1,600	6
	女	18,270	689	15,281	2,300	—
崇信	男	11,736	981	9,400	1,355	—
	女	10,110	395	8,533	1,182	—
化平	男	7,192	822	5,137	1,231	2
	女	6,613	424	5,184	1,001	4
華亭	男	15,514	2,766	11,589	1,137	13
	女	13,558	1,305	11,065	1,184	4
靜寧	男	39,869	4,428	32,347	3,087	7
	女	41,010	1,376	35,003	4,630	1
莊浪	男	41,719	4,431	33,854	3,413	21
	女	38,562	802	32,727	5,031	2
海原	男	15,924	547	14,980	397	—
	女	14,639	566	13,789	284	—
西吉	男	21,585	3,650	16,305	1,626	4
	女	19,930	2,560	15,707	1,687	6
第三區	男	269,499	31,809	203,997	33,667	26
	女	221,890	3,334	190,700	27,849	7
慶陽	男	23,295	2,117	18,520	2,644	14
	女	19,436	64	16,680	2,692	—
固原	男	44,646	5,789	35,363	3,491	3
	女	38,641	1,629	33,537	3,469	6
寧縣	男	48,082	5,581	36,964	5,535	2
	女	39,656	144	34,049	5,463	—
涇川	男	51,814	7,274	36,569	7,968	3
	女	36,082	596	31,105	4,580	1

甘肅省各縣市局人口婚姻狀況統計表(三)

區域別	性別	共計	未婚	有偶	喪偶	離婚
正寧	男	16,132	2,790	11,135	2,205	2
	女	13,307	414	10,966	1,927	一
靈台	男	38,419	4,395	27,929	6,095	一
	女	31,691	150	26,956	4,585	一
鎮原	男	4,711	3,863	37,517	5,729	2
	女	43,077	537	37,407	5,133	一
合水	男					
	女					
環縣	男					
	女					
第四區	男	559,780	71,549	443,907	43,784	540
	女	519,226	27,916	438,724	52,334	252
天水	男	115,756	17,308	95,095	3,133	220
	女	104,243	9,066	92,824	2,210	143
秦安	男	78,852	10,551	62,654	5,624	23
	女	75,017	3,359	62,812	8,843	3
通渭	男	57,825	7,288	46,161	4,368	8
	女	56,984	4,087	47,020	5,875	2
甘谷	男	51,143	8,436	39,731	2,905	71
	女	48,433	2,786	39,654	5,981	12
漳縣	男	55,681	2,462	45,596	7,602	21
	女	53,945	1,184	45,727	7,003	31
清水	男	43,117	4,978	33,820	4,310	9
	女	39,690	1,386	33,869	4,435	一
武山	男	43,521	6,221	34,087	3,092	121
	女	37,604	2,223	32,136	3,200	45
西和	男	56,507	7,000	43,446	6,041	20
	女	52,144	1,431	43,090	7,620	3
兩當	男	9,481	1,654	6,519	1,306	2
	女	8,127	512	6,302	1,311	2

甘肅省各縣市局人口婚姻狀況統計表(四)

區域別	性別	共計	未婚	有偶	喪偶	離婚
徽縣	男	47,897	5,651	36,798	5,403	45
	女	43,039	1,882	35,290	5,856	11
第五區	男	172,798	34,446	125,954	12,097	301
	女	159,621	29,429	117,647	12,293	252
臨夏	男	94,248	24,653	61,041	8,435	119
	女	85,601	22,487	55,189	7,785	140
和政	男	20,167	465	19,005	592	105
	女	20,114	151	19,527	386	50
寧定	男	29,162	3,707	24,212	1,205	38
	女	24,604	919	21,231	2,431	23
永靖	男	29,221	5,621	21,696	1,865	39
	女	29,302	5,872	21,700	1,691	39
第六區	男	254,604	34,842	196,580	3,024	158
	女	239,388	15,111	193,210	31,015	52
武威	男	89,589	10,457	71,383	7,734	15
	女	86,864	4,937	69,530	12,394	3
古浪	男	11,803	1,666	9,217	920	—
	女	11,322	726	9,178	1,408	—
民勤	男	35,529	3,136	28,624	3,730	39
	女	34,072	1,730	28,605	3,732	5
民樂	男	15,573	1,500	12,302	1,762	9
	女	15,278	716	12,393	2,152	17
山丹	男	12,496	2,252	9,084	1,154	6
	女	11,098	557	9,013	1,528	—
張掖	男	54,577	9,644	40,583	4,274	76
	女	48,895	3,827	39,440	5,605	23
臨澤	男	17,965	3,164	13,220	1,578	3
	女	16,525	907	13,376	2,252	—
永昌	男	17,072	3,023	12 167	1,872	10
	女	15,324	1,701	11,675	1,944	4

甘肅省各縣市局人口婚姻狀況統計表（五）

區域別	性別	共計	未婚	有偶	喪偶	離婚
第七區	男	103,947	16,545	78,563	8,770	69
	女	95,895	4,991	77,573	13,314	17
酒泉	男	40,194	7,736	29,690	2,741	27
	女	36,223	1,665	29,279	5,272	7
敦煌	男	10,184	1,684	7,365	1,129	6
	女	8,974	674	7,169	1,129	2
金塔	男	11,142	1,817	8,382	942	1
	女	10,405	398	8,284	1,723	—
鼎新	男	4,121	628	3,162	325	6
	女	3,913	158	3,179	574	2
安西	男	6,942	1,372	4,914	647	6
	女	6,046	355	4,976	714	1
玉門	男	9,113	1,511	6,585	1,011	6
	女	7,960	484	6,399	1,073	4
高台	男	21,939	1,676	18,296	1,953	14
	女	22,058	1,163	18,112	2,782	1
肅北	男	312	121	169	22	—
	女	316	94	175	47	—
第八區	男	217,854	32,254	157,414	27,083	1,103
	女	203,074	12,555	158,482	31,388	649
武都	男	74,790	10,626	55,925	7,839	390
	女	71,072	4,328	56,463	9,972	309
文縣	男	35,636	6,022	24,054	5,250	310
	女	32,255	2,516	23,875	5,635	229
成縣	男	42,344	5,933	30,951	5,220	240
	女	39,546	1,739	31,448	6,327	32
康縣	男	44,712	6,649	31,487	6,450	126
	女	40,578	2,814	31,757	5,960	47
西固	男	20,372	3,014	14,997	2,324	37
	女	19,623	1,158	14,939	3,494	32

甘肅省各縣市局人口婚姻狀況統計表（六）

區域別	性別	共計	未婚	有偶	喪偶	離婚
第九區	男	171,946	20,467	139,111	12,181	187
	女	170,518	13,748	138,687	18,015	68
臨洮	男	45,633	7,068	35,570	2,924	71
	女	44,268	4,514	34,294	5,444	16
洮沙	男	7,801	1,196	5,901	704	—
	女	8,611	1,538	5,901	1,172	—
定西	男	34,423	3,413	28,352	2,649	9
	女	33,410	1,644	28,254	3,512	—
榆中	男	27,424	3,875	21,305	2,230	14
	女	25,890	2,241	21,512	2,137	—
康樂	男	17,382	1,591	14,697	1,039	55
	女	18,350	999	15,510	1,809	32
渭源	男	17,076	1,671	14,080	1,303	16
	女	16,791	1,453	14,121	1,211	6
會川	男	22,207	1,653	19,200	1,332	22
	女	23,198	1,359	19,095	2,730	14

甘肅省各縣市局人口宗教統計表（一）

區域別	性別	共計	佛教	回教	道教	天主教	耶穌教	喇嘛教	無信仰
	合計	6,996,249	182,404	627,989	4,593	12,649	6,641	81,570	6,080,403
總計	男	3,644,835	94,331	321,319	3,669	5,982	3,571	41,231	3,174,732
	女	3,351,414	88,073	306,670	924	6,667	3,070	40,339	2,905,671
直轄區	男	335,192	10,073	9,898	244	261	228	4,302	310,186
	女	306,636	9,786	9,787	58	256	187	4,115	282,447
蘭州市	男	100,609	358	5,314	65	157	197	18	94,500
	女	82,088	296	5,122	17	154	164	—	76,335
皋蘭	男	69,070	8,914	377	77	98	12	7	59,585
	女	68,280	8,693	335	17	98	9	—	59,127
靖遠	男	41,076	35	402	—	—	10	—	40,629
	女	38,739	4	385	—	—	12	—	38,328
永登	男	52,168	587	849	42	2	5	4,277	46,406
	女	50,145	558	851	6	—	1	4,115	44,614
會寧	男	50,963	9	2,916	6	4	—	—	48,028
	女	47,711	8	3,059	4	4	—	—	44,636
景泰	男	17,881	161	24	54	—	4	—	17,638
	女	16,632	226	23	14	—	1	—	16,368
湟惠渠	男	3,425	9	16	—	—	—	—	3,400
	女	3,041	1	11	—	—	—	—	3,029
第一區	男	246,763	17,325	5,846	199	242	905	33,777	188,469
	女	237,519	15,976	5,852	132	247	724	33,995	180,593
岷縣	男	99,680	7,458	2,178	27	201	508	129	89,179
	女	94,310	6,810	2,104	14	199	417	21	84,745
隴西	男	52,474	—	186	59	16	137	6	52,076
	女	50,743	—	146	25	17	118	—	50,437
臨潭	男	27,367	3,094	2,207	87	18	129	1,265	20,567
	女	26,757	2,560	2,325	89	11	89	1,096	20,587
漳縣	男	23,253	42	22	16	13	19	—	23,141
	女	21,093	27	15	2	20	29	—	21,000
卓尼	男	15,615	4,625	64	2	—	66	7,352	3,506
	女	16,212	4,608	68	2	—	50	7,600	3,824

甘肅省各縣市局人口宗教統計表(二)

區域別	性別	共計	佛教	回教	道教	天主教	耶穌教	喇嘛教	無信仰
夏河	男	28,384	2,106	1,189	8	—	46	25,035	—
	女	28,404	1,971	1,194	—	—	21	25,218	—
第二區	男	349,873	5,249	76,317	168	226	109	1	267,803
	女	321,724	4,671	74,821	50	197	54	—	241,931
平涼	男	66,326	396	14,247	86	201	73	—	51,323
	女	57,206	256	15,395	38	178	40	—	41,239
隆德	男	34,687	188	6,679	16	—	13	—	27,791
	女	32,372	108	6,732	5	—	5	—	26,122
崇信	男	16,314	24	567	36	—	2	—	15,985
	女	15,249	9	558	—	—	1	—	14,681
化平	男	11,442	—	11,212	—	1	—	—	229
	女	10,952	—	10,767	—	1	—	—	184
華亭	男	22,616	3,360	3,962	15	23	14	—	15,442
	女	21,065	3,021	3,670	4	18	7	—	14,146
靜寧	男	67,879	255	1,614	9	1	3	—	65,997
	女	64,147	278	1,784	—	—	1	—	62,084
莊浪	男	66,172	92	1,117	6	—	4	1	64,952
	女	59,831	65	1,063	3	—	—	—	58,700
海原	男	26,852	724	19,190	—	—	—	—	6,938
	女	26,074	705	18,058	—	—	—	—	7,311
西吉	男	36,585	210	17,729	—	—	—	—	18,646
	女	34,227	229	16,594	—	—	—	—	17,404
第三區	男	446,870	910	26,487	43	133	158	—	419,189
	女	374,444	775	25,512	17	93	170	—	347,877
慶陽	男	40,097	45	145	1	30	26	—	39,850
	女	34,130	27	113	—	30	36	—	33,924
固原	男	72,576	167	24,889	8	5	41	—	47,466
	女	45,138	149	24,046	4	5	31	—	39,903
寧縣	男	83,815	52	—	7	2	43	—	83,711
	女	71,212	48	—	—	2	54	—	71,108
涇川	男	79,041	17	265	8	47	39	—	78,665
	女	57,606	11	249	4	18	28	—	57,296

甘肅省各縣市局人口宗教統計表(三)

區域別	性別	共計	佛教	回教	道教	天主教	耶穌教	喇嘛教	無信仰
正寧	男	28,398	24	—	2	—	—	—	28,372
	女	23,651	21	—	1	—	—	—	23,629
靈台	男	60,971	354	1,177	11	14	—	—	59,405
	女	50,879	315	1,092	7	14	—	—	49,451
鎮原	男	81,972	241	11	6	35	9	—	81,670
	女	72,828	204	12	1	24	21	—	72,566
合水	男								
	女								
環縣	男								
	女								
第四區	男	834,574	11,065	41,277	457	2,173	1,286	5	778,311
	女	762,002	10,101	40,355	161	1,720	1,166	—	708,499
天水	男	161,103	3,804	2,454	97	1,297	740	4	152,707
	女	145,339	2,723	2,057	17	1,025	641	—	138,876
秦安	男	123,280	91	6,274	2	196	54	—	116,663
	女	112,945	90	6,097	—	193	33	—	106,532
通渭	男	92,176	110	91	1	33	2	—	91,939
	女	84,845	84	74	—	25	1	—	84,661
甘谷	男	83,445	276	—	23	80	307	—	82,759
	女	76,563	282	—	8	56	347	—	75,970
禮縣	男	86,764	5,227	1,991	25	149	—	—	79,372
	女	82,648	5,681	1,832	2	90	—	—	75,043
清水	男	62,821	319	28,401	36	101	17	1	33,946
	女	58,315	213	28,113	5	80	16	—	29,888
武山	男	65,689	145	20	6	87	95	—	65,336
	女	55,769	87	12	2	79	69	—	55,520
西和	男	81,412	164	58	29	68	18	—	81,075
	女	74,906	131	75	17	39	13	—	74,631
兩當	男	12,201	331	170	186	30	17	—	11,467
	女	10,838	252	155	108	28	14	—	10,281

甘肅省各縣市局人口宗教統計表(四)

區域別	性別	共計	佛教	回教	道教	天主教	耶穌教	喇嘛教	無信仰
徽縣	男	65,683	698	1,818	52	132	36	—	63,047
	女	59,734	558	1,940	2	105	32	—	57,097
第五區	男	238,223	19,382	135,516	559	142	68	280	82,276
	女	221,691	20,716	125,057	64	77	35	—	75,742
臨夏	男	114,759	155	60,750	29	65	63	2	53,645
	女	104,432	58	56,412	2	16	34	—	47,910
和政	男	29,647	61	18,866	63	—	—	—	10,657
	女	29,562	40	18,803	—	—	—	—	10,719
寧定	男	47,177	349	45,013	—	1	5	—	1,809
	女	42,254	314	40,266	—	2	1	—	1,671
永靖	男	46,640	18,817	10,887	467	76	—	278	16,115
	女	45,443	20,304	9,576	62	59	—	—	15,442
第六區	男	424,108	5,531	1,561	661	2,498	264	92	413,501
	女	398,105	4,220	1,312	182	3,790	232	72	388,297
武威	男	163,913	81	880	114	1,054	105	6	161,673
	女	155,399	113	847	42	2,439	104	4	151,850
古浪	男	19,881	15	116	31	95	21	—	19,603
	女	18,819	1	110	17	149	6	—	18,536
民勤	男	53,684	30	3	—	—	—	—	53,651
	女	50,762	52	2	—	—	—	—	50,708
民樂	男	23,520	181	22	22	43	—	—	22,242
	女	23,626	137	27	—	56	—	—	22,406
山丹	男	19,860	379	90	36	348	16	66	18,925
	女	17,635	344	74	13	299	—	68	16,837
張掖	男	90,259	3,846	436	396	913	109	4	84,655
	女	82,955	3,115	235	81	809	105	—	78,610
臨澤	男	27,505	926	4	21	—	—	—	26,554
	女	25,377	375	4	—	—	1	—	24,997
永昌	男	25,386	73	10	31	45	13	16	25,198
	女	23,532	83	13	29	38	16	—	23,353

甘肅省各縣市局人口宗教統計表(五)

區域別	性別	共計	佛教	回教	道教	天主教	耶穌教	喇嘛教	無信仰
第七區	男	171,558	19,174	1,378	370	147	113	1,386	148,390
	女	160,300	17,369	1,266	124	141	105	1,497	139,798
酒泉	男	69,255	4,956	750	136	60	98	860	62,395
	女	63,386	4,499	734	92	58	99	971	56,933
敦煌	男	16,748	1,402	356	59	—	12	12	14,907
	女	15,275	1,354	334	—	—	6	—	13,581
金塔	男	17,295	3,637	20	28	1	—	—	13,609
	女	17,420	3,339	6	3	6	—	—	14,066
鼎新	男	6,932	1,333	2	11	—	—	—	5,586
	女	6,501	1,490	2	—	—	—	—	5,009
安西	男	11,579	367	113	27	—	2	1	11,069
	女	10,456	280	130	3	—	—	—	10,043
玉門	男	15,313	1,218	113	57	—	1	1	13,923
	女	13,693	1,087	48	9	—	—	2	12,547
高台	男	33,924	6,261	24	52	86	—	—	27,501
	女	33,045	5,320	12	17	77	—	—	27,619
肅北	男	512	—	—	—	—	—	512	—
	女	524	—	—	—	—	—	524	—
第八區	男	314,265	2,000	2,571	503	121	145	960	307,965
	女	294,145	1,832	2,371	87	108	128	213	289,406
武都	男	114,783	748	1,155	87	13	36	442	112,302
	女	109,159	721	1,225	3	10	24	—	107,176
文縣	男	48,734	565	125	192	1	39	228	47,584
	女	44,082	339	102	62	1	48	189	43,341
成縣	男	60,253	305	1,033	55	103	3	—	58,754
	女	56,299	279	986	9	97	4	—	54,924
康縣	男	60,246	483	49	110	4	2	—	59,658
	女	55,047	363	51	13	—	—	—	54,620
西固	男	30,249	199	9	19	—	65	290	29,667
	女	29,558	130	7	—	—	52	24	29,345

甘肅省各縣市局人口宗教統計表(六)

區域別	性別	共計	佛教	回教	道教	天主教	耶穌教	喇嘛教	無信仰
第九區	男	283,309	3,322	20,668	465	39	295	428	258,092
	女	274,848	2,627	20,337	49	38	269	447	251,081
臨洮	男	79,120	277	121	113	6	178	4	78,421
	女	74,501	249	85	25	7	151	—	73,884
洮沙	男	12,106	1,776	24	46	—	—	13	10,247
	女	13,147	1,008	12	—	—	—	—	12,127
定西	男	56,246	24	2,609	29	5	7	—	53,672
	女	53,409	5	2,634	1	4	2	—	50,763
榆中	男	42,785	31	220	51	14	10	2	42,44.
	女	40,297	31	239	2	12	8	—	40,005
康樂	男	31,474	1,006	17,550	16	7	45	9	12,841
	女	31,778	1,091	17,254	5	6	43	—	13,379
渭源	男	25,865	163	126	204	6	33	8	25,325
	女	24,969	112	109	16	8	53	—	24,671
會川	男	35,613	45	8	6	1	22	392	35,139
	女	36,747	31	4	—	1	12	447	36,252

甘肅省各縣市局人口殘疾統計表(一)

區域別	性別	共計	殘缺	盲瞎	聾啞	低能	瘋狂	半癱	癈疾	不明
總計	合計	130,536	26,688	17,164	21,550	9,810	4,441	3,925	28,916	18,042
	男	89,565	19,956	11,869	14,833	5,924	2,979	2,615	19,984	11,400
	女	40,971	6,732	5,295	6,717	3,886	1,462	1,310	8,927	6,642
直轄區	男	4,235	1,162	711	804	116	291	130	815	206
	女	2,012	461	317	249	48	143	62	485	147
蘭州市	男	463	102	112	95	7	42	14	66	25
	女	197	25	63	44	4	12	4	24	21
皋蘭	男	1,903	573	276	321	51	49	78	488	67
	女	944	293	101	123	13	21	41	304	48
靖遠	男	67	24	3	4	8	12	2	14	—
	女	43	12	9	4	8	3	5	2	—
永登	男	224	22	52	76	—	7	—	67	—
	女	200	14	47	61	—	3	—	75	—
會寧	男	1,055	225	174	210	34	149	29	136	98
	女	346	36	53	63	3	86	10	39	56
景泰	男	439	207	64	73	14	24	6	36	15
	女	269	81	39	50	20	17	2	38	22
湟惠渠	男	84	9	30	25	2	8	1	8	1
	女	13	—	5	4	—	1	—	3	—
第一區	男	4,694	459	533	645	294	155	106	1,404	1,098
	女	3,777	244	432	475	171	119	64	1,260	1,012
岷縣	男	2,275	226	241	276	111	96	31	347	947
	女	1,827	84	215	189	56	81	29	294	879
隴西	男	546	83	78	40	74	22	33	216	—
	女	367	47	51	36	47	15	5	166	—
臨潭	男	1,256	10	106	195	103	23	35	653	131
	女	1,179	2	87	158	67	13	26	707	119
漳縣	男	230	18	26	44	—	—	—	142	—
	女	108	8	10	23	—	—	—	67	—
卓尼	男	115	9	29	46	6	3	—	7	15
	女	68	4	18	29	1	—	—	6	10

甘肅省各縣市局人口殘疾統計表(二)

區域別	性別	共計	殘肢	盲目	聾啞	低能	癲狂	羊癇	廢疾	不明
夏河	男	272	113	53	44	—	11	7	39	5
	女	226	99	51	40	—	10	4	20	4
第二區	男	9,397	2,111	1,122	1,974	448	372	331	2,231	808
	女	4,631	888	556	927	290	137	216	1,151	474
平涼	男	1,705	411	155	322	131	84	73	335	194
	女	591	72	54	107	80	52	50	86	90
隆德	男	1,513	324	169	361	44	52	48	465	50
	女	1,131	280	114	197	20	9	34	430	47
崇信	男	946	253	130	107	42	74	25	296	18
	女	202	49	24	34	11	12	4	67	1
化平	男	567	137	60	199	—	23	7	118	23
	女	167	21	12	74	—	4	4	38	14
華亭	男	156	35	21	35	36	5	2	19	3
	女	131	11	19	32	42	2	2	16	7
靜寧	男	1,156	123	277	301	1	15	28	307	104
	女	540	67	144	140	—	13	11	79	86
莊浪	男	2,075	608	243	434	144	27	119	329	171
	女	1,170	301	137	227	95	14	95	195	106
海原	男	270	59	10	50	9	74	11	43	14
	女	87	13	1	26	6	20	3	18	—
西吉	男	1,009	161	57	165	41	18	17	319	231
	女	612	66	51	90	36	11	13	222	123
第三區	男	14,741	4,607	1,665	1,980	526	285	797	4,365	516
	女	3,422	819	483	559	116	104	321	930	90
慶陽	男	658	109	121	120	38	13	12	226	19
	女	193	14	148	42	7	1	3	67	11
固原	男	1,445	373	102	339	31	18	82	431	69
	女	740	211	60	100	2	8	3	320	36
寧縣	男	1,471	239	232	247	98	72	81	496	6
	女	314	55	61	57	22	36	31	52	—

甘肅省各縣市局人口殘疾統計表（三）

區域別	性別	共計	殘缺	盲瞎	聾啞	低能	癲狂	半癱	廢疾	不明
涇川	男	2,283	981	282	313	71	36	222	307	71
	女	738	213	87	134	21	14	156	101	12
正寧	男	565	76	84	63	40	7	18	274	3
	女	100	10	20	20	5	11	4	28	2
靈台	男	6,308	2,180	573	521	92	23	329	2,283	307
	女	756	218	157	109	21	4	95	134	18
鎮原	男	2,011	649	271	377	156	116	53	348	41
	女	581	98	50	97	38	30	29	228	11
合水	男									
	女									
環縣	男									
	女									
第四區	男	26,872	6,146	3,240	4,176	1,463	803	511	5,408	5,025
	女	12,024	2,210	1,300	1,965	859	487	238	2,267	2,698
天水	男	4,282	1,266	410	639	360	306	115	733	453
	女	2,658	692	177	373	295	250	64	520	287
秦安	男	3,015	763	166	595	198	101	56	602	234
	女	942	152	152	187	143	30	18	141	119
通渭	男	3,438	911	377	385	446	144	168	757	250
	女	2,481	593	191	353	269	85	115	500	375
甘谷	男	1,290	385	302	192	26	29	26	176	154
	女	286	50	45	48	9	8	1	40	85
禮縣	男	581	167	90	64	16	6	14	132	42
	女	427	128	67	41	1	2	3	158	27
清水	男	3,889	1,020	692	579	138	70	46	403	941
	女	1,437	268	159	249	27	27	21	156	430
武山	男	1,769	444	294	278	46	27	9	393	278
	女	473	75	97	113	5	16	—	73	94
西和	男	1,577	195	59	403	37	19	17	281	565
	女	676	56	28	153	11	9	3	84	332

甘肅省各縣市局人口殘疾統計表(四)

區域別	性別	共計	殘缺	盲目	聾啞	低能	癲狂	羊癇	廢疾	不明
兩當	男	2,644	622	205	497	38	8	14	1,232	88
	女	710	70	81	168	1	8	5	265	12
徽縣	男	4,387	373	445	604	158	93	46	649	2,019
	女	1,934	126	203	280	98	52	8	230	937
第五區	男	5,093	388	236	373	1,957	172	28	411	1,498
	女	4,083	277	159	202	1,869	106	7	465	998
臨夏	男	485	70	30	65	61	39	18	144	58
	女	456	66	41	61	54	14	4	146	70
和政	男	264	93	10	68	3	6	5	42	37
	女	151	29	11	51	1	3	1	25	30
寧定	男	534	100	170	120	50	9	2	45	38
	女	175	62	48	23	7	4	1	21	9
永靖	男	3,810	125	56	120	1,843	118	3	180	1,365
	女	3,391	120	59	67	1,807	85	1	273	889
第六區	男	6,433	1,673	1,146	1,343	215	262	316	1,172	606
	女	3,275	587	492	678	138	141	220	691	377
武威	男	2,692	578	490	490	73	94	109	561	207
	女	1,490	248	241	317	57	46	114	342	145
古浪	男	383	30	50	56	52	24	48	77	46
	女	283	30	31	28	45	21	32	56	30
民勤	男	1,136	272	182	235	28	56	44	287	82
	女	320	50	61	66	16	18	11	57	35
民樂	男	227	7	41	71	—	15	14	65	14
	女	191	14	13	68	9	3	10	34	40
山丹	男	356	93	178	59	—	10	9	16	—
	女	77	7	47	15	—	3	1	4	—
張掖	男	1,180	302	157	311	11	55	78	181	85
	女	694	147	75	147	13	35	35	177	68
臨澤	男	353	48	26	114	29	—	1	25	110
	女	62	2	7	23	3	1	2	12	12

甘肅省各縣市局人口殘疾統計表（五）

區縣別	性別	共計	殘缺	盲目	聾啞	低能	癲狂	羊癇	廢疾	不明
永昌	男	1,196	43	22	16	22	8	13	10	62
	女	158	23	18	14	18	4	15	9	47
第七區	男	2,420	453	315	687	17	107	53	601	187
	女	696	71	122	218	9	40	34	122	80
酒泉	男	744	172	132	279	—	5	6	149	1
	女	124	6	35	69	—	1	—	13	—
敦煌	男	306	77	43	47	3	21	9	76	30
	女	77	14	20	14	2	6	4	13	4
金塔	男	413	32	1	85	3	10	8	215	59
	女	112	6	—	20	—	4	4	44	34
鼎新	男	156	18	32	34	—	21	—	43	8
	女	79	10	16	13	—	11	—	25	4
安西	男	394	97	55	101	—	29	4	79	29
	女	81	16	7	15	—	6	8	15	14
玉門	男	312	31	27	121	2	20	14	39	58
	女	153	3	23	66	2	12	13	12	22
高台	男	92	26	24	18	9	1	12	—	2
	女	66	16	19	19	5	—	5	—	2
肅北	男	3	—	1	2	—	—	—	—	—
	女	4	—	2	2	—	—	—	—	—
第八區	男	9,549	1,775	1,694	1,774	558	198	160	2,223	1,167
	女	4,639	643	993	892	286	94	111	1,015	605
武都	男	3,300	677	686	512	52	61	75	821	416
	女	1,970	235	485	304	40	25	44	542	295
文縣	男	1,577	322	175	402	114	45	33	305	181
	女	969	156	121	244	101	30	31	161	125
成縣	男	1,515	236	344	330	320	31	17	108	129
	女	436	43	129	89	113	17	2	20	23
康縣	男	1,916	757	312	278	52	47	21	560	289
	女	639	130	178	105	6	7	8	140	65

[illegible]疾統計表（六）

		[illegible]計	[illegible]缺	[illegible]	[illegible]	低能	瘋狂	半[illegible]	廢疾	不明
西固	男	1,231	143	137	252	40	14	14	429	202
	女	625	79	80	150	26	15	26	152	97
第九區	男	6,131	1,482	1,077	1,077	330	334	183	1,[illegible]59	289
	女	2,412	590	440	452	100	91	37	541	161
臨洮	男	1,110	279	194	179	47	34	40	262	75
	女	294	56	63	57	24	11	6	48	29
洮沙	男	858	164	115	108	—	99	64	308	—
	女	348	45	66	71	—	26	9	127	4
定西	男	901	279	128	101	126	31	17	182	37
	女	213	42	35	18	37	3	2	42	34
榆中	男	747	189	185	110	18	19	1	193	32
	女	372	92	78	68	4	6	—	108	16
康樂	男	1,537	322	203	427	84	72	47	222	100
	女	440	95	73	129	22	19	9	40	58
渭源	男	505	183	64	71	21	12	—	116	38
	女	513	204	67	76	5	8	—	132	21
會川	男	473	66	128	81	34	67	14	76	7
	女	230	54	58	33	8	18	11	44	4

甘肅省人口統計報告表正誤表

表次	橫欄	縱欄	誤	正
性別統計(一)	永登	男子數	52,198	52,168
‥(一)	正寧	戶數	8,187	8,1[illegible]
籍別統計(一)	直轄區女	共計	306,635	306,6[illegible]
‥(一)	湟惠渠男	共計	3,041	3,4[illegible]
‥(一)	湟惠渠女	共計	3,425	3,04[illegible]
‥(二)	西吉女	外省	12	18
‥(三)	鎮原女	共計	72,808	72,828
‥(三)	泰安女	外省	62	92
‥(三)	通渭男	共計	92,179	92,176
‥(三)	禮縣男	共計	86,794	86,764
年齡分配統計(一)	共計欄合計	直轄區	64,828	641,828
‥(一)	四五歲至未滿五十歲女	直轄區	17,049	17,094
‥(一)	五五歲至未滿六十歲男	總計	147,248	147,243
‥(二)	三十歲至未滿三五歲女	隴西	4,250	4,050
‥(三)	十二歲至未滿十五歲男	平涼	4,105	4,01[illegible]
‥(五)	共計欄合計	第三區	821,134	821,314
‥(五)	五十歲至未滿五五歲男	海原	1,539	1,598
‥(六)	共計男	正寧	82,398	28,398
‥(七)	十八歲至未滿二十歲女	通渭	6,780	2,780
‥(七)	三十歲至未滿三五歲女	第四區	26,384	56,384
‥(七)	四五歲至未滿五十歲男	通渭	2,927	7,927
‥(八)	共計欄合計	清水	121,139	121,136
‥(九)	六歲至未滿十歲男	第六區	48,401	48,410
‥(九)	十歲至未滿十二歲男	和政	1,783	1,[illegible]
‥(九)	十二歲至未滿十五歲女	寧定	2,719	[illegible]
‥(九)	十五歲至未滿十八歲男	第六區	14,762	14,[illegible]
‥(九)	二五歲至未滿三十歲女	武威	10,151	10,153
‥(九)	三五歲至未滿四十歲男	第六區	35,107	35,017
‥(九)	三五歲至未滿四十歲女	第六區	36,967	36,9[illegible]
‥(十)	共計男	臨洮	27,575	27,5[illegible]
‥(十)	六五歲至未滿七十歲男	民勤	1,176	[illegible]

甘肅省人口統計報告表正誤表

表次	横欄	縱欄	誤	正
配統計（十）	七十歲及以上男	古浪	626	269
〃（十一）	未滿十歲男	第七區	5,932	5,923
〃（十一）	十歲至未滿十二歲男	第七區	8,138	8,183
〃（十一）	四十五歲至未滿五十歲女	酒泉	2,946	2,949
〃（十一）	五十歲至未滿五十五歲女	金塔	646	945
〃（十一）	六十五歲至未滿七十歲男	酒泉	972	927
〃（十三）	未滿一歲男	武縣	1,579	1,576
〃（十三）	十八歲至未滿二十歲女	康縣	1,845	1,854
〃（十三）	二十歲至未滿二五歲男	文縣	4,426	4,126
〃（十三）	三五歲至未滿四十歲女	康縣	4,950	4,650
〃（十四）	二十歲至未滿二十五歲女	渭源	17,331	1,331
〃（十四）	三十歲至未滿三十五歲女	洮沙	763	798
〃（十四）	七十歲及以上男	洮沙	135	153
度統計（一）	受高等教育畢業男	平涼	226	239
〃（八）	共計欄合計	第五區	313,188	403,188
〃（八）	初小畢業女	徽縣	118	112
〃（十）		臨澤	臨潭	臨澤
〃（十二）	共計欄合計	第八區	518,675	518,247
〃（十二）	共計欄合計	玉門	10,689	10,698
〃（十四）	共計女	康樂	25,570	25,565
〃（十四）	初中肄業男	康樂	258	238
配統計（七）	農業男	通渭	56,891	56,981
〃（八）	工業男	西和	924	942
〃（十二）	無業女	第八區	19,611	19,620
〃（十三）	無業女	康縣	4,659	3,663
狀況統計（二）	華亭男	有偶	11,589	11,598
〃（三）	鎮原男	共計	4,711	47,111
統計（一）	臨潭男	喇嘛教	1,265	1,255
〃（二）	固原女	共計	46,188	64,138
統計（二）	第二區	殘缺	888	880
〃（五）	永昌男	共計	1,196	196